ÉQUITATION

Pierre CHAMBRY

ÉQUITATION

TECHNIQUE, DRESSAGE, PERFECTIONNEMENT

Un éditeur
@mphora
tous les sports

<u>Chez le même éditeur :</u>

MON CHEVAL AU QUOTIDIEN
alimentation, éducation, soins, travail

256 pages couleurs

ISBN : 2-85180-526-6

SOMMAIRE

PRÉFACE

Avez-vous, mon cher ami, en me faisant appel pour écrire la Préface de votre nouvel ouvrage, évoqué l'ancien adjoint de votre père qui, au haras de Montier-en-Der, vous enseignait avec beaucoup de satisfaction les rudiments du « monter à cheval », ou bien l'actuel président de la Fédération Française des Sports Equestres ? Toujours est-il que vous m'avez touché, en me demandant cette présentation.

Et je félicite les Editions Amphora d'avoir choisi pour auteur de l'ouvrage « Equitation », dans cette collection sportive, l'un de nos meilleurs écuyers professeurs actuels, aussi passionné de l'Art Equestre que compétent pédagogue : vous avez déjà derrière vous, cher ami, une longue expérience d'enseignant, d'auteur et d'artiste.

Vous utilisez un style aussi simple et direct que possible, avec des mots qui portent tous. Vos dessins et vos croquis ajoutent à l'explication du texte ; ils démontrent l'attitude et le geste qui découlent de la morphologie des deux acteurs, du dressage du cheval, des aides et de la position du cavalier.

L'originalité de notre Sport, c'est que l'instrument en est un animal vivant, doué d'instinct et de mémoire, volontiers soumis à l'homme mais avide cependant, pour le meilleur résultat, de tout le tact qu'il sait mériter.

J'ai étudié avec beaucoup d'intérêt votre présent ouvrage : je suis persuadé qu'il est appelé à rendre les plus grands services, tant aux cavaliers débutants mais sérieux et désireux d'apprendre, qu'aux cavaliers confirmés cherchant à se perfectionner toujours, ainsi qu'à nos instructeurs et à nos cavaliers de compétition de tous niveaux. J'ai noté, entre autres, avec le plus grand plaisir, que vous faisiez fréquemment appel à ces deux qualités qui font le grand équitant : le sentiment et la patience. Permettez-moi d'en ajouter une troisième, la modestie.

Je terminerai par ces réflexions, écrites dans les jours sombres par un de mes excellents camarades, grand soldat et grand cavalier de compétition :

« Se servir d'un cheval, c'est savoir être sage,
« Cent fois dans le manège reprendre son ouvrage,
« Avancer pas à pas, vouloir être patient,
« Energique et précis, hardi à bon escient... »

et encore, à propos de notre ami le cheval :

« En cette matière, implacable à l'erreur,
« Il est tout à la fois élève et professeur. »

Je souhaite à votre ouvrage toute la diffusion qu'il mérite, pour le plus grand bien de notre Sport, et le perfectionnement de tous nos cavaliers.

R. DE FRANCE,

Ancien Président de la Fédération Française
des Sports Équestres

INTRODUCTION

Le succès d'un livre, on se sait pas d'où il vient. Les critiques découvrent toujours de bonnes raisons, mais ils se trompent quelquefois.

Les ouvrages techniques n'échappent pas à la règle. Et les techniciens se joignent aux critiques pour émettre un jugement.

Mais plus de cent mille cavaliers se sont intéressés à l'ÉQUITATION-Amphora... Cela seul compte.

Beaucoup de choses ont changé, depuis treize ans, et se sont précisées. Pour une nouvelle édition, il fallait revoir entièrement et augmenter le texte, y ajouter quelques dessins.

Soixante années de pratique quotidienne sont renfermées dans ce livre, avec l'accumulation de connaissances et l'expérience acquise grâce à des milliers d'élèves, grands et petits, dont la curiosité est inlassable quand il s'agit de cheval.

Pierre CHAMBRY.

CHAPITRE I

HISTORIQUE DE L'EQUITATION

Pendant des millénaires, le cheval ne fut qu'un gibier, chassé et traqué comme d'autres animaux pour servir de nourriture à l'homme préhistorique. La rapidité de sa course ne permettait pas de l'abattre au moyen d'armes primitives, aussi était-ce par ruse, grâce à des pièges ou à des battues gigantesques, comme à Solutré, que les troupeaux de chevaux tombaient sous les coups des chasseurs.

Puis vint une période d'accalmie : l'homme nomade devint sédentaire, pasteur et agriculteur, et le cheval semble subir, chez nous, une éclipse. Il ne disparaît pas tout à fait, mais les troupeaux diminuent dans de fortes proportions, pour des raisons qui nous échappent, car les conditions d'existence auraient dû être améliorées par les modifications du climat.

Tout à coup, au début de l'âge du bronze, on vit réapparaître le cheval, mais ses relations avec l'homme ont changé de nature : il ne sert plus de nourriture, c'est un allié, un ami, l'homme en a fait sa plus noble conquête et l'a domestiqué. Où et comment cette modification capitale pour l'histoire de l'humanité s'est-elle produite ? Nous n'en savons rien. La plupart des auteurs sont d'accord pour admettre qu'elle n'a pas eu lieu en Europe. Le cheval domestique aurait été importé de quelque vague région orientale, où les artistes, peintres et sculpteurs, ont été nombreux, dont les œuvres nous montrent des cavaliers en action.

Rares sont les auteurs qui ont traité de l'Equitation dans les temps anciens.

« L'ART EQUESTRE » de Xénophon semble être le plus ancien ouvrage connu actuellement ; il se compose de deux parties : l'Hipparque et l'Hippiatrique, écrites successivement aux alentours de l'année 365 avant J.-C. Il traite du Commandement de la Cavalerie et de l'Equitation, mais se réfère à un ouvrage antérieur dont on a retrouvé des fragments dans la bibliothèque de Cambridge : l'EQUITATION de Simon d'Athènes serait le premier livre du cavalier.

Cependant, nombreux sont les auteurs qui, sans faire œuvre équestre, ont parlé de chevaux et de cavalerie, bien avant

Xénophon. La place tenue par les chevaux dans les Livres Sacrés de l'Inde antique est prépondérante : le dieu Soleil monte un cheval blanc, qui devient noir la nuit. En Chine, trente siècles avant J.-C., le cheval est connu et vénéré, et Fû-Hsi prend conseil d'un coursier divin pour établir les bases spirituelles et matérielles de sa philosophie. Il faut en arriver aux Assyriens pour assister à des chevauchées militaires, à des manœuvres ou à des charges de cavalerie. Fresques et bas-reliefs assyriens, à défaut de textes techniques, nous montrent le rôle important joué par les cavaliers. En Egypte, quinze siècles avant J.-C. le cheval était utilisé, mais seulement pour l'attelage, les pharaons se pavanaient sur leurs chars ; dans la bataille, les escadrons de chars semaient la panique dans les rangs ennemis ; mais il semble qu'il n'y ait aucune cavalerie égyptienne avant le règne des Ptolémée, quatrième siècle avant J.-C.

Par contre, la cavalerie prédominait dans l'armée perse, six siècles avant notre ère ; les Parthes montaient à cru, et Cyrus le Grand ne conquit l'Asie Occidentale que grâce à ses cavaliers. On jouait alors au polo en Perse, et l'empereur faisait illuminer ses champs de courses pour qu'on y galopât la nuit. En Grèce se déroulaient les premiers Jeux Olympiques, et Rome se passionnait pour les célèbres courses de chars, attirant dans le cirque des foules considérables de sportifs et de joueurs. Dans tout le bassin méditerranéen, les éleveurs se mettaient à sélectionner méthodiquement et à spécialiser leurs chevaux. C'est une débauche de peintures, de mosaïques et de sculptures équestres : carrousel de la frise du Parthénon, fureur guerrière d'Alexandre à la bataille d'Arbèles, majesté de l'empereur Marc-Aurèle chevauchant un superbe étalon.

Puis vint la domination de Byzance ; Constantin utilise une cavalerie innombrable, estimée à 150.000 hommes. Alors apparaît la selle avec ses étriers suspendus à un arçon rigide, puis la ferrure à clous qui remplace l'hipposandale de cuir. Il fallut des importations massives de chevaux pour subvenir aux besoins de l'empire : les marchands de chevaux byzantins aussi bien que le service des remontes s'adressaient pour leurs achats aux barbares du Nord, aux Arabes du Sud et aux Orientaux. C'est surtout d'Arabie que vient le cheval de sang, l'infatigable coursier de sport ou de guerre. Dix-huit siècles avant J.-C., un peuple de pasteurs venu d'Asie, les Hyksos, envahissaient la péninsule arabique et pénétraient en Egypte, apportant avec eux les ancêtres de l'incomparable race de chevaux arabes. Les hauts plateaux d'Arabie centrale, les vallées du Turkestan, de Syrie et d'Irak se révélèrent d'excellents terroirs d'élevage, à tel point qu'on les considère comme le berceau de la race pure. Les chevaux arabes se répandent ensuite dans toute l'Afrique du Nord, pour constituer la race barbe.

En Europe continentale, les barbares gaulois et germains devaient lutter contre les invasions, subissant puis repoussant les Huns venus des bords de la mer Caspienne. A leur tour déferlent les Arabes que Charles Martel arrête définitivement à Poitiers (732), grâce à la supériorité de sa cavalerie. Les bandes vaincues dûrent se replier en abandonnant leurs chevaux de race ; sans doute le croisement de ces reproducteurs avec les juments autochtones expliquerait la qualité des diverses races françaises.

Pendant les trois siècles que durèrent les Croisades, un apport considérable et constant d'étalons orientaux améliora sans cesse notre élevage, car, si les chevaliers du Moyen Age employaient à la guerre des destriers lourds et puissants, ils utilisaient aussi des chevaux élégants, rapides et légers, pour la chasse, la parade, les tournois et les jeux, de confortables palefrois pour le voyage, et des chevaux de trait ou de bât pour leurs transports. Cependant leur équitation reste très primitive et brutale, le cheval n'étant qu'un instrument à dominer. Il faut attendre la Renaissance italienne pour voir apparaître les Académies et Ecoles d'Equitation, qui changeront complètement le point de vue des utilisateurs du cheval, et seront à l'origine de l'Art Equestre.

En 1539, le comte César Fiaschi fonde à Ferrare une Ecole d'Equitation qui devient vite célèbre : tous les fils de famille viennent s'y instruire, et Fiaschi rédige trois importants traités concernant l'embouchure, la ferrure et le dressage du cheval, dans lequel la force musculaire du cavalier, voire même sa brutalité, n'est pas exclue. Frédéric Grisone et Jean-Baptiste Pignatelli, ses meilleurs élèves et ses successeurs, créent l'Ecole de Naples, où vont étudier des gentilshommes français et allemands ; ils devaient avoir pour disciples les deux véritables créateurs de l'Ecole Française d'Equitation, Salomon de La Broue et Antoine de Pluvinel de La Baume.

La Broue fait connaître sa méthode dans le « Cavalerice Français » (1602), toute de douceur en comparaison des anciens usages ; il utilise le bridon, et accorde ses aides. Pluvinel, écuyer des rois Henri III et Henri IV, enseigna l'équitation au Dauphin, le futur Louis XIII, et rassembla dans le « Manège Royal » (1623) toutes les leçons données à son illustre élève. Initiateur de l'Equitation Académique, il préconise la nécessité absolue de l'impulsion, et insiste sur les airs relevés de la Haute Ecole, sauts dont on a conservé, en partie, la tradition au Manège de Saumur.

Peu de temps après, un émigré anglais, le marquis de Newcastle, attirait de nombreux disciples dans son manège d'Anvers, et publiait en français une « Méthode nouvelle » (1657) dans laquelle il est question d'une ébauche d'épaule en dedans. A Venise, au Portugal, en Allemagne ou en Espagne, nombreux sont les écuyers-auteurs qui apportèrent leur pierre à l'édifice équestre. En France, l'Ecole de Cavalerie de Versailles connaissait sa plus rayonnante perfection, avec Gaspard de Saunier, Louis Cazeau de Nestier, Pierre de Garsault, Antoine et François de Vendeuil, Pierre du Plessis, le vicomte d'Abzac et son frère le chevalier d'Abzac, et tant d'autres. Cette nouvelle école propose une position plus aisée, plus souple, et insiste sur la finesse des aides, le tact équestre et la légèreté.

Au-dessus de tous ces écuyers de grande valeur, François Robichon de La Guérinière règne au Manège des Tuileries : son équitation est toute de finesse et de grâce ; il prescrit la fixité, dans son « Ecole de Cavalerie » (1729), et préconise l'exercice de l'épaule en dedans, lequel « produit tant de bons effets à la fois » qu'il le « regarde comme le premier et le dernier de tous ceux que l'on peut obtenir d'un cheval ». L'influence de ce Maître incontesté fut capitale de son temps et subsiste toujours à l'heure actuelle, non seulement en France, mais dans le monde entier. A tel point que l'Ecole Espagnole de Vienne, réplique de notre Ecole de Versailles, ne cesse de se recommander hautement, de nos jours encore, de François Robichon de La Guérinière, dont l'ouvrage est qualifié par elle de « Bible Equestre ».

La réaction ne se fit pas attendre. La Guérinière lui-même avait mis en garde contre les dangers d'une équitation trop académique. Le comte Drumond de Melfort, ancien aide de camp du maréchal de Saxe à Fontenoy, prend vigoureusement le contre-pied dans son Traité de Cavalerie (1776). L'Ecole des Chevau-Légers, à Versailles, avec le comte de Lubersac, l'Ecole Militaire de Paris, avec le colonel d'Auvergne, les Gendarmes Rouges de Lunéville et les Carabiniers qui viennent de s'installer à Saumur, tous délaissent les fioritures artistiques du manège pour manœuvrer à l'extérieur et en tous terrains. L'équitation redevient militaire, et pratique pour la troupe.

C'est alors une pléiade d'écuyers célèbres : Montfaucon de Rogles, le chevalier de Boisdeffre, le baron de Bohan, le marquis Ducroc de Chabannes, que la tempête révolutionnaire devait disperser en même temps que les Ecoles. L'Empire créa l'éphémère Ecole Spéciale de Cavalerie de Saint-Germain-en-Laye ; Saumur rouvrit ses portes en 1825, mais, après deux brèves interruptions, eut encore à subir les remous provoqués par les divergences de méthode du siècle passé. Cordier, Chabannes et Rousselet en prirent successivement la direction ; c'est en 1828 qu'eut lieu le premier Carrousel de Saumur, présenté à la duchesse de Berry par M. Cordier, écuyer en chef.

En 1849, le comte d'Aure est nommé écuyer en chef de l'Ecole de Cavalerie de Saumur. Avec lui commence une période fructueuse pour l'équitation, qui ne fut pas sans heurts ni sans acrimonies : deux méthodes, à nouveau s'affrontaient, celle du Manège, officielle, et celle de François Baucher. Le général L'Hotte, qui fut élève de l'un et de l'autre, en relate très impartialement les péripéties dans ses souvenirs « Un officier de cavalerie ». Baucher ne parvint pas à faire adopter ses principes par l'armée ; il dut modifier son enseignement, vers la fin de sa vie, pour réaliser ce qu'on est convenu d'appeler sa « seconde manière ». La synthèse des méthodes du comte d'Aure et de Baucher fut réalisée harmonieusement par les écuyers en chef qui se succédèrent ensuite à la tête du Manège : le commandant Guérin, et surtout le général L'Hotte, dont l'œuvre capitale, « Questions équestres », constitue le bréviaire de tout cavalier.

Après la guerre de 1870, l'enseignement équestre à Saumur donne une place plus importante à l'équitation sportive : les courses militaires, jusque-là tolérées seulement, furent encouragées et développées. Le commandant Blacque-Belair rédige le premier manuel d'équitation et de dressage, et l'on ne peut passer sous silence les noms de quelques cavaliers prestigieux, civils ou militaires : capitaine de Saint-Phalle, James Fillis, les commandants de Champsavin et Bossut, Leclercq, le capitaine Crousse, Vignolle, F. de Juge-Montespieu, René Ricard et bien d'autres...

Complètement dispersée pendant la première guerre mondiale, l'Ecole de Cavalerie de Saumur fut reconstituée en 1919 et reprit sa mission de former des officiers d'armes montées. A la tête du Manège, le commandant Wattel remit en honneur l'équitation académique, sans oublier l'équitation sportive qu'il développa sous toutes ses formes : courses, concours complet, concours hippique, polo. L'écuyer en chef créa le Centre de Préparation aux Epreuves Internationales qui permit à la France de briller aux premiers rangs dans toutes les capitales du monde, grâce à ses équipes militaires.

Vint le colonel Danloux, instructeur passionné et exécutant hors pair, qui s'attacha à définir la position et les gestes du cavalier les plus favorables à la bonne exécution du saut ; il sut adapter la monte traditionnelle aux nécessités de l'heure, empruntant au capitaine italien Caprilli les meilleurs principes de sa méthode, issue de la monte américaine de courses.

Nombreux sont les trophées remportés à cette époque par une pléiade de jeunes officiers : en dressage, le commandant Lesage, médaille d'or aux Jeux Olympiques de Los-Angeles, en 1938, avec le cheval Taine ; le capitaine Jousseaume et le capitaine Marion. En concours hippiques, les commandants de Laissardière et Haentjens, les capitaines du Breuil, Bizard, Gudin de Vallerin, Cavaillé, Bertrand de Balanda, de Bartillat, Durand, Benoist-Gironière, de Busnel, de Maupéou, de Tillière, Clavé et le lieutenant de Castries longtemps champion du monde de saut en hauteur, deux mètres trente-huit, avec Vol-au-Vent. En courses, le capitaine Martin. Et l'équipe de polo de Saumur va jouer à Madrid contre celle du roi Alphonse XIII.

Les militaires ne sont pas les seuls à tenir des rôles de vedettes : il y a aussi dans les rangs des cavaliers civils, anciens officiers de cavalerie pour la plupart, bon nombre de champions, tels le comte de Peyrelongue, Roland de Maillé, Henri de Royer, Paul Larregain, Jean Salmon, Ferdinand Begnin, André Demazières, sans oublier les amazones, Mme Hasselbach et Mlle de Tillière.

Cependant, la motorisation s'impose dans l'armée comme une nécessité ; les régiments de cavalerie à cheval se trouvent remplacés peu à peu par des unités blindées. Le déclin s'amorce dès 1920, et se poursuit, lentement mais sûrement...

Pendant ce temps les cavaliers civils relevaient le flambeau, grâce à l'admirable mouvement des Sociétés Hippiques Rurales et Urbaines, crées par M. Miquel, directeur du Haras d'Angers. Les débuts furent timides quoique spectaculaires, et ce fut un enthousiasme général qui reprit une nouvelle vigueur au lendemain de la seconde guerre mondiale. On assista alors à un incroyable revirement : alors que l'armée voyait fondre ses effectifs et que les éleveurs de chevaux ne trouvaient plus de débouchés pour leur production, de partout surgit une infinité de sociétés hippiques, clubs ou cercles, qui devinrent la base du renouveau de l'équitation en France.

Dans le Vél' d'Hiv' transformé en piste d'obstacles par Pierre Guichené, les exploits de Michèle Cancre, de Jean d'Orgeix et de Pierre Jonquères d'Oriola font vibrer les foules bien davantage que les coureurs cyclistes. Ce nouvel engouement du public se traduit aussitôt par la levée en masse de centaines de cavaliers amateurs ; ils se groupent en sociétés sans but lucratif, selon la loi de 1901, aidés par les pouvoirs publics, le ministère de l'Agriculture, les Haras, le secrétariat à la Jeunesse et aux Sports. Chaque ville de France voit naître une société hippique, florissante dès le début. Le nombre des concours hippiques augmente d'année en année ; les subventions se font de plus en plus importantes, et les cavaliers de plus en plus ardents. Les joies que procure l'équitation ne restent plus l'apanage d'un petit nombre d'amateurs favorisés par la fortune : au contraire, le cheval pénètre peu à peu dans toutes les classes de la société. Et les organismes officiels, Société Hippique Française et Fédération Française des Sports Equestres sont débordés par les problèmes que pose cet enthousiasme subit des Français pour la plus noble conquête de l'homme...

Les éleveurs de chevaux ne se contentent plus de faire naître, pour vendre ensuite : ils se mettent à cheval eux aussi pour présenter leurs produits et montrer leurs qualités aux acheteurs. Un grand nombre d'entre eux deviendront des cavaliers de classe internationale, tels Philippe Henry et Alain Navet. Le nombre des vedettes civiles s'accroît sans cesse, entraînées par des vétérans comme Georges Calmon et Michel Boutté. Les remontes militaires n'achètent presque plus, mais les propriétaires civils ne trouvent plus assez de chevaux pour leurs besoins personnels. Il faut que les sociétés achètent des chevaux à l'étranger, en Espagne, en Hongrie, en Pologne et même en Russie.

Les exportations de chevaux vers l'étranger continuent cependant à un rythme accéléré : l'Union Nationale Interprofessionnelle du Cheval enregistre chaque année des chiffres records, les produits de l'élevage français sont appréciés partout, au plus grand bénéfice de notre balance commerciale. La jumenterie s'accroît et s'améliore, car les naisseurs se sont débarrassés des sujets médiocres pendant le marasme d'après-guerre, pour ne conserver que les meilleures juments. La qualité des chevaux s'en ressent, encore accrue par un choix judicieux d'étalons de valeur ; et les chefs de file sont nombreux, parmi lesquels quantité de chevaux de pur-sang ayant fait leurs preuves.

L'équitation sous toutes ses formes jouit de la faveur du public de façon incroyable. Au mois de janvier 1969, l'Institut National des Sports Equestres est créé, qui doit rendre à l'équitation civile les plus grands services. Installé à Fontainebleau, sous la direction du colonel Challan-Belval, et à Saumur sous la direction du colonel de Saint-André, cet organisme est chargé plus spécialement de former des instructeurs, d'entraîner les cavaliers qui constituent les équipes internationales, et de maintenir les traditions séculaires de l'Ecole de Versailles et de l'Ecole de Saumur.

En 1972, l'Institut est remplacé par l'École Nationale d'Équitation, qui ne deviendra fonctionnelle qu'en 1976, après de longues délibérations, quand s'achèvera la première tranche de constructions et d'aménagements, à Terrefort, proche de Saumur, sur un terrain de trois cents hectares. Une seconde tranche de constructions est entreprise en 1981, qui mettra à la disposition du Cadre Noir un ensemble de prestige, manège, écuries et accueil, pour les reprises traditionnelles de présentations au grand public.

Trois écuyers en chef se sont succédés à la tête de l'École, le Colonel de Boisfleury, le Colonel Bouchet et le Colonel Durand, conjugant leurs efforts pour apporter au cadre toute son efficacité. Avec les écuyers et maîtres de manège militaires, les écuyers et maîtres civils, dans des proportions à peu près égales, forment l'ossature du corps des Instructeurs et participent à l'exécution des quatre missions de l'École :

— Instruction, pour former et perfectionner les cadres de l'équitation.

— Compétition, pour préparer les cavaliers de haut niveau aux compétitions internationales.

— Études et Recherche, sur les plans techniques et pédagogiques.

— Prestige, en assurant le maintien et le rayonnement de l'équitation française.

LES GRANDES ÉCOLES

Le Manège de Versailles

L'Ecole de Versailles fut créée en 1680 par Louis XIV. Mansard entreprit la construction des Grandes et Petites Ecuries, en face du Palais, dès 1678 ; l'inauguration eut lieu en 1682.

Les Grandes Ecuries étaient destinées aux chevaux de guerre et de parade, de chasse et de manège. Les Petites Ecuries avaient en charge les chevaux d'équipage, les carrosses et les voitures.

Le grand écuyer exerçait son autorité sur l'ensemble des écuries royales. Peu importantes sous le règne de Louis XIV, les écuries prendront peu à peu de la consistance pour atteindre au sommet de leur renommée sous Louis XVI. Sous Louis XV, deux mille cinq cents chevaux nécessitent un personnel considérable de piqueurs, de palefreniers, et plus de trois cents officiers et écuyers.

La remonte était assurée par des courtiers au service des écuries ; ils achetaient en Normandie, en Limousin et partout ailleurs. Les jeunes chevaux restaient dix-huit mois ou deux ans dans les réserves, et ce n'était qu'une fois dressés qu'ils étaient affectés à un service spécial. Les chevaux de tête, désignés sous le nom de Brides d'Argent passaient au rang des chevaux royaux sous le nom de Brides d'Or.

Le grand écuyer, charge la plus importante du royaume, nommait aux emplois des manèges royaux : écuyers ordinaires attachés à Versailles, écuyers extraordinaires qui ne servaient que par quartiers, écuyers cavalcadours chargés des chevaux et de l'escorte du Roi. Il nommait aussi aux charges d'écuyers des Académies de province, dont il était à la fois administrateur et directeur.

Ce grand seigneur avait sous ses ordres quelques jeunes gens de famille aptes à devenir écuyers, des officiers des Gardes du Corps envoyés par les compagnies pour recevoir la formation d'instructeurs, un petit nombre d'élèves libres qui, par faveur spéciale, venaient apprendre pour eux-mêmes, et enfin les gens du service des écuries, au nombre desquels les futurs piqueurs.

L'Ecole des Pages relevait aussi de son autorité. Créée en 1682, elle devait fournir d'excellents cadres et officiers aux Services et Armées de la Monarchie. Les pages étaient des jeunes gens de famille noble, soigneusement choisis. Chaque année, vingt à trente pages entraient à l'Ecole pour une durée de trois ans. A l'issue de leur stage, ils recevaient le brevet d'officier, ou, quelquefois, celui d'écuyer.

L'instruction donnée par les écuyers était très progressive et méthodique. On attachait une grande importance à l'assiette du cavalier, point de départ de toute bonne position. Les pages qui montaient au manège pendant trois ans ne prenaient les étriers et ne portaient les éperons qu'à leur dernière année.

Le grand mérite de l'Ecole de Versailles fut de s'orienter vers une équitation plus souple, exempte de raideur ; la position fut plus naturelle, plus élégante, par réaction, sans doute, contre les excès de l'Ecole de Pluvinel : position droite, sur des jarrets tendus, assiette sur l'enfourchure, nécessitée par le port de l'armure et les exercices de guerre.

Le dressage fait appel à des actions n'opposant jamais inutilement les mains aux jambes, allant du simple au composé, s'adressant à l'intelligence du cheval dont on recherche l'allant bénévole, la souplesse et l'équilibre.

De cette extrême finesse des aides naît le tact, grâce auquel l'écuyer et le cheval paraissent liés aux termes d'un accord si parfait qu'aucun geste extérieur ne vient le trahir. Le cheval semble obéir à sa seule impulsion : il s'engage dans la légèreté, « goûtant son mors, galant dans sa bouche et puissant dans ses hanches », tandis qu'un gant de velours cache une main de fer, et qu'une jambe attentive maintient la menace de l'éperon.

Dispersé par la Révolution en 1792, le Manège de Versailles fut reconstitué en 1814 sous la direction des deux frères d'Abzac, le chevalier et le vicomte. Mais, en l'absence de la Cour, le train et le rayonnement sont loin d'être les mêmes qu'au siècle précédent. L'enseignement est réservé au personnel de la maison du Roi ; la charge de grand écuyer n'est plus accordée. Et si l'Ecole des Pages se trouve rétablie en 1820, la vieille Ecole de Versailles va disparaître définitivement en 1830, à l'avènement de la Monarchie de Juillet.

L'Ecole de Cavalerie de Saumur

En 1763, le régiment des Carabiniers de Monsieur, frère du Roi, comte de Provence, vient tenir garnison à Saumur, ville à demi huguenote. La construction de l'école actuelle est entreprise, avec un premier manège, à l'emplacement du futur manège des écuyers.

L'année suivante, cinq Ecoles de Cavalerie sont créées à Besançon, Cambrai, Douai, Metz et La Flèche, pour former de jeunes officiers. Mais des divergences d'enseignement et des rivalités surgissent. En 1771, l'Ecole de Cavalerie de Saumur remplace toutes les autres, commandée par le marquis de Poyanne, avec le baron de Livron, élève de M. d'Auvergne à l'Ecole Militaire, comme écuyer en chef.

La nouvelle Ecole accueille chaque année quatre officiers et quatre sous-officiers des régiments, pour perfectionner leur instruction équestre. Bien que dirigée par les carabiniers, elle est bien l'Ecole de la Cavalerie, et instaure ainsi la tradition qui s'est perpétuée jusqu'à nos jours.

L'enseignement s'accroît de cours d'hippologie, d'histoire et de géographie. Les exercices militaires prennent plus d'importance, mais l'art équestre reste toujours la principale discipline.

En 1778, Saumur disparaît momentanément, par suite d'une réorganisation générale de l'armée. Mais la nécessité de former des cadres oblige la Convention à créer une Ecole des Troupes à Cheval à Versailles (1793), puis l'Ecole Spéciale de Cavalerie de Saint-Germain-en-Laye (1809). En 1814, le maréchal Soult rétablit à Saumur l'Ecole des Troupes à Cheval, qui est licenciée en 1822, à la suite de la conspiration du général Berton.

Alors reviennent les carabiniers, qui cèdent la place à leur tour en 1825 à l'Ecole Royale de Cavalerie, de façon définitive. L'enseignement de l'équitation est orienté vers l'emploi du cheval pour des buts militaires.

Mais si l'Ecole est commandée par le général Oudinot, le manège ne comprend que des écuyers civils, avec M. Cordier à leur tête. Il en résulte quelques conflits qui ne s'apaiseront qu'à partir du moment où tous les écuyers seront choisis parmi les officiers joignant l'autorité de leur grade au prestige de leur habileté équestre. Le commandant Champet fut nommé écuyer en chef en 1837, au départ de M. Cordier.

L'Ecole de Cavalerie avait pour mission de former des instructeurs de troupes à cheval, d'instruire comme officiers de cavalerie les élèves sortant de Saint-Cyr, de fournir des sous-officiers capables de concourir à l'instruction des recrues, et de former des maréchaux et des trompettes. En outre, un haras d'études fut créé derrière l'Ecole, qui comprenait deux étalons et une vingtaine de poulinières ; ses produits, affectés à l'Ecole, y firent preuve de qualité, mais l'expérience fut supprimée en 1868.

L'enseignement équestre de M. Cordier et de ses écuyers a pu être plus ou moins apprécié ; quoi qu'il en soit, c'est avec eux toutes les traditions de Versailles qui se perpétuent à Saumur, tandis que l'envahissante anglomanie faisait fureur.

En 1826, le général Oudinot fait acheter vingt-cinq chevaux irlandais pour les exercices à l'extérieur, et obtient l'autorisation de fabriquer vingt-cinq selles anglaises. Cette double révolution marqua une nouvelle orientation de l'équitation officielle. Dès lors, les jeunes officiers vont se passionner pour une équitation vigoureuse et hardie, pour les allures allongées, le saut des obstacles, les parcours en tout terrain, et les courses. Le goût de la compétition commence à pénétrer dans l'Ecole, avec ces manifestations sportives venues d'outre-Manche, pour le plus grand avantage de l'équitation française, un peu trop figée dans la monotonie des exercices de manège.

En juin 1828, la duchesse de Berry visite l'Ecole de Cavalerie, et assiste au premier carrousel, dont la tradition s'est perpétuée jusqu'à nos jours.

La Révolution de 1830 ne modifia en rien l'organisation de l'Ecole, qui s'agrandit peu à peu avec la construction de la Carrière Iéna, du Manège Kellermann et d'une infirmerie-hôpital.

En 1847, le comte d'Aure est nommé écuyer en chef, et 1850 voit les premières courses militaires dans les prairies des environs de Saumur. On organise alors un parcours d'obstacles fixes au Chemin-Vert, que tous les élèves effectuent à tour de rôle.

En 1853, à leur sortie d'Alfort, les vétérinaires sont admis dans l'armée et doivent effectuer un stage d'une année à Saumur. Le Service Vétérinaire va se développer considérablement par la suite, et restera installé à l'Ecole de Cavalerie jusqu'en 1940.

Deux faits importants, en 1860, pour l'Ecole : c'est d'abord la création du Corps des Cavaliers de Manège, jouissant d'un statut particulier. Ensuite la réorganisation de l'instruction, qui comprend désormais cinq divisions, dont les cours sont ramenés à un an : les lieutenants-élèves-instructeurs ; les sous-lieutenants sortis de Saint-Cyr ; les sous-officiers-élèves-instructeurs ; les brigadiers-élèves-instructeurs ; et enfin les cavaliers-engagés-volontaires qui veulent faire carrière dans la cavalerie. Au total : deux cents officiers-élèves et plus de six cents gradés ou élèves-gradés.

En 1864, le colonel L'Hotte est nommé écuyer en chef ; sous sa direction, l'enseignement équestre atteint sa perfection, s'en remettant aux principes du comte d'Aure pour l'équitation d'extérieur et à ceux de Baucher pour l'équitation savante.

En 1866, de graves inondations viennent entraver momentanément l'activité de l'Ecole, qui se disperse aux alentours. Puis c'est la grande dispersion provoquée par la guerre de 1870. Réorganisée en 1872 sous le nom d'Ecole d'Application de la Cavalerie, sous le général Thorton, Saumur comptera désormais, jusqu'en 1939, trois sections : l'instruction militaire, l'enseignement général et l'enseignement de l'équitation, appelé aussi Manège, ou Cadre Noir.

Le nom de « Cadre Noir » vient de la couleur de la tenue des écuyers : noire à boutons d'or, dont la forme a varié suivant les époques, redingote, habit à courtes basques, tunique collante ou fendue. En tenue de gala, les écuyers portent la culotte blanche, les épaulettes dorées, le bicorne « en bataille » petit chapeau de feutre, réglementaire autrefois au manège pour tous les élèves, baptisé familièrement le lampion, et la cravache à trois viroles d'or.

En 1876, l'Ecole de Cavalerie présente au président Jules Ferry, sur la place du Champ-de-Mars, à Paris, un gigantesque carrousel : outre les reprises traditionnelles du Cadre Noir, le public peut admirer les évolutions du carrousel des officiers-élèves, de l'escadron de Saint-Cyr, de trois escadrons des Régiments de Paris, et la fantasia des spahis, vaste démonstration d'ensemble qui obtient un succès extraordinaire.

L'année suivante, inauguration du champ de courses de Verrie, proche de l'Ecole ; acquisition du terrain de manœuvres du Breil et construction de deux nouveaux manèges, Lasalle et Marguerite. Jusqu'en 1914, Saumur comptera environ huit cents chevaux.

Au cours des années qui précèdent le premier conflit mondial, l'Ecole de Cavalerie de Saumur connaît un éclat qu'elle n'avait jamais encore atteint. Une pléiade d'écuyers, de professeurs, d'instructeurs remarquables en auront le mérite, au nombre desquels il faut citer, pour le manège, les commandants Dutilh, de Contades, de Montjou et Blacque-Belair. Lorsqu'allaient retentir les fanfares du carrousel de 1914, l'Ecole est dispersée par la mobilisation... Et quelques années plus tard, le monument érigé place du Chardonnet rend hommage aux morts de la Cavalerie, aux 2.228 officiers de l'arme, dont quatre généraux, soit plus du tiers des effectifs disparus de 1914 à 1918.

Aussitôt après l'armistice, l'Ecole rouvre ses portes. En 1928, le Train des Equipages se joint à la Cavalerie, mais le Centre d'Instruction Auto fait son apparition, et va grignotter peu à peu le domaine du cheval. Le commandant Wattel prend la direction du manège et remonte son équipe en six mois ; ce fut un tour de force. Dès 1922, il présente la reprise des écuyers et la reprise des sauteurs en liberté, qui connaissent leur habituel succès lors du carrousel, l'année suivante à Paris, puis à Bruxelles, Londres, Genève et Berlin.

Lorsque le général Lafont prend le commandement en 1925, le colonel Decarpentry est commandant en second ; avec Wattel et Danloux, ce sont quatre amis, quatre écuyers d'avant 1914, qui se retrouvent à la tête de l'Ecole. L'effectif des chevaux atteint le chiffre de 1.250, 750 pour l'instruction équestre et 500 pour les escadrons de troupe. Le Centre de Préparation aux Epreuves Internationales, plus connu sous la dénomination de C.H.I., est créé en 1922 sous la direction du colonel Haentjens, puis du colonel de Laissardière ; il remportera une moisson de lauriers entre les deux guerres avec les capitaines Durand, du Breuil, Carbon, Cavaillé et Clavé, les lieutenants de Bartillat, Benoist-Gironière, Bertran de Balanda, Bizard, de Busnel, de Castries, de Maupéou, de Tillière, Gudin de Vallerin, etc. En 1932, c'est le commandant Lesage, avec le cheval Taine, qui remporte la médaille d'or au Jeux Olympiques de Los-Angelès.

A partir de 1924, le cours de perfectionnement équestre permet de sélectionner un certain nombre d'officiers choisis pour leurs aptitudes, et, jusqu'en 1939, le Cadre Noir comprendra 12 officiers, écuyers ou sous-écuyers, et 12 sous-officiers, maîtres ou sous-maîtres de manège. Saumur s'intéresse donc à toute utilisation du cheval ; malgré l'orientation de plus en plus marquée de l'armée vers la motorisation, le manège atteint son apogée aux ordres du commandant Lesage.

L'Ecole se vide aux premiers jours de la mobilisation, et beaucoup de chevaux sont affectés à la mise sur pied de guerre des unités à cheval. L'Ecole continue cependant, jusqu'à l'occupation, puis se transporte à Tarbes, où le manège maintient ses traditions sous les commandants Aublet et de Balorre. Un Centre de Sélection de chevaux de sport est installé à Pau, sous la direction du commandant Bizard. Mais la dissolution de l'armée d'armistice voit disparaître le manège, regroupé à Fontainebleau sous le nom d'Académie Nationale d'Equitation, patronnée par le Commissariat aux Sports.

Ainsi fut conservé un noyau de chevaux dressés et de cavaliers instruits.

Dès le printemps de 1945, une Ecole d'Application de l'Arme Blindée et de la Cavalerie se réinstallait à Saumur, orientée presque uniquement sur l'emploi des armes blindées et motorisées. Elle conserve cependant une section d'instruction équestre, que le capitaine, puis commandant et colonel Margot réorganise avec un effectif réduit de chevaux, et un groupe de jeunes et brillants écuyers. Le Centre de Préparation aux Epreuves Internationales est transporté à Fontainebleau sous le nom de Centre National des Sports Equestres, qui connaîtra de nombreux succès partout dans le monde, sous la direction des colonels Cavaillé, Fresson et Chevallier.

Le colonel Margot restera à la tête du manège jusqu'en 1958 ; le colonel Lair lui succède, puis le colonel de Saint-André en 1964, dignes successeurs des grands écuyers qui, à travers les âges, firent le renom de l'Equitation Française.

Les écuyers célèbres

Il n'est pas possible, dans ce bref chapitre, de parler de tous les écuyers célèbres qui ont illustré l'histoire de l'équitation dans le monde entier. Nous devons nous limiter à ne citer que les plus grands d'entre eux, ceux qui ont été, en France spécialement, des chefs de file, des précurseurs, ou des auteurs dont la doctrine a fait école.

SALOMON DE LA BROUE (15.. - après 1600)

On le considère à juste titre comme le restaurateur de l'équitation française.

Il fut écuyer ordinaire de la Grande Ecurie du Roi, sous les ordres du chevalier de Saint-Antoine.

Elève de Pignatelli à Naples, il est avant tout un cavalier d'extérieur, dédaignant « les débauches et singeries » en honneur dans les manèges de l'époque. Il semble avoir réellement inauguré les flexions d'encolure, et fait toujours preuve de beaucoup de douceur et de patience.

Son œuvre magistrale, *Le Cavalerice François*, édité à Paris en 1602, mérite d'être lue et méditée.

ANTOINE DE PLUVINEL DE LA BAUME (1555-1620)

Elève, à la célèbre Académie de Naples, de Jean-Baptiste Pignatelli, il rentra en France sous Henri III. Directeur des Grandes Ecuries de Henri IV, il devint précepteur du dauphin, le futur Louis XIII.

Il écrit *Le Manège Royal,* grand in-folio publié à Paris en 1623 par J.-D. Peyrol, orné de 63 gravures de Crispin du Pas, réédité en 1625 sous le titre : *Instruction au roi,* par les soins de René Menou de Charnizay, avec les mêmes célèbres gravures, puis en 1628 à Francfort, avec de nouvelles gravures de Mathieu Mérian.

Pluvinel s'écarte de l'école napolitaine trop brutale, pour rechercher une équitation plus légère. Il travaille aux piliers et pratique tous les airs relevés de la haute école : passades, courbettes, cabrioles, etc. Mais sa position à cheval n'en reste pas moins raide et droite, dans les selles à piquer.

DUC DE NEWCASTLE (1592-1676)

D'origine anglaise, ce grand seigneur dut s'exiler en France après la malheureuse bataille de Marston (1644). Il ouvrit alors un manège à Anvers, qui devint vite célèbre, et publia, en français, en 1657, sa *Méthode nouvelle de dresser les chevaux.* Il affirme que « l'Art doit toujours suivre la nature, et jamais ne s'y opposer » et veut que les aides soient des plus délicates. Il amorce le travail de l'épaule en dedans.

GASPARD DE SAUNIER (1663-1748)

Inspecteur général des Haras, il travailla l'art équestre à Versailles sous la direction de Pierre Vernet du Plessis.

Réfugié à Leyde, il y fonda une Académie d'Equitation qui eut son heure de gloire.

Contemporain de la Guérinière, il préconise le travail de l'épaule en dedans, qui serait probablement l'invention d'Antoine de Vendeuil, leur Maître commun. Il fait acte de novateur en écrivant : « Les jambes du cavalier ne doivent plus être raides, mais paraître souples le long des sangles. » Mais il reste dans la doctrine officielle de patience, de progression dans le dressage et de légèreté avec l'emploi de mors doux.

FRANÇOIS ROBICHON DE LA GUERINIERE (1688-1751)

Elève de son frère, directeur de l'Académie d'Equitation de Caen, il obtient son Brevet d'Ecuyer du Roi en 1715 et monte à Paris où il fonde une Académie d'Equitation qu'il dirigera pendant quinze ans, avec le plus grand succès.

En 1730, il est nommé directeur du Manège Royal des Tuileries, gloire de l'Ecole française autant que les Grandes et Petites Ecuries de Versailles.

La renommée de La Guérinière était universelle et ses élèves venaient de l'Europe entière. Il fut un dresseur, un professeur et un écrivain remarquables. Son *Ecole de Cavalerie* (1733) est une œuvre magistrale, toujours considérée comme la « Bible équestre ». Il y expose clairement la leçon de l'épaule en dedans, invention de son

Maître Antoine de Vendeuil, « qui est la plus difficile et la plus utile de toutes celles que l'on doit employer pour assouplir les chevaux ».

Mais son principal mérite est d'avoir assoupli le cavalier, de l'avoir assis sur des fesses avancées, d'avoir tourné sa cuisse sur son plat, bref de lui avoir enseigné la « belle posture », aisance et liberté, qui sera conservée presque sans modifications pendant un siècle. Et le général L'Hotte n'hésitera pas à décerner à La Guérinière le titre incontesté de père de l'équitation française.

L'Ecole de Cavalerie, édité une première fois chez Mesnier, à Paris, en 1729, avec d'admirables gravures de Parocel, fut réédité, maintes et maintes fois, ainsi que les *Eléments de Cavalerie* (1740), son résumé, et en plusieurs langues.

JACQUES D'AUVERGNE (1729-179 .)

Elève de Lubersac à l'Ecole des Chevau-Légers de Versailles, il est le premier écuyer en chef du manège de l'Ecole Militaire fondée en 1756 par Louis XIV et y reste trente-deux ans.

Bien qu'il n'ait laissé aucun écrit, il peut être considéré comme le fondateur de l'équitation militaire française. Ses élèves, Jean de Boideffre et Ducroc de Chabannes, marchant fidèlement dans la voie qu'il leur avait tracée, ont été les interprètes de ses principes, rejetant avec ensemble les « espèces de jongleries » des grands airs de manège alors à la mode, pour donner une plus grande place au travail à l'extérieur.

L'équitation du colonel d'Auvergne évolue sur celle de son temps : moins académique, mais plus simple, plus naturelle, plus hardie, plus militaire enfin.

LE VICOMTE D'ABZAC (1739-1827) ET LE CHEVALIER D'ABZAC (1747-1831)

Les deux frères d'Abzac sont inséparables. Ils sont successivement pages à la Grande Ecurie de Versailles, puis écuyers-cavalcadours et écuyers ordinaires. Ils démissionnent l'un après l'autre, émigrent pendant la Terreur et reviennent en France en 1802.

Le cadet sert alors l'Empire comme directeur du Haras du Pin ; mais tous deux se « présentent » lorsque revient le roi et sont nommés écuyers en chef du premier et du second manège de l'Ecole de Versailles restaurée.

Mais, tandis que le chevalier, terrassé par la goutte, doit prendre sa retraite en 1819, le vicomte d'Abzac continue à dresser et à enseigner jusqu'à sa mort. Ils eurent ainsi l'heur d'assurer « la soudure » à Versailles par-dessus les années de la Révolution et de l'Empire, calamiteuses pour l'équitation.

Et si le chevalier mit à cheval trois rois, Louis XVI, Louis XVIII et Charles X, son aîné, le vicomte d'Abzac, eut pour élève le comte d'Aure.

LOUIS DUPATY DE CLAM (1744-1782)

Il reçut l'enseignement de Pierre de La Pleignière, écuyer du roi à l'Académie de Caen, et semble bien n'y avoir pas seulement travaillé l'équitation. Car son érudition est telle qu'après avoir servi pendant sept ans aux Mousquetaires-Gris, il rentre chez lui à La Rochelle où, membre de l'Académie des Sciences et Belles-Lettres, il publie successivement une *Pratique de l'équitation* (1769), un *Traité sur l'équitation* (1771), une traduction de l'*Equitation* de Xénophon (1772), un volumineux *Sciences et art de l'équitation* (1776), et un *Mémoire sur l'art de la sellerie* (1779).

Ancien officier de cavalerie, il reste résolument en dehors du métier militaire. Il expose ce qu'il appelle « l'enveloppe », c'est-à-dire la tenue du cavalier par la grande quantité des points de contact et indique que c'est « l'avancement de la ceinture qui doit provoquer l'assiette, le rein droit autant que possible « et que » la moindre roideur est à éviter à cheval ».

JEAN-BAPTISTE CORDIER (1771-1849)

Officier-élève à l'Ecole d'Instruction des Troupes à Cheval de Versailles, après une blessure à Nerwinden (1793), il est mis à la retraite en 1810. Sous-écuyer à l'Ecole Militaire de Saint-Germain en 1811, il devient écuyer à Saumur en 1814, puis écuyer en chef à Versailles, où il connut le vicomte d'Abzac, avant de rejoindre Saumur restauré en 1825.

Le 20 juin 1828, il présente à la jeune duchesse de Berry le premier carrousel de l'Ecole de Cavalerie.

Son *Traité raisonné d'équitation* fut publié pendant son séjour à Versailles, mais ses principes sont maintenus à Saumur : la ceinture du cavalier portée en avant, le rein creusé, et, pour le cheval, un rassembler trop prononcé et l'emploi des piliers, même pour les chevaux de rang.

Jean-Baptiste Cordier sut être l'élément modérateur, au moment où les traditions de Versailles étaient battues en brèche par l'anglomanie naissante.

FRANÇOIS ROUSSELET (1783-1858)

Engagé volontaire, il passe deux ans comme sous-officier à l'Ecole d'Instruction des Troupes à Cheval de Versailles, puis fait toutes les campagnes de l'Empire.

En 1814, il est sous-écuyer à Saumur et devait y rester trente-cinq ans !

Il résista d'abord courtoisement aux tentatives d'introduction des méthodes de Baucher (1842) dans la cavalerie, puis se rangea catégoriquement parmi ses adversaires, prônant avec juste titre la nécessité du mouvement en avant et des allures naturelles.

FRANÇOIS BAUCHER (1796-1873)

Il passa quatre années à Milan dans les écuries du prince Borghèse, époux de Caroline Bonaparte, puis revint à dix-huit ans dans sa ville natale, Versailles, avant de s'installer au Havre et à Rouen comme écuyer civil.

Il publie alors son premier ouvrage, *Dictionnaire raisonné d'équitation* (1833), assez révolutionnaire, dans lequel on retrouve exactement la doctrine de Mazuchelli, son Maître italien.

En 1834, il monte à Paris pour s'associer à Jules Pellier, directeur d'un manège, faubourg Saint-Martin, qui concurrençait celui du comte d'Aure, rue Duphot. Là, toujours associé à Pellier, il publie ses bizarres *Dialogues sur l'équitation* (1834), puis signe seul en 1837 un *Résumé complet des principes d'équitation.*

Il décide alors de s'imposer au public sur la piste du Cirque Franconi : ses présentations sont éblouissantes et il conquiert le Tout-Paris avec ses chevaux *Partisan, Buridan* et *Capitaine* par toutes sortes de figures et d'airs compliqués.

Après *Les passe-temps équestres* (1840), parut la *Méthode d'équitation* qui déclencha la bataille ; car l'auteur attaquait de front « la routine et les préjugés », préconisait l'effet d'ensemble... qui, hélas ! tue l'impulsion.

Grâce à l'appui du général Oudinot, Baucher obtint de présenter sa méthode à un écuyer de Saumur, M. Rousselet, puis à l'écuyer en chef, le commandant de Novital. Par la suite, plusieurs expériences furent faites avec des officiers, des sous-officiers, des sous-maîtres du Cadre Noir, soit sur des chevaux difficiles, soit sur des jeunes chevaux. Baucher s'en alla même donner des leçons à Saumur, mais, après deux mois d'essais, sa méthode fut interdite, fort heureusement.

Très dépité, Baucher quitta la France pour effectuer des tournées en Allemagne, Autriche et Italie, où il se heurte également à une froide opposition. Pendant quelques mois, il se trouve bloqué à Lyon, avec le Cirque Soullié, par les émeutes de la IIe République ; c'est là, en 1849, qu'il fait la connaissance du général L'Hotte, alors lieutenant au IIe Guides, qui devint son élève et son ami. Puis le travail reprit à Paris, entrecoupé de voyages à l'étranger : la gloire était venue et, dans toute l'Europe, on bauchérisait à qui mieux-mieux.

Mais, en 1855, Baucher est victime d'un grave accident : l'énorme lustre du cirque se détache et l'écrase. On faillit lui couper une jambe... Et c'est très diminué qu'il se remit à dresser des chevaux et à enseigner ses élèves, toujours au cirque. Mais il ne se produisait plus en public. Adversaires et amis lui adressèrent de nombreux et touchants témoignages de sympathie, lui apportant un réconfort moral qui lui permit de se ressaisir et d'élaborer sa « seconde manière », plus accessible : ses chevaux travaillent désormais dans le mouvement en avant et se trouvent dans un équilibre plus naturel. Cette seconde manière fut exposée dans la treizième édition de la *Méthode d'équitation.* Vingt ans après, le général Faverot de Kerbrech précisera encore de façon magistrale les derniers enseignements de Baucher.

Succédant au comte d'Aure comme écuyer en chef à Saumur, en 1855, le commandant Guérin saura amorcer prudemment au manège la synthèse des enseignements opposés, d'auristes et bauchéristes, préparant ainsi la voie au magistral général L'Hotte.

Jusqu'à sa mort, Baucher fut entouré de l'affection de ses élèves et amis, mais il était pauvre et fut enterré à la fosse commune...

Que reste-t-il du bauchérisme à l'heure actuelle ? Beaucoup plus de choses qu'on ne saurait l'imaginer. Mais la seconde manière, plus souple, a remplacé les théories exagérées de la première. Baucher fut un exécutant remarquable, d'une habileté extraordinaire, et sa *Méthode* a marqué de façon indélébile toute l'équitation aotuelle.

LE COMTE D'AURE (1799-1863)

Sorti de Saint-Cyr en 1815, Antoine Cartier d'Aure est envoyé aux Grandes Ecuries de Versailles où le vicomte d'Abzac remarque ses qualités équestres. En 1827, il succède tout naturellement à son Maître comme écuyer en chef ; mais Versailles disparaît en 1830 avec le drapeau blanc, et le comte d'Aure profite d'une semi-retraite pour écrire plusieurs brochures sur la situation de l'élevage et la nécessité d'une Ecole Normale d'Equitation.

Il dirige ensuite le célèbre Manège civil de la rue Duphot, quand paraît son *Traité d'équitation* (1834), où il se montre fidèle héritier de la vieille Ecole de Versailles. Et, quelques années plus tard, c'est avec anxiété qu'il assiste de loin aux expérimentations faites à Saumur en 1842 par Baucher, son concurrent du faubourg Saint-Martin. Il contre-attaque immédiatement dans une plaquette intitulée *Observations sur la nouvelle méthode d'équitation.*

Mais le maréchal Soult, ministre de la Guerre, refuse de « démilitariser » Saumur, où l'on souhaitait cependant la présence du comte d'Aure. Il fallut attendre 1847 pour que le prestigieux cavalier obtienne d'être placé à la tête du manège de l'Ecole de Cavalerie.

Admirable cavalier, surtout en extérieur, son enseignement n'a pas bénéficié de la même virtuosité. Son *Cours d'équitation,* publié en 1850, fait « marcher l'instruction du manège académique parallèlement avec l'instruction militaire », et l'écuyer en chef développe le travail en carrière, l'obstacle, les courses véritables, même au trot, sans pourtant oublier sa formation versaillaise : courses de lenteur au galop et courses de vitesse au pas.

Le comte d'Aure donne sa démission en 1855, à la suite de la triste affaire de Mme Isabelle. C'était une aventurière, protégée du prince Jérôme-Napoléon, qui força les portes de l'Ecole de Saumur pour y expérimenter une méthode qu'elle disait avoir inventée ; elle se couvrit de ridicule. D'Aure fut alors nommé inspecteur général des Haras, fonction qu'il conserva jusqu'à sa mort.

Le général Decarpentry pourra écrire, en 1954, que « le comte d'Aure est le fondateur de l'équitation militaire pratiquée en France depuis un siècle ».

LE COMTE DE MONTIGNY (1814-1890)

Ses débuts dans un régiment de cavalerie hongroise le mettent en contact avec l'art équestre classique : il reçoit à Vienne les principes de La Guérinière, avant de rentrer en France en 1840.

Ecuyer-professeur à l'Ecole d'Etat-Major, puis au Haras du Pin, il publie ses premiers ouvrages : *Manuel de l'éleveur* (1849) et *Dressage des chevaux difficiles* (1851).

En 1853, il est écuyer civil à l'Ecole Impériale de Saumur, sous les ordres du comte d'Aure. Son *Equitation des dames* paraît en 1854 ; un an après, c'était à Saumur l'affaire de Mme Isabelle, qui fut une des causes de la démission de l'écuyer en chef. Montigny quitte Saumur lui aussi en 1855, après la parution de la *Progression de dressage des jeunes chevaux d'armes.*

Il est nommé directeur de l'Ecole de Dressage de Caen, puis inspecteur général des Haras, chargé de l'inspection des Ecoles de Dressage et d'Equitation de France. Il met au net son principal ouvrage, *Manuel des piqueurs, cochers, grooms et palefreniers* (1865), réédité sept fois.

Le comte de Montigny prit sa retraite en 1870, mais resta cependant un écuyer très actif. Il écrit toujours, en particulier une brochure dans laquelle il compare soigneusement les deux manières de Baucher et étudie leur succession logique.

LE COLONEL GUERIN (1817-1884)

Engagé volontaire avant d'avoir vingt ans, il suit toute la filière des petits grades. Sous-maître à l'Ecole Royale de Cavalerie en 1841, sous la direction de M. Rousselet, il participe à l'expérimentation de Baucher et devient fervent admirateur de la *Méthode.*

Sous-écuyer puis écuyer à Saumur sous le comte d'Aure, le capitaine Guérin publie *L'école du cavalier au manège* (1851), et devient écuyer en chef en 1855, pendant neuf ans.

Il assimila parfaitement l'enseignement de Baucher et celui du comte d'Aure et fit un choix judicieux pour « uniformiser » ces doctrines opposées. En 1860, paraît son *Dressage du cheval de guerre, des chevaux rétifs et des sauteurs* et, un an avant de prendre sa retraite, en 1872, des *Notes sur la cavalerie* : « L'écuyer est l'homme qui conçoit, applique, démontre, persuade, et qui transmet ce qu'il possède ; pour lui, réussir et briller personnellement est ce dont il se soucie le moins. »

LE GENERAL L'HOTTE (1825-1904)

Sorti de Saint-Cyr en 1845, il est à Saumur l'élève de M. Rousselet ; puis, à son cours d'instruction, en 1850, il est distingué par le comte d'Aure qui le considère comme son meilleur élève.

Entre temps, à Lyon, il fait la connaissance de Baucher, qui deviendra son Maître et son ami.

Le capitaine L'Hotte commande alors la section de cavalerie de

Saint-Cyr et retrouve François Baucher à Paris. Il revient à Saumur et prend la tête du manège en 1864 comme écuyer en chef. En 1870, il commande le premier régiment de cuirassiers et revient à Saumur en qualité de général commandant l'Ecole de Cavalerie.

Ayant bénéficié des leçons de plusieurs Maîtres remarquables, le général L'Hotte sut faire la synthèse de leur enseignement et en écarter les outrances. Il a égalé le comte d'Aure et Baucher dans la pratique de l'équitation et les a surpassés tous les deux dans la clarté de son enseignement.

Il recherche la perfection dans les mouvements simples ; il envisage le travail à l'extérieur comme un but, préparé par le travail au manège. Ses principes sont clairement exposés dans ses deux ouvrages, *Un officier de cavalerie* et *Questions équestres*, mines inépuisables de souvenirs, de citations et de réflexions, en même temps qu'un exposé précis et détaillé de la doctrine française actuelle.

JAMES FILLIS (1834-1913)

Anglais de naissance, mais catholique, James Fillis vint très jeune en France et travailla l'équitation au Cirque des Champs-Elysées, sous la direction du célèbre Victor Franconi. Il connaît fort bien Baucher, éprouve sa *Méthode* et en retire des enseignements qu'il discutera plus tard.

Elève de François Caron, James Fillis devient l'écuyer-professeur de la haute société, rival de Pellier. Georges Clemenceau est son élève, son ami, qui mettra sans doute la dernière main aux *Principes d'équitation et de dressage*, publiés en 1890.

Fillis avait une position à cheval peu élégante et se montrait parfois brutal, à tel point que ses éperons mettaient constamment ses sangles en lambeaux... ; mais il était d'une habileté extrême pour pratiquer tous les airs de fantaisie, poussés jusqu'aux « tours de force ». Il ne dressait que des chevaux de pur-sang et eut le grand mérite d'être, après l'équitation statique de la première manière de Baucher, un apôtre fanatique de l'impulsion.

En 1898, il est nommé écuyer en chef à l'Ecole d'Application de Cavalerie de Saint-Pétersbourg, où il restera douze ans, comblé d'honneurs par le tzar Nicolas II. En 1910, il prend sa retraite pour raisons de santé et d'âge ; il revient en France, sa patrie d'adoption, s'installe à Saint-Germain-en-Laye et continue de monter à cheval tous les jours, jusqu'à sa mort.

Le *Journal de dressage* (1903) et le *Dressage du cheval d'armes* (1908) forment, avec les volumineux *Principes d'équitation*, une œuvre magistrale qui eut une influence considérable dans le monde entier, particulièrement en France, où la belle époque correspondait à la période la plus néfaste de l'équitation.

LE GENERAL WATTEL (1878-1957)

Affecté au Manège de Saumur en 1904, en même temps que le

futur général Lafont, mais un an avant Danloux et Decarpentry, le lieutenant Wattel en devient aussitôt une vedette.

Chargé en 1919 de reconstituer de toutes pièces le Cadre Noir, le commandant Wattel fit preuve de qualités d'organisateur hors pair : il fallait combattre une épidémie de gale, assurer la remonte en jeunes chevaux et en chevaux d'école, remettre en état la sellerie et le matériel, recruter du personnel, officiers-instructeurs, sous-maîtres et cavaliers de manège ; tâche écrasante s'il en fût, accomplie en un temps record.

Infatigable, le colonel Wattel montait tous les jours tous les chevaux de son piquet, parmi lesquels il faut citer les célèbres *Rempart* et *Clough-Bank,* sobre de paroles avec ses collaborateurs, mais prêchant d'exemple.

Sous sa direction, le Cadre Noir joue au polo, monte en courses et en concours hippiques. Le Centre de Préparation aux Concours Hippiques Internationaux, créé en 1922, va procurer à la France une moisson de lauriers. Le colonel Wattel aura pendant dix ans présidé avec éclat aux destinées du Manège. « Comme d'Aure et comme L'Hotte, dira le général Decarpentry, Wattel est l'écuyer de sa génération. »

LE COLONEL DANLOUX (1878-1945)

Héritier d'une lignée cavalière, Danloux commença en 1905 au Manège de Saumur comme sous-écuyer, peu de temps après sa sortie de Saint-Cyr. Une longue partie de sa carrière devait s'y dérouler, puisqu'il s'y retrouve écuyer en chef de 1928 à 1934.

Par sa ténacité et son dynamisme, le colonel Danloux eut l'incontestable mérite de faire adopter pour le travail sur les obstacles la monte en avant selon la méthode italienne de Caprilli. La selle moderne qui porte son nom, la selle Danloux, a été mise au point pour faciliter cette manière de monter, en la perfectionnant. Les principes énoncés par le colonel Danloux sont à la base du règlement actuel de la Fédération Française des Sports Equestres : ils définissent de façon magistrale l'attitude du cavalier à cheval en insistant sur trois qualités : l'adhérence, la souplesse et le liant.

LE GENERAL DECARPENTRY (1878-1956)

Ce fut un exécutant remarquable, un instructeur hors pair et un écrivain exceptionnel.

Lieutenant en 1905, puis capitaine-écuyer au Cadre Noir, il se signale très vite par son goût pour l'équitation savante, aux côtés des lieutenants Lafont, Danloux et Wattel. Très jeune, il avait été fortement imprégné par sa famille des principes de Baucher ; pendant toute sa carrière, il a pratiqué et étudié avec passion tout ce qui touche à l'équitation.

Commandant la section de cavalerie de Saint-Cyr après plusieurs années en Afrique du Nord dans les régiments de spahis, il revint à Saumur en 1926 comme commandant en second et retrouve ses anciens camarades : le général Lafont, commandant l'Ecole, les colonels Wattel et Danloux, écuyers en chef. C'est dans cette ambiance cavalière et studieuse qu'il entreprend de rédiger ses principaux ouvrages : *Piaffer et passage* (1932), *L'Ecole espagnole de Vienne* (1946) ; puis, après sa retraite, *Baucher et son Ecole* (1948), *L'équitation académique* (1949), véritable somme de l'art équestre dans ce qu'il a de plus parfait. Une brillante étude sur *Les maîtres-écuyers du Manège de Saumur* suivit en 1954, puis, après la mort du général, survenue en 1956, la *Méthode de haute école de Raabe.*

Le général Decarpentry fut « une valeur équestre », un arbitre universellement apprécié, et le Maître incontesté des sports équestres modernes.

COMMANDANT DE BEAUREGARD (1883-1955)

Saint-Cyrien et cavalier, ses qualités équestres le désignaient pour le cours de lieutenant d'instruction à Saumur en 1914. Après quelques mois de campagne, le jeune lieutenant est réformé ; en même temps il est nommé capitaine instructeur d'équitation à Saint-Cyr. Mais une grave maladie l'empêche de monter à cheval dès la fin de la guerre ; il prend sa retraite en 1924 et entreprend les premières recherches scientifiques sur les gestes du cheval et du cavalier.

Le *Capitaine de Sévy* met en évidence le fait que l'équitation relève de la dynamique, et non de la statique. L'étude approfondie et l'interprétation de la photo animée, puis du film cinématographique, permirent à cet observateur subtil et passionné des questions équestres de tirer des conclusions fort intéressantes, au point de vue de la monte à l'obstacle, en particulier, conclusions qui furent précieuses à son ami le colonel Danloux, au moment où celui-ci, écuyer en chef, préconisa la formule de la monte en avant.

COLONEL JOUSSEAUME (1893-1960)

Engagé en 1912, la guerre l'avait rendu à la vie sous l'uniforme d'un jeune officier d'artillerie au passé militaire brillant. Instructeur d'équitation à l'Ecole d'Artillerie de Fontainebleau, cavalier complet dans toute l'acception du terme, André Jousseaume pratiqua avec la même ardeur l'équitation d'extérieur, le concours hippique et l'équitation d'école : il a brillé aussi bien dans les trois disciplines, et ses succès dans les épreuves internationales de dressage furent la sanction de son talent.

Sélectionné entre les deux guerres pour faire partie de l'équipe française de dressage, il revient de Los Angeles avec une médaille d'or par équipe (colonel Lesage et capitaine Marion). A Berlin, Londres, Helsinki et Stockholm, il est toujours aux places d'honneur, en particulier avec son cheval anglo-arabe *Harpagon.*

En 1951, paraît son unique ouvrage, mis au point à la suite de causeries organisées pour ses camarades, prisonniers comme lui en Allemagne, dans lequel il expose clairement la progression qui lui a permis d'amener ses chevaux au travail d'école si brillant qui lui a valu tant de succès.

LIEUTENANT-COLONEL AUBLET (1898-1973)

Engagé volontaire aux Spahis Marocains pendant la Grande Guerre, Henri Aublet sort Major de Saumur en 1920. Il y reviendra deux fois, en noir, d'abord chargé des courses, puis comme écuyer en second du colonel Lesage.

Après une brillante campagne 1939-1940, deux citations à l'ordre de l'armée, il rejoint l'Ecole de Cavalerie repliée à Tarbes, où il réorganise le Cadre Noir, comme écuyer en chef.

Spécialiste des courses, le colonel Aublet fut aussi un excellent dresseur de chevaux. L'auteur de ces lignes se plaît aussi à reconnaître ses remarquables qualités d'instructeur : des leçons vivantes, fructueuses, qui se poursuivirent à cheval jusqu'en 1965, à pied ensuite et en toutes occasions. Un mois et demi avant sa mort, il donnait encore des conseils aux élèves-moniteurs du Collège d'Equitation de l'Orchère, sans doute la dernière leçon...

Professeur fédéral chargé de l'instruction, auteur du Manuel d'Hippologie, chroniqueur et écrivain hippique fort apprécié, le colonel Aublet a signé un Résumé des Principes d'Equitation et de Dressage, une Ecole de Cavalerie de Saumur, un Guide de l'Instructeur d'Equitation, la seconde partie de l'Encyclopédie du Cheval sur l'emploi du cheval de selle, et un très grand nombre d'articles dans les revues spécialisées, faisant ainsi profiter les jeunes cavaliers des fruits de sa longue expérience.

CHAPITRE II

LE CHEVAL

I - CONNAISSANCE DU CHEVAL

Généralités

Dans l'ensemble des espèces animales, le cheval appartient à l'embranchement des vertébrés, classe des mammifères, sous-classe des placentaires. Il fait partie de la division des ongulés, dans l'ordre des périsodactyles, c'est-à-dire des digitigrades à nombre impair de doigts. Enfin, le cheval fait partie de la famille des solipèdes, ou équidés, caractérisée par l'appui sur le seul doigt médian particulièrement développé, ce qui témoigne de son adaptation à la course.

Dans la même famille des solipèdes, se trouvent les ânes, les hémiones, les onagres et les zèbres ; le genre *cheval,* equus caballus, ne comprend qu'une seule espèce, se distinguant par une robe sans rayures, des oreilles petites et des crins jusqu'à la base de la queue.

Le mot *cheval* se rapporte à tous les sujets adultes en général, plus spécialement aux mâles, qu'ils soient entiers (et étalons) ou hongres, c'est-à-dire castrés. La *jument* n'est appelée *poulinière* que si elle est consacrée à la reproduction. Le jeune cheval, *poulain* ou *pouliche* jusqu'à trois ans dans les races de selle, est appelé *foal* l'année de sa naissance dans les races de courses, et *yearling* l'année suivante, celle où il a un an.

Il suffit à l'homme de se mettre à quatre pattes sur le bout des doigts pour établir aisément la correspondance entre les différentes parties de son corps et celles du cheval. Mais par suite du développement considérable des doigts, les dénominations ne sont pas identiques : le genou du cheval se trouve au membre antérieur et correspond au poignet de l'homme ; le talon de l'homme coïncide avec le jarret du cheval.

Si l'on se place du point de vue du cavalier, le corps du cheval se divise en trois parties :

— l'avant-main, qui se trouve en avant du cavalier ;
— le corps, dessous ;
— et l'arrière-main qui se trouve derrière.

Mais il semble plus logique de conserver la traditionnelle division :

— le corps, qui comprend aussi la tête,
— et les membres, antérieurs et postérieurs.

Le squelette

Sur la colonne vertébrale du cheval sont fixés solidement la tête et les membres postérieurs ; tandis que, par suite de l'absence de clavicule, les membres antérieurs sont indépendants du reste du squelette, auquel ils ne sont reliés que par des sangles musculaires. On peut donc remarquer que les membres postérieurs joueront surtout le rôle de propulseurs, tandis que les membres antérieurs rempliront surtout celui de supports-amortisseurs.

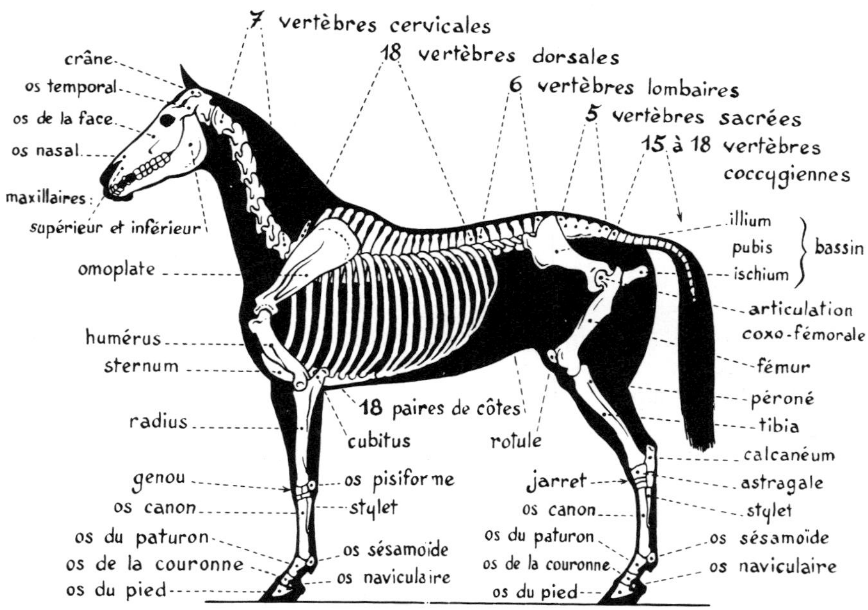

Le corps du cheval a pour base les vertèbres de son rachis : 7 vertèbres cervicales, pour son encolure, très flexibles en tous sens ; 18 vertèbres dorsales à flexibilité réduite ; 6 vertèbres lombaires très peu flexibles ; 5 vertèbres sacrées immobiles parce que soudées ; et 15 à 18 vertèbres coccygiennes qui forment la base de la queue, très flexibles.

Aux 18 vertèbres dorsales sont fixées 18 paires de côtes, dont les 8 premières, appelées vraies côtes, s'articulent sur le sternum ; elles constituent la cage thoracique, qui contient les organes de la respiration et de la circulation.

La tête s'articule avec la première vertèbre cervicale, *l'atlas*, qui permet les mouvements verticaux (oui) ; les mouvements transversaux de rotation (non) sont le fait de la seconde vertèbre cervicale, *l'axis*. Les os du crâne forment les parois de la boîte crânienne qui contient le cerveau ; les os de la face constituent les cavités orbitaires, les fosses nasales et les mâchoires.

Les membres postérieurs sont solidement fixés aux 5 vertèbres sacrées de la colonne vertébrale, *sacrum*, par l'os du bassin, *coxal*. Sur les quatre rayons osseux de ce membre postérieur, trois sont obliques : le *bassin*, la *cuisse* et la *jambe* ; un seul est orienté verticalement : le *canon*.

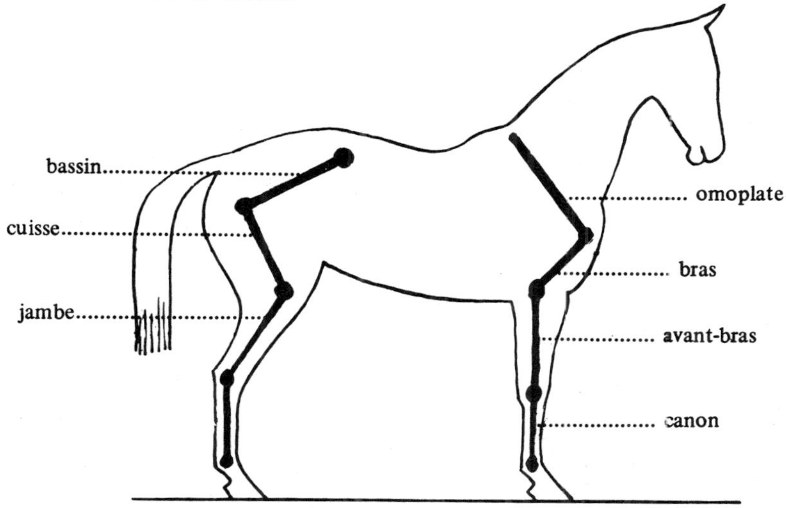

Au contraire, dans le membre antérieur, deux rayons osseux sont verticaux : le *canon* et l'*avant-bras* ; contre deux obliques : le *bras et* l'*omoplate* ; cette dernière est seulement plaquée contre la cage thoracique, sans aucune liaison osseuse avec le reste du squelette : seuls des muscles puissants lui permettent de soutenir la partie antérieure du corps du cheval, surchargée d'ailleurs par tout le poids de l'encolure et de la tête.

La partie supérieure des membres antérieurs et postérieurs se trouve intégrée au tronc (épaule et bras, devant ; hanche et cuisse, derrière). Seules leurs parties inférieures sont séparées du corps : avant-bras ou jambe. Puis le canon, le paturon, la couronne et le pied, qui correspondent à la paume de la main, ou à la plante du pied, et aux trois phalanges des doigts.

L'étude du pied du cheval mérite une attention particulière. En dessous du carpe, ou du tarse, qui correspondent au poignet ou à la cheville de l'homme, les cinq os métacarpiens ou métatarsiens se sont réduits en nombre : il n'en reste pratiquement plus qu'un ; mais développé en volume et longueur : le volumineux *os canon*. L'os canon est la base carpienne, ou tarsienne, du majeur, doigt du milieu, numéro 3. Le pouce et l'auriculaire, doigts 1 et 5, ont totalement disparu. Tandis que, de l'index et de l'annulaire, doigts 2 et 4, il ne reste que les deux extrémités de leur base métacarpienne ou métatarsienne : *les stylets,* en haut, à l'extrémité carpienne ou tarsienne ; et *les os sésamoïdes,* en bas, à l'extrémité phalangienne.

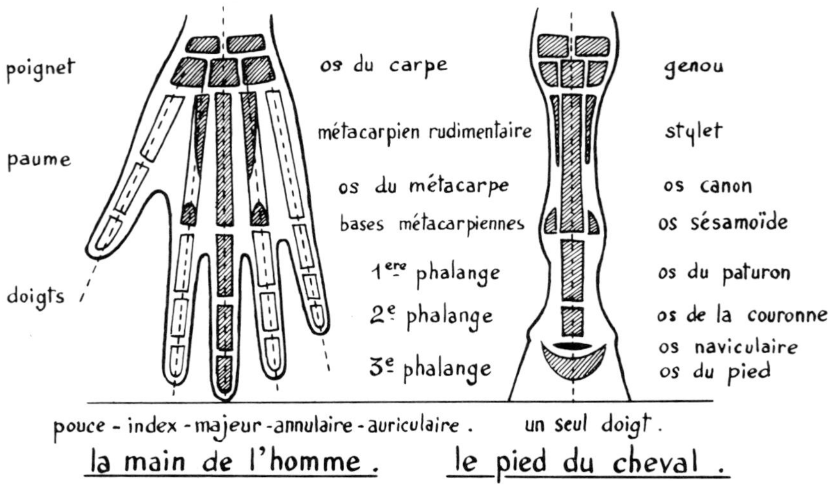

Au-dessous de l'os canon, il n'y a plus que les trois phalanges du doigt numéro 3, le majeur : l'*os du paturon,* l'*os de la couronne* et l'*os du pied,* augmentés d'un petit os supplémentaire important, l'*os naviculaire,* dont l'origine reste inconnue. Quant au *sabot,* c'est une production cornée, analogue aux ongles, qui entoure toute la partie inférieure de la troisième phalange.

Vers l'âge de quatre ou cinq ans, un bourgeonnement périostique se produit aux canons des chevaux, qui soude à l'os canon une partie des stylets. Cette soudure ne se produit pas toujours sans douleur ni boiterie, car elle se trouve à proximité immédiate du passage des tendons fléchisseurs des phalanges, dont le glissement peut être gêné par ces gonflements osseux.

Articulations et muscles

Les 203 os qui forment le squelette du cheval sont reliés entre eux par des articulations de trois types différents :

1) Les articulations très mobiles, telles les articulations des membres, qui fonctionnent comme des charnières ou comme des pivots : leurs surfaces articulaires sont lubrifiées par la synovie.

2) Les articulations semi-mobiles comme celles des vertèbres, qui fonctionnent comme des tampons de caoutchouc : les disques intervertébraux.

3) Les articulations fixes, comme celles des os du crâne, suturées par une colle qui s'ossifie peu à peu.

Lorsqu'on fait fléchir une articulation, les muscles qui la produisent travaillent en contraction, tandis que ceux qui s'y opposent doivent céder et s'assouplir en s'allongeant. Les cavaliers doivent bien faire la différence entre : travail, c'est-à-dire contractions, et : assouplissements, c'est-à-dire élongations musculaires.

Le muscle est doué des propriétés de contractilité, d'élasticité et de tonicité. Il peut agir comme extenseur, en ouvrant la charnière ; comme fléchisseur, en la. fermant ; comme abducteur, lorsqu'il porte le rayon osseux en dehors ; ou comme adducteur, lorsqu'il le porte en dedans.

Il n'est pas possible d'étudier en détail tous les muscles du corps du cheval. Cependant, en dehors des muscles moteurs des membres, le cavalier doit connaître les cinq principaux groupes de muscles qui commandent les pièces maîtresses du corps :

1) Les *renverseurs de l'encolure* (splénius et grand complexus) qui s'opposent à l'élévation de la base de l'encolure et à l'engagement des postérieurs. Ils sont la cause, par leurs contractions, de la plupart des résistances du cheval.

2) Les *fléchisseurs de l'encolure* (mastoïdaux-huméraux, sterno-céphaliques) provoquent l'élongation des renverseurs et favorisent ainsi, indirectement, le relèvement de la base de l'encolure. Ils agissent aussi sur l'élévation des gestes des membres antérieurs.

3) Les *releveurs de la base de l'encolure* (angulaire de l'omoplate, grand dentelé et pectoraux) jouent un rôle capital dans l'équilibre du cheval monté, en faisant remonter le garrot entre les deux épaules, tout en favorisant les mouvements des deux extrémités de la colonne vertébrale.

4) Les *extenseurs du dos-rein* (ilio-spinaux) provoquent la tension de la colonne vertébrale nécessaire aux muscles des épaules et des hanches pour trouver un point d'appui solide. Ils contribuent à la détente des postérieurs dans la production de l'effort.

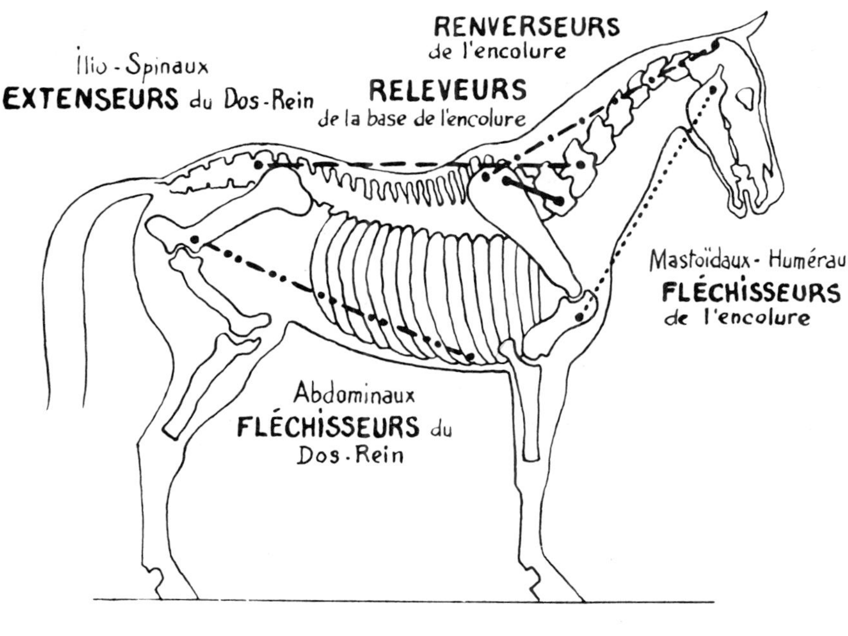

5) Les *fléchisseurs du dos-rein* (abdominaux, grand-droit, grand-oblique et les psoas) voussent le rein et tirent le bassin en avant et vers le bas, ce qui provoque l'engagement des postérieurs.

Deux muscles ou groupes de muscles qui agissent dans le même sens sont congénères, comme les deux muscles mastoïdaux-huméraux, droit et gauche, qui fléchissent l'encolure. Ceux dont les effets s'opposent sont antagonistes, comme les renverseurs et les fléchisseurs de l'encolure.

Des contractions musculaires violentes et fréquentes provoquent la fatigue. Mais un certain échauffement est nécessaire pour favoriser le travail. Aussi convient-il de mettre progressivement le cheval « sur ses jambes » et de le « détendre » soigneusement avant de lui demander un travail sérieux, galop vite ou saut d'obstacles.

L'extérieur

L'homme de cheval sait reconnaître les qualités ou les défauts d'un cheval ; il est capable d'apprécier son modèle, de le juger. Ses connaissances découlent de l'étude du fonctionnement organique et de la morphologie hippique, en vue de l'exploitation rationnelle des capacités du cheval. C'est ce qu'on appelle l'extérieur.

Extérieurement, le corps du cheval se divise en trois parties :

1) *L'avant-main,* qui se trouve en avant du cavalier, et qui comprend : la tête, l'encolure, le garrot, le poitrail et les membres antérieurs.

2) *Le corps,* sous le cavalier, qui comprend : le dos, le rein, la poitrine, les côtes, le passage des sangles, les flancs et le ventre.

3) *L'arrière-main,* qui se trouve derrière le cavalier, et comprend : les hanches, la croupe, la queue, les organes génitaux et les membres postérieurs.

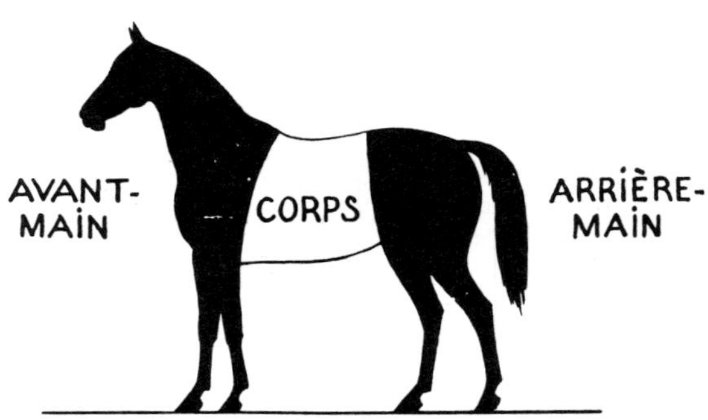

La tête

La tête du cheval est le siège de ses facultés ; elle contient le centre des organes des sens, et représente « la clef de son individualité ».

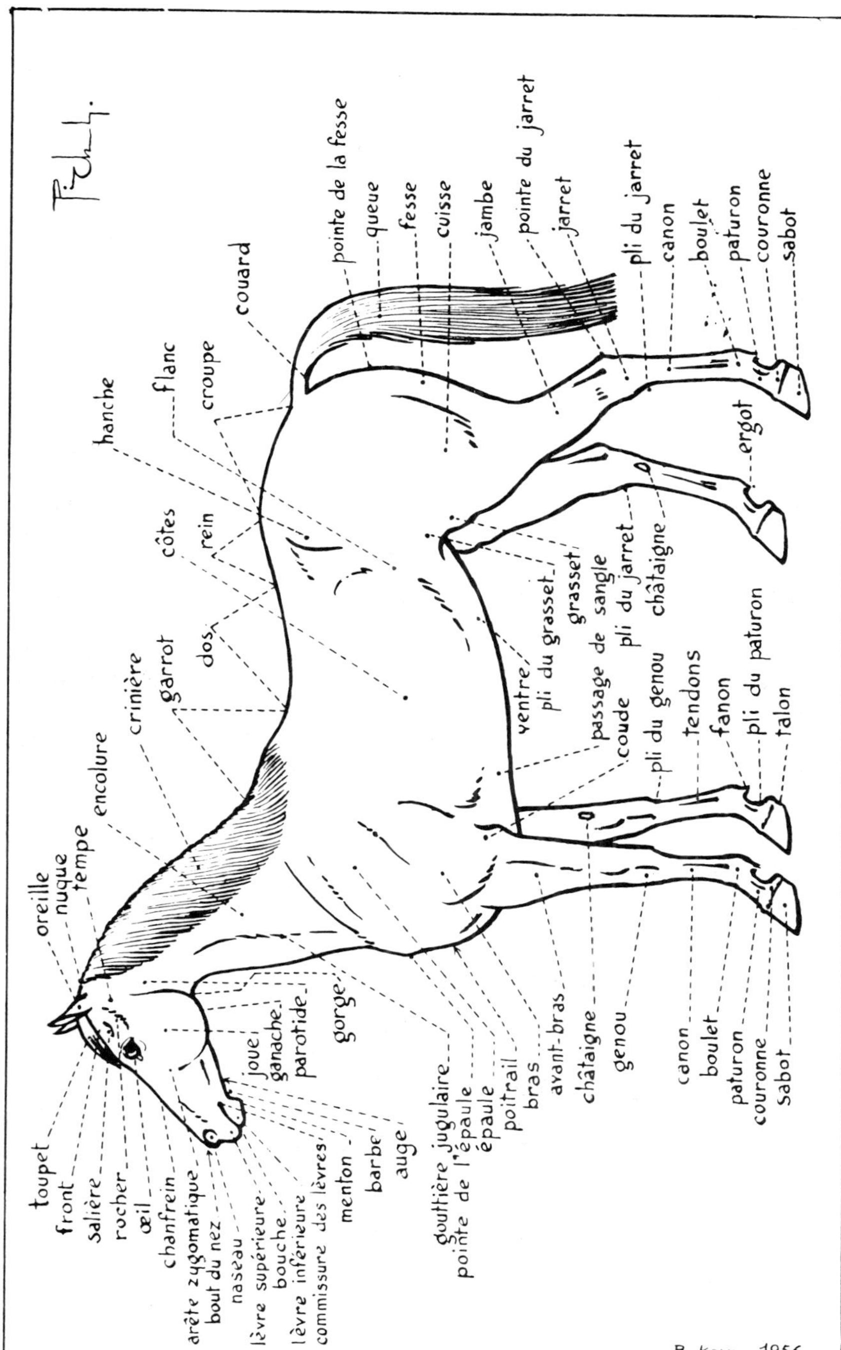
oreille
nuque
tempe
encolure
crinière
garrot
dos
côtes
rein
hanche
flanc
croupe
couard
pointe de la fesse
queue
fesse
cuisse
jambe
pointe du jarret
jarret
pli du jarret
canon
boulet
paturon
couronne
sabot
ergot
ventre
pli du grasset
grasset
passage de sangle
pli du jarret
châtaigne
coude
pli du genou
tendons
fanon
pli du paturon
talon
joue
ganache
parotide
gorge
toupet
front
salière
rocher
œil
chanfrein
arête zygomatique
bout du nez
naseau
lèvre supérieure
bouche
lèvre inférieure
commissure des lèvres
menton
barbe
auge
gouttière jugulaire
pointe de l'épaule
épaule
poitrail
bras
avant-bras
châtaigne
genou
canon
boulet
paturon
couronne
sabot
Bukavu. 1956

Les régions de la tête sont réparties en cinq groupes : à son extrémité supérieure, la *nuque*, le *toupet*, les *oreilles* ; sur la face antérieure, le *front*, le *chamfrein*, et le *bout-du-nez* ; à sa face postérieure, la *gorge*, l'*auge*, les *ganaches*, la *barbe* et le *menton* ; sur les faces latérales, les *parotides*, les *tempes*, les *salières*, les *yeux*, les *joues* et les *naseaux* ; à son extrémité inférieure, la *bouche*, qui comprend les *lèvres*, les *dents* et les *gencives*, les *barres*, la *langue* et le *palais*.

oreillard. oreilles de cochon. oreilles d'âne.

Chez les chevaux de race pure, la tête est petite, large à sa partie supérieure, fine inférieurement, avec des oreilles petites et hardies, de grands yeux vifs et intelligents, des naseaux amples, des ganaches écartées, un réseau vasculaire et nerveux bien apparent sous une peau fine et souple.

Les chevaux de races communes, dégénérés, abâtardis, ont la tête grosse ou empâtée, mal coiffée, des yeux gros rapprochés des oreilles, un chamfrein étroit, des naseaux petits, le tout noyé dans une peau épaisse.

tête carrée. tête camuse. tête busquée. tête de rhinocéros.

L'attache et le port de tête ont une grande répercussion sur le jeu du balancier-encolure et sur l'équilibre du cheval en marche. La tête est *bien attachée*, le cheval *bien cravaté*, lorsque la région parotidienne est évidée, la gorge dégagée ; l'articulation joue avec facilité ; la tête est alors tenue haute, inclinée à 45°, et on la dit *bien portée*. Dans le cas contraire, la tête *mal attachée*, ou *plaquée*, est disgracieuse et nuisible à la conduite du cheval.

L'encolure

Balancier au bout duquel la tête est suspendue comme un contre-poids, l'encolure constitue, par l'intermédiaire du ligament cervical tirant sur les vertèbres de la base du garrot, un important appareil de soutien pour la ligne du dessus. Elle est aussi un véritable gouvernail dirigeant la machine en mouvement. Convenablement assouplie, l'encolure permet au cavalier qui en dispose à son gré d'être maître de son cheval.

Encolure rouée ou de cygne.

Encolure renversée ou de cerf.

Encolure grêle.

Encolure épaisse.

L'encolure porte la *crinière* à sa partie supérieure ; à sa partie inférieure, la *trachée*, séparée des deux faces latérales par la *gouttière jugulaire*, au fond de laquelle se trouve la *veine jugulaire* (piqûres intra-veineuses et saignées). De puissants muscles confèrent à l'encolure une grande mobilité, dont les contractions réagissent sur les mouvements des membres antérieurs, et sur l'équilibre du cheval tout entier.

Le garrot

Le garrot prolonge l'encolure et la relie au dos : c'est la clef de voûte de l'avant-main, formée par les longues apophyses des huit premières vertèbres dorsales.

A peine dessiné à la naissance, le garrot sort progressivement jusqu'à quatre ou cinq ans. Un bon garrot doit alors être élevé et sec, long et bien musclé : on le dit *bien sorti* ; il constitue une base solide qui assure directement le fonctionnement des muscles supérieurs de l'encolure, de l'épaule et du bras, et indirectement le soutien de la cage thoracique entre les deux épaules.

Un garrot bas, empâté, coupé, n'offre qu'un levier court aux muscles du balancier et de l'épaule et attire la charge sur l'avant-main. Un garrot tranchant, évidé, atteste un manque de musculature ; il est exposé aux blessures de la selle.

Le poitrail

C'est la région musculaire qui unit l'encolure aux épaules et ferme le thorax par devant. Le poitrail doit être large et musclé, sur une carène sternale apparente : le cheval est *bien ouvert du devant*. Mais cette conformation n'est pas le signe de la largeur de la poitrine ni de son développement en volume.

Un poitrail trop ouvert alourdit l'avant-main, mais favorise le travail aux allures lentes du cheval de trait qui tire de gros poids.

Les chevaux de pur-sang et les galopeurs manquent souvent de largeur de poitrail, mais leur poitrine profonde et musclée compense ce défaut. Lorsque le poitrail est trop étroit, on dit le cheval *serré du devant*.

Les ars et l'inter-ars

Les ars joignent le poitrail à la face interne des avant-bras. Leur peau fine, plissée, souple, qui permet le mouvement des membres antérieurs, est facilement irritée ou écorchée : on dit le cheval *frayé aux ars.*

La région médiane qui sépare les ars constitue l'inter-ars ; elle est plus ou moins volumineuse selon que le cheval est bien ouvert ou serré dans son devant.

Les membres antérieurs

Les membres antérieurs soutiennent le corps et jouent principalement le rôle d'amortisseurs, tandis que leur rôle d'agents propulseurs est assez réduit. Leur partie supérieure, épaule et bras, se trouve intégrée au tronc ; leur partie inférieure en est séparée, elle comprend l'avant-bras et le coude, le genou, le canon, le boulet, le paturon, la couronne et le sabot.

1) *Epaule et bras* entourent la partie antérieure de la poitrine sur ses deux faces latérales. Une épaule longue, oblique et musclée accompagne généralement une poitrine profonde et un garrot bien sorti ; sa longueur donne de la puissance aux muscles qui la recouvrent ; son obliquité facilite l'amplitude des mouvements : le cheval se trouve *bien équilibré.*

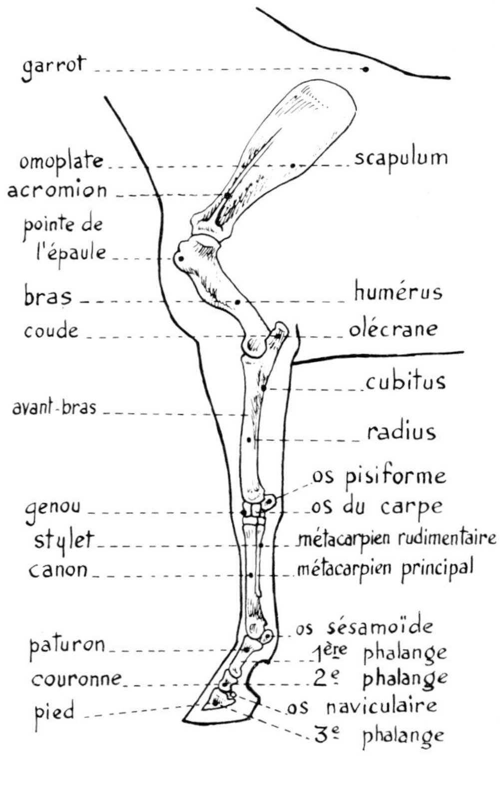

L'épaule courte et droite convient plus particulièrement aux chevaux de trait, mais l'écartement des deux épaules, qui constitue une beauté absolue, doit être recherché chez tous les chevaux.

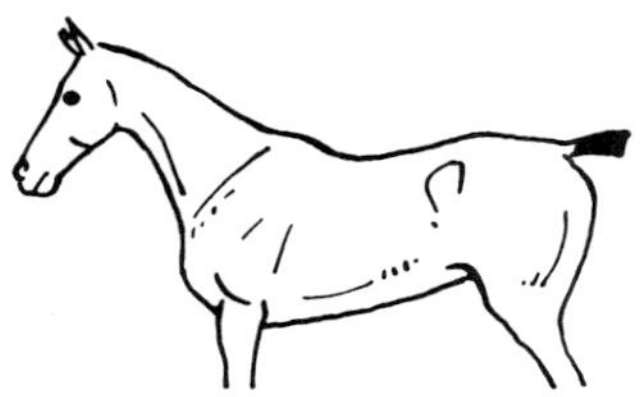

Epaule oblique, croupe horizontale.

Epaule droite, croupe avalée.

A la pointe de l'épaule est fixé le bras, orienté obliquement vers l'arrière. Un bras trop long fait *raser le tapis* et expose le cheval à buter ; trop court, le cheval *trousse,* et ses actions hautes manquent d'étendue. La direction du bras est très importante : trop oblique, il ne peut se développer vers l'avant, mais donne de la force au cheval de trait ; trop vertical, il ne peut profiter des avantages d'une bonne épaule ; d'une obliquité moyenne, il est favorable à la vitesse. Un fort développement musculaire de cette région assure au cheval des *points de force.*

L'ouverture de l'angle formé par l'épaule et le bras, avec l'orientation relative de ces deux rayons, commande l'équilibre naturel, l'adresse du cheval, son aptitude à développer toutes les allures et à amortir les réactions avec légèreté et sécurité.

La mobilité de l'épaule et du bras est un indice de qualité que l'on doit toujours rechercher chez le cheval de selle, qu'il soit destiné à sauter, à galoper ou à briller dans les épreuves de dressage. Quand les épaules manient mal et semblent rivées au corps, on les dit *chevillées* ou simplement *froides.*

2) *Le coude et l'avant-bras.* Un coude proéminent facilite l'action des muscles qui agissent sur ce levier ; *serré au corps,* il entraîne la panardise du membre ; *trop écarté,* sa cagnardise. Un coude bien dirigé, parallèle à l'axe du corps, permet une grande amplitude d'oscillations de l'avant-bras, premier rayon osseux orienté verticalement au repos.

Tous les mouvements des rayons inférieurs des membres sont produits par les muscles situés à la partie supérieure de l'avant-bras ; le volume musculaire de cette région a donc un importance capitale dans la locomotion, puisqu'il commande le jeu des articulations inférieures.

Au tiers inférieur de l'avant-bras se trouve une production cornée, la *châtaigne,* considérée à tort comme le reste du pouce atrophié : d'origine épidermique, la châtaigne n'est que le point d'attache d'une sorte de cordon ombilical, sans vaisseaux sanguins, qui soutient le corps du poulain pendant la gestation dans le ventre maternel.

3) *Le genou* correspond au poignet de l'homme. C'est une articulation complexe formée par les deux rangées des huit os

carpiens, articulés entre eux et maintenus en place par des sangles ligamenteuses. Il doit être sec, épais, large, long et bien dirigé. Placé bas ou *près de terre*, il indique un avant-bras long et un canon court, et par conséquent des actions faciles et rasantes.

Le genou joue le triple rôle d'appareil amortisseur, d'organe de transmission et de centre des mouvements, ce qui l'expose aux chocs, aux blessures par chute (cheval couronné) et à de multiples tares dures et molles.

Au-dessous du genou, les différentes parties des membres antérieurs correspondent exactement à celles des membres postérieurs, avec seulement quelques légères différences de longueur ou de forme. Elles correspondent à la main ou au pied de l'homme, ou du moins à ce qui en reste : on sait que l'ancêtre du cheval avait cinq doigts à chaque membre, mais que, peu à peu, l'espèce a évolué jusqu'au type actuel qui ne présente plus qu'un seul doigt, le *majeur* ; les autres doigts ont disparu et il ne subsiste plus que les bases métacarpiennes aux membres antérieurs ou métatarsiennes aux postérieurs, de l'index et de l'annulaire ; ces deux os métacarpiens, ou métatarsiens, ont été rongés en leur milieu par des siècles d'évolution, comme par un chien, pour ne plus présenter maintenant que leurs deux extrémités : les extrémités supérieures, en contact avec le genou ou le jarret, appelées *stylets*, et les extrémités inférieures, à l'articulation du boulet, qui sont les *os sésamoïdes*.

4) *Le canon* est formé vers l'avant d'une partie osseuse : les trois os du métacarpe, ou du métatarse ; et vers l'arrière par le faisceau des tendons, qui comprend en réalité : le ligament suspenseur du boulet et les deux tendons fléchisseurs des phalanges, perforant et perforé ; en outre, deux petits tendons extenseurs des phalanges glissent en avant et le long de l'os canon, ainsi que des vaisseaux sanguins et nerveux.

L'os métacarpien principal, ou métatarsien principal, appelé os canon, qui représente le doigt numéro 3, est flanqué de chaque côté vers l'arrière par les stylets, os métacarpiens rudimentaires, ou métatarsiens rudimentaires, des doigts numéros 2 et 4. Vers l'âge de quatre ans, les stylets se soudent en partie à l'os canon : un bourgeonnement osseux se produit, qui peut gêner le libre jeu des tendons et provoquer une douleur ou des boiteries.

Le ligament suspenseur du boulet est une corde de soutènement fixée au genou ou au jarret vers le haut, qui se divise en deux branches, la fourche, pour s'insérer sur les os sésamoïdes du boulet vers le bas.

Le faisceau des tendons prolonge les muscles fléchisseurs des phalanges situés le long de l'avant-bras ; il est maintenu en haut par la *bride carpienne*, en bas par la *bride phalangienne*, qui recouvre la poulie sésamoïdienne ; entre ces deux brides de fixation, un peu au-dessus du boulet, le tendon *perforant* s'engage dans l'*anneau du perforé* qu'il traverse pour aller se fixer à la face inférieure de l'os du pied, 3e phalange, tandis que le *perforé* se divise en deux branches qui viennent s'insérer sur l'os de la couronne, 2e phalange.

Des canons courts et verticaux, accompagnés par des tendons secs, bien détachés, volumineux, sont un gage de solidité et de bon fonctionnement... Mais cette région des membres est sujette à de nombreuses tares dures et molles, parmi lesquelles il faut signaler tout spécialement les *efforts de tendons*, ou *claquages*, si fréquents chez les pur-sang galopeurs.

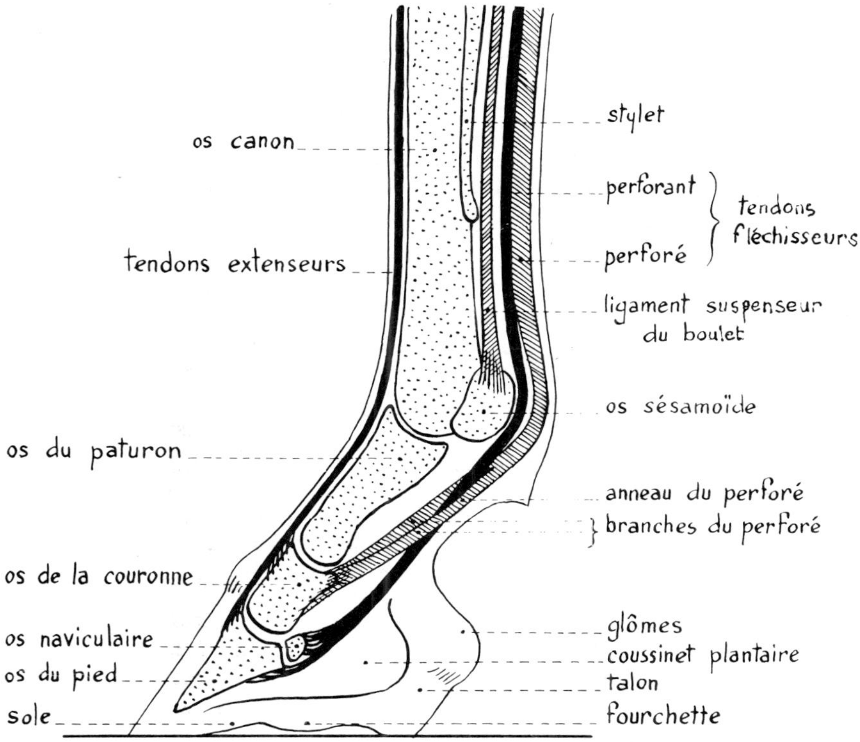

5) *Le boulet* est une articulation d'une grande importance, car elle sert au soutien du corps, à l'amortissement des réactions et à la propulsion. Les deux *os sésamoïdes* forment en arrière la gorge d'une poulie dans laquelle glisse le faisceau des tendons fléchisseurs des phalanges.

Le boulet présente en arrière et par-dessous une production cornée appelée *ergot* entouré d'un bouquet de crins dénommé *fanon,* qui contribuent à l'amortissement des réactions lors de l'extrême abaissement du boulet, surtout chez les très jeunes chevaux.

Le boulet doit être volumineux (large et épais), mais sec, c'est-à-dire qu'il laisse apercevoir les contours osseux et les cordes tendineuses. L'angle du boulet, au repos, est un peu plus ouvert aux membres postérieurs qu'aux antérieurs ; trop ouvert, le cheval est *piqué sur ses boulets* ; trop fermé, le cheval se trouve généralement *long et bas-jointé.*

De nombreuses tares dures et molles peuvent affecter le boulet, particulièrement les *molettes, articulaires* ou *tendineuses*, chez les chevaux qui travaillent sérieusement en terrain dur.

6) *Le paturon* constitue la première phalange du seul doigt qui subsiste chez le cheval. Il forme un rayon oblique, incliné normalement de 50 à 55° pour les antérieurs, de 55 à 60° pour les postérieurs. Sa longueur et sa direction sont souvent tributaires

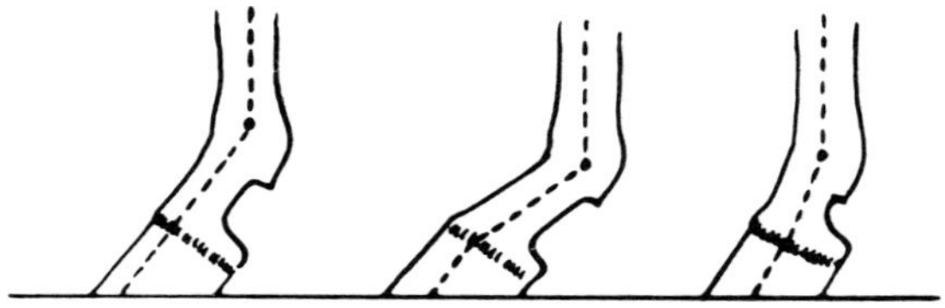

paturon normal - long et ployant - court et droit

l'une de l'autre : un paturon long est souvent incliné et *ployant* ; court, souvent *droit-jointé* ; dans le premier cas, les tendons sont surchargés au profit des os, et c'est l'inverse dans le second. Son volume n'exclut pas une grande netteté, ni la finesse de la peau, surtout à la face postérieure appelée *pli du paturon*.

Des crevasses, ou gerçures de la peau, constituent les lésions les plus fréquentes de cette région.

7) *Le pied* forme l'extrémité inférieure des membres. Son importance est capitale : il est la cheville ouvrière de la locomotion. « Pas de pied, pas de cheval », tant il est vrai que le cheval ne vaut que par la qualité de son mouvement.

Il ne suffit pas de s'en tenir à l'aspect extérieur des sabots : une connaissance approfondie de la constitution interne du pied est indispensable pour en bien comprendre le rôle et le fonctionnement.

Le pied est constitué intérieurement par trois os : l'*os de la couronne*, 2e phalange, l'*os du pied*, 3e phalange, et l'*os naviculaire* qui sert de poulie de renvoi à l'extrémité du tendon fléchisseur ; par un appareil d'amortissement : les *cartilages complémentaires* de l'os du pied et le *coussinet plantaire*, tissu fibro-élastique placé comme un coin sous cet os ; enfin par une enveloppe de chair : la *chair veloutée* à sa face inférieure, la *chair feuilletée* sur ses faces latérales, et le *bourrelet périoplique* à son pourtour supérieur, qui produit la corne du sabot.

L'ensemble de cet appareil est abrité dans une boîte cornée, le *sabot*, qui pousse comme un ongle ; sa *paroi* ou *muraille*, seule partie visible quand le pied pose à terre, est relié au paturon par un bourrelet appelé *couronne*, région délicate qui sécrète la corne et le vernis naturel qui la protège. Extérieurement, la corne paraît lisse et vernissée, tandis que sa face interne est feuilletée pour s'engrener avec le tissu du même nom. Pour situer une région précise de la paroi du sabot, on distingue, d'avant en arrière, la *pince*, ou pointe du pied, puis de chaque côté les *mamelles*, les *quartiers* et les *talons*.

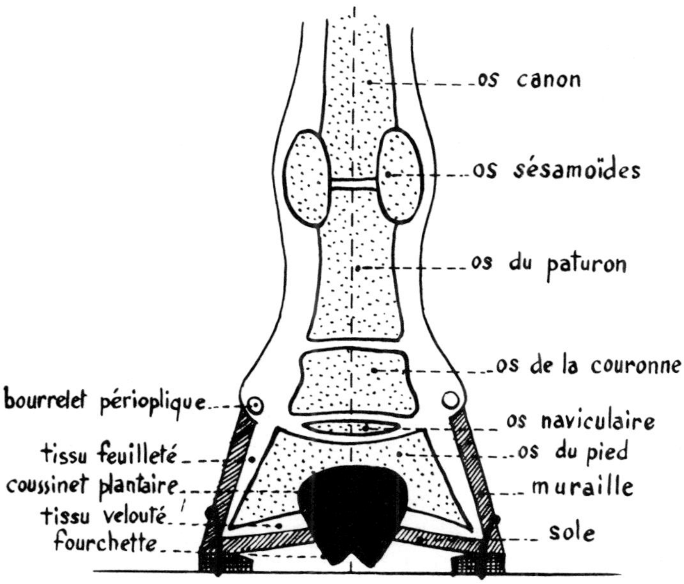

Vu par-dessous, le pied relevé montre : sur son pourtour, le bord plantaire de la paroi, épais et dur, dans lequel sera cloué le fer ; un sillon circulaire mou, la *ligne blanche*, qui relie la paroi à la sole ; puis la *sole*, plaque de corne plate ou légèrement concave, à texture écailleuse, sécrétée par la chair veloutée ; enfin la *fourchette*, masse de corne élastique à deux branches, qui s'avance en pointe vers la pince, comme un V allongé, jusqu'aux trois quarts du pied, et recouvre exactement le coussinet plantaire ; les branches écartées de la fourchette délimitent sous le pied deux *lacunes latérales* et une *lacune médiane* ; elles s'unissent en arrière aux talons par l'intermédiaire des *glômes*.

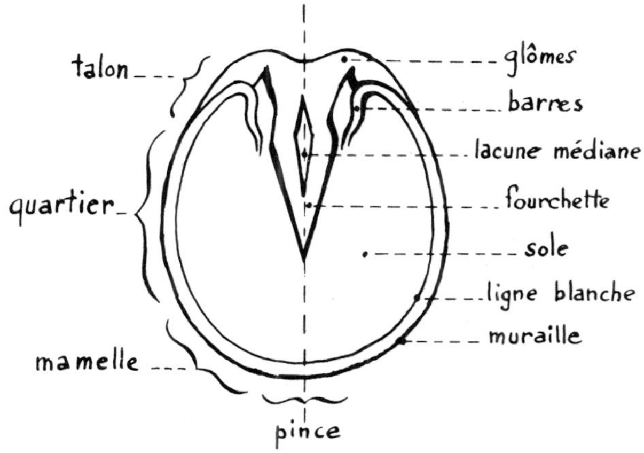

L'élasticité des tissus du pied est nécessaire pour amortir les chocs dûs aux contacts répétés et parfois violents avec le sol, notamment dans les galops rapides et les sauts d'obstacles. C'est principalement le coussinet plantaire qui joue ce rôle d'amortisseur, recevant, d'une part, par en haut, le poids du corps du cheval par l'intermédiaire de l'os naviculaire, d'autre part, par en bas, la pression de la fourchette au contact du sol. Il importe donc, au moment de la ferrure, de tailler la corne, ou *parer le pied*, de telle façon que, le fer étant mis en place, la fourchette soit à l'appui sur le sol.

La corne du pied pousse à partir de la couronne et renouvelle en huit mois environ la totalité du sabot. Tant que le cheval est sur le sol souple d'une prairie, il suffit de surveiller cette croissance et d'intervenir au besoin en taillant la corne pour assurer un aplomb correct et éviter les éclatements du bord inférieur. Mais dès que le cheval est appelé à travailler sur un sol irrégulier ou dur, il convient de protéger la corne que les frottements useraient trop vite. Le fer empêche cette usure, mais il ne doit pas compromettre l'élasticité que fournit l'ensemble naturel des dernières phalanges et des divers tissus du pied, c'est-à-dire qu'il ne doit pas empêcher l'appui de la fourchette.

La qualité et l'intégrité des différents tissus du pied constituent les conditions de son bon fonctionnement. On préfère une corne noire ou foncée, parce que plus résistante et moins cassante que la corne blanche. La sole légèrement concave, la fourchette volumineuse, les talons hauts et écartés l'un de l'autre font de bons pieds sains et élastiques. Des pieds inégaux, plats ou combles, avec des talons fuyants, serrés ou encastelés, sont défectueux et nuisent à un bon service. Les défectuosités du pied sont congénitales ou acquises et résultent le plus souvent, dans ce dernier cas, d'un travail excessif ou insuffisant, d'un manque de soins ou d'une mauvaise ferrure.

***

Le corps du cheval, qui se trouve sous le cavalier, comprend : le dos, le rein, la poitrine, les côtes, le passage des sangles, le flanc et le ventre.

Le dos

Le dos a pour base les dix dernières vertèbres dorsales et les muscles placés de part et d'autre de leur crête épineuse. Il forme le faîtage de la cage thoracique et l'arbre de transmission des forces impulsives engendrées par l'arrière-main.

C'est le tablier d'un pont établi solidement sur la culée des membres postérieurs par l'os du bassin, suspendu à la pile des membres antérieurs par les câbles de la ceinture scapulaire et renforcé par l'arc-boutant des côtes.

Dans son ensemble, le dos doit être large et bien tendu, très légèrement concave ; il est plutôt long par rapport au rein, mais peut paraître court par suite de l'obliquité de l'épaule et du prolongement du garrot. Le dos court ne confère pas nécessairement plus de force, car sa brièveté nuit au développement de la poitrine.

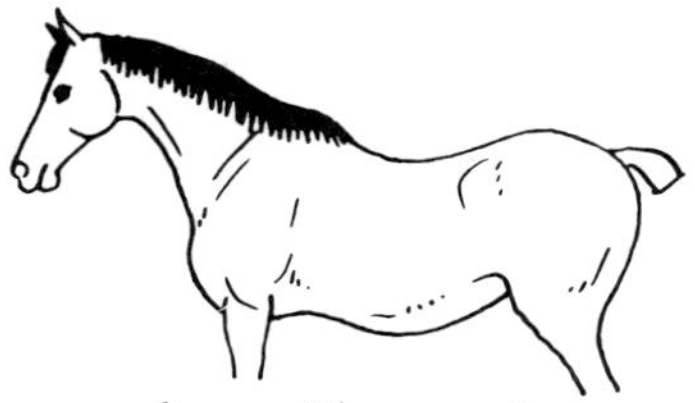
dos ensellé, ventre de vache.

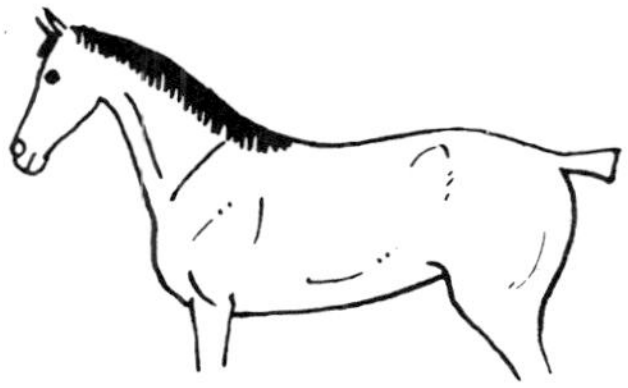
garrot empâté, dos de carpe

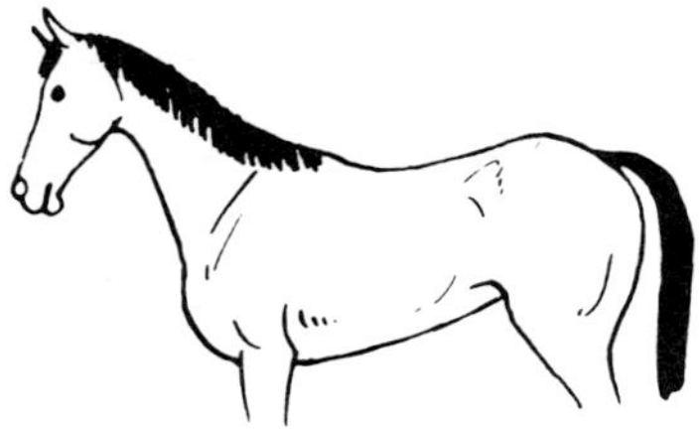
fait en plongeant.

fait en montant.

Le *dos creux* ou *ensellé* est une conformation défectueuse, autant que son inverse, le *dos de carpe* ou *de mulet*. Le dos *plongé,* incliné vers l'avant, est inconfortable pour le cavalier, mais favorable à la vitesse. Le cheval *fait en montant* se trouve mieux équilibré sur ses hanches, plus léger dans ses épaules.

De toute façon, le dos doit être assez large pour que la selle y trouve sa place et pour assurer la puissance de tous les muscles de la charpente dorsale.

Les tares ou maladies du dos sont en général produites par un harnachement défectueux.

Le rein

Le rein est soutenu par les six vertèbres lombaires et les muscles qui s'attachent à leurs longues apophyses transversales.

garrot monté, rein mal attaché

garrot bien sorti, rein court

En cette région de la ligne du dessus, le « tablier du pont » n'est plus renforcé inférieurement par l'arc-boutant des côtes ; mais sa solidité reste assurée par la tension de puissants câbles musculaires ancrés sur la culée du pont, soit sur l'arrière-main tout entière.

Un beau et bon rein ne doit pas être trop court : il ferait le cheval raide et inconfortable, mais il doit être large et souple au pincer de la main. Le rein *mal attaché* montre un affaissement de la ligne du dessus, tandis que le rein *voussé* montre une élévation de cette région ; l'un et l'autre sont défectueux. Certains chevaux semblent s'écraser sous le cavalier qui se met en selle : la cause réside parfois dans une grande sensibilité épidermique, mais cela est dû plus souvent à une faiblesse constitutionnelle du rachis ou à une inflammation des reins appelée néphrite ; on dit que le cheval a le rein froid.

Le rein peut être blessé par une mauvaise selle et souffrir de raideur passagère qui n'est qu'un lumbago, ou tour de rein.

La poitrine

L'ensemble de la cage thoracique suspendue à la partie moyenne de la colonne vertébrale forme ce qu'on appelle la poitrine ; elle est constituée en avant par le poitrail, en dessous par les ars, les inter-ars et le passage des sangles, à droite et à gauche par les côtes, et se trouve limitée vers l'arrière par le ventre et les flancs.

On doit rechercher une poitrine ample dans ses trois dimensions : la hauteur, mesurée du sommet du garrot au sternum, la largeur, évaluée immédiatement en arrière des épaules, et la profondeur, qui va de la pointe de l'épaule jusqu'à la dernière côte.

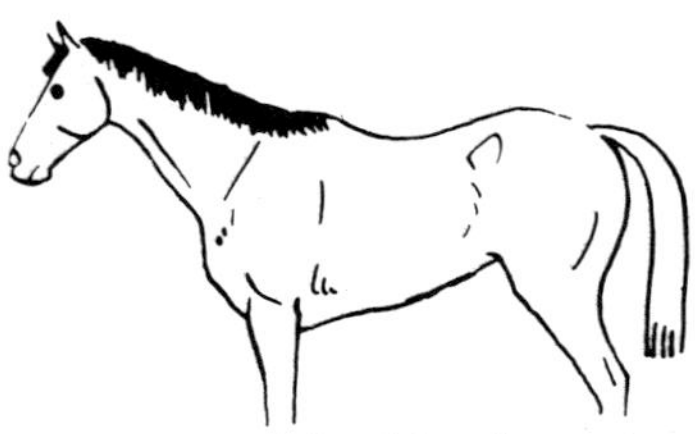

poitrine bien descendue
ventre levretté

Le format de la poitrine permet de caractériser les aptitudes du cheval : les chevaux de trait, à intensité de contraction, ont la poitrine ronde et le type bréviligne, comparable à la construction romane de voûte en plein cintre ; les chevaux de course, à étendue de contraction, ont une poitrine ogivale et le type longiligne qui rappelle le style gothique ; les chevaux de selle sont d'un type intermédiaire médioligne, à thorax participant du cintre et de l'ogive, pondéré dans toutes ses parties, bien équilibré.

Les côtes

Cette région a pour base les douze dernières côtes que l'on peut explorer en arrière de l'épaule, tandis que les six premières côtes sont cachées et recouvertes par la partie thoracique des membres antérieurs.

D'après ce qui a été dit de la poitrine, on comprend aisément qu'il faut rechercher chez le cheval de selle des côtes longues, bien descendues, arrondies et obliques en arrière ; selon l'adaptation du sujet, elles seront incurvées en arc ogival, chevaux de vitesse, ou cerclées, chevaux de trait. Les côtes plates impliquent toujours une poitrine étroite : le cheval est *corseté* et manque de fond.

Le passage des sangles

Il est marqué en arrière des épaules et des coudes par une dépression musculaire et sternale. Pour que la selle reste bien en place sur le dos, il faut au cheval un *bon sanglage* éloigné des coudes, en même temps qu'un garrot bien sorti et prolongé en arrière ; sinon, le cheval blesse aux coudes. Il faut une *croupière* à certains sujets mal conformés pour empêcher la selle de glisser en avant ; ou un *poitrail* qui l'empêche de glisser vers l'arrière, comme sur les selles « à la française » utilisées autrefois, ou maintenant encore au Cadre Noir.

Le flanc

Il limite l'abdomen latéralement et a pour base les muscles oblique et transverse. Il est marqué extérieurement par un long épi penné et divergent de poils, qui remonte en arrière des côtes jusqu'en avant de la pointe des hanches. Sa longueur est conditionnée par celle du rein : un flanc long et creux manque de musculature et peut indiquer un mauvais tempérament ; son exagération, par suite de fatigue ou de privations, montre une saillie musculaire qui fait dire le *flanc cordé*.

Les mouvements respiratoires se traduisent par des mouvements d'élévation et d'abaissement du flanc. Au repos, le cheval effectue 10 à 12 respirations par minute, mais pendant un galop, la cadence respiratoire peut atteindre 30 ou 50, pour décroître ensuite et redevenir normale au bout d'un quart d'heure chez un cheval bien entraîné ; les mouvements sont alors réguliers, calmes et bien rythmés, sinon le cheval est dit *souffleur, court d'haleine,* ou même poussif lorsque la respiration marque des soubresauts.

Le ventre

Le ventre constitue la paroi inférieure de l'abdomen. Son profil représente, avec le passage des sangles, la *ligne* du dessous, qui doit être légèrement arrondie.

Un ventre *tombant, avalé,* ou *ventre de vache,* dénote une nature molle, un manque de travail, une nourriture grossière. Un ventre *retroussé* ou *levretté* est l'indice d'un cheval nerveux, qui se nourrit mal et se dépense inutilement : on dit que le cheval *manque de boyau,* qu'il lui passe *beaucoup d'air sous le ventre* ou qu'il a une *taille de guêpe.*

Mais il faut distinguer ces formats défectueux de la disposition temporaire qui résulte du régime alimentaire : la masse intestinale d'un cheval mis au vert augmente considérablement ; elle diminue au contraire chez les chevaux à l'entraînement qui reçoivent d'importantes rations concentrées d'avoine.

*
* *

L'arrière-main du cheval se trouve située en arrière du cavalier et comprend : la croupe et les hanches, la queue, l'anus, le périnée et le raphé, les organes génitaux et les membres postérieurs.

La croupe et les hanches

L'os du sacrum, formé par la soudure des cinq vertèbres sacrées, se trouve pris dans un étau par les deux moitiés de l'os du bassin, auquel il est étroitement uni par une articulation à peine mobile.

La croupe correspond à la partie supérieure de cet ensemble, qui comprend en son centre la *ligne sacrée,* flanquée vers l'avant par les deux pointes des hanches et vers l'arrière par les deux pointes des fesses ; aux deux tiers de la ligne de la croupe, qui joint la hanche à la fesse, se trouve l'articulation coxo-fémorale.

Une belle croupe doit être longue, large et musclée, faiblement inclinée vers l'arrière. Ce n'est pas la ligne supérieure de son profil qui permet de juger de l'obliquité de la croupe, mais la ligne imaginaire qui joint la pointe de la hanche à la pointe de la fesse. Une croupe trop oblique donne plus de force, mais seulement aux allures lentes, et caractérise les chevaux de gros trait. Moyennement inclinée (30 à 35°), la croupe garde une musculature longue et forte qui étaie puissamment le mouvement des membres postérieurs et renforce la ligne du dessus.

bosse du saut.

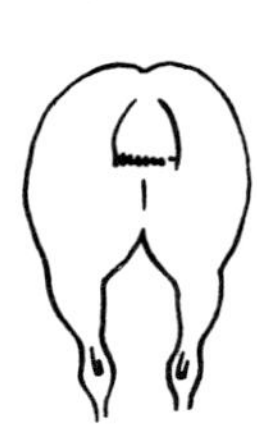

croupe double

croupe de mulet

Le sommet de la croupe a reçu le nom de *bosse du saut,* sans qu'aucune preuve ait été donnée de la réalité de ce fait. L'écartement des hanches et l'écartement des fesses semble plus important car il assure des points de force : le cheval a un *beau carré du derrière.* Des hanches étroites et des fesses serrées caractérisent une *croupe plaquée, tranchante,* une *croupe de mulet.*

Les juments ont la croupe plus large que les chevaux : il faut particulièrement rechercher cette ampleur chez les poulinières.

La queue

La queue termine la ligne du dessus, couvre l'anus et la vulve, sert à chasser les mouches et constitue, comme la crinière, un ornement pour le cheval.

Sa partie charnue, le *couard,* s'amincit peu à peu jusqu'à son extrémité ; la finesse de ses crins marque le sang. Un beau port de queue est un signe d'énergie ; plantée haut et tenue droite, elle est *bien attachée* ; *plantée trop bas,* elle est *mal attachée.*

La queue peut être maintenue *à tous crins,* être *taillée* ou être écourtée. On appelle *queue de rat* celle qui est dépourvue de crins, ou presque ; cette particularité se rencontre chez les chevaux très énergiques.

L'anus

L'ouverture postérieure du tube digestif est *bien marronnée* chez les chevaux vigoureux, c'est-à-dire petite, dure, bien fermée et généralement de couleur noire. Les chevaux âgés, communs, malades ont l'anus volumineux, flasque, quelquefois ouvert ; certains chevaux l'ont ainsi pendant le travail et expulsent constamment des crottins et des gaz : ils sont *vidards.*

Le périnée et le raphé

Le périnée est l'espace compris entre l'anus et les parties génitales, bourses chez le mâle, vulve chez la jument. Le raphé en constitue le fond, ou sillon médian.

Organes génitaux

Chez le mâle, les *testicules* sont deux glandes suspendues dans les *bourses,* entre les deux cuisses. Ils sécrètent le *sperme,* liqueur fécondante. Le *fourreau* sert d'enveloppe à la *verge,* qui n'en sort que pour l'érection ou la miction.

Chez la jument, la *vulve* est l'ouverture externe de son appareil reproducteur et urinaire : elle a la forme d'une fente verticale. Pendant les *chaleurs,* les lèvres de la vulve se gonflent et s'entrouvrent spasmodiquement, laissant apparaître le *clitoris,* et expulsant un mélange de mucus et d'urine. Certaines juments sont alors hypersensibles, chatouilleuses et susceptibles à l'excès ; d'autres, au contraire, sont abruties et semblent insensibles à tout.

Les deux *mamelles* se trouvent en avant des cuisses ; elles sont peu développées chez la pouliche, mais se gonflent fortement chez la jument au moment de la mise bas.

Les membres postérieurs

Les membres postérieurs soutiennent le corps et jouent principalement le rôle de propulseurs, tandis que leur rôle d'agents amortisseurs est assez réduit. Leur partie supérieure se trouve intégrée au tronc : elle comprend essentiellement le bassin, solidement fixé au sacrum, étudié plus haut. Leur partie inférieure est séparée du tronc et comprend : la cuisse et la fesse, la rotule, la jambe et le jarret, puis le canon, le boulet, le paturon, la couronne et le sabot, qui sont analogues aux parties correspondantes des membres antérieurs.

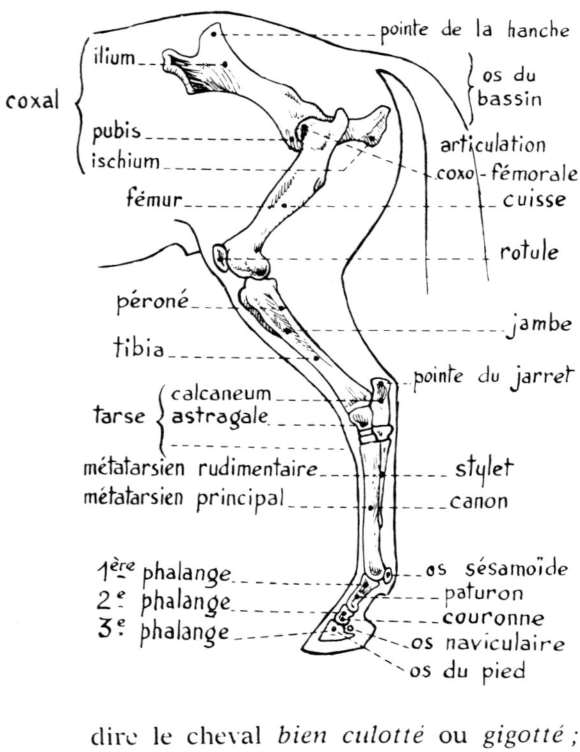

1) *La cuisse et la fesse* forment la région qui se trouve sous la croupe ; elle est limitée en avant par le flanc ; sa partie postérieure est constituée par la fesse, qui va de la *pointe de la fesse* jusqu'au *pli de la fesse* ; des muscles puissants garnissent ses faces latérales.

La grande longueur de la cuisse est une beauté absolue que l'on rencontre généralement associée à sa quasi-verticalité et à une *fesse bien descendue* ; c'est une caractéristique de l'aptitude aux allures étendues et rapides. La largeur de la cuisse résulte de la longueur de la croupe ; son épaisseur, fonction de la musculature, fait dire le cheval *bien culotté* ou *gigotté ;* dans le cas contraire, il a la cuisse *plate* ou la cuisse de *grenouille.*

Chez les chevaux amaigris par la fatigue, les privations ou la maladie, la fesse présente un profond sillon appelé *raie de misère.*

2) *Le grasset* a pour base l'articulation fémoro-tibio-rotulienne et correspond au genou de l'homme. Il est relié au flanc par un repli cutané souple, le *pli du grasset,* que l'on doit désirer bien descendu pour faciliter les mouvements d'extension du membre.

Le grasset doit être net, gros, écarté en dehors et situé un peu plus haut que le coude.

3) *La jambe* est placée entre la rotule et le jarret. Elle doit être longue, large, épaisse et bien dirigée. La longueur est surtout à rechercher pour les chevaux qui doivent travailler aux allures vives ; le cheval de trait peut avoir la jambe courte. La largeur et l'épaisseur de la jambe sont un signe de sa puissance musculaire ; quand la jambe est grêle, on dit que le cheval *manque de mollet.* Une orientation presque verticale de la jambe vaut mieux que trop d'obliquité chez le cheval de selle : cette conformation donne plus d'ouverture au grasset et au jarret, favorisant ainsi l'amplitude des mouvements d'engagement et de détente.

4) *Le jarret* est une articulation très importante, en forme de charnière, qui produit des mouvements de flexion et d'extension. Il correspond au talon de l'homme ; on y remarque le *pli,* formant l'angle antérieur ; la *pointe* en arrière, au sommet du calcanéum ; la *corde* ou tendon d'Achille ; le *creux,* juste en dessous de ce tendon ; et les faces latérales, avec les saillies osseuses des bordures articulaires.

On examine le jarret sur le cheval au repos et en action, de profil, de face, de dos et de biais, pour apprécier successivement sa largeur, son ouverture, son bord postérieur, son orientation, son épaisseur et la netteté de ses contours.

Des jarrets *secs, bien évidés* sont signe de race et d'énergie ; des jarrets *gras, pleins, empâtés* sont le partage des races communes. Le jarret doit présenter une ouverture convenable ; si son angle est trop ouvert, il est *droit* ; s'il est trop fermé, il est *coudé.* Le jarret serré à la base est dit *étranglé.* Les jarrets *clos* ou *crochus* se rapprochent par leurs pointes ; le défaut contraire, qui se trouve chez les chevaux trop ouverts, donne des jarrets *vacillants.*

Soumise à de rudes et continuels efforts, l'articulation du jarret est sujette à de nombreuses tares, dures et molles, parmi lesquelles il faut citer l'*éparvin,* la *courbe,* la *jarde* et le *jardon,* les *vessigons* et le *capelet.*

*
* *

En dessous du jarret, on retrouve aux membres postérieurs les mêmes régions qu'aux membres antérieurs. Notons seulement que la châtaigne se trouve en dessous du jarret, alors qu'elle se trouve au-dessus du genou.

Les robes et les particularités

L'ensemble des poils et des crins qui recouvrent le corps du cheval constitue ce qu'on appelle la robe. La robe d'un cheval permet de le différencier et de le reconnaître parmi d'autres chevaux. Il y a douze espèces de robes ; le moyen mnémotechnique de s'en souvenir est le sigle :

B A N C — B I S — G A L — R — P

Chaque robe peut comporter plusieurs variétés.

Il y a d'abord quatre robes simples :

1. — *Blanc,* très rare, sauf l'anomalie de l'albinisme ; on distingue cependant quatre variétés : blanc mat, blanc sale, blanc porcelaine et blanc rosé.

2. — *Alezan,* très fréquente, de couleur fauve ou roux, avec beaucoup de nuances : alezan clair, alezan ordinaire, alezan foncé, alezan doré, alezan cuivré, alezan brûlé ou encore alezan crins lavés.

3. — *Noir,* aussi rare que le blanc, il peut être noir franc, noir mal teint ou noir jais.

4. — *Café au lait,* assez rare, qualifié café au lait clair, café au lait ordinaire, café au lait foncé, ou palomino quand les crins sont lavés.

Viennent ensuite les robes composées, qui comprennent quatre groupes : *a*) celles qui sont formées de deux couleurs séparées :

5. — *Bai,* très fréquent : tout le corps est alezan, les extrémités et les crins sont noirs ; suivant la tonalité de l'alezan, on distingue le bai clair, le bai ordinaire, le bai brun, le bai cerise, le bai marron et le bai châtain.

6. — *Isabelle,* tout le corps est de couleur café au lait, les extrémités et les crins sont noirs ; avec les variétés : isabelle clair, isabelle ordinaire et isabelle foncé.

7. — *Souris,* composé de poils gris cendré, avec extrémités et crins noirs ; la robe souris peut être claire, ordinaire ou foncée.

Second groupe de robes composées : *b*) celles formées de deux couleurs mélangées, poils et crins :

8. — *Gris,* mélange de blanc et de noir. De nombreuses particularités viennent généralement s'ajouter aux diverses variétés de la robe gris ; on distingue cependant le gris très clair, presque blanc, le gris clair, le gris ordinaire, le gris foncé, le gris fer, le gris ardoisé, le gris tourdille à petits bouquets de poils blancs roussâtres et le gris étourneau, mélange de taches blanches et noires.

9. — *Aubère,* mélange de blanc et d'alezan, avec les variétés : aubère clair, aubère ordinaire et aubère foncé.

10. — *Louvet,* très rare, mélange de noir et d'alezan, qui peut être clair, ordinaire ou foncé. La robe louvet est quelquefois formée, comme chez les loups, de poils alezan à la base et noirs à l'extrémité.

Troisième groupe : *c*) robe formée de trois couleurs de poils et de crins :

11. — *Rouan,* mélange de blanc, d'alezan et de noir, en proportions variables, qui donnent les variétés : rouan clair, rouan ordinaire, rouan vineux et rouan foncé.

Quatrième et dernier groupe : *d*) robe conjuguée ou formée de deux robes :

12. — *Pie*, de grandes taches irrégulières sur un fond blanc forment les robes pie alezan, pie bai et pie noir.

Cette classification des robes est un procédé commode pour les distinguer. Mais il existe de telles interférences entre elles, soit entre les robes elles-mêmes, par exemple café au lait et alezan clair, soit entre les particularités des robes, par exemple l'alezan rubican et l'aubère, ou le gris rouanné et le rouan, que seule l'appréciation personnelle de l'observateur peut ranger une robe donnée dans une des catégories énumérées précédemment.

La robe d'un cheval varie peu selon son âge. Cependant, beaucoup de poulains paraissent noirs ou bai bruns dans les premiers mois, alors qu'adultes ils deviendront gris ou de robe claire. En vieillissant, la robe de certains chevaux s'éclaircit et grisonne, alors que d'autres ont tendance à devenir plus foncés, les chevaux bais par exemple.

Quoi qu'il en soit, la couleur des poils et des crins est un des nombreux caractères transmis par l'hérédité ; on en connaît encore mal les lois, mais l'expérience montre que l'union d'un étalon alezan avec une jument alezan ne peut donner qu'un poulain alezan et qu'un cheval gris a obligatoirement un de ses parents gris.

On appelle *particularités* d'une robe tous les signes qui en modifient l'aspect. Elles peuvent être sans siège fixe, ou se localiser à la tête, au corps ou aux membres. Les reflets brillants peuvent se trouver sur n'importe quelle partie du corps. Des mélanges de poils également, parmi lesquels il faut noter des particularités dues à la couleur :

— le *pommelé* : zones claires entourées de bordures plus foncées ;
— le *rubican* : semis de poils blancs sur des robes foncées ;
— le *grisonné* : mélange de poils blancs sur une région limitée du corps ;
— le *neigé* : bouquets de poils blancs disséminés ;
— le *bordé* : mélange de poils blancs en bordure d'une marque blanche ;
— les *marques de feu* : reflets alezan sur une robe foncée ;
— le *moucheté* : bouquets de poils noirs disséminés ;
— le *charbonné* : taches noires localisées sur la robe ;
— l'*herminé* : taches noires sur des marques blanches ;
— le *tigré* : lignes ou taches foncées rappelant le pelage du tigre ou de la panthère.

Des particularités dues à l'absence de pigment cutané, comme le *ladre*. Et des particularités dues à la direction des poils, ce qui constitue les *épis*, centrés ou pennés, concentriques ou excentriques.

Lorsque la robe ne comporte pas de poils blancs, on dit le cheval *zain*.

La tête du cheval peut être marquée de taches blanches sur le front et, selon leur importance, on signale : *quelques-poils-en-tête, légèrement ou fortement-en-tête, régulièrement-en-tête ou irrégulièrement, pelote-en-tête, étoile ou croissant*, etc. Une méthode permet d'indiquer l'emplacement exact des marques-en-tête par rapport à l'*épi frontal*, qui existe presque toujours, plus ou moins centré sur la ligne médiane et plus ou moins haut sur la ligne horizontale des salières, sur la ligne supérieure des yeux, la ligne des yeux ou la ligne inférieure des yeux.

Sur le chamfrein, les marques blanches prennent le nom de *listes*, qui peuvent être larges ou fines, complètes ou interrompues, régulières ou déviées, terminées en pointe ou de toute autre façon. On dit le cheval *belle-face* quand la liste couvre le chamfrein, et qu'il *boit-dans-son-blanc* quand elle envahit les naseaux, le bout du nez et les lèvres, avec ou sans *ladre*. Un cheval de robe foncée, marqué de feu autour du nez, a le *nez-de-renard*. Il est *cap-de-maure*, ou *cavece-de-maure*, si toute sa tête, ou sa partie inférieure, est noire.

Les particularités du corps sont : la *raie-de-mulet*, bande noire le long de l'épine dorsale ; la *bande-cruciale*, en travers sur les épaules ; le *ventre-de-biche*, teinte plus claire de cette région.

Les particularités des membres sont les *balzanes*, marques blanches situées à leur extrémité, quelle que soit la robe. On désigne d'abord leur nombre et leur répartition : une *balzane* antérieure droite ; deux *balzanes* postérieures, ou diagonales gauche ; trois *balzanes* dont une postérieure droite ; ou quatre *balzanes*. On distingue ensuite leurs dimensions : *trace de balzane*, lorsque la marque blanche ne fait pas le tour de la couronne ; *principe* de *balzane*, lorsqu'elle en fait le tour sans dépasser la couronne ; *Petite balzane*, pas plus haut que le paturon ; la *balzane* couvre le boulet ; la *grande balzane* atteint le milieu du canon ; *balzane chaussée*, jusqu'au genou ou au jarret ; *balzane haut-chaussée*, au-dessus de ces articulations. Il faut enfin décrire la forme de chaque *balzane*, régulière ou non, plus haute en dedans ou en dehors, devant ou derrière, en pointe, dentelée, etc. En outre, les *balzanes* peuvent être bordées, mélangées, truitées, mouchetées, herminées, etc.

Des marques accidentelles peuvent s'ajouter aux particularités, comme les taches blanches dues à des blessures profondes où le poil ne repousse que blanc, et les cicatrices.

Les bons chevaux se rencontrent sous toutes les robes et avec toutes les particularités. On préfère cependant les robes foncées aux robes claires, les chevaux à poil fin et court à ceux dont le poil est long et grossier. Le choix des chevaux suivant les robes n'est qu'une affaire de goût, de caprice ou de mode.

Les aplombs

La connaissance des *aplombs*, c'est-à-dire de la direction bonne ou mauvaise des membres du cheval, est très importante du

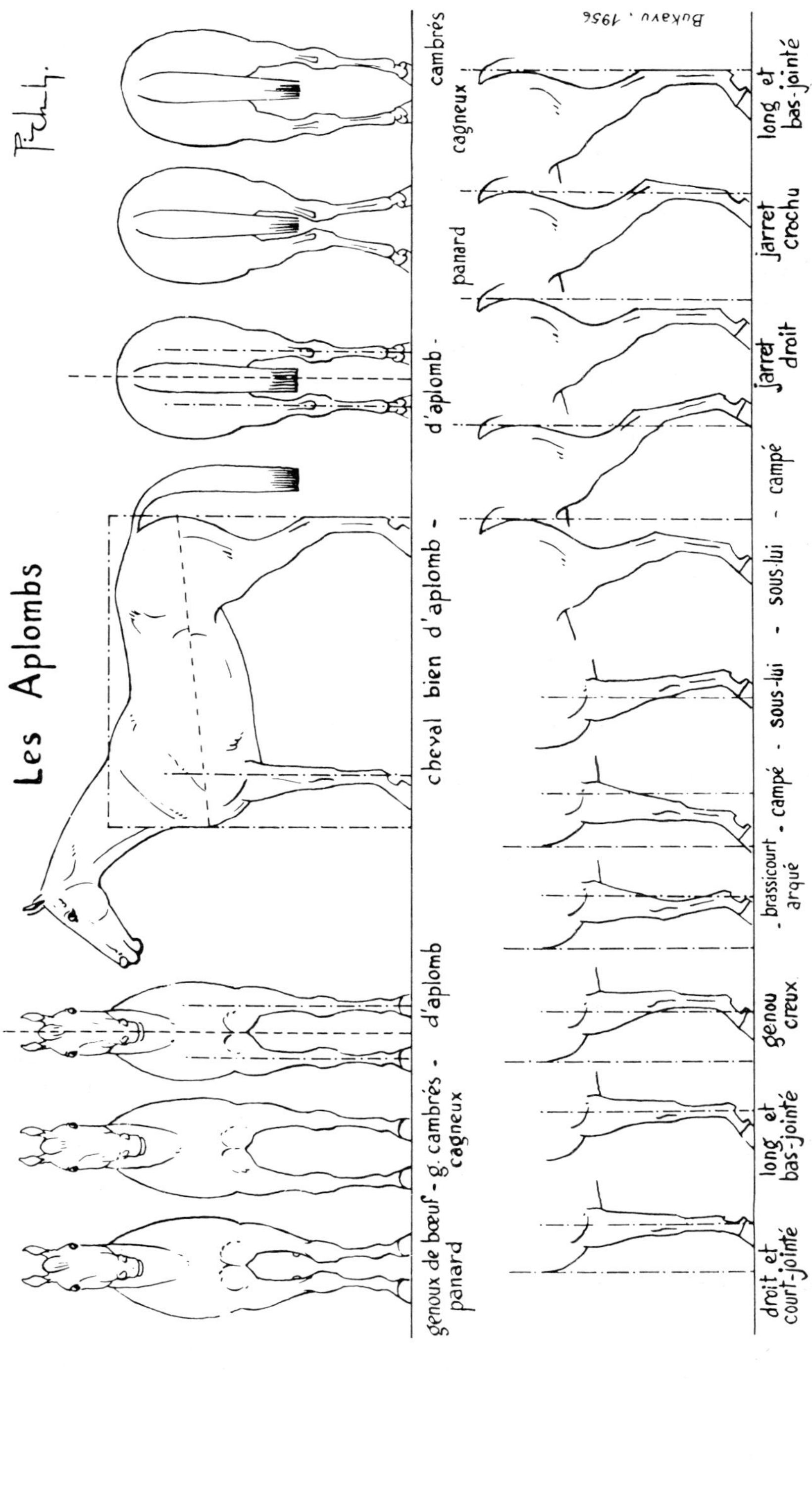
Les Aplombs
genoux de bœuf - g. cambrés - d'aplomb
panard
cagneux
cheval bien d'aplomb - d'aplomb - cagneux cambrés
panard
droit et court-jointé
long et bas-jointé
genou creux
- brassicourt arqué
- campé - sous-lui - sous-lui - campé
jarret droit
jarret crochu
long et bas-jointé
Bukavu . 1956

point de vue pratique, car c'est de leur régularité que dépendent le libre jeu des articulations, la solidité des membres et l'étendue des allures.

Pour juger des aplombs, le cheval est placé sur un sol horizontal, au repos dans une position naturelle. Ses aplombs seront réguliers lorsque les rayons droits des membres antérieurs et postérieurs présenteront une direction verticale, vus de profil, et seront parallèles entre eux, vus de face ou de dos.

Pour le membre antérieur, l'aplomb est régulier, vu de profil, quand la ligne droite formée par le *radius* et le *canon* tombe verticalement au sol. Si cette ligne est inclinée vers l'avant, le cheval avance ses pieds antérieurs, il est *campé du devant*, signe de fatigue ou de souffrance, en particulier des reins. Si cette ligne est inclinée vers l'arrière, le cheval recule ses pieds antérieurs, il est *sous-lui du devant*, grave défaut d'équilibre qui l'expose à tomber sur les genoux.

En outre, le radius et le canon peuvent ne pas être placés en ligne droite et former une ligne brisée par le déplacement du genou en avant : le cheval est *brassicourt* (défaut de nature) ou *arqué* (résultat d'usure) ; ou déplacement du genou en arrière : le genou est *effacé*, ou *renvoyé* et *creux*, lorsque ce défaut est plus accentué, ce qui prédispose le cheval au claquage des tendons.

Vu de face, les deux lignes qui passent par le milieu des genoux et les canons pour tomber à la pince des sabots doivent être verticales pour que l'aplomb soit régulier. Si les membres sont obliques en dedans, le cheval est *serré du devant* ; s'ils le sont en dehors, le cheval est *trop ouvert*.

Les lignes genou-canon-pince des sabots ne sont pas toujours droites ; les genoux écartés sont *ouverts* ou *cambrés* ; les genoux rapprochés sont dits *genoux de bœuf*. Le cheval est *panard* lorsque ses pieds sont tournés en dehors ; il est *cagneux* s'ils sont tournés en dedans.

Pour les membres postérieurs, l'aplomb est régulier, vu de profil, si la verticale qui part de la pointe de la fesse tombe au sol en longeant le bord postérieur du canon ; si le bord postérieur du canon est incliné en avant de cette ligne, le cheval est *sous-lui du derrière* ; si elle est oblique en arrière, le cheval est *campé*. La ligne du canon peut être verticale sans rester à l'aplomb de la pointe de la fesse : cette irrégularité provient de l'angle du jarret qui est trop ouvert et en avant de la ligne d'aplomb, *jarret droit*, ou trop fermé et en arrière, *jarret coudé*.

Vu de dos, les deux lignes qui partent des pointes des fesses passent par les pointes des jarrets, suivent le bord postérieur des canons et tombent exactement entre les talons de chaque pied, doivent être verticales pour que l'aplomb soit régulier. Si les membres s'écartent vers le bas, le cheval est trop ouvert du derrière ; s'ils se rapprochent l'un de l'autre, le cheval est serré du derrière, défaut plus fréquent qui expose le cheval à se couper.

Lorsque ces lignes idéales sont brisées, l'aplomb n'est plus régulier : les jarrets rapprochés sont dits *clos*, ceux qui s'écartent en dehors sont *ouverts*. Et comme pour les membres antérieurs, les pieds postérieurs tournés en dehors sont *panards*, ou *cagneux* s'ils sont tournés en dedans.

Un défaut d'aplomb peut affecter un membre sans affecter son congénère : la symétrie du cheval n'est pas toujours parfaite et l'on dira par exemple que tel cheval est cagneux de l'antérieur droit,

Les défauts d'aplomb peuvent s'accentuer ou s'atténuer en marche, lors du poser des membres. Aussi faut-il se placer de profil pour juger le cheval en marche pendant le défilé, puis par-derrière quand le cheval s'éloigne et de face quand le cheval revient vers l'observateur : un cheval bien d'aplomb *marche en ligne*, chaque membre se déplaçant dans un plan vertical parallèle à l'axe de marche.

Les défauts d'aplomb se traduisent par des irrégularités d'allures : le cheval est *panard en marche* lorsque le pied levé se rapproche du membre au poser ; *cagneux en marche* quand le membre au lever s'écarte en dehors puis est ramené en dedans pour se poser, on dit que le cheval *billarde*. Les jarrets sont *vacillants* quand ils se portent en dehors tandis que le membre tout entier pivote autour de la pince du pied. Le cheval *se croise* lorsqu'il pose ses pieds l'un devant l'autre ; il *se touche* quand le pied levé heurte le membre opposé à l'appui ; il *se coupe* s'il y a plaie au point touché, *s'entretaille* s'il se coupe aux deux membres. Le cheval *forge* quand la pince du pied postérieur frappe le fer du pied antérieur en produisant un bruit métallique ; il *s'atteint* avec un pied postérieur contre un membre antérieur.

Les tares

Les tares sont des traces apparentes et indélébiles d'accidents ou de maladies qui déforment l'aspect normal d'une région du corps du cheval. Elles peuvent être sans gravité, comme les cicatrices, ou au contraire gêner le bon fonctionnement d'un organe, comme le capelet, voire même empêcher complètement l'utilisation du cheval, comme certains claquages des tendons.

De toute façon, une tare déprécie plus ou moins le cheval, parce que l'organe atteint a presque toujours un aspect déformé et que c'est une preuve de son mauvais fonctionnement ou de sa conformation défectueuse.

On distingue les *tares dures*, c'est-à-dire osseuses, et les *tares molles* qui affectent les poches synoviales, les tendons ou les ligaments articulaires.

Les tares dures qui surviennent aux membres antérieurs sont :

— les *osselets* du genou, bourgeonnements osseux qui cerclent les marges articulaires des os du carpe et en gênent le jeu ;

— *les soreshins,* en avant du canon, produits par les chocs sur les barres d'obstacles, peu graves mais disgracieux ;

— les *suros,* ostéites sur le passage des tendons, généralement graves parce qu'ils font boiter. Les suros peuvent être simples, chevillés ou en chapelet ;

— les *formes* du paturon, situées sur la première phalange, et les *formes* coronnaires, sur l'os de la couronne, qui sont plus graves.

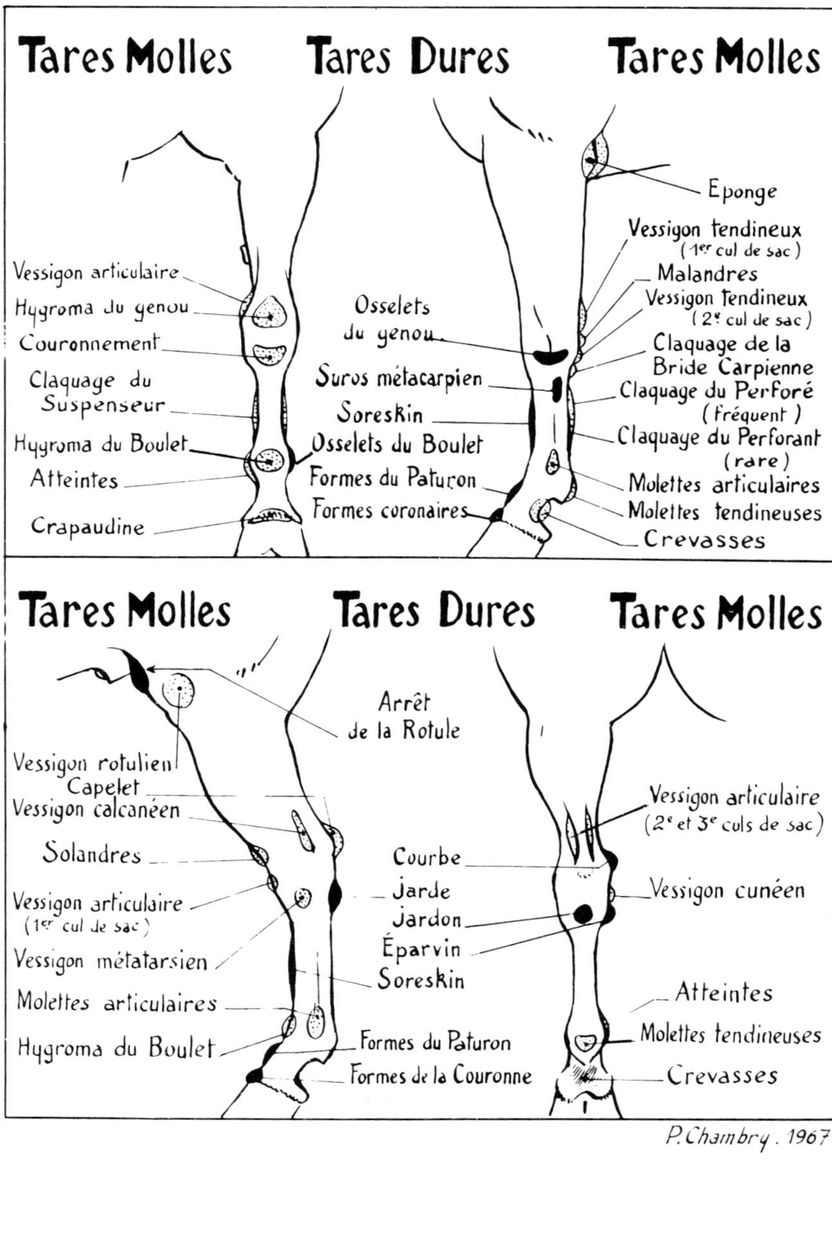

P. Chambry. 1967.

Les tares dures des membres postérieurs sont :

— l'*éparvin* calleux, sur la face interne de la base du jarret, d'autant plus grave qu'il se trouve plus en avant et plus haut ;

— la *jarde,* exostose de la tête du métatarsien rudimentaire externe et de la face postérieure du jarret, grave quand elle remonte vers l'arrière ;

— le *jardon,* bourgeonnement de la tête du métatarsien rudimentaire externe, sans trouble fonctionnel ;

— la *courbe,* exostose au-dessus et en dedans du jarret, généralement peu grave ;

— l'*éparvin* sec, ou *harper,* consiste en la flexion exagérée et convulsive du jarret ; cette tare est provoquée par des lésions internes difficiles à déceler ;

— les *formes* du paturon et de la couronne, identiques à celles des membres antérieurs.

Les tares molles des membres antérieurs sont :

— l'*éponge,* tumeur du coude provoquée par l'éponge du fer chez le cheval qui « se couche en vache » ; on peut l'éviter par l'emploi de fers tronqués ; on facilite la guérison par une matelassure sous-sternale maintenue par un surfaix ;

— l'*hygroma* du genou, tumeur séreuse de toute la face antérieure, généralement produite par un choc ;

— le *vessigon tendineux,* dans le pli du genou, sans grand danger ;

— le *vessigon articulaire,* situé à la face externe du genou, beaucoup plus grave ;

— les *efforts de tendon,* ou *claquages,* distensions ou ruptures des gaines tendineuses ou des fibres tendineuses ;

— les *molettes,* ou dilatations des poches synoviales du boulet ; les molettes articulaires, situées entre le suspenseur du boulet et le canon, sont plus graves que les molettes tendineuses, situées entre le suspenseur du boulet et les tendons fléchisseurs ;

— les *crevasses,* irritations de la face postérieure du paturon, provoquées par l'humidité, la boue, ou une prise de longe.

Aux membres postérieurs, les tares molles sont :

— les *solandres,* ou crevasses du jarret ;

— les *vessigons articulaires* et les *vessigons tendineux,* moins graves, dilatations des capsules synoviales ;

— le *capelet,* hygroma de la pointe du jarret, provoqué par des frottements, assez rebelle aux traitements ;

— les *efforts de tendons,* très rares aux membres postérieurs ;

— les *molettes* et les *crevasses,* comme aux membres antérieurs.

L'âge du cheval et sa dentition

Avec un peu d'habitude, il est facile de reconnaître à première vue si un cheval est jeune ou âgé ; mais cette observation reste vague, et c'est par l'examen des dents que l'on pourra déterminer avec une certaine précision l'âge du cheval.

Le cheval a 40 dents, soit 20 à chaque mâchoire ; en avant se trouvent 6 incisives, appelées, en partant du milieu, *pinces, mitoyennes et coins* ; puis, après un intervalle, une canine, ou *crochet,* absente chez les juments, qui n'ont donc que 36 dents en règle générale, excepté les juments *bréhaignes* qui ont deux ou quatre crochets ; plus loin, après un autre intervalle appelé *barres,* se trouvent les six *molaires.*

Pour la détermination de l'âge du cheval, il n'y a lieu que de considérer les six incisives de la mâchoire inférieure. Le jeune poulain naît sans dents ; celles-ci n'apparaissent qu'entre un et douze mois : ce sont les *dents de lait,* petites, blanches, avec un collet. Les six incisives de lait apparaissent successivement dans l'ordre : pinces, mitoyennes et coins, puis tombent dans le même ordre sous la poussée des *dents de cheval,* grosses, jaunes, sans collet ; celles-ci vont venir au contact deux à deux, se frotter, s'user mutuellement et présenter une *table dentaire* dont l'aspect et la forme varient en fonction de l'âge.

La connaissance de la constitution interne de la dent permet de comprendre les modifications de la table dentaire. Le corps de la dent est formé par une colonne blanchâtre *d'ivoire* au centre de laquelle se trouve un noyau jaune foncé *d'ivoire central.* Extérieurement, la dent est recouverte par de *l'émail* blanc nacré, qui se replie à son extrémité libre pour former un cul-de-sac appelé *cornet dentaire* rempli d'une matière noire, le *cément,* ou *germe de fève.*

Comme le bord extérieur de la dent sort toujours le premier des gencives, il frotte aussi contre la dent opposée et s'use le premier ; le bord postérieur s'use ensuite et, lorsque les deux bords sont usés, la dent présente une surface plane au milieu de laquelle se trouve la dépression du cornet dentaire, entourée d'émail central : on dit que la dent est *rasée.* Puis, en avant du cornet, apparaît le noyau jaune d'ivoire central, appelé *étoile radicale,* qui grandit en s'arrondissant à mesure que disparaît le cornet de l'émail central ; la dent est *nivelée* quand ce dernier a disparu. La forme de la table dentaire s'arrondit alors, puis devient triangulaire, par suite de l'usure des dents en biseau de plus en plus allongé. Toutes ces transformations s'opèrent successivement sur les pinces, puis sur les mitoyennes et enfin sur les coins. Ce qui

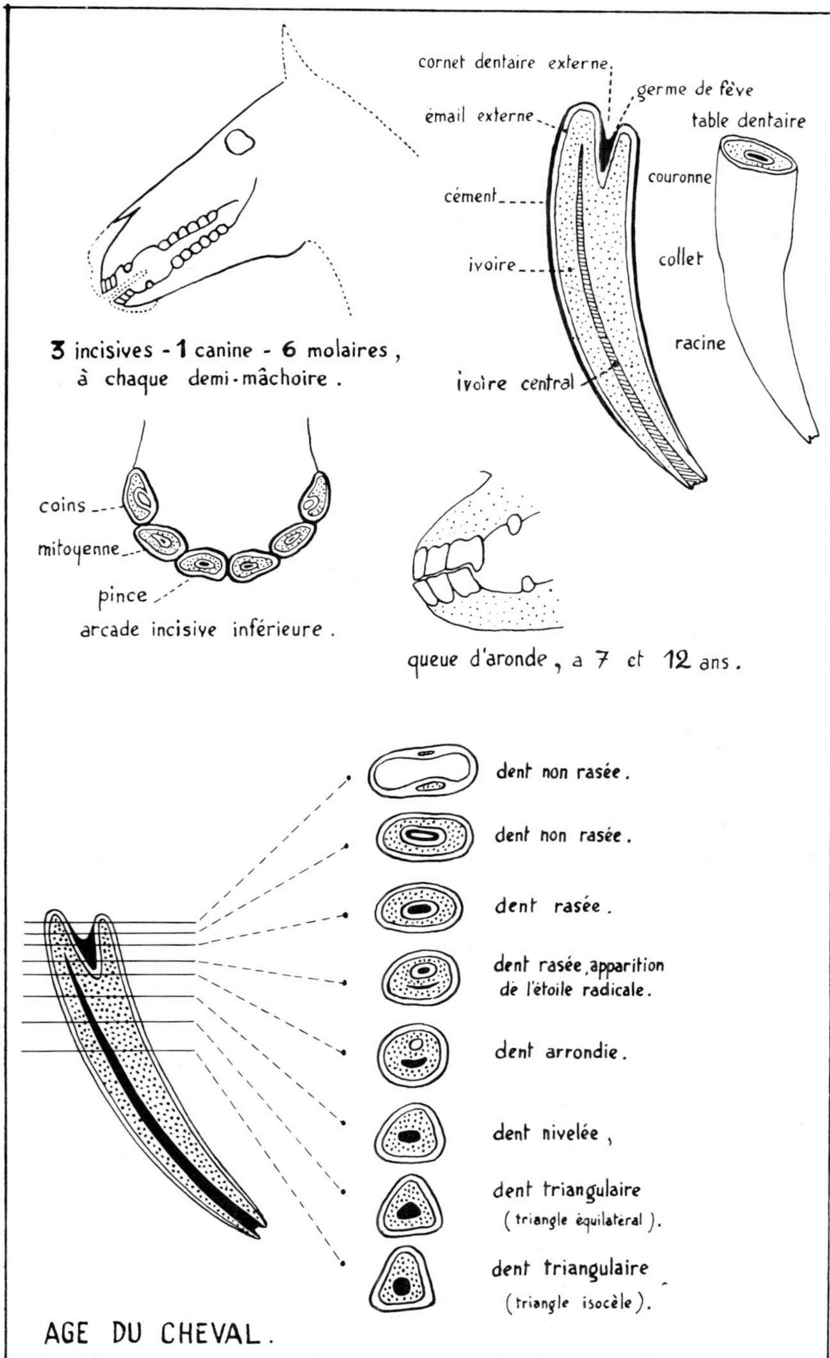

AGE DU CHEVAL.

permet de dresser le tableau ci-dessous, qui indique l'âge du cheval en fonction de ses dents :

	Pinces	Mitoyennes	Coins
Sortie des dents de lait	10 jours	1 mois	6 mois
Rasement des dents de lait	10 mois	14 mois	18 mois
Sortie des dents de cheval	3 ans	4 ans	5 ans
Rasement des dents de cheval	6 ans	7 ans	8 ans
Apparition de l'étoile radicale	9 ans	10 ans	11 ans
Dents rondes	12 ans	13 ans	14 ans
Dents triangulaires et nivelées	15 ans	16 ans	17 ans

Au-delà de 17 ans, la détermination de l'âge du cheval devient très imprécise : on le dit *hors d'âge.*

Il y a lieu de noter qu'à 7 et 12 ans, la *queue d'aronde* apparaît aux coins supérieurs, puis se brise et disparaît ; c'est une proéminence de la partie postérieure de la dent qui se produit parce qu'elle déborde en arrière du coin inférieur et ne s'use qu'à sa partie antérieure. En outre, vues de profil, les incisives des deux mâchoires s'affrontent pour former un *angle incisif* très obtus dans le jeune âge, qui se ferme progressivement pour devenir très aigu à un âge avancé.

Mais il y a de nombreuses anomalies qui faussent l'évaluation de l'âge, en particulier chez les chevaux *bégus,* dont le cornet dentaire est plus profond ; ou chez les chevaux à *bec-de-perroquet,* dont la mâchoire supérieure déborde en avant de la mâchoire inférieure ; ou encore chez les chevaux *ticqueurs* qui prennent appui par leurs incisives sur le rebord de leur mangeoire pour avaler et déglutir de l'air.

Enfin de nombreuses fraudes permettent à des vendeurs malhonnêtes de vieillir les poulains ou de rajeunir les vieux chevaux, en maquillant leurs dents.

La ferrure

La ferrure a pour but de préserver le sabot d'une usure excessive et de conserver au pied du cheval sa forme et ses fonctions.

Dans l'Antiquité, les Grecs et les Romains utilisaient des *solea* ou *hipposandales,* plaques métalliques placées sous les sabots et fixées par des crampons ou des lanières tout autour de la muraille.

Les premiers fers à clous apparaissent en France avec l'invasion des Sarrasins : on a retrouvé une grande quantité de ces fers dans les sous-sols de Besançon, ville détruite en 736. Ce sont des fers ondulés ou festonnés, minces et légers, avec des clous à grosse tête arrondie, brochés obliquement et rivés par enroulement.

Il faut arriver au début du XVIe siècle pour trouver les premières données écrites de César Fiaschi (1539) sur l'Art de la Maréchalerie. En 1664, Solleysel fait paraître en France le *Parfait Maréchal* qui eut un grand retentissement, fut traduit dans toutes les langues et maintes fois réédité.

Les fers à cheval sont maintenant fabriqués presque uniquement à l'usine, en acier extra-doux. Ils présentent deux faces, la *face supérieure,* en contact avec le sabot, la *face inférieure* avec le sol, et deux bords, *la rive externe* et la *rive interne* dont la partie centrale constitue la *voûte.* Ils sont adaptés au contour de la muraille du sabot, et comportent les mêmes parties : *pince, mamelles, quartiers* et *éponges* qui correspondent aux talons ; les *branches* sont formées de chaque côté par le quartier et l'éponge du fer : celui-ci est *couvert* ou *dégagé* suivant que ses branches sont larges ou étroites.

La *tournure* du fer correspond au contour exact du pied, sauf en arrière où il doit déborder progressivement pour fournir assez de *garniture. L'ajusture* du fer est une concavité de sa face supérieure, qui permet la descente de la sole au moment de l'appui ; la face inférieure est toujours plane ou très légèrement convexe vers l'avant pour faciliter le basculement du pied à la fin de l'appui. Le *pinçon* donne de la stabilité au fer et l'empêche de glisser vers l'arrière du pied.

Sur la face inférieure du fer sont creusées les *étampures* dans lesquelles se logent la *tête* des clous, tandis que la *lame* des clous sortira par les *contre-perçures* de la face supérieure, pour pénétrer dans le sabot. Le fer est *étampé à gras* ou *à maigre* selon que les étampures sont éloignées ou rapprochées de la rive externe, en fonction de l'épaisseur de la corne. Les *clous* à ferrer ont une *tête* pyramidale qui s'encastre dans les étampures et une *lame* terminée en biseau qui lui fait décrire un trajet courbe dans la corne, pour en sortir et être *rivés.*

La ferrure doit être renouvelée tous les mois, par suite de la pousse de la corne. Il faut d'abord *parer* le pied, c'est-à-dire retrancher l'excédent de corne pour redonner au pied un aplomb et une forme normaux ; l'opération se fait à l'aide du *rogne-pied,* frappé à coups de *brochoir,* ou avec le *couteau anglais,* puis avec la *râpe.* Dans le premier cas, c'est la ferrure *à chaud,* ou à la française, qui nécessite la présence d'un *teneur de pied* ; le fer est alors essayé encore chaud, marquant la régularité de son appui en brûlant la corne, ce qui permet au maréchal d'effectuer les rectifications nécessaires, sur le pied du cheval aussi bien que sur le fer lui-même. Dans le second cas, c'est la ferrure *à froid,* ou à *l'anglaise,* qui exige plus d'habileté et de coup d'œil de la part du maréchal ; celui-ci maintient le pied du cheval levé en le serrant entre ses deux genoux ; il travaille courbé en deux et juge la qualité des appuis à vue, pour en corriger les défauts à froid s'ils sont minimes.

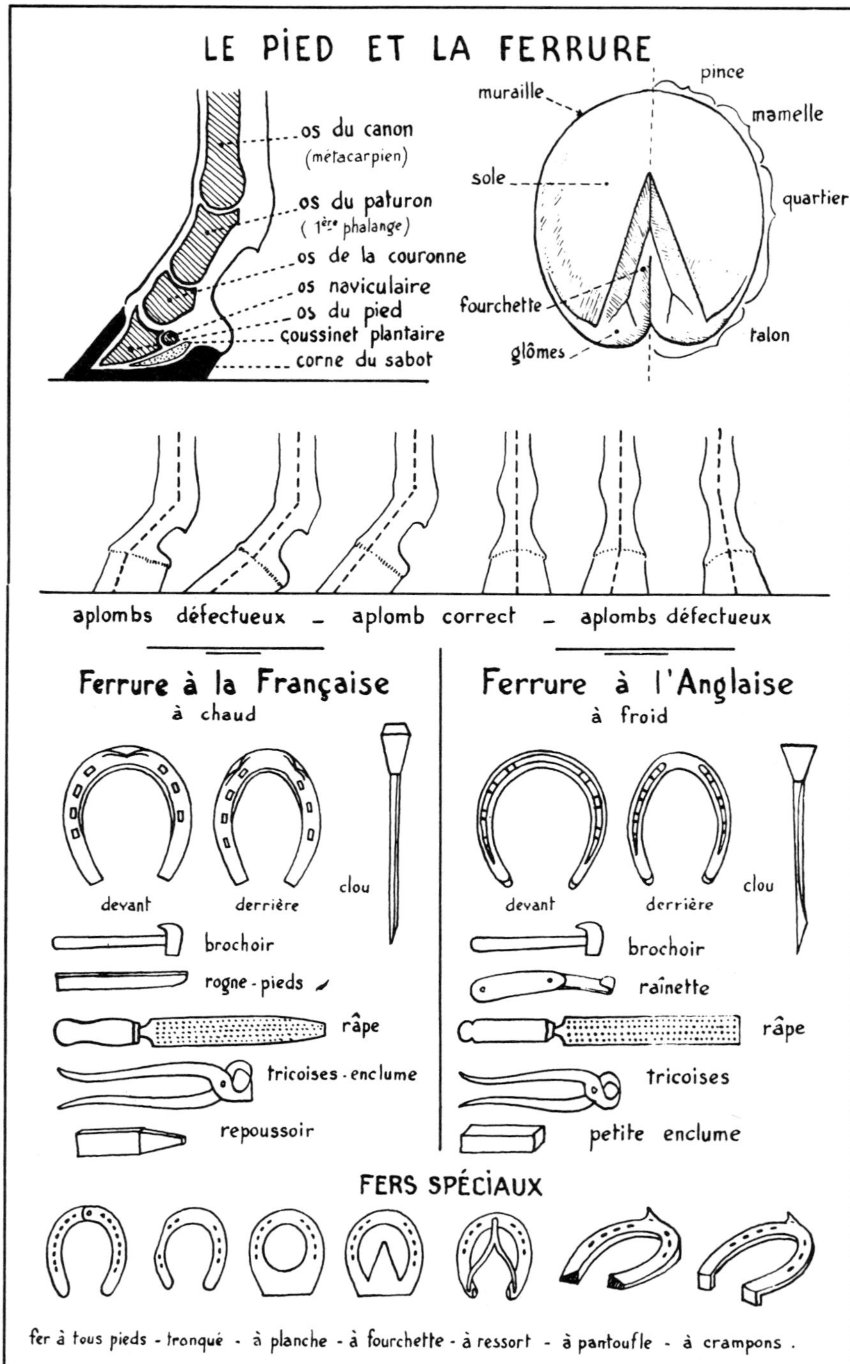
LE PIED ET LA FERRURE
os du canon
(métacarpien)
os du paturon
(1ère phalange)
os de la couronne
os naviculaire
os du pied
coussinet plantaire
corne du sabot
muraille
pince
mamelle
sole
quartier
fourchette
talon
glômes
aplombs défectueux – aplomb correct – aplombs défectueux
Ferrure à la Française
à chaud
devant
derrière
clou
brochoir
rogne-pieds
râpe
tricoises-enclume
repoussoir
Ferrure à l'Anglaise
à froid
devant
derrière
clou
brochoir
rainette
râpe
tricoises
petite enclume
FERS SPÉCIAUX
fer à tous pieds - tronqué - à planche - à fourchette - à ressort - à pantoufle - à crampons.

Le fer est ensuite *broché* à l'aide de clous enfoncés dans la corne et ressortant par la paroi du pied. Après avoir été *serrés* dans le fer, puis *coupés* au ras de la corne, les clous sont *rivés* à l'aide des *tricoises* et du *brochoir* et encastrés dans la paroi du sabot.

Pour reconnaître qu'un pied est bien ferré, il faut l'examiner au poser, de face et de profil, et au lever. Le pied doit être dans le prolongement du paturon et avoir la même inclinaison que celui-ci. La tournure du fer reproduit celle du pied, avec une légère garniture débordant de plus en plus vers les éponges. La hauteur des talons est égale à la moitié de celle de la pince. Les rivets sont bien incrustés et tous à la même hauteur, sinon le fer aurait été « broché en musique ». Au lever, les éponges sont à égale distance de la lacune médiane, les branches portent bien à plat, les têtes des clous sont bien enclavées dans les étampures et l'on peut sentir au toucher de la main que les rivets sont bien appliqués dans la paroi.

Les fers de devant sont de forme arrondie, presque aussi larges que longs, avec des étampures réparties sur sa moitié antérieure, et un pinçon médian. Les fers de derrière sont de forme ovale, généralement à *pince tronquée*, avec deux pinçons et des étampures plus rapprochées des talons. De toute façon, les fers sont étampés à gras en rive externe et à maigre en rive interne, car la corme y est moins épaisse.

Les fers anglais sont plus légers, avec une *rainure* large et profonde sur tout le périmètre de leur face inférieure, dans laquelle sont percées les étampures, et des éponges taillées en biseau. Les fers d'entraînement sont également rainés, étroits et légers ; les fers de course ne portent pas de poinçon, très souvent fabriqués en aluminium ou en alliage léger. Les chevaux de chasse auront des fers plus lourds, fortement couverts pour mieux protéger le pied contre les aspérités des terrains. La ferrure de polo doit avant tout être cramponnante, mais les règles du jeu interdisent les *grappes* en pince et certains modèles de *crampons*. Par contre, il sera bon de prévoir, pour les chevaux de concours hippiques, des fers à crampons fixes en talons externes ou des fers à mortaises dans lesquelles on vissera des crampons mobiles à tête carrée quand le terrain sera glissant.

Il existe enfin un grand nombre de fers spéciaux ou pathologiques, destinés à être appliqués dans certains cas ou sur des pieds malades, parmi lesquels : le fer Charlier, périplantaire, les fers à planche, les fers articulés, les fers à ressort et surtout le fer à pantoufle, dont l'inventeur serait Salomon de La Broüe, écuyer du roi Henri III : la face supérieure des branches est inclinée en dehors ; sous l'action du poids du corps, les talons et aussi les quartiers subissent une expansion forcée, sollicités qu'ils sont à descendre vers le bas des talus sur lesquels ils reposent. Les fers à pantoufle sont non seulement curatifs, mais encore préventifs de l'encastrure : à chaque foulée, les talons tendent à s'ouvrir en glissant sur le plan incliné des éponges.

Le signalement

Le signalement est la description exacte de l'ensemble des caractères extérieurs susceptibles de faire distinguer le cheval de tous les autres.

Le signalement des chevaux de sang est « pris » avant le sevrage par les soins de l'Administration des Haras, alors que les poulains sont encore sous la mère. Tous les renseignements sont inscrits sur le *Certificat d'origine* (à l'exception de la taille d'adulte) qui constitue la carte d'identité du cheval.

Un signalement sommaire n'a qu'une valeur relative. Pour être complet, le signalement d'un cheval doit comprendre : le *nom*, le *sexe*, l'*espèce*, la *date de naissance*, l'*origine*, la *robe*, les *particularités* (tête, membres, marques particulières, etc.) et la *taille* d'adulte ; en outre, il est utile d'ajouter le nom et l'adresse du *naisseur* (propriétaire de la jument au moment de la naissance du produit), le *numéro d'inscription* à la Société Hippique Française, ainsi que les noms et adresses des propriétaires successifs.

Tout homme de cheval doit savoir vérifier un signalement, sinon le prendre lui-même succinctement, afin de ne pas être trompé au moment de l'achat d'un cheval, comme cela arrive souvent. Pour ne pas risquer d'oublier un des éléments nécessaires au signalement complet du cheval, voici un moyen mnémotechnique qui donne de bons résultats :

N E S T O R   P A N I S

Nom, espèce, sexe, taille, origine, robe ; particularités, âge, naisseur, numéro d'inscription, propriétaires successifs.

Le signalement des chevaux de robe uniforme, ou sans particularités, serait insuffisant pour permettre une identification parfaite, si l'on n'y mentionnait les particularités relatives à *l'épi frontal*. Cet épi présente en effet des caractères d'individualité faciles à préciser : il ne se déplace pas, ne se déforme pas avec l'âge. Son absence, très rare, mérite d'être notée ; généralement, il en existe un, quelquefois deux, rarement trois ou davantage.

L'épi est « situé » par rapport à l'axe vertical qui passe au milieu du front (épi médian, à droite ou à gauche) et par rapport à quatre axes horizontaux : ligne des salières, ligne des yeux, ligne supérieure et ligne inférieure des yeux. Plusieurs épis sont situés les uns par rapport aux autres, superposés, juxtaposés, accolés ou séparés. Il est indispensable de fixer clairement la position des épis par rapport à d'éventuelles marques en tête (quelques poils, pelote, étoile, etc.).

L'épi étant formé par un rebroussement des poils, on distingue les épis centrés (autour d'un point) des épis pennés (de part et d'autre d'une ligne) ainsi que l'orientation de ces derniers. Le mode d'enroulement des poils varie autour de l'épi qui peut être convergent (rare) ou divergent, rayonné, spiralé, en volute, etc.

Le modèle

Pour bien connaître et apprécier les chevaux, il ne suffit pas de savoir juger les bonnes dispositions de chacune des parties de leur corps, mais il faut surtout être capable de les estimer dans leur ensemble et dans leurs proportions relatives, tout en tenant compte de l'espèce du cheval et du service auquel il est destiné.

En face d'un cheval, c'est sa silhouette qui frappe d'abord ; vient ensuite l'harmonie de ses proportions, son importance, son équilibre, son énergie, en un mot son individualité propre. Mais il n'y a pas de règles fixes : il faut du coup d'œil et une longue pratique pour apprécier avec justesse les qualités ou les défauts d'un cheval. Comme le cheval parfait n'existe pas, le connaisseur devra se montrer indulgent pour certaines défectuosités secondaires et établir une balance de compensation avec les beautés absolues du sujet ou avec les beautés particulières au service demandé.

On peut classer les chevaux en trois catégories, suivant leur conformation générale et les aptitudes qui en découlent :

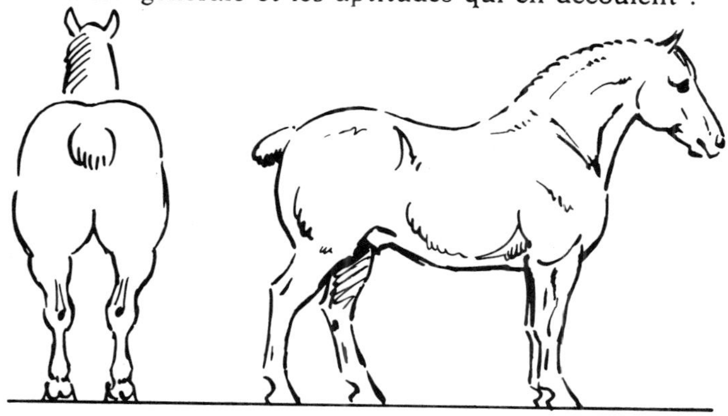

1) *Chevaux à intensité de contraction,* ayant un thorax plein-cintre, des colonnes de soutien courtes et épaisses, des muscles volumineux, des lignes architecturales écourtées, des angles articulaires plutôt fermés. Ils sont de type bréviligne et plus aptes à épauler ou porter lourd qu'à déployer de l'agilité et de la vitesse.

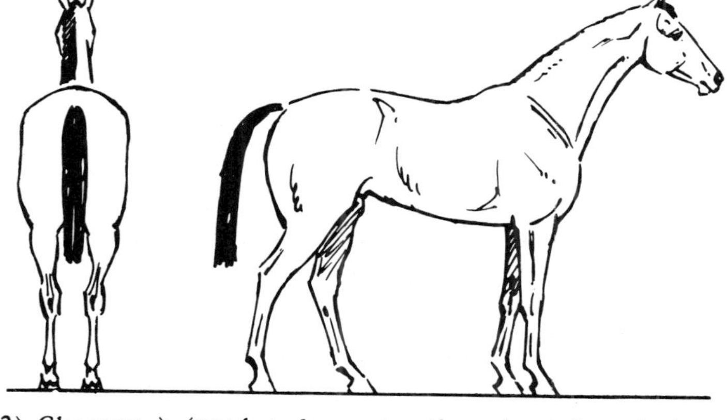

2) *Chevaux à étendue de contraction,* de style ogival avec des angles articulaires ouverts ; leur construction élancée dénote la légèreté, la vélocité et caractérise l'élégance ; ils sont de type longiligne, aptes surtout aux allures étendues, accélérées, coulantes.

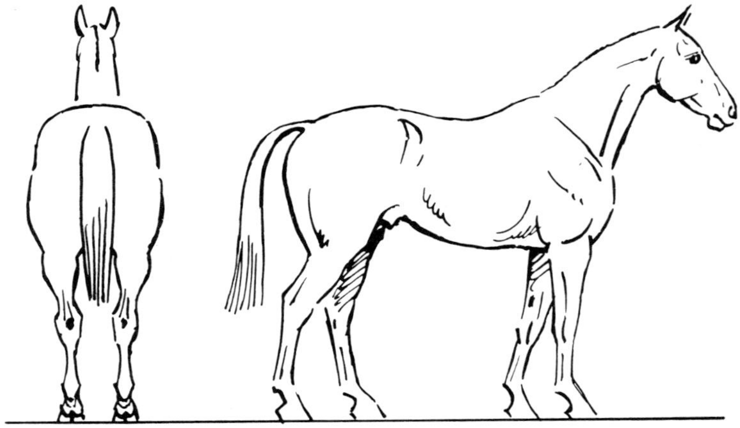

3) *Chevaux de type intermédiaire,* participant du cintre et de l'ogive, pondérés dans toutes leurs parties, bien équilibrés, à deux fins ; c'est le type médioligne du cheval de selle aux nombreuses utilisations.

A chaque modèle ou format correspond une silhouette particulière qui demande une certaine harmonie de proportions. A défaut de règles scientifiques, l'expérience et l'observation ont depuis longtemps fait connaître leurs conclusions : « Le cheval de selle, écrit M. Gendry, Inspecteur Général des Haras, qu'il soit grand ou petit, doit présenter des qualités essentielles qui préfigurent le bon service que l'on peut attendre de lui :

1) L'épaule doit être longue et oblique, disposition qui commande la verticalité du bras et la qualité des allures.

2) La poitrine sera profonde, ogivale, donnant le près-de-terre, avec une grande capacité respiratoire.

3) L'étendue, indispensable pour l'équilibre, sera obtenue par l'obliquité des rayons, mais aussi par une longueur relative du dos ; un cheval court, bréviligne dans l'ensemble, n'est pas un cheval de selle.

4) La bonne orientation des jarrets, une forte musculature d'arrière-main assurant la puissance. Le jarret campé est à proscrire.

« A ces qualités premières on souhaitera ajouter :

— une tête légère et surtout bien attachée, bien portée, avec une encolure ferme, solide, bien greffée sur les épaules, facilitant la conduite ;

— un avant-bras long et musculeux, les coudes parallèles au corps, ni serrés en dedans, ni écartés en dehors ;

— des canons courts avec des tendons larges, bien détachés de l'os par une gouttière nette et sèche ;

— les dernières côtes profondes, faisant « une bonne place pour l'éperon » ;

— les hanches accusées de telle façon que leurs pointes soient écartées ;

— les cuisses longues et musclées (un beau carré du derrière) ;

— la rotule très en avant :

— les tissus fins.

« Enfin, ce modèle sera éclairé par une physionomie éveillée, ce qui s'affirme par l'énergie de l'attitude, le port élégant et ferme de l'encolure, les oreilles attentives, l'expression intelligente des yeux bien ouverts. »

II - HYGIÈNE DU CHEVAL

L'écurie

L'écurie est destinée à offrir au cheval un abri confortable pour assurer son repos et sa santé. Bien construite, elle est facile à entretenir dans un parfait état de propreté, conçue pour éviter les accidents et pour prévenir ou enrayer les maladies.

L'orientation doit assurer une égale répartition de l'ensoleillement aux deux façades principales ; on préférera donc l'exposition plus ou moins est-ouest dans les régions tempérées, et nord-sud dans le Midi, est ou sud-est dans les contrées froides, en tenant compte de la nature des vents dominants.

Il est indispensable que l'écurie soit construite en bons matériaux, sur un sol surélevé, sain, ferme et perméable. Les dimensions doivent être telles que les chevaux y trouvent un cubage d'air suffisant et toute facilité pour s'y tenir debout, couchés ou même étendus.

Les stalles ne constituent qu'un pis-aller à peine admissible, n'offrant aux chevaux aucun confort véritable : qu'on s'imagine l'ennui d'un pauvre animal attaché jour et nuit face au mur, dans un espace restreint qui lui permet à peine de se coucher ! Pour peu que ses voisins aient mauvais caractère, qu'ils soient jaloux, mordent ou tapent, c'est une vie infernale sans répit ni repos. Et l'on voudrait que des chevaux ainsi logés soient d'agréables montures ?

Les boxes sont infiniment préférables, même s'ils sont de petite taille. Les dimensions idéales, en surface, seraient de 3 mètres sur 3, ou un peu plus ; mais il est toujours possible de modifier ces bases pour utiliser et aménager des bâtiments déjà existants.

Dans son box, le cheval a toute liberté pour se déplacer, se reposer et se distraire en s'intéressant à tout ce qui se passe alentour, dehors ou dans les boxes voisins.

Le sol légèrement en pente permet l'écoulement des urines et des eaux de lavage. Un vasistas basculant autour de sa base et s'ouvrant en dedans permet d'assurer l'aération, sans crainte de refroidir directement l'animal. En outre, un plafond isolant situé à 3 mètres de hauteur, au moins, laisse au cheval un cubage d'air d'environ 30 mètres cubes quand les ouvertures sont fermées. Il est bon de percer des fenêtres de communication grillagées entre les boxes voisins, pour éviter la solitude.

La porte mesure au moins 1,20 mètre de large et s'ouvre vers l'extérieur, en deux parties ; la partie supérieure peut être maintenue ouverte pendant la journée, pour permettre au cheval de sortir la tête à l'extérieur et de s'intéresser aux activités de la cour. Mais cette ouverture supérieure doit pouvoir être obstruée par une grille métallique, pour protéger le cheval des manifestations amicales ou hostiles des passants et éviter qu'il ne prenne la mauvaise habitude de mordre.

De toute façon, les angles du box seront arrondis, ainsi que les arêtes des ouvertures et tous les accessoires, verrous, gonds, etc. qui ne doivent présenter aucune saillie susceptible de blesser le cheval.

La meilleure mangeoire a les coins arrondis, le fond légèrement concave et un rebord intérieur à sa partie supérieure qui empêche le cheval de précipiter sa nourriture par terre ; elle est alors facile à nettoyer. On la place de préférence dans un angle du box, du côté ouvrant de la porte, ce qui facilite le service ; son fond à 1 mètre du sol, au moins.

L'abreuvoir automatique est devenu d'un usage presque général ; il remplace avantageusement le seau d'eau métallique, posé à terre ou accroché dans un angle, mais demande un nettoyage fréquent pour ne pas être obstrué ou pollué par les déchets de paille ou de nourriture. Qu'il soit à pression ou à niveau constant, l'abreuvoir mériterait d'être encastré avec ses tuyauteries dans un bloc de béton, comme la mangeoire, pour éviter tout risque d'accrochage ou de blessure.

Le râtelier à fourrage est un non-sens : il oblige l'animal, pour manger, à renverser l'encolure, à creuser le dos, et il produit beaucoup de poussière sur la tête et dans les yeux des chevaux qui préfèrent de beaucoup manger par terre dans leur attitude naturelle.

Un anneau scellé dans le mur complète le mobilier du box, pour y attacher le cheval pendant le pansage.

Alimentation

L'alimentation du cheval varie en fonction de son âge, du travail qu'il doit fournir, des saisons et du prix des denrées. Traditionnellement, le cheval se nourrit de paille, de foin et d'avoine ou d'orge.

Le *foin de pré* constitue un aliment complet, parce qu'il est composé d'une grande variété de plantes ; le *foin de prairies artificielles* : luzerne, sainfoin, trèfle, etc. n'a pas les mêmes avantages. Un bon foin est souple, odorant, savoureux, de couleur vert pâle. Les foins jaunes, sans odeur, cassants, poussiéreux, qui ont été mal récoltés et mal conservés, doivent être rejetés. Le foin conserve ses qualités nutritives pendant une année ; livré en balles ou en bottes, il faut l'examiner attentivement à la livraison pour contrôler sa qualité, et au moment de l'emploi.

La *paille de seigle*, comme litière, est sans aucun doute la meilleure ; on emploie plus généralement la *paille de froment*. Mais comme nourriture, la *paille d'avoine* est bien préférable ; un vieux dicton affirme : « cheval de paille, cheval de bataille ».

L'avoine constitue l'aliment énergétique par excellence. On la trouve sous de nombreuses variétés, blanche, grise, noire, rousse ou jaune, d'hiver ou de printemps, toutes bonnes si elles sont lourdes, sèches, à grains renflés, lisses, exempts de poussières. Elle pèse au minimum 52 kg l'hectolitre, et se conserve aisément ; la ration journalière se compte le plus souvent en volume, pour faciliter le contrôle de la distribution, au moyen d'une mesure métallique à anse : 2 litres correspondent à 1 kg ; versée dans un crible, l'avoine se dépoussière automatiquement au cours du trajet du coffre à la mangeoire. L'avoine peut être donnée cuite, concassée ou germée ; elle est alors plus assimilable, parce que plus facile à mastiquer et à digérer.

L'orge remplace fréquemment l'avoine, spécialement dans les régions méridionales ; c'est une nourriture de choix pour les chevaux chauds et nerveux, pour ceux qui ont l'intestin échauffé, ou pour les juments poulinières. La dureté des grains rend souvent nécessaires les opérations de concassage ou d'aplatissage ; on peut aussi faire tremper l'orge, la faire germer ou l'utiliser sous forme de farines grossièrement blutées.

La *ration journalière* du cheval peut varier du simple au double, dans des limites assez vastes. Mais quelles qu'en soient les quantités et les variétés, elle doit être distribuée très régulièrement, à des heures fixes qui permettent une consommation complète en tenant compte des heures de travail, sans laisser au cheval l'occasion de ressentir la faim. Trois repas par jour sont un minimum : la capacité de l'estomac du cheval ne dépasse pas douze litres et ne lui permettrait pas d'absorber en une fois plus du tiers de la ration journalière.

En règle générale, l'avoine doit toujours être donnée après l'abreuvage ; au contraire, il faut faire boire les chevaux après qu'ils ont mangé leur foin.

L'*eau de boisson* doit être pure, claire et sans odeur ; les chevaux se montrent d'ailleurs assez difficiles sur la qualité de leur eau. Actuellement les abreuvoirs automatiques permettent au cheval de boire selon sa soif et constituent le meilleur mode d'abreuvement, facile et permanent, mais il nécessite des nettoyages fréquents.

A côté de cette alimentation de base, on peut ajouter ou substituer aux rations normales toutes sortes de denrées secondaires : les *carottes* et le *vert* ont des propriétés rafraîchissantes ; les sons, la farine d'orge, sous forme de *barbottages,* pour les chevaux atteints d'inflammation chronique de l'intestin ; les *mashes,* à raison d'un par semaine, systématiquement, pour tous les chevaux forcés en avoine pour la préparation d'une épreuve, afin d'éviter l'échauffement. Le *maïs* est un excellent aliment de remplacement qui favorise l'embonpoint, mais se trouve être légèrement décalcifiant. Les *aliments mélassés* rétablissent rapidement un cheval bas d'état, mais ils sont difficiles à conserver dans un bon état de fraîcheur, car ils fermentent facilement ; en outre, ils font transpirer abondamment les chevaux. Les *fèverolles* et *fèves,* très riches en principes azotés, sont plus reconstituants que l'avoine et ne présentent aucun inconvénient.

Le commerce offre actuellement plusieurs aliments concentrés spécialement étudiés pour les chevaux ; les formules sont scientifiquement établies et conviennent parfaitement. Leur présentation, sous forme de granulés ou de cubes, facilite considérablement les manipulations. Cependant, l'estomac du cheval exige un certain lest que n'apportent pas ces concentrations trop grandes de principes nutritifs ; la paille ou le foin restent nécessaires pour compléter ces rations, en donnant du volume et du poids.

Le pansage

Pour maintenir le cheval en parfait état de propreté, il faut le panser régulièrement, une fois par jour, et lui donner les soins nécessaires avant et après le travail.

Le pansage a pour but de stimuler la peau, de la débarrasser des souillures du dehors ainsi que des corps gras et résidus de la sueur qui obstruaient les orifices glandulaires, et de préserver les chevaux des maladies parasitaires. En outre, le pansage s'accompagne de massage, de frictions ; il repose les muscles, active la circulation, délasse le cheval, ranime son énergie et lui procure un agréable bien-être.

Le pansage doit être avant tout régulier et exécuté toujours au grand air quand le temps le permet, avec des instruments en parfait état de propreté, en y mettant beaucoup de patience, de douceur et une grande activité. Le pansage à l'extérieur entraîne le bain d'air ; il est conservateur de la litière, facilite la propreté et l'aération des écuries. On l'effectue en principe une fois par jour, autant que possible après le premier repas ou le travail du matin ; on doit y apporter de la méthode, afin que les frictions se répartissent bien sur tout le corps, et se terminent par les soins particuliers de la tête, de la crinière et de la queue, des ouvertures naturelles et des pieds.

Après avoir soigneusement débarrassé le dessous des pieds de tout le fumier qui s'y est accumulé pendant la nuit ou de la terre pendant le travail avec le *cure-pied*, le soigneur commence par faire tomber le plus gros de la crasse à l'aide de l'*étrille* sur les

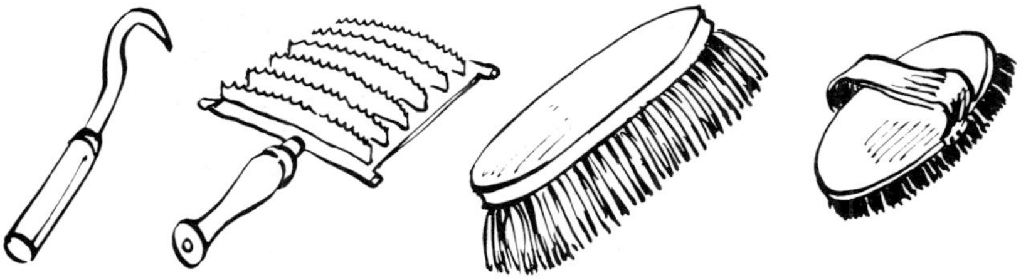

cure-pied - étrille - bouchon de chiendent - brosse douce

parties charnues du corps, ou avec la brosse en chiendent appelée *bouchon* sur les parties *osseuses* et délicates ; il faut éviter d'employer directement l'étrille sur les chevaux à peau fine, ceux qui sont tondus ou chatouilleux. Le soigneur prend alors la *brosse en soie* dans la main droite, l'étrille dans la main gauche, pour décrasser tout le corps du cheval, en brossant une première fois à rebrousse-poil, pour faire sortir la crasse, une seconde fois dans le sens du poil, pour ramasser la crasse, et une troisième fois sur l'étrille, pour y déposer la crasse ; quand l'étrille en est chargée, il l'en débarrasse en la frappant sur le sol en arrière du cheval.

Le brossage a été commencé par la tête du côté gauche ; il s'est poursuivi dans le sens du poil jusqu'en bas du membre postérieur gauche ; on le continue à droite, dans le même ordre. Après quoi on passe l'*épousette* pour lisser et lustrer le poil ; on brosse la crinière et la queue avec le bouchon de chiendent, mèche par mèche, pour les démêler. Le pansage est complété par le passage de l'*éponge* mouillée sur les yeux, les naseaux, l'anus et les organes génitaux, puis de la brosse en chiendent humectée sur tous les crins ; par le curetage et le lavage des pieds, ce qui donne l'occasion de vérifier l'état de la ferrure ; puis enfin le graissage de la corne, muraille et surface plantaire, en particulier la fourchette et ses trois lacunes.

Avant le travail, un brossage rapide avec le bouchon est toujours utile, suivi d'un lustrage à l'épousette ; on cure les pieds et donne un coup de brosse humide sur les crins. Au retour du travail, il faut frictionner énergiquement le corps du cheval avec un bouchon de paille, en particulier le dos et le passage des sangles qui ont été comprimés par le harnachement. Les quatre membres sont douchés, puis séchés soigneusement ; les pieds sont nettoyés, curés et graissés.

Il y a intérêt à tondre les chevaux en hiver, car ils sont plus faciles à entretenir et transpirent moins. On peut soit tondre le corps tout entier, soit conserver le poil aux membres et à l'emplace-

ment de la selle (tonte de chasse) ou sur le dos (tonte de course). La crinière est maintenue à tous crins ou raccourcie sur toute sa longueur et éclaircie par l'arrachage des mèches les plus longues ; il ne faut jamais utiliser les ciseaux pour tailler la crinière, mais il est très recommandé de raser complètement les chevaux à crinière épaisse et à crins grossiers, ce qui favorise la propreté. En tout cas, il faut raser la crinière au passage de la têtière, sur six ou huit centimètres de long, pour dégager le toupet vers l'avant et les mèches par derrière.

La queue peut être maintenue naturelle à tous crins, être taillée à sa partie inférieure, une main au-dessous de la pointe du jarret, ou encore être écourtée par l'amputation des dernières vertèbres coccygiennes. Il est bon d'arracher les crins qui se trouvent à la naissance de la queue, par-dessous, pour dégager le couard.

Le travail et la condition

Le travail constitue la principale raison d'être du cheval. Un travail proportionné aux forces de l'animal entraîne une suractivité de tous ses organes et provoque un développement plus complet de l'organisme tout entier. Une insuffisance de travail est aussi préjudiciable au cheval qu'un travail exagéré qui dépasse les limites de sa résistance.

Le repos prolongé diminue en effet la puissance de contraction des muscles laissés inactifs ; il nuit à l'exercice normal des grandes fonctions vitales ; le cheval engraisse, mais il devient mou, se trouve exposé à des congestions, des tares, et il s'essouffle vite. Même s'ils sont indisponibles, les chevaux doivent bénéficier au moins d'une courte sortie quotidienne pour s'aérer, éviter l'ankylose et les congestions ; le mieux est de mettre le cheval au pré : il saura de lui-même prendre la quantité d'exercice qui lui convient.

Après une saison de chasse ou de concours, il faut amener progressivement le cheval au repos annuel et ne pas faire succéder le régime de farniente à celui d'un entraînement intensif. L'avoine est diminuée progressivement ; des barbottages fréquents rafraîchissent son organisme ; une série de purges prépare l'intestin au régime du vert, que ce soit en prairie ou à l'écurie.

Inversement, tout excès de travail est néfaste pour le cheval qui n'y a pas été préparé progressivement. Il est difficile de fixer exactement la quantité de travail que l'on peut demander à un cheval : elle varie suivant sa force et sa résistance propres, et aussi suivant l'alimentation qui lui est donnée. C'est, bien entendu, par l'expérience acquise grâce à de nombreuses observations personnelles et à des conseils désintéressés que le cavalier pourra acquérir cette notion de travail utile. Mais, afin d'éviter des conséquences fâcheuses, il est indispensable d'amener peu à peu les animaux à faire le travail auquel ils sont destinés : cette préparation au travail est la mise en condition.

La *condition* est l'état du cheval judicieusement préparé pour supporter de grands efforts, un travail dur et prolongé, sans en souffrir. La perte de graisse superflue, le travail gradué des poumons, l'exercice continu des muscles, la nourriture appropriée et une hygiène intelligente permettent au cheval de déployer toute son énergie sans dépasser le point critique de la fatigue et du surmenage.

On arrive à ce résultat par un travail méthodique et très progressif : temps de trot et de galop cadencés, de plus en plus longs pour assurer la mise en muscles ; galops vites très courts pour assurer la mise en souffle. On peut admettre qu'un cheval est en condition quand il peut faire 10 à 12 km de trot en une heure sans souffler beaucoup et sans mouiller, ou 5 à 6 km au galop en 15 minutes.

A mesure que le cheval arrive au mieux de sa condition, la respiration retourne rapidement à son rythme normal (15 à 18 à la minute) après un travail sérieux ; il en va de même pour le cœur, qui passe sans délais de 100-120 pulsations à 40-50 à la minute ; et la température rectale, qui ne doit pas atteindre 40° en fin de parcours, redevient normale, 38°, en moins d'une heure. On peut noter, en outre, le poil brillant du cheval en condition, la souplesse de son rein, son bon appétit, des mictions fréquentes, le bon aspect des crottins et l'excellent état des membres. Le cheval est en pleine forme.

Cependant, quelles que soient sa force et son énergie, quelle que soit la valeur de son alimentation, il y a des limites qu'on ne saurait pas franchir impunément. Une fatigue extraordinaire peut amener subitement la perte ou la ruine d'un cheval ; on en a vu succomber entre les jambes de leur cavalier ou quelques instants après l'effort : le cheval a été forcé, et il est presque toujours perdu, car il est désormais incapable de supporter aucune fatigue.

Comme conséquence de ce qui vient d'être exposé, on peut penser en principe qu'un travail journalier et modéré est favorable à la santé des chevaux. Que le repos et le séjour trop prolongés dans les écuries sont préjudiciables à leur santé et à leur vigueur. Qu'il est nécessaire de les préparer, de les entraîner par un travail soigneusement dosé lorsqu'on a le projet de les soumettre à de grandes fatigues. Que l'alimentation doit toujours être proportionnée à la dépense de la force employée. Enfin que l'excès de travail ruine promptement les chevaux et les expose à de très graves maladies.

En dosant soigneusement les exercices, en réglant avec soin les allures, en choisissant bien les terrains sur lesquels ils travaillent aux allures vives, en surveillant de très près la nourriture et les soins à l'écurie, les cavaliers conservent la santé de leurs chevaux et prolongent la durée de leurs services. Pour être un bon cavalier, il ne suffit pas de faire preuve d'endurance et d'audace, mais il faut encore être *homme de cheval* pour pouvoir faire rendre à sa monture, à un moment donné, le maximum d'efforts avec le minimum de fatigue.

Utilisations du cheval de selle

Le *cheval de promenade* doit être avant tout confortable, avoir bon caractère, des allures douces mais sûres, un assez bon dressage. Son travail régulier suffit à le maintenir en état : il peut se contenter d'une ration d'avoine réduite.

Le *cheval de manège*, c'est-à-dire *d'école*, est choisi pour son équilibre et pour le brillant de ses allures : le sujet parfait est évidemment assez difficile à trouver. Le travail d'école demande un assez gros effort musculaire et une grande tension nerveuse ; c'est une notion qu'il ne faut pas perdre de vue, tant au point de vue de la mise en condition que de l'alimentation. Veiller à ne pas donner aux chevaux trop chauds une nourriture trop excitante : le remplacement de l'avoine par l'orge est souvent utile à ce point de vue.

Le *cheval destiné à la chasse à courre* n'a pas besoin d'être d'une grande qualité, mais encore faut-il qu'il ait des allures suffisantes, de bons membres et de bons pieds ; il faut, de plus, qu'il soit assez sage, pas craintif et ne tape pas aux chiens. On cite de nombreux accidents survenus du fait de chevaux insuffisamment préparés moralement à ce service. Le cheval de chasse doit être mis en condition avant le début de la saison, sous peine de se ruiner prématurément et sans agrément pour son cavalier. Sa nourriture doit être réglée en fonction de son travail : le mash est indispensable après une grosse fatigue. La mise au vert est le meilleur repos à la fin de la saison.

Le *cheval de concours hippique* est recherché pour son aptitude à l'obstacle qui peut faire passer sur des défauts de modèle. Son dressage doit tendre à le rendre très maniable. Une mise en condition sérieuse précède l'entraînement proprement dit aux épreuves d'obstacles qui exige de gros efforts, des muscles et des poumons. Nourriture à régler en fonction du travail. Il faut surveiller de près les membres et surtout les pieds que les chocs répétés de la réception après le saut font travailler beaucoup et dont le rôle d'amortisseur est important. Beaucoup de chevaux de concours ont la réputation d'être devenus rétifs, simplement parce qu'ils ont mal aux pieds.

Le *cheval de polo* requiert beaucoup de qualités : équilibre, maniabilité, vitesse, aptitude aux démarrages instantanés et aux arrêts brusques, perçant. On recherchait autrefois des chevaux de petite taille ; maintenant, on cherche surtout la vitesse. Le cheval de polo idéal est un cheval large, puissant, près de terre, ayant de bons membres et galopant. On prétend souvent que le polo abîme beaucoup les chevaux : il est plus juste de dire que c'est un jeu rude qui exige des chevaux bien dressés et entraînés. Si ces deux conditions sont remplies, le chevaux ne s'abîment que par accident, toujours possible, quel que soit le sport pratiqué.

Le *cheval de course* sort du cadre de ce manuel ; il faut cependant savoir que l'entraînement du cheval de course est une spécialisation qui exige des pistes particulièrement souples et des cavaliers d'un poids assez léger ; l'entraînement comprend un travail particulièrement sévère de mise en muscles et de mise en souffle obtenu par des galops longs et lents, ou au contraire courts et poussés au maximum de vitesse.

L'épreuve sportive la plus intéressante pour un cavalier est le *concours complet d'équitation* ; il comprend trois épreuves : une épreuve de dressage, une épreuve de fond ou cross-country, et une épreuve de sauts d'obstacles. Ce concours exige de la part du cheval et de son cavalier un ensemble de qualités très différentes qui mettent en jeu toutes les aptitudes du premier et toutes les connaissances équestres de l'autre.

Le harnachement

On réserve généralement le mot *harnais* à tout ce qui se rapporte à l'attelage, tandis que le *harnachement* concerne spécialement le cheval de selle. On distingue le matériel d'utilisation et les matériels d'attache ou de protection.

Le *filet*, ou *bridon*, est l'embouchure la plus simple, celle qui convient au jeune cheval comme au cheval de sport. Elle est constituée par un support : *têtière, montants, frontal* et *sous-gorge*, destiné à maintenir le mors de « *filet* » dans la bouche du cheval, auquel sont fixées les *rênes*. Il existe une grande quantité de modèles de filets, à canon brisé ou à canon droit, et plusieurs modèles de rênes, plates, tressées, brédies, en toile ou recouvertes de caoutchouc. Le filet est bien ajusté quand il plisse très légèrement la commissure des lèvres.

FILET

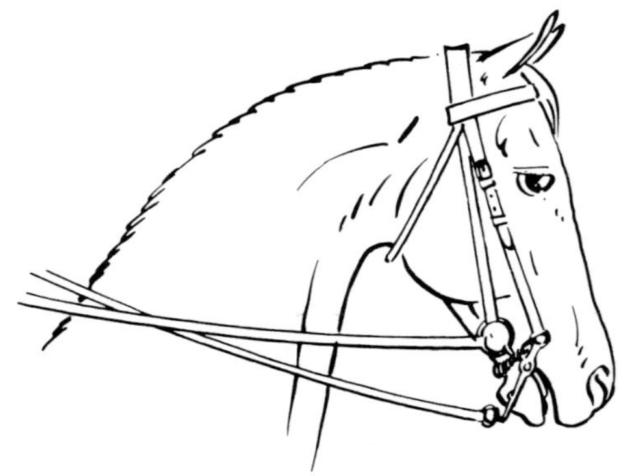

BRIDE

La *bride* se compose d'un *mors de bride* avec sa *gourmette* et d'un *mors de filet* ; indépendants l'un de l'autre, chacun des deux mors est soutenu par son propre *dessus-de-tête*, qui glissent tous deux dans les passants du frontal, mais il n'y a qu'une sous-gorge au-dessus de tête de bride ; deux paires de rênes sont fixées aux deux mors, celles du filet sont plus larges, avec une boucle au milieu, celles de bride plus minces, avec une couture. Le *filet de bride* est plus petit que le filet ordinaire et souvent à deux brisures médianes. Le *mors de bride* est essentiellement formé par un *canon* aux extrémités duquel sont fixées les *branches* ; les montants de bride sont fixés aux anneaux des branches supérieures, avec les *crochets de gourmette* ; les montants de bride sont fixés en bas des branches inférieures, qui portent souvent un D pour le passage de la *fausse-gourmette*. La *gourmette* fait partie intégrante du mors : avec le dessus-de-tête, elle concourt à rendre fixe l'anneau des

A = Point d'appui.
R = Résistance.
F = Force.

branches supérieures de telle sorte que, sous l'action des rênes, le mors agisse sur les barres de la bouche du cheval comme un *levier du second genre, inter-résistant* ; la gourmette doit être placée *sur son plat* et permettre un basculement des branches du mors au plus égal à 45°. Le mors de bride est ajusté s'il repose sur les barres à un ou deux travers de doigt au-dessus des coins chez les juments ou des crochets chez le cheval. Le canon du mors doit être exactement adapté à la bouche du cheval, ni trop étroit, ni trop large ; il peut être *droit, cintré, à liberté de langue* ou *recouvert de caoutchouc,* afin que ses deux extrémités portent bien sur les barres sans les offenser et sans écraser la langue au fond de l'auge.

La *muserolle* complète la bride ou le filet pour empêcher le cheval d'ouvrir la bouche ; on règle sa hauteur sur le chanfrein de façon qu'elle ne vienne pas offenser la commissure des lèvres ni buter, vers le haut, contre les apophyses zygomatiques. Mais tandis que la *muserolle française,* large et plate, se place toujours assez haut, la *muserolle italienne,* ronde, se place bas, en dessous du filet, et la *muserolle allemande,* articulée, indistinctement en dessus ou en dessous.

On ne saurait être trop attentif dans le choix d'une *selle,* non seulement pour le confort du cavalier, mais aussi pour sa solidité et encore pour son efficacité à cheval. La selle est constituée par un

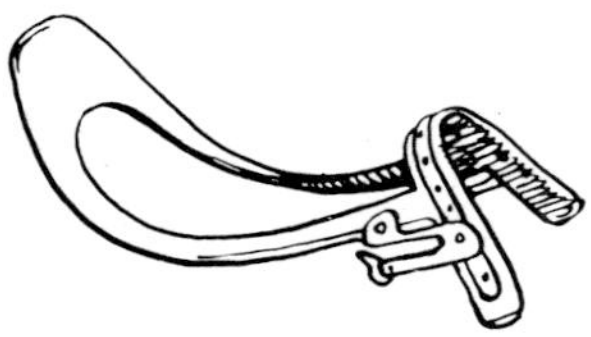

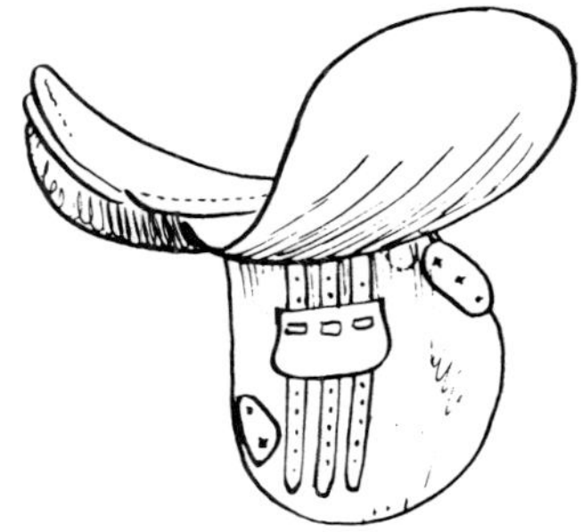

arçon, formé de deux *bandes* réunies par des *arcades,* le *pommeau* et le *troussequin ;* cette armature est fabriquée traditionnellement en bois renforcé par des lames d'acier, mais il existe des arçons modernes moulés directement en matière plastique. A sa partie supérieure, l'arçon supporte le *siège,* fixé sur des *sangles* tendues en long et en travers sur les bandes et les arcades ; de chaque côté, les *quartiers,* vissés sur les bandes d'arçon, seront en contact avec la cuisse du cavalier. Par-dessous, la *matelassure* vient s'appuyer sur le dos du cheval ; elle comprend deux *panneaux* rembourrés disposés de part et d'autre de l'épine dorsale et prolongés vers l'avant et les *faux-quartiers* sur les côtés du cheval.

Deux ou trois *contre-sanglons* sont fixés sur les bandes d'arçon, entre les quartiers et faux-quartiers ; on y boucle les deux *sanglons* de la *sangle* pour assujettir la selle sur le dos du cheval ; le troisième contre-sanglon sert de rechange, au cas où l'un d'entre eux viendrait à casser. Le point de fixation des contre-sanglons a une importance capitale : juste au-dessous des *porte-étrivières*, vissés à l'arçon, afin de ne pas provoquer un basculement de la selle vers l'avant quand le cavalier s'appuie sur ses étriers. Beaucoup de selles « anglaises » sont mal équilibrées, dont les contre-sanglons sont trop en arrière ou les porte-étrivières trop en avant, et aussi désagréables au cheval qu'au cavalier ; celui-ci doit s'asseoir le plus en avant possible, position qui ne peut être maintenue que si le creux du siège est judicieusement avancé au maximum, grâce à à l'inclinaison d'un troussequin fortement relevé en arrière, et, par devant, à un pommeau oblique ou échancré. Ainsi la selle du

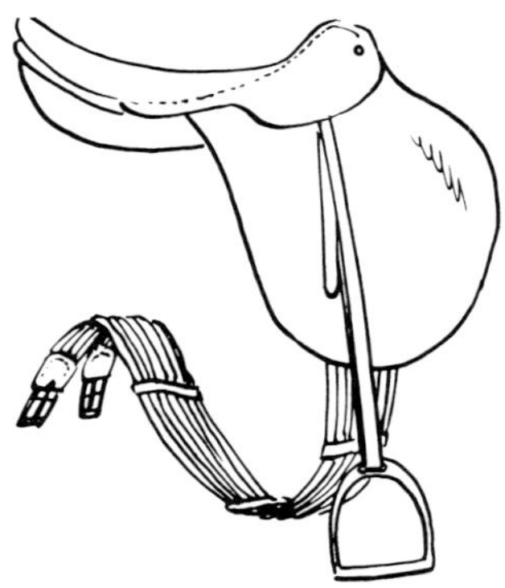

type « Danloux » (colonel Danloux, écuyer en chef du Cadre Noir de Saumur de 1929 à 1934) place automatiquement le cavalier, grâce aussi au resserrement de l'arçon entre les cuisses, à la souplesse des quartiers et aux bourrelets qui sont placés non pas en avant des genoux mais au-dessus des cuisses pour permettre leur glissement en avant et vers le bas.

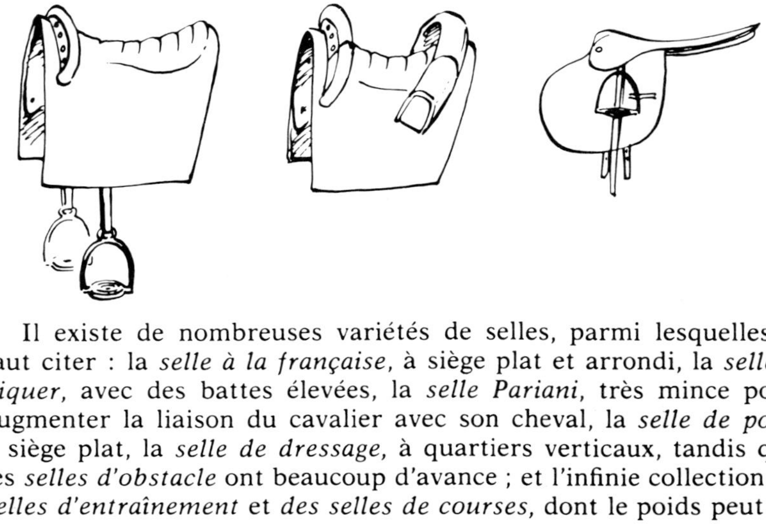

Il existe de nombreuses variétés de selles, parmi lesquelles il faut citer : la *selle à la française*, à siège plat et arrondi, la *selle à piquer*, avec des battes élevées, la *selle Pariani*, très mince pour augmenter la liaison du cavalier avec son cheval, la *selle de polo*, à siège plat, la *selle de dressage*, à quartiers verticaux, tandis que les *selles d'obstacle* ont beaucoup d'avance ; et l'infinie collection de *selles d'entraînement* et *des selles de courses*, dont le poids peut ne pas dépasser quelques centaines de grammes.

La *sangle* qui fixe la selle au dos du cheval peut être faite de cuir, de tresse ou de corde ; tous les modèles sont bons, pourvu qu'ils ne blessent pas le cheval derrière les coudes : si cela arrivait, une peau de mouton pourrait adoucir les pressions, ou encore un morceau de chambre à air de moto dans laquelle on passe la sangle.

Il existe également plusieurs modèles d'*étriers*, depuis l'étrier à large semelle du harnachement arabe jusqu'à l'étrier anneau pour le gros orteil seul, en passant par l'étrier-sabot, des gardians de Camargue et l'étrier à grille de la selle à la française. Les étriers modernes peuvent être droits, c'est-à-dire que leur semelle se trouve perpendiculaire aux deux branches d'égale longueur ; ou compensés, semelle oblique, branche externe plus courte, mais cette dissymétrie n'est pas tellement à conseiller, car elle présente les mêmes inconvénients orthopédiques que certaines selles trop ajustées. Les *étrivières* qui supportent les étriers sont fixées aux bandes d'arçon, encastrées de préférence, pour ne pas faire, sous le petit quartier, une saillie désagréable contre la cuisse du cavalier. Les cuirs tannés au chrome sont extrêmement résistants : il est inutile d'employer des étrivières trop larges ou trop épaisses qui blessent la jambe ; quant aux boucles qui permettent d'ajuster la longueur des étrivières, elles seront d'un modèle aussi réduit que possible pour ne pas gêner le libre glissement de la cuisse de part et d'autre de la selle.

Avec certains chevaux qui ont peu de garrot ou qui sont faits en plongeant, il faut avoir recours à une *croupière*, pour empêcher la selle de glisser en avant ; avec d'autres, bâtis en montant ou en sifflet, il est nécessaire d'employer un *poitrail* pour empêcher la selle de glisser vers l'arrière. Ces deux accessoires font partie intégrante de la selle à la française et de la selle à piquer, toujours utilisées à l'Ecole de Cavalerie de Saumur. Avec les selles modernes,

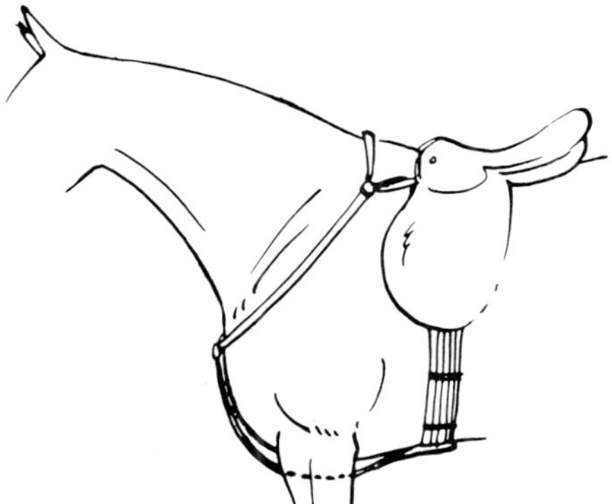

on utilise de préférence le *collier de chasse* qui entoure l'encolure, se fixe à la selle des deux côtés du garrot et rejoint la sangle en passant entre les deux membres antérieurs du cheval.

Pour interdire aux chevaux de porter au vent, on se sert des martingales : la *martingale fixe* est ajustée à la partie inférieure de la muserolle ; la *martingale à anneaux* se divise en deux branches qui coulissent sur les rênes ; toutes deux sont soutenues par un collier et fixées à la sangle après avoir passé entre les deux an-

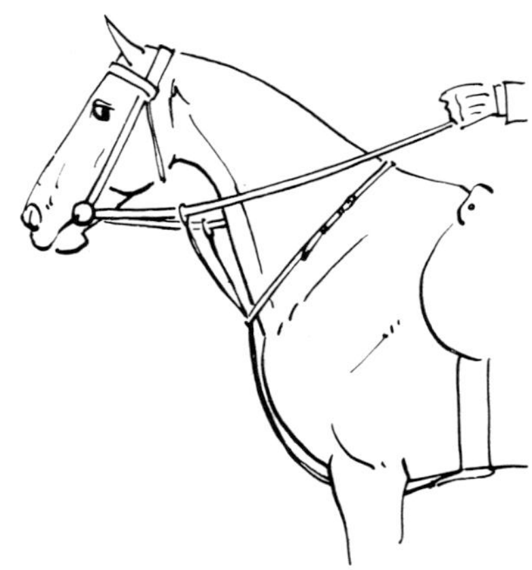

térieurs. Mais il arrive très souvent que les résultats escomptés soient inversés : le cheval prend l'habitude de renverser son encolure et de prendre appui sur sa martingale.

RENES COLBERT

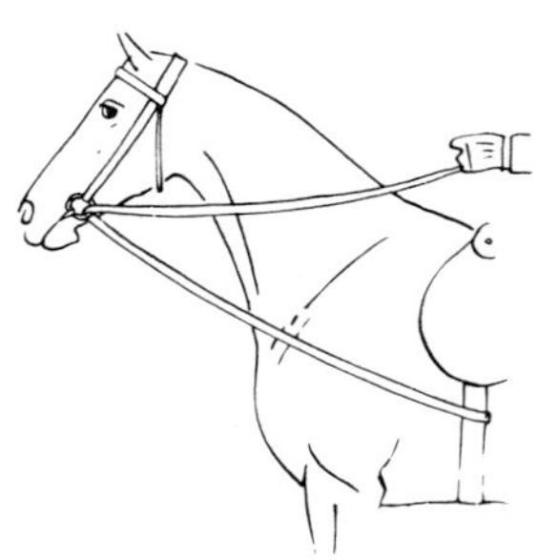

RENES ALLEMANDES

FILET RELEVEUR

Pour faire fléchir la nuque et ployer l'encolure, on utilise les *rênes Colbert* qui font poulie en passant dans les anneaux du filet et se rejoignent sur l'encolure, en un point variable. *Les rênes allemandes* fonctionnent presque de la même façon : après la poulie des anneaux de filet, les rênes sont fixées de part et d'autre du pommeau de la selle, voire même latéralement aux sangles sous les quartiers de la selle. De façon analogue, les rênes peuvent être fixées à l'anneau de poitrail d'un collier de chasse. Le *gag,* ou *filet releveur,* est un mors de filet spécial dont les anneaux servent de poulie pour le passage des montants de bride fixés directement sur l'extrémité des rênes ; le point fixe se trouve donc à la nuque et cette embouchure possède une action élévatrice considérable, mais beaucoup de chevaux y résistent en s'encapuchonnant.

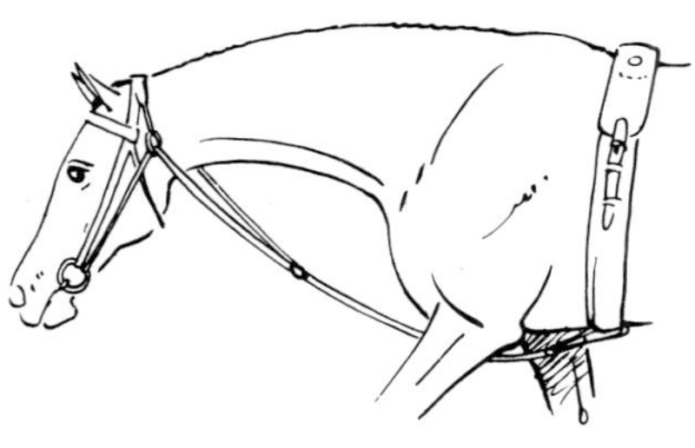

ENRÊNEMENT CHAMBON

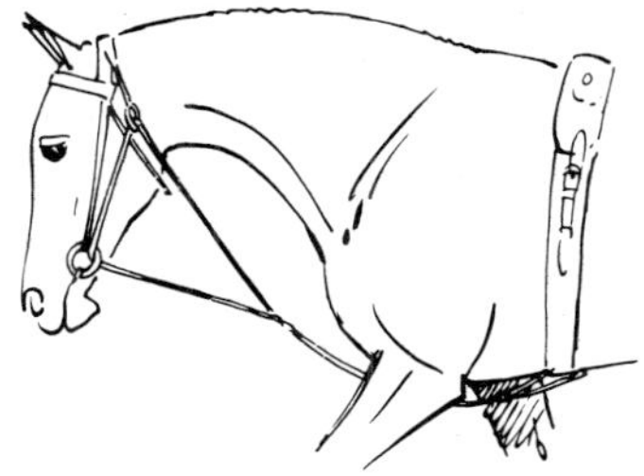

ENRÊNEMENT GOGÜE

L'*enrênement Chambon* n'empêche pas seulement le cheval de lever la tête, mais il l'oblige à étendre son encolure, ce qui provoque obligatoirement le relèvement de sa base, le voussement du rein et l'engagement des postérieurs. Il s'emploie sur un cheval non monté ; il est formé par deux rênes qui coulissent dans de petites poulies placées à droite et à gauche de la têtière, puis reviennent se fixer directement à la sangle en passant entre les membres antérieurs ; des boucleteaux permettent d'en régler la longueur. L'*enrênement Goguë* constitue un perfectionnement du Chambon : il peut être utilisé indifféremment avec un cheval monté ou non et comporte deux variantes, selon qu'il est *commandé* par le cavalier lui-même ou *indépendant* des actions de sa main.

Il n'est pas possible de donner tous les détails nécessaires aux nombreuses variétés d'accessoires qui ont été imaginés au cours des siècles pour faciliter le dressage ou le redressage du cheval ; une liste incomplète permettra seulement d'indiquer les principaux : caveçon, longe Barnum, longes rênes, rênes rigides, mors renversé du colonel de Galard, rênes Champsavin, rênes de La Beaume, le jockey, le mors Bernard, le hackamore, l'enrênement à panurge au surfaix, l'enrênement à intermédiaire élastique grâce à un anneau de caoutchouc.

Il est bon toutefois de noter que ces enrênements ne sont pas des panacées, qu'il faut une bonne dose d'expérience pour les utiliser fructueusement et qu'en fin de compte ils n'ont été inventés que pour parer aux imperfections ou aux erreurs du cavalier : celui qui sait sentir son cheval, qui possède une bonne main avec de bonnes jambes obtiendra naturellement les mêmes résultats sans recourir à ces subterfuges artificiels.

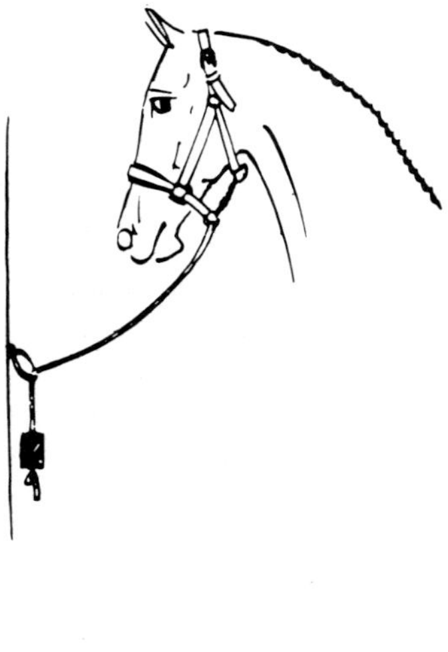

* * *

Dans son box, le cheval est laissé libre de préférence ; il n'en est plus de même dans sa stalle où il doit être attaché par un *licol* et une *chaîne* ou une *corde-longe* à un *anneau* fixé dans le mur. Pour éviter les prises de longe, pour que le cheval ne se prenne pas un pied dans cette corde relâchée, l'anneau du mur sert de poulie à la corde qui reste toujours tendue par un contre-poids. Au lieu d'un licol, on peut utiliser le *collier d'attache* ; mais avec certains chevaux qui ont l'habitude de se délicoter facilement, il faut avoir recours à un système d'*entrave au paturon*.

En hiver, il est bon de couvrir les chevaux à l'écurie, surtout qu'ils ont été tondus, avec une bonne *couverture molletonnée*, solidement maintenue par un *surfaix ;* attention aux surfaix qui blessent au garrot : le surfaix doit toujours comporter deux petites matelassures de part et d'autre de l'épine dorsale, ou mieux un pont rigide ; à défaut, on rembourre le surfaix avec deux bouchons de paille bien serrés.

En déplacement, la *chemise de toile* s'impose, pour préserver des poussières. Un *fourreau de queue* empêchera toute dépilation due aux frottements et un *protège-nuque* en caoutchouc-mousse amortira les chocs. Enfin des *genouillères à cloche,* des *bandes de repos* soigneusement enroulées autour des canons et encore des *cloches* en caoutchouc pour la couronne et les talons protègeront les membres contre tout risque de blessure.

A l'exercice, ces mêmes *cloches* en caoutchouc aux antérieurs éviteront toute atteinte, spécialement dans la réception du saut. Des *guêtres* de cuir ou de feutre protègent les boulets et même les tendons, mais attention de les fixer avec des boucles cousues sur un élastique pour ne pas comprimer les membres. Par temps pluvieux, il est recommandé de couvrir le rein du cheval à l'exercice avec une toile imperméable. Les *tapis de selle* peuvent être nécessaires pour les dos fragiles, mais le feutre ne constitue pas toujours une bonne protection, car il est rugueux et peut user le poil ou excorier la peau. La peau de mouton, poil contre poil, le remplace avantageusement ou le tapis de selle en cuir souple, soigneusement huilé ou graissé ; les petits tapis de selle en toile ou en drap, qui risquent toujours de faire des plis et de blesser, ne doivent être utilisés que posés sur une couverture pliée ou une serviette éponge. Un petit *pad* de feutre ou de laine tricotée protège les garrots tranchants ou trop montés contre la pesée du pommeau de la selle. Il est indispensable de maintenir parfaitement propres tous les harnachements, en particulier ceux qui sont en contact avec le corps du cheval : on aurait plutôt tendance à nettoyer ce qui se voit ou ce qui est en contact avec le cavalier, en oubliant des paquets de crasse dangereux pour la peau du cheval.

Maladies - Blessures

Le cheval en bonne santé a l'œil vif, les oreilles mobiles, la bouche fraîche, la muqueuse de l'œil rosée ; son attention est facilement éveillée, son attitude est gaie, ses mouvements aisés, sa respiration est régulière et lente ; il a bon appétit et fait des crottins abondants, gros et bien moulés.

Le cheval malade est triste, indifférent ; il boude sur sa nourriture, il est mou au travail ou se tient à bout de longe ; sa bouche devient sèche et chaude, l'œil rouge, la respiration accélérée ; la température rectale dépasse 38°. Il faut aussitôt chercher à diagnostiquer le mal : l'homme de cheval saura donner lui-même les soins nécessaires pour tous les cas bénins qui ne nécessitent pas l'intervention du vétérinaire.

Les *plaies*, même superficielles, méritent toujours un lavage avec des solutions antiseptiques, et l'application d'une poudre ou pommade cicatrisante, charbon, crésyl, acide borique, etc. Il faut parfois suturer les coupures, les déchirures et les morsures, après avoir coupé les lambeaux mortifiés, puis les traiter comme des plaies.

Les *coups de pied* reçus sur des parties molles ne sont justiciables que de lotions antiseptiques et de massages camphrés. Quand ils atteignent des régions articulaires ou osseuses des membres, occasionnant une boiterie, il faut craindre une lésion profonde et une inflammation ultérieure : une large friction de vésicatoire s'impose généralement.

Les *tumeurs molles* dues au frottement du harnachement disparaissent quand on fait cesser la cause qui les produit, et surtout après quelques massages.

Les *coliques* sont faciles à diagnostiquer : le cheval est inquiet, anxieux ; il gratte le sol, regarde son flanc, s'agite, se couche, se roule et se relève ; son flanc est agité, sa peau se recouvre de sueur. Quelle que soit leur nature, indigestion stomacale ou intestinale, congestion intestinale, ingestion trop rapide d'eau froide, accumulation de gaz intestinaux, obstruction ou occlusion intestinales, les coliques sont toutes dangereuses et il convient de courir en hâte à la recherche du vétérinaire.

Dans le cas d'indigestion, il est bon d'administrer en petites quantités des breuvages excitants, de faire des frictions énergiques à l'essence de térébenthine sur la croupe, les épaules et les membres, de promener modérément le cheval après l'avoir bien couvert, de donner des lavements irritants à l'eau de savon.

S'il s'agit de congestion intestinale à évolution rapide provoquant de vives douleurs, il faut administrer des breuvages calmants, faire des frictions et une saignée abondante.

En cas d'occlusion intestinale, efforts inutiles de défécation, attitude en chien assis, retroussement de la lèvre supérieure ou rire sardonique, il faut laisser le malade se rouler sur une épaisse litière.

Les maladies des voies respiratoires n'ont pas, en général, une marche très rapide qui permet de prendre les précautions nécessaires pour en arrêter l'évolution ; leurs symptômes, toux, jetage, respiration plaintive, cornage, attirent facilement l'attention.

La *toux* annonce toujours un trouble dans la fonction respiratoire ; sa valeur diagnostique dépend des autres symptômes qui l'accompagnent : ainsi, lorsque le flanc s'élève et s'abaisse rapidement, que le jetage est couleur de rouille, la toux est alors petite, avortée et indique une lésion grave du poumon ; quand elle est sonore et accompagnée de mucosités blanchâtres, c'est un « rhume » survenu tout à coup chez un animal bien portant ; lorsqu'elle est sèche, quinteuse, avec un soubresaut dans le flanc, elle annonce l'emphysème ou la pousse. Le repos à l'écurie, les bonnes couvertures, des boissons blanches, des fumigations émollientes, des électuaires adoucissants ou expectorants, une demi-diète, etc., tels sont les premiers remèdes à employer pour les animaux qui se trouvent atteints de toux ; en cas d'aggravation des symptômes, c'est au vétérinaire qu'il appartient de diriger la médication.

Le *jetage* accompagne généralement la toux ; quand il est abondant, de couleur blanc jaunâtre et qu'il existe avec une toux grasse, avec un engorgement de l'auge et un peu de fièvre, c'est un cas de gourme.

La *respiration plaintive* est un symptôme des inflammations du poumon, toujours graves et du ressort du vétérinaire.

Le *cornage* est caractérisé par une respiration sifflante ou ronflante ; il se manifeste quand il existe un obstacle au libre passage de l'air. Le cornage est aigu dans les angines simples ou infectieuses, il peut disparaître ou persister. Le cornage chronique est un vice rédhibitoire.

Les maladies de l'appareil locomoteur se traduisent ordinairement par la boiterie, irrégularité de la marche déterminée par l'impuissance d'action d'un ou de plusieurs membres. Suivant l'intensité de la boiterie, on dit que le cheval *feint* ou *tire la jambe*, qu'*il boite bas* et enfin qu'*il marche sur trois jambes*. Le traitement des boiteries varie autant que les causes qui leur ont donné naissance.

Les *atteintes* sont des meurtrissures que le cheval reçoit des autres chevaux ou qu'il se fait lui-même, au boulet, au paturon ou aux talons. Des lotions astringentes et antiseptiques suffisent sur une partie charnue ; lorsque le bourrelet périoplique ou les talons sont atteints, il faut enlever la corne décollée et faire une application de goudron végétal.

Le paturon du cheval est sujet à deux accidents : les *prises de longe*, blessures transversales faites généralement au pli du paturon, mais aussi le long du membre, produites par la chaîne d'attache dans laquelle le cheval s'est pris un pied : soins antiseptiques et repos jusqu'à cicatrisation. Les *crevasses* ou irritations produites par la boue, l'eau froide, l'humidité ou la trop grande sécheresse, accompagnées d'un suintement séreux : nettoyage antiseptique et application de pommade à l'oxyde de zinc.

Les *éponges* du coude, le *capelet* à la pointe du jarret, les *hygromas* du genou et du boulet ne constituent pas des accidents sérieux dans la majorité des cas : il faut d'abord s'attacher à supprimer la cause qui les produit, chocs, coups, frottements, appuis prolongés, etc., en utilisant selon le cas des fers à éponges tronquées, le matelassage des parois de la stalle ou du box, les entraves, en tout cas une litière très épaisse. Douches en pluie, lotions astringentes, application de blanc d'Espagne délayé dans du vinaigre, ou mieux badigeonnages quotidiens d'onguent Wéber ; il faut quelquefois recourir à la ponction.

Les *exostoses* sont des tumeurs osseuses qui se développent à la surface d'un os ; celles du genou, les *osselets*, celles du jarret, *éparvin, jarde, jardon* et *courbe*, celles du paturon, les *formes*, proviennent de coups, d'efforts ou de causes héréditaires et sont du domaine de la médecine vétérinaire. Mais l'homme de cheval doit pouvoir diagnostiquer les *suros* des faces latérales du canon et y porter remède : ils sont produits dans le jeune âge par la soudure des stylets à l'os canon, soudure douloureuse parce qu'elle gêne le jeu des tendons ; on les traite par des frictions de vésicatoire mercuriel ou de pommade rouge.

Les *molettes* sont produites par l'accumulation de synovie dans les capsules articulaires du boulet, à la suite d'efforts répétés ; elles sont peu graves, mais disgracieuses et très fréquentes. Le meilleur moyen de les faire disparaître, pendant quelques mois du moins, consiste à faire des enveloppements humides avec du jus macéré de viande cuite.

III - LES ALLURES

Généralités

On désigne sous le nom d'allures les différents ordres de mouvement des membres du cheval quand il se déplace.

Le *pas*, le *trot* et le *galop* sont les allures principales : elles sont *naturelles* au cheval. D'autres allures en découlent, par transformation, déformation ou interpénétration, qui sont dites allures *artificielles.*

Naturelles ou artificielles, les allures peuvent aussi être *marchées* (pas) s'il y a toujours au moins un pied du cheval en contact avec le sol, ou au contraire *sautées* (trot et galop) s'il y a une période de projection pendant laquelle tout le corps du cheval est en l'air. Allures *symétriques* (pas et trot) ou *dissymétriques* (galop). *Diagonales* (trot) ou *latérales* (amble), selon que les membres s'associent par bipèdes diagonaux ou latéraux. *Horizontales* (trot) lorsque le corps du cheval conserve la même position qu'en station libre, ou *basculées* (pas et galop) lorsque le corps du cheval exécute des mouvements de bascule pour aider à la progression.

Les membres du cheval prennent le nom qui correspond à leur situation relative : antérieur droit (A.D.), antérieur gauche (A.G.), postérieur droit (P.D.), postérieur gauche (P.G.).

Un *bipède* est constitué par l'ensemble de deux membres ; ayant quatre membres, le cheval a six bipèdes : le bipède antérieur (A.D. et A.G.), le bipède postérieur (P.D. et P.G.), le bipède latéral droit (A.D. et P.D), le bipède latéral gauche (A.G. et P.G.), le bipède diagonal droit (A.D. et P.G.) et le bipède diagonal gauche (A.G. et P.D.).

Le *poser* est l'instant où le sabot rencontre le sol. Le *lever* est l'instant où il quitte le sol.

L'*appui* est le contact d'un ou de plusieurs sabots avec le sol. Le *soutien* est l'absence de contact d'un, de deux ou de trois sabots avec le sol. La *projection* est la durée pendant laquelle aucun membre n'est à l'appui.

La *battue* est le bruit que fait entendre le pied en se posant sur le sol. Le *temps* est la durée qui sépare deux battues successives.

Le mot *foulée* désignait autrefois l'empreinte laissée sur le sol par le sabot ; son sens a quelque peu varié et, après avoir désigné l'espace couvert dans un pas complet, il désigne maintenant la durée du contact d'un pied avec le sol (cf. *Manuel d'hippologie de la F.F.S.E.*), tout en conservant les deux sens primitifs.

On réserve donc le nom d'*empreinte* à la trace du poser d'un pied sur le sol, et on appelle *longueur du pas*, ou *pas*, la distance qui sépare deux foulées successives d'un même membre ; elle se mesure d'une pince à l'autre des deux empreintes successives d'un même pied. L'enjambée est la distance qui sépare les points de lever et de poser successifs d'un pied.

L'étude de l'ordre des posers et des levers de chaque membre est insuffisante : pour bien caractériser les allures, il y a lieu de considérer les différentes *bases* de *sustentation* à chaque instant, c'est-à-dire les appuis simultanés d'un ou de plusieurs membres sur le sol. Ces *bases* peuvent être unipédales, bipédales (antérieure, postérieure, latérales ou diagonales), tripédales (antérieure gauche ou droite, postérieure gauche ou droite), ou quadrupédale quand les quatre membres se trouvent simultanément à l'appui, comme dans la station.

Les allures naturelles

Le pas

Le pas est une allure naturelle, symétrique, diagonale, basculée et marchée en quatre temps égaux. Les membres se posent l'un après l'autre : P.G., A.G., P.D., A.D., et se lèvent dans le même ordre. L'encolure se balance de haut en bas et de droite à gauche, attirant successivement les épaules en avant, et facilitant l'engagement des postérieurs.

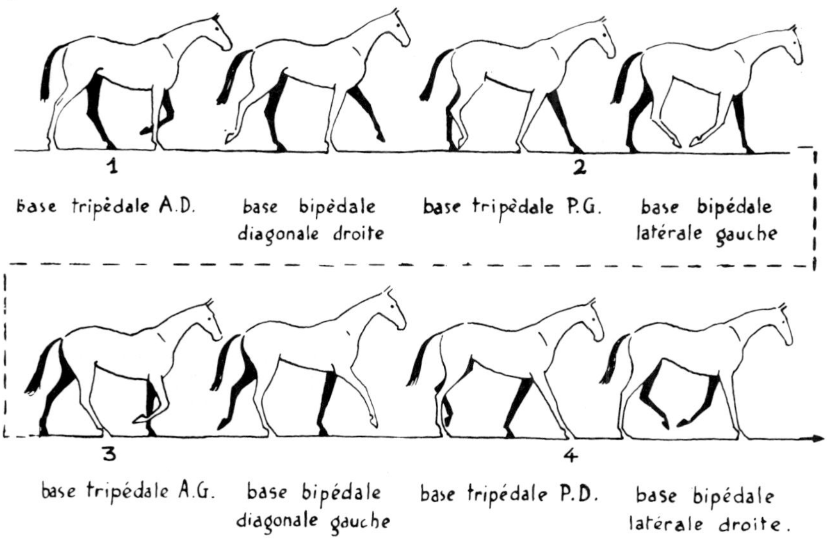

La vitesse d'un cheval au pas est d'environ six kilomètres à l'heure. Mais la vitesse peut augmenter avec une plus grande amplitude du balancement de l'encolure : l'allongement de l'encolure et ses gestes d'abaissement ou de relèvement plus accusés prolongent les foulées en ralentissant la cadence des battues (*pas allongé*). Tandis que le raccourcissement de l'encolure (par le *ramener*) diminue l'ampleur des oscillations et réduit la vitesse (*pas rassemblé*).

Dans une foulée de pas, on observe successivement chacune des quatre bases tripédales séparées par les quatre bases bipédales alternativement latérales et diagonales.

Au pas ordinaire, le cheval *se juge* : l'empreinte de chaque postérieur couvre celle de l'antérieur correspondant. Au pas allongé, le cheval *se méjuge* : l'empreinte dépasse celle de l'antérieur. Au pas raccourci, le cheval *se déjuge* : l'empreinte postérieure se trouve en arrière de celle de l'antérieur correspondant.

Le trot

Le trot est une allure naturelle, symétrique, horizontale, diagonale, sautée en deux temps égaux.

Les membres se posent deux par deux, associés par bipèdes diagonaux, et se lèvent de la même façon. Entre le lever d'un bipède diagonal et le poser de l'autre bipède diagonal, il y a une période de projection pendant laquelle tout le corps du cheval s'élève, pour s'abaisser ensuite jusqu'à l'instant du milieu de l'appui de cet autre bipède diagonal.

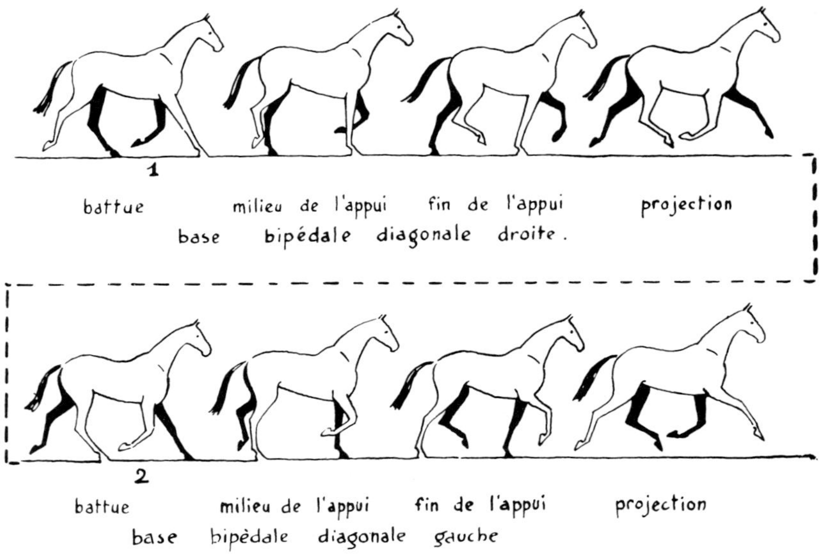

Dans une foulée de trot, on n'observe donc qu'une alternance de bases bipédales diagonales séparées par des périodes de projection.

L'encolure se raidit au trot et, par suite de sa tension, favorise la progression en facilitant le développement des gestes de chaque bipède diagonal.

La vitesse d'un cheval au trot est d'environ quinze kilomètres à l'heure. Mais cette vitesse peut être considérablement augmentée, en particulier chez les chevaux de race « trotteur », spécialistes des courses de trot, qui dépassent quarante-cinq kilomètres à l'heure. Dans le trot de course, les battues des bipèdes diagonaux se dissocient : le postérieur se pose avant l'antérieur correspondant et se lève avant lui, tandis que la durée de la projection augmente.

Au trot allongé, le cheval *se méjuge* largement : l'empreinte d'un postérieur dépasse celle de l'antérieur du même côté. Le cheval *se juge* au trot *ordinaire* et *se déjuge* au trot ralenti. Généralement, une diminution de vitesse entraîne, à cadence égale, une réduction de la durée de la projection : le « trot économique » du cheval de manège devient une allure marchée du fait de la disparition complète de la projection. Par contre, la période de projection existe toujours au trot cadencé, au *passage* et au *piaffer*, cas extrêmes du trot ralenti à cadence lente.

Le galop

Le galop est une allure naturelle, dissymétrique, diagonale, basculée et sautée en trois temps inégaux.

Le cheval peut galoper de deux façons, sur le pied droit ou sur le pied gauche. Dans le galop à droite, les membres se posent dans l'ordre suivant : P.G., bipède diagonal gauche, A.D., et se lèvent dans le même ordre ; après le lever de l'antérieur droit, il y a une période de projection pendant laquelle tout le corps du cheval se trouve en l'air.

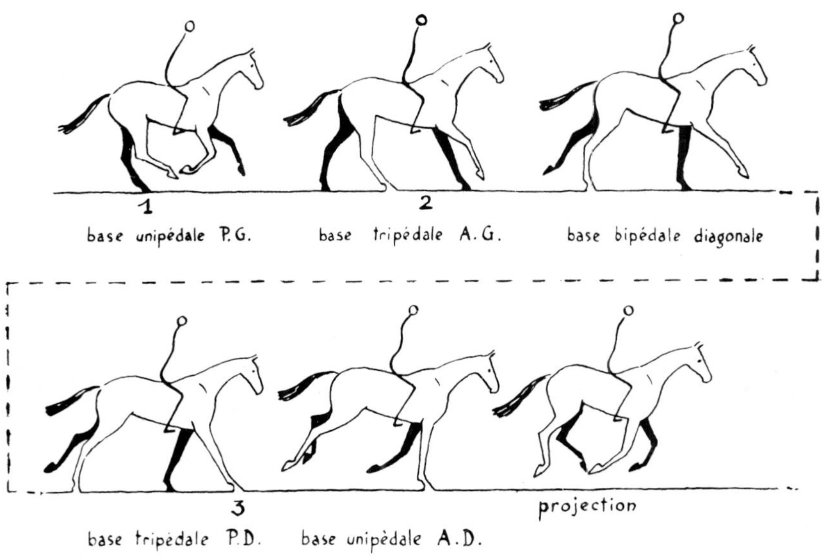

L'encolure se balance de haut en bas, entraînant un balancement synchrone de tout le corps du cheval. Ce balancement, analogue à celui du « cheval à bascule », permet le développement du geste des membres : le cheval semble s'arcbouter sur ses postérieurs pour projeter sa masse en avant, puis il bascule vers l'arrière au moment de la projection pour se préparer à une nouvelle foulée.

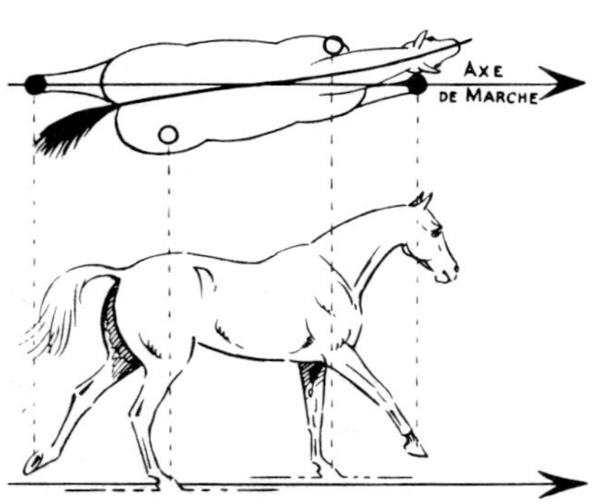

Il est très important de noter qu'au galop le corps du cheval se trouve légèrement oblique par rapport à son axe de marche : au galop à droite, sa tête est déviée à gauche, ses hanches à droite, en sorte que les empreintes du P.G. se trouvent sur la ligne des empreintes de l'A.D. ; le P.D. marche alors à droite de cette ligne, tandis que l'A.G. marche à gauche.

On a dit qu'au galop à droite, les deux membres droits devançaient toujours leurs congénères de gauche ; ce n'est pas exact :

les membres droits ne devancent leurs congénères de gauche que pendant les deux tiers d'une foulée. Mais il est juste de dire qu'au galop à droite chacun des deux membres droits vient toujours se poser sur le sol en avant de son congénère gauche.

Le cheval galope *juste* quand, pour tourner à droite, il galope sur le pied droit, ou inversement. Il galope *faux* quand, pour tourner à droite, il galope sur le pied gauche, ou inversement.

Le cheval est *désuni* s'il galope à droite du devant et à gauche du derrière, ou inversement. Dans le galop désuni à droite, l'ordre des posers est le suivant : P.D., bipède latéral gauche, A.D., période de projection. Le galop n'est plus diagonal, mais latéral : c'est un grave défaut, un vice d'allures.

Dans une foulée de galop à droite, les bases sont successivement : unipédale P.G., tripédale A.G., bipédale diagonale G., tripédale P.D., unipédale A.D., auxquelles fait suite la période de projection qui prépare la foulée suivante. Mais cette foulée théorique de galop en trois temps est rarement réalisée quand le cheval « sort de son train ».

La vitesse d'un cheval au galop est d'environ vingt-quatre kilomètres à l'heure, allure qui peut être maintenue facilement pendant une demi-heure. Cette vitesse peut être considérablement augmentée par l'entraînement, en particulier chez les chevaux de *pur-sang* spécialistes de la course, qui atteignent soixante kilomètres à l'heure. Dans le galop de course, la battue du bipède diagonal se trouve dissociée : le galop se fait à quatre temps et les membres viennent se poser l'un après l'autre dans l'ordre suivant : P.G., P.D., A.G., A.D., comme quatre rayons successifs d'une roue déjantée. L'instant des levers de chaque membre est accéléré ; il n'y a plus de bases tripédales, mais on observe l'apparition de bases unipédales P.D. et A.G., d'une base bipédale postérieure et d'une base bipédale antérieure.

Lorsque la vitesse est ralentie, le galop se fait également en quatre temps, du fait de la légère dissociation des posers du bipède diagonal : les membres se posent l'un après l'autre dans l'ordre : P.G., P.D., A.G., A.D. Mais, contrairement à ce qui se passe dans le galop de course, l'instant du lever de chaque membre est retardé. Et l'on observe l'apparition d'une base bipédale postérieure au deuxième temps et d'une base bipédale antérieure aussitôt après le quatrième temps.

Au galop ordinaire, le cheval *se piste* : l'empreinte du postérieur qui marque le premier temps d'une foulée se trouve à la hauteur de celle de l'antérieur qui a marqué le dernier temps de la foulée précédente. Au galop allongé, et à plus forte raison au galop de course, le cheval *se mépiste* : l'empreinte du postérieur se trouve en avant de celle de l'antérieur. Au galop ralenti, le cheval *se dépiste* : l'empreinte du postérieur se trouve en arrière de celle de l'antérieur.

Les allures artificielles - Les vices d'allures

La gamme des allures du cheval serait incomplète si on en limitait l'étude aux seules allures naturelles, pas, trot et galop En effet, entre ces trois allures, qui constituent en quelque sorte les trois tons de la gamme diatonique mineure, se greffe une série d'allures intermédiaires qui en sont les demi-tons, les dièzes et les bémols, jouant le même rôle que les touches noires du piano par rapport aux touches blanches.

Certaines de ces allures intermédiaires ne sont que des irrégularités d'allures, des vices d'allures, tandis que d'autres, acquises par le dressage, sont de véritables allures, mais d'origine artificielle.

Les différences entre allures naturelles et allures artificielles ont d'ailleurs suscité un grand nombre de controverses : certains auteurs considèrent, par exemple, le trot comme une allure artificielle, sous prétexte que le cheval en liberté et le cheval sauvage ne vont au trot que d'une façon transitoire, pour passer plus commodément du pas au galop. On a prétendu également que le reculer était une allure acquise : le cheval libre ne reculerait pas, il ferait demi-tour. Quoi qu'il en soit, naturelles ou artificielles, toutes ces allures existent, et méritent d'être étudiées séparément.

L'amble

L'amble est une allure artificielle, symétrique, latérale, horizontale, marchée ou sautée (selon que l'allure est lente ou rapide) en deux temps égaux.

AMBLE MARCHÉ

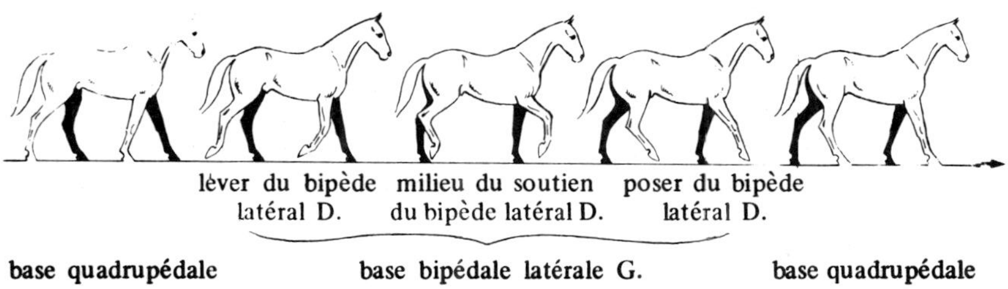

Les réactions sont très douces et peu fatigantes pour le cavalier : les chevaux ambleurs étaient autrefois très recherchés par les notaires et les médecins de campagne qui avaient de longues tournées à faire à cheval.

La plupart des chevaux barbes d'Afrique du Nord sont habitués à marcher ou à trotter l'amble : pour cela, on entrave les deux membres d'un bipède latéral du poulain en liberté, ce qui empêche

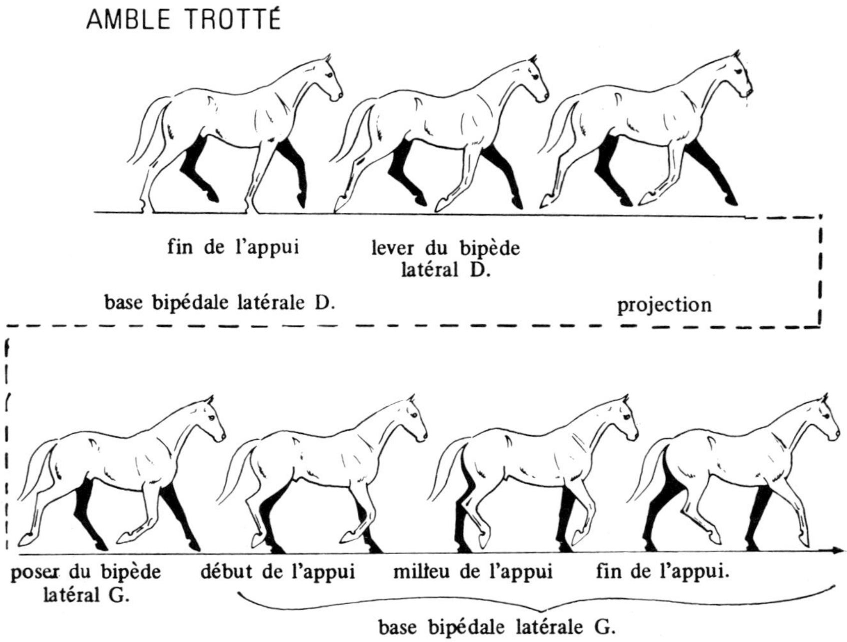

tout autre mode de progression et en même temps toute tentative de fuite.

Les chevaux ambleurs sont souvent plus rapides que les trotteurs. Il y a quelques décades, des entraîneurs étrangers introduisirent sur l'hippodrome de Vincennes (courses au trot) des chevaux qui trottaient l'amble : ils remportèrent quelques succès, mais furent définitivement disqualifiés pour irrégularités d'allures.

L'amble est l'allure normale du chameau, de la girafe, de l'éléphant, qui vont fréquemment, comme le cheval, à un amble rompu, dans lequel les posers des bipèdes latéraux sont légèrement dissociés.

Le traquenard

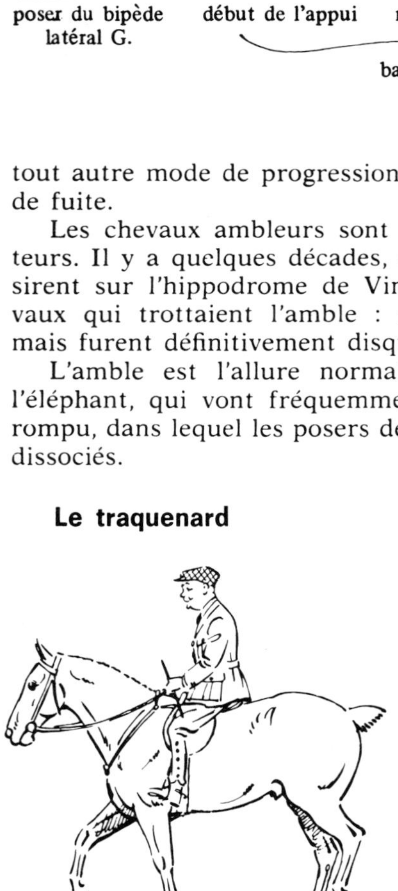

Le traquenard est un pas rompu, dans lequel les quatre battues du pas ne sont plus équidistantes : chaque antérieur précipite son poser pour soutenir l'avant-main surchargée par un excès de vitesse, de fatigue ou par l'insuffisance de mobilité des épaules (épaules chevillées). La cadence de cette allure semble irrégulièrement accélérée, mais il n'y a aucune augmentation de vitesse.

Le pas allongé

Le pas allongé reste battu en quatre temps égaux, mais avec une plus grande amplitude des foulées : la durée des appuis de chaque membre diminue, tandis que la durée de leurs soutiens augmente pour permettre une plus grande entame de terrain. La cadence est plus lente qu'au pas ordinaire. Le cheval se méjuge fortement.

Le pas d'école

Le pas d'école est une allure artificielle, acquise par le dressage, dans laquelle le cheval rapproche ses battues en diagonale. Le cheval se déjuge ; la cadence est lente, les quatre temps ne sont plus tout à fait égaux ; chaque membre au soutien gagne en élévation ce qu'il perd en amplitude et semble marquer un léger temps d'arrêt avant de se poser. Allure majestueuse qui ne peut s'obtenir qu'avec un cheval parfaitement mis.

Le petit trot

C'est un trot marché dans lequel, par suite de la réduction de la vitesse, il n'y a plus de projection. On y observe donc, comme dans l'amble marché, des bases quadrupédales de très courte durée. L'allure est lente, peu fatigante pour le cheval. C'est le « trot économique » du vieux cheval de manège.

Le trot désuni

Le trot désuni est le vice d'allure des chevaux mous, usés, ou trop vivement sollicités, qui précipitent le poser de chaque postérieur pour aider au soulèvement de leur avant-main trop chargée. On dit que le cheval traîne ses jarrets.

Le trot allongé

Le trot allongé est au contraire une allure acquise par le dressage, dans laquelle la simultanéité des posers diagonaux n'a pas cessé d'exister, parce que l'équilibre du cheval est maintenu, sans surcharge de l'avant-main. Le cheval se méjuge largement.

Le trot de course

Le trot de course est un trot allongé et rompu du fait de la légère dissociation des battues diagonales : l'antérieur vient se poser un peu avant le postérieur opposé qui, lui, prolonge la durée de son appui en augmentant sa poussée. On dit que le cheval a de la chasse.

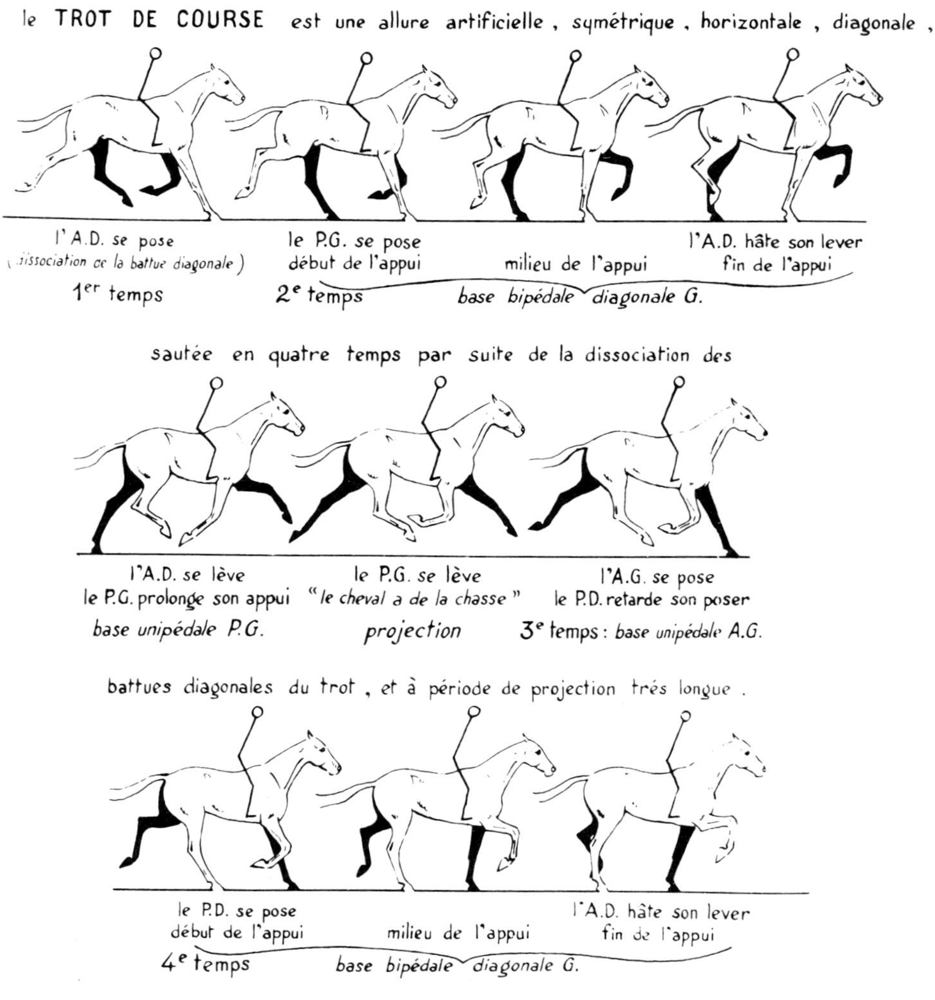

Le trot cadencé et le passage

Ce sont des allures artificielles dérivées du trot, parfaitement unies et rythmées, à cadence lente, de peu d'étendue, avec élévation des gestes et prolongation de la période de projection. Ces airs d'école ne peuvent s'obtenir qu'avec des chevaux rassemblés. Dans le passage, le cheval semble marquer un temps d'arrêt au moment où l'élévation du geste atteint son maximum : on dit que le cheval a du tride.

Le piaffer

C'est du passage exécuté sur place sans avancer. Les membres, associés par paires diagonales, quittent leur appui avec une vigoureuse énergie, les postérieurs fortement engagés ; la période de projection est plus brève, l'élévation des gestes est moins accentuée.

Le trot espagnol

Le trot espagnol est un trot désuni avec action énergique des postérieurs, fléchis sous les hanches, et une certaine élévation

du geste des antérieures alternativement en extension. Le trot espagnol est le type même de l'allure artificielle, acquise par le dressage, sans rapport avec les allures naturelles. La plupart des auteurs et des écuyers considèrent qu'il ne s'agit pas là d'un air d'école, mais d'un air de cirque ; cette opinion est d'ailleurs officiellement partagée, puisque le trot espagnol n'est jamais demandé dans les concours de dressage de la Fédération Equestre Internationale.

*
* *

Au pas comme au trot et dans toutes les allures précédemment étudiées, le cheval répartit également, de part et d'autre de son axe de marche, les foulées de ses quatre membres, avec plus d'écart des postérieurs chez les trotteurs.

Dans toutes les allures qui suivent, comme au galop, la rectitude absolue du cheval n'existe plus, ainsi que la symétrie des mouvements, de part et d'autre de cet axe de marche.

Le galop terre-à-terre

C'est un air d'école de deux pistes, exécuté sur place, sans avancer : battue des postérieurs, puis battue des antérieurs, chacune légèrement dissociée. Il n'y a pas de période de projection, d'où le nom de terre-à-terre. Cette allure correspondrait assez bien à la représentation du galop tel qu'on l'imaginait autrefois, dans les célèbres gravures de Parocel qui illustrent l'œuvre de François de La Guérinière. C'est au galop terre-à-terre que les écuyers du Cadre Noir préparent leurs chevaux à l'exécution d'une cabriole dans la Reprise des Sauteurs en liberté.

L'aubin

L'aubin est une allure intermédiaire entre le trot et le galop, dans laquelle l'équilibre symétrique du cheval est dérangé. L'oreille de l'observateur perçoit très nettement, non plus les deux battues diagonales, ni les quatre battues des diagonaux dissociés, mais trois battues inégalement espacées. Il y a dissociation des posers de l'un seulement des bipèdes diagonaux : les deux membres du bipède antérieur galopent, alors que les deux membres du bipède postérieur restent au trot.

L'aubin est généralement provoqué par la souffrance d'un membre, laquelle ne se manifeste que lorsque l'allure s'accélère : il y a apparence de galop de l'avant-main, alors qu'en réalité il y a boiterie.

Le galop du derrière

Le galop du derrière est en quelque sorte l'inverse de l'aubin : les deux membres du bipède postérieur sont au galop alors que les deux membres du bipède antérieur restent au trot.

Galop ordinaire

Il correspond exactement au galop théorique : allure sautée en trois temps inégaux ; le troisième temps dure le plus longtemps et comporte une période de projection.

Galop rassemblé

Le galop rassemblé comporte quatre temps, par suite de la légère dissociation des posers des deux membres du bipède diagonal (deuxième temps) ; au troisième temps, la période de projection est très courte, elle peut même ne plus exister, ce qui est nettement visible dans les pirouettes au galop.

Galop de course

Le galop de course comporte quatre temps, avec grande dissociation des posers des deux membres du bipède diagonal (deuxième temps du galop théorique). Les quatre membres viennent se poser l'un après l'autre et chacun à son tour reste seul à l'appui. La durée de la période de projection augmente considérablement

LE GALOP DE COURSE

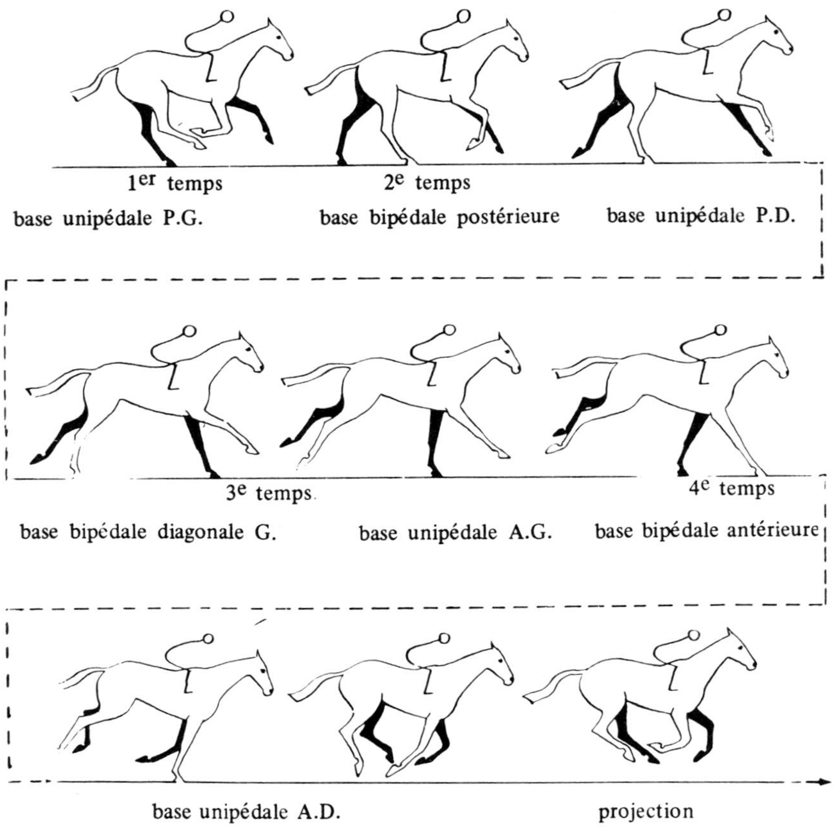

Galop désuni

Vice d'allure dérivé du galop, dans lequel le poser du bipède diagonal au début du deuxième temps est remplacé par le poser d'un bipède latéral. Le galop désuni est un grave défaut qui devient chronique chez certains chevaux dont le galop a été bousculé soit au travail à la longe par un dresseur inattentif, soit au travail monté sur des courbes à faux par un cavalier trop pressé ou par des changements de pied à demi obtenus par un ignorant.

*
* *

Au galop ordinaire sur le pied droit, les foulées de chacun des membres du diagonal dissocié (diagonal droit) se font sensiblement sur l'axe de marche, alors que celles de l'autre diagonal (diagonal gauche) se font de part et d'autre de cet axe, à droite (postérieur droit) et à gauche (antérieur gauche). Au galop de course, les quatre foulées tendent à se confondre avec l'axe de marche. Au galop rassemblé le maximum de rectitude doit être recherché, sans qu'il soit possible d'obtenir du cheval une rectitude parfaite.

Le cheval a la faculté de greffer son galop sur toutes les allures, y compris le reculer. Mais il le fait différemment selon que le point de départ est une allure marchée ou sautée, dérivée du pas ou du trot :

Partant du *PAS*, le cheval entame toujours le galop par la précipitation du *LEver* du *POstérieur* du côté du galop (PA-LE-PO)

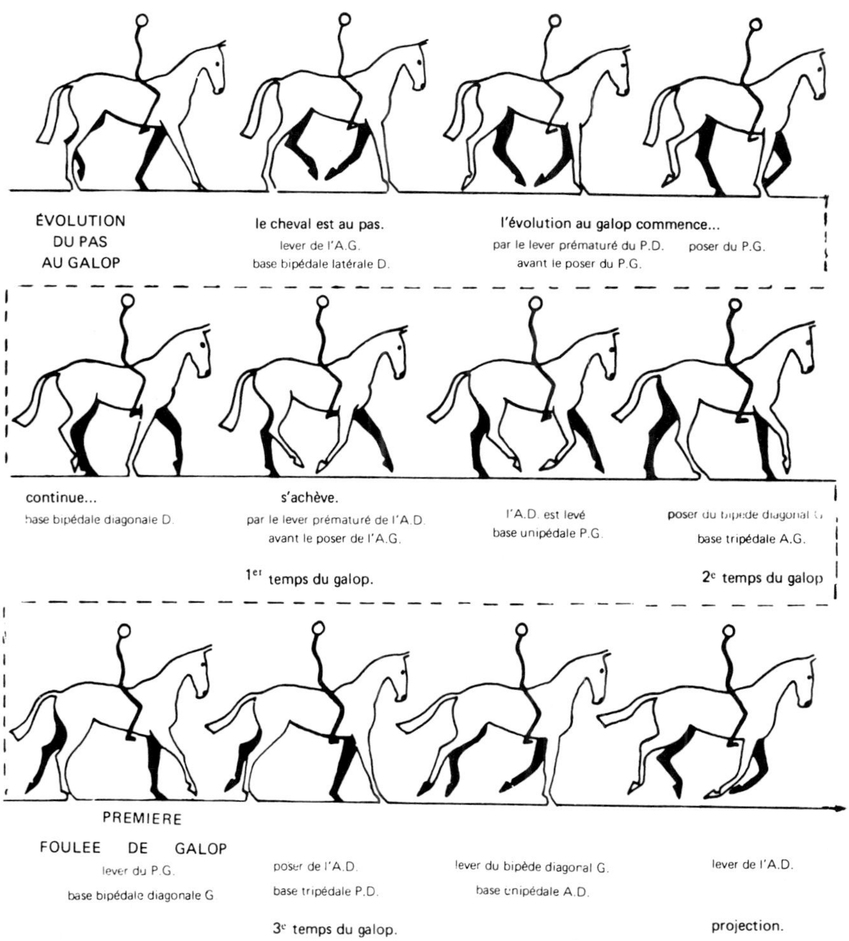

Partant du *TROT*, le cheval entame toujours le galop par la précipitation du *POSer* de *l'ANtérieur* sur lequel il va galoper (TRO-POS-AN).

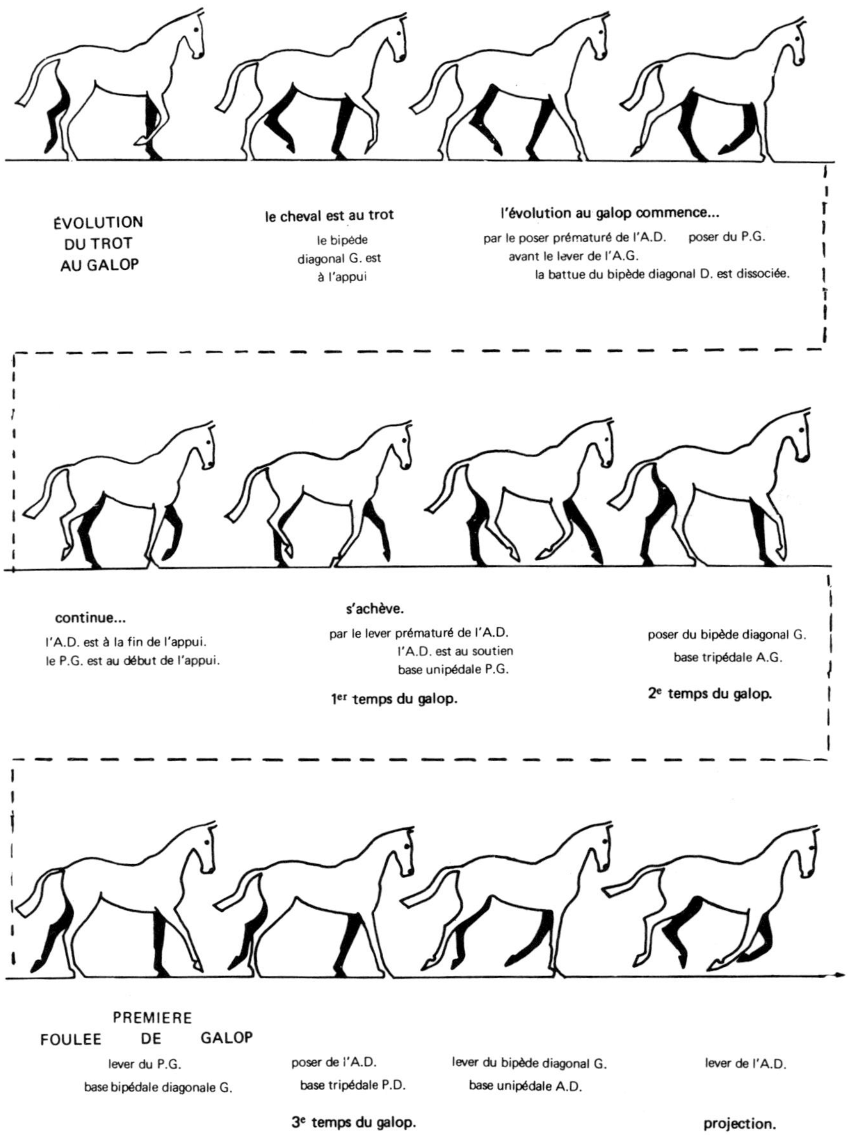

Ces remarques permettront de choisir les aides convenables à employer pour obtenir des départs au galop faciles et coulants (voir « Mécanisme des départs au galop, deuxième période », page 191).

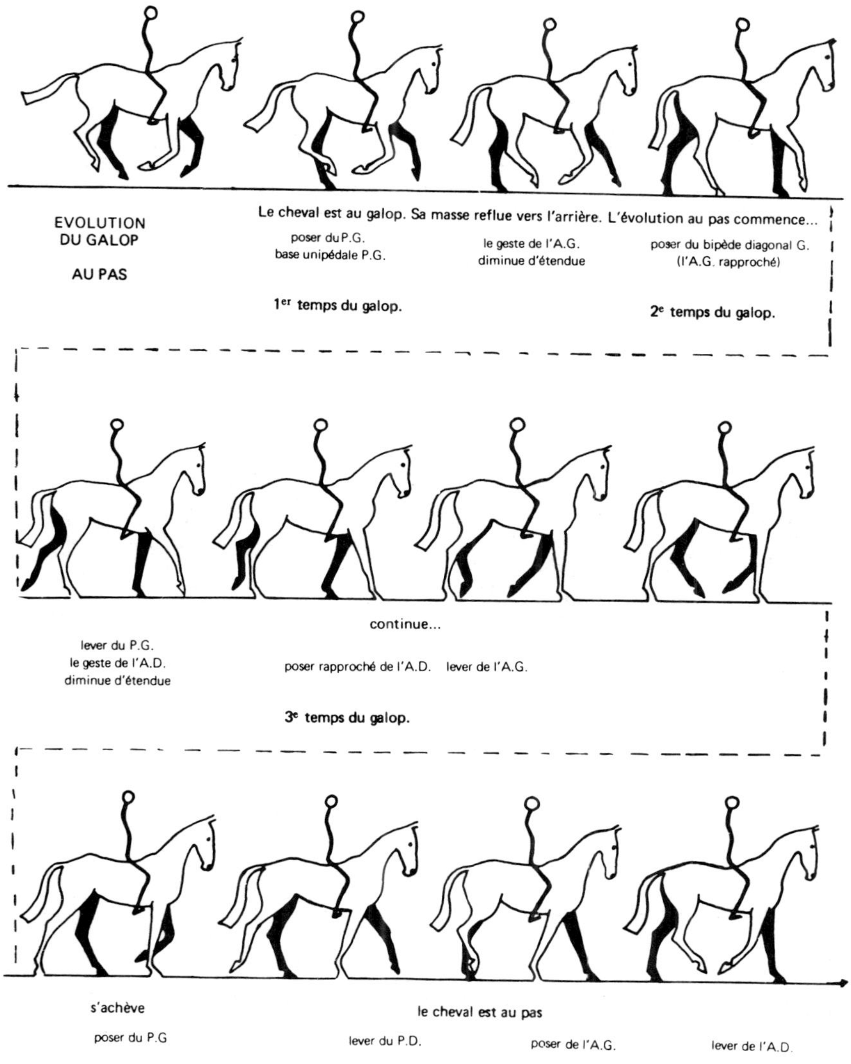

Inversement, le cheval a la faculté, étant au galop, de passer à toutes les allures inférieures, et même à l'arrêt instantané (c'est ce qu'on appelle « parer » le cheval). Et, de même qu'il a fallu traverser tant soit peu le cheval, ou le plier, pour obtenir le départ au galop, il faut, pour passer du galop aux allures inférieures ou à l'arrêt, le « redresser », ce qui est au moins aussi important que la réduction de la vitesse.

Enfin, étant au galop sur un pied, le cheval a la faculté d'entamer un nouveau galop sur l'autre pied, sans aucune allure de transition : c'est le changement de pied au galop. Pour être

LE CHANGEMENT DE PIED AU GALOP DE DROITE A GAUCHE commence par

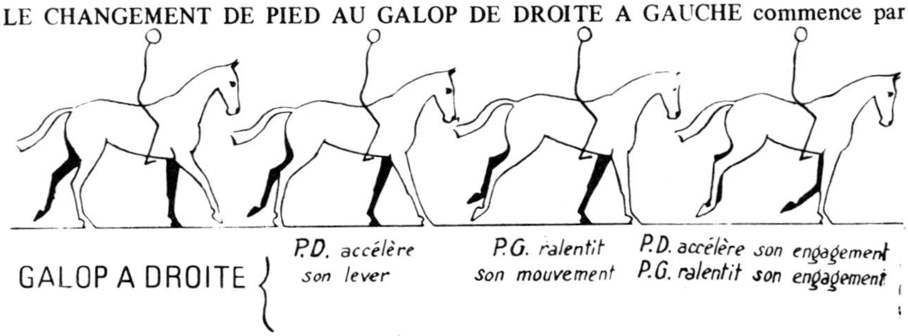

les postérieurs, dès l'instant du poser de l'A.D. et pendant la période de projection,

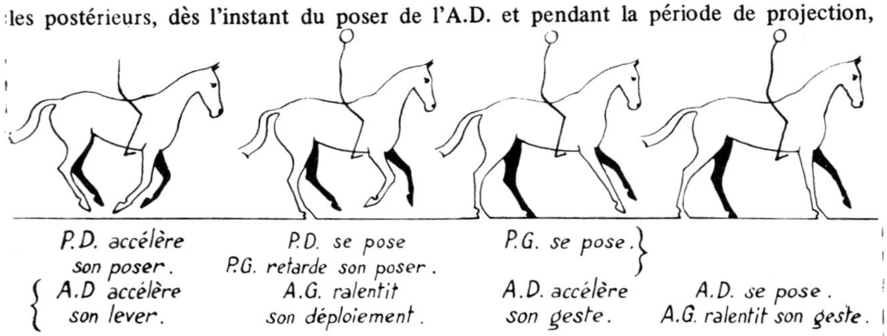

et se termine par les antérieurs, dés la période de projection jusqu'au poser de l'A.G.

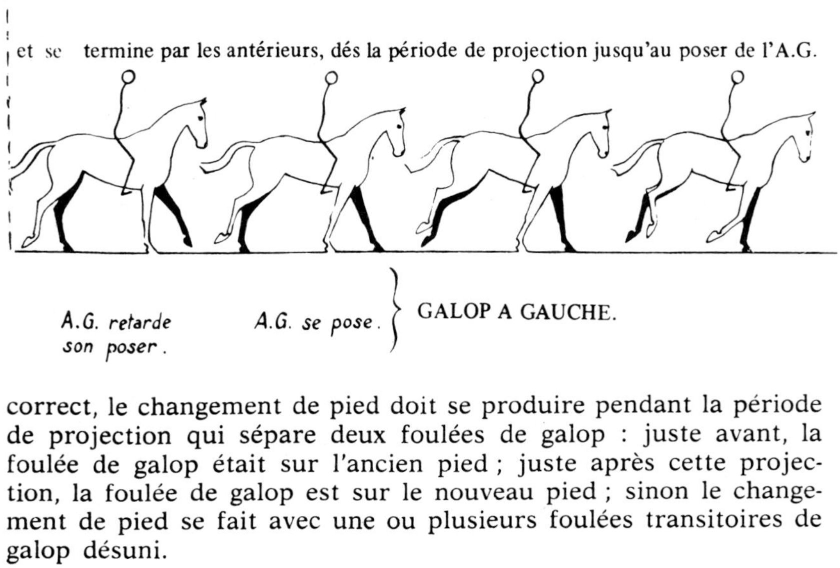

correct, le changement de pied doit se produire pendant la période de projection qui sépare deux foulées de galop : juste avant, la foulée de galop était sur l'ancien pied ; juste après cette projection, la foulée de galop est sur le nouveau pied ; sinon le changement de pied se fait avec une ou plusieurs foulées transitoires de galop désuni.

Le saut

Le cheval peut franchir un obstacle de pied ferme, au pas, au trot ou au galop : le saut lui-même n'est qu'une phase intermédiaire entre deux foulées d'une même allure, ou au milieu d'une foulée (galop), qui constitue la projection du saut.

1

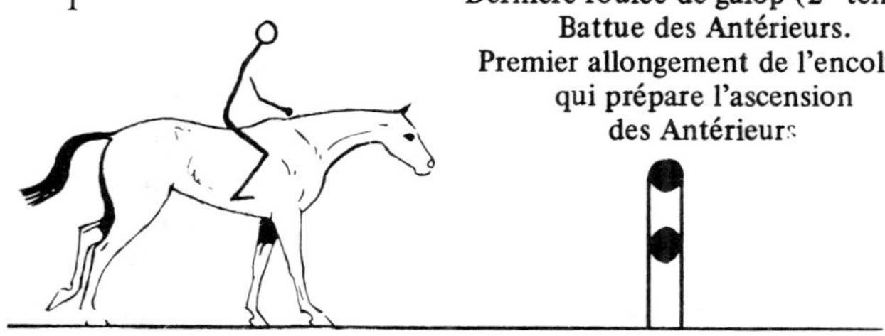

Dernière foulée de galop (2e temps). Battue des Antérieurs. Premier allongement de l'encolure qui prépare l'ascension des Antérieurs

2

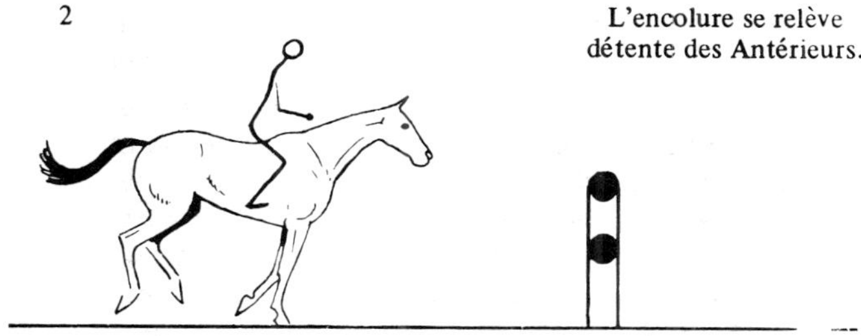

L'encolure se relève détente des Antérieurs.

3

Fin de la dernière foulée de galop. Projection. L'encolure, en se relevant, entraîne les Antérieurs vers le haut. Les Postérieurs s'engagent.

4

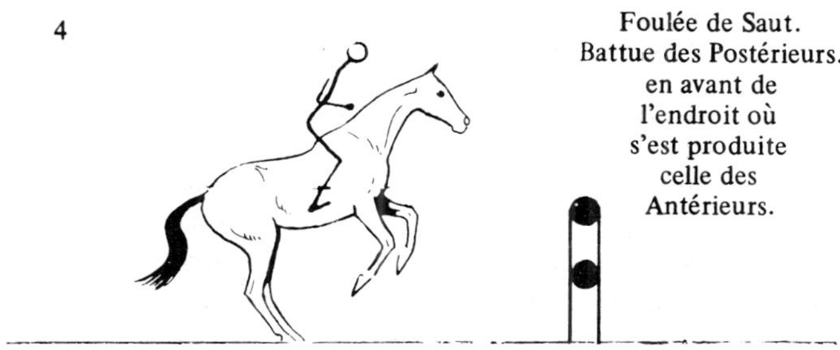

Foulée de Saut. Battue des Postérieurs. en avant de l'endroit où s'est produite celle des Antérieurs.

5

Détente des Postérieurs,
qui pousse le
cheval
vers le haut

6

La Détente
des Postérieurs
s'accentue.
Les Epaules
montent.

7

Montée.
Le cheval
a quitté
le sol.
Les Antérieurs
passent.

8

Plané.
Deuxième allongement de l'encolure,
qui chasse le
centre de gravité
et
entraînera
le mouvement de bascule.

9

Fin du Plané.
Le cheval
bascule
pour amorcer
la descente.

10

Descente.
Le cheval trousse
ses postérieurs.
L'encolure commence
à se relever.

11

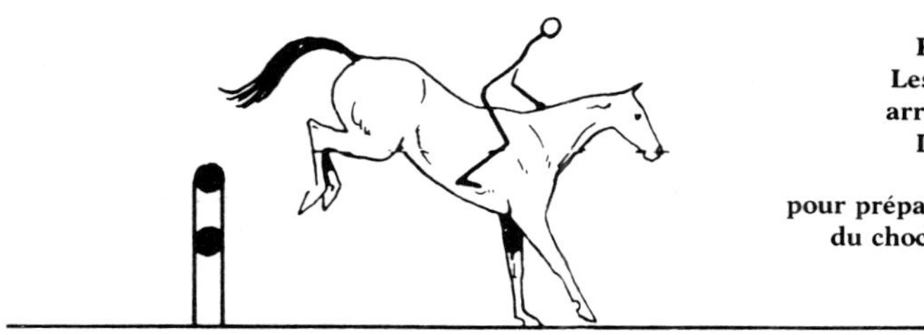

Réception.
Les Antérieurs
arrivent au sol.
L'encolure
se relève
pour préparer l'amortissement
du choc de la réception.

12

L'encolure s'allonge et s'abaisse
pour la troisième fois,
afin d'amortir le choc
de la réception.
L'un des antérieurs
a déjà quitté le sol.

13

Projection à la fin
de la foulée saut,
exactement comme
dans une foulée normale de galop,
à la fin du troisième temps.

14

Reprise du galop à droite.
Le Postérieur gauche
se pose le premier.
(1er temps).

De petits obstacles peuvent être franchis aux allures lentes : le cheval utilise alors la seule force musculaire qui provoque la détente de ses membres. Mais si l'obstacle devient important, le cheval utilise en outre sa vitesse, qui l'aide à bander ses ressorts et à projeter sa masse à la fois vers l'avant et vers le haut.

Lorsque le cheval aborde l'obstacle au galop, la phase intermédiaire « saut » est constituée par une foulée de galop divisée en deux : la première moitié (battue des postérieurs) avant l'obstacle, qui participe très largement à la projection ; la seconde moitié (réception sur les antérieurs) après l'obstacle, qui entame la reprise de contact avec le sol. Au galop à droite, par exemple, dans cette foulée saut, la battue du bipède diagonal gauche (2e temps du galop normal) est dissociée, celle du postérieur droit se faisant avant l'obstacle, celle de l'antérieur gauche après.

Pendant le saut, l'encolure du cheval joue un grand rôle : rôle de tremplin, en se relevant brusquement, avant l'obstacle, pour entraîner la montée de l'avant-main ; rôle de balançier, pendant le planer, pour aider au basculement de tout le corps ; rôle d'amortisseur, après l'obstacle, pour soulager l'avant-main et faciliter le retour à l'allure primitive.

*
* *

Le reculer

Allure rétrograde qui, lorsqu'elle est acquise, s'effectue en deux temps égaux par bipé des diagonaux. C'est ainsi que doivent être obtenus les pas de reculer dans les épreuves de dressage. Mais il arrive souvent que le cheval effectue des reculers en quatre temps, égaux ou non.

L'acculement

Défense du cheval qui recule pour se soustraire aux ordres de son cavalier : la tête s'abaisse, et même s'encapuchonne, le dos s'arrondit, le reculer se précipite et s'effectue en désordre ou au contraire, l'encolure se renverse et le dos se creuse, tandis que les postérieurs viennent en arrière pour étayer la masse.

L'acculement ne prend pas toujours la forme d'une allure rétrograde : l'immobilité la plus complète du cheval qui se pique des quatre pieds et refuse de se déplacer dans quelque sens que ce soit est une sorte d'acculement.

La cabrade (ou la pointe)

Défense du cheval qui, en s'acculant, rejette son poids sur l'arrière-main, puis relève brusquement la tête et soulève son avant-main au-dessus du sol. Le cheval qui pointe haut risque de se renverser.

La ruade

Défense du cheval qui, en s'acculant, s'arc-boute sur ses antérieurs, repousse son poids en avant, puis, par une brusque détente de ses postérieurs, soulève son arrière-main au-dessus du sol.

Le bond

Défense du cheval, généralement en marche, qui se projette en l'air en détendant brusquement ses membres antérieurs, puis ses postérieurs et reprend contact avec le sol d'abord par ses antérieurs, ensuite par ses postérieurs.

Le saut-de-mouton

Défense du cheval, généralement à l'arrêt, qui projette tout son corps en l'air par la brusque détente de ses quatre membres simultanément, et retombe au sol également des quatre pieds à la fois.

***

A l'étude des allures naturelles et artificielles du cheval se rattache celle des attitudes à l'arrêt, debout ou couché.

Décubitus

Le cheval se couche de deux façons : soit complètement allongé sur le côté, les membres étendus, la tête reposant sur le sol ; soit appuyé seulement sur un côté de sa cage thoracique, sur la hanche et la cuisse correspondante, et sur une partie de son abdomen, avec les membres fléchis sous le corps et dégagés latéralement. Il arrive aussi que le cheval se couche « en vache », et replie complètement ses membres sous son corps.

Le cheval ne reste pas longtemps dans la position couchée ; il peut également dormir et se reposer debout, tous muscles relâchés, la tête basse, grâce à la tension du ligament sus-épineux-cervical qui soutient sa ligne du dessus.

Station libre

Au pré ou dans son box, le cheval ne se tient debout sur ses quatre pieds que quand son attention est éveillée par une cause quelconque. Mais en station abandonnée, il repose sur trois seulement de ses membres ; le quatrième, à tour de rôle, se fléchit et son pied, placé en avant de son congénère, ne supporte plus que son propre poids ; le membre postérieur au repos ne repose plus sur le sol que par sa pince ; l'encolure s'abaisse ; le ligament sus-épineux-cervical se tend, qui permet le relâchement complet des muscles et une détente salutaire.

Le placer

Station forcée du cheval qui repose sur ses quatre membres, la tête et l'encolure soutenues. C'est la position que doit avoir le cheval que l'on présente au juge d'un concours de modèle, à un acheteur ou au photographe. C'est aussi la position du cheval monté et arrêté momentanément.

Le camper

Station forcée sur les quatre membres, avec écartement vers l'avant et vers l'arrière des bipèdes antérieur et postérieur, provoquant l'affaissement de la ligne du dessus, l'élévation et le raidissement de la tête-encolure. C'est ainsi que se présentaient autrefois les « carrossiers », attitude brillante, mais tout à fait défectueuse pour le cheval de selle.

Le rassembler

Station forcée sur les quatre membres, les pieds deux à deux à la même hauteur, et les postérieurs engagés sous la masse pour diminuer l'étendue de la base de sustentation ; l'encolure est haute, la tête dans la position du ramener.

Il y a lieu de remarquer que la base de sustentation pourrait être réduite également par le recul des antérieurs, inclinés sous le centre : ce serait l'attitude défectueuse du cheval sous-lui. Tandis que, si les membres antérieurs restent d'aplomb, l'attitude parfaitement correcte permet d'obtenir instantanément le plus de mobilité possible, et le cheval se trouve dans la position classique du rassembler, tel qu'il est défini actuellement par les réglements de la Fédération Equestre.

***

Lorsque le cheval est rassemblé, il suffit de le mobiliser sur place, au piaffer par exemple, ou au galop terre-à-terre, pour être prêt à aborder les airs relevés des sauts d'école, allures artificielles qui découlent des défenses naturelles étudiées précédemment.

La courbette

Saut sur place qui correspond à la cabrade : le cheval, fortement assis sur ses postérieurs, s'enlève de l'avant-main, les antérieurs ployés et joints, et se dresse de toute sa hauteur jusqu'à une position d'équilibre qu'il conserve quelques instants.

La croupade

Air de manège qui correspond à la ruade : arc-bouté sur ses antérieurs, le cheval détache énergiquement une ruade en déployant ses postérieurs aussi haut que possible. Ce saut sur place n'est pas un air classique.

La levade

Saut sur place dans lequel le cheval élève son avant-main, antérieurs repliés, en prenant appui sur ses postérieurs qu'il engage fortement sous la masse en se ployant le plus possible dans ses hanches.

Le mézair

C'est une série de levades successives, faites en avançant : après une première levade, le cheval ramène son avant-main au sol pour la relever aussitôt, avec un petit bond en avant sur les postérieurs.

La ballotade

Le cheval s'enlève des quatre membres et, au point culminant de son saut, il relève ses jarrets, dégage ses pieds de derrière et les montre comme s'il voulait ruer, sans pour autant détacher la ruade.

La cabriole ou capriole

C'est le saut sur place le plus complet et le plus difficile. La capriole (de l'italien : caprio, chevreuil) correspond au bond et se trouve être, en quelque sorte, la réunion d'une courbette et d'une croupade : le cheval s'enlève d'abord de l'avant-main, puis bondit par détente des jarrets et détache ensuite une ruade vigoureuse avec le maximum d'élévation et d'extension.

*
* *

En France, la courbette, la croupade et la capriole ne sont plus exécutés comme sauts d'école qu'au manège de l'Ecole de Cavalerie de Saumur par les sauteurs en liberté du Cadre Noir. A Vienne (Autriche), les écuyers de l'Ecole Espagnole pratiquent assidûment tous les sauts de Haute Ecole auxquels ils ont su garder la forme qu'ils avaient il y a plus de deux siècles au manège de Versailles.

CHAPITRE III

EQUITATION ELEMENTAIRE

Généralités

L'homme n'est pas bâti naturellement pour monter à cheval : sa constitution physique ne lui permet pas de se placer sans effort à califourchon sur le dos d'un animal immobile et, à plus forte raison, d'y rester dès que cet animal se met en mouvement.

Une adaptation est nécessaire, plus ou moins longue et douloureuse suivant les individus : certains semblent doués parce qu'ils sont du type longiligne ; ils sont à l'aise avec des chevaux de tous modèles et, dès le début, leurs progrès sont rapides. Ceux du type trapu éprouvent certainement plus de difficulté ; rien ne les empêche, cependant, de pratiquer les sports équestres, pourvu qu'ils aient des chevaux adaptés à leur constitution.

Mais si la préparation physique est nécessaire, la préparation morale ne l'est pas moins : l'appréhension fréquente chez les débutants provoque des contractions musculaires incompatibles avec une bonne position à cheval. Selon la disposition morale du cavalier, sa raideur augmente ou diminue ; les meilleurs exercices d'assouplissement ne peuvent se faire utilement que dans la bonne humeur, l'entrain, l'enthousiasme, auxquels se mêle toujours l'émulation du travail en reprise.

Les réflexes naturels de l'homme à cheval sont tous mauvais ; il faut les connaître pour mieux les combattre, afin de développer, dès le début, des réflexes convenables.

Quand il se trouve à califourchon sur un cheval, le cavalier débutant a toujours tendance :

— *à s'asseoir sur la selle trop en arrière,* au lieu de s'y enfoncer le plus en avant possible, le rein soutenu comme si l'on se trouvait debout, et non voussé comme si l'on était assis ;

— *à porter les jambes en avant et à s'appuyer sur les étriers,* au lieu de plier les genoux pour ramener les talons sous ses fesses, comme on le ferait sur le barreau d'un grand tabouret ;

— *à mettre les épaules en avant,* au lieu de garder le buste d'aplomb, en équilibre au-dessus des ischions ;

— *à baisser la tête,* ce qui entraîne la voussure du rein, au lieu de maintenir son regard parallèle au sol pour garder le rein dans son attitude naturelle.

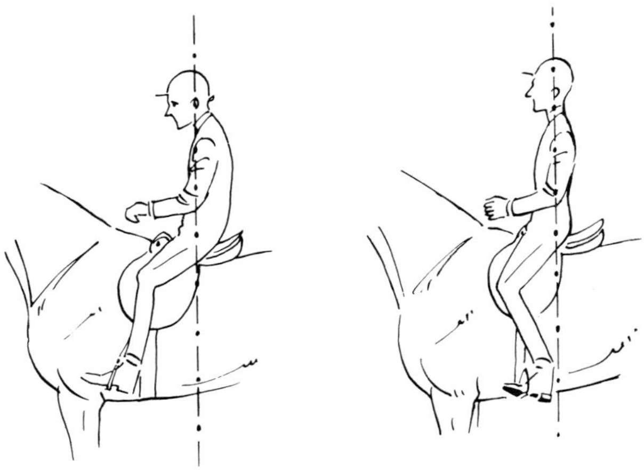

MAL BIEN

Dès que le cheval se met en mouvement, les mauvais réflexes du cavalier débutant provoquent :

— *la raideur de toutes ses articulations :* le cavalier cherche à se fixer, au lieu de bouger avec son cheval, ce qui augmente les secousses ;

— *l'accrochage aux rênes,* automatisme du piéton en perte d'équilibre qui se retient avec ses mains ;

— *l'accrochage des genoux,* parce qu'on a entendu dire — et il s'agit toujours des conseils d'un vieux cavalier... — qu'il fallait serrer les genoux pour ne pas tomber...

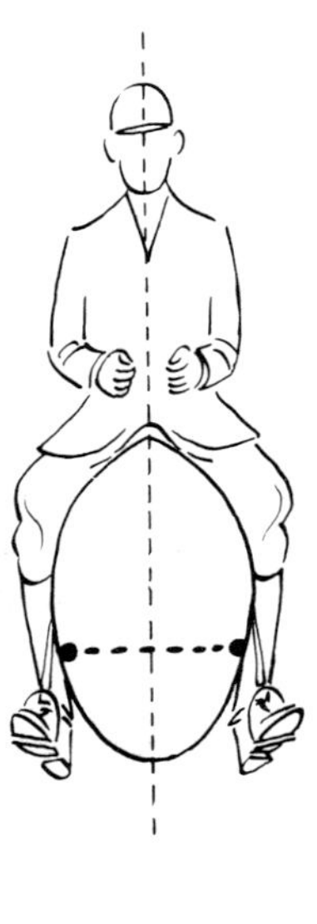

Or, c'est la *prise des mollets* au-dessous de la partie la plus large du corps du cheval qui pourrait donner au cavalier le moyen de tenue le plus efficace. Serrer les genoux ne peut tendre qu'à éjecter le cavalier au-dessus de sa selle, tandis que l'accrochage des mollets l'enfonce encore plus profondément dans cette selle.

D'autre part, les rênes ne sont pas faites pour que le cavalier s'y tienne, mais pour qu'il tienne le cheval : la *liberté* de ses mains lui est nécessaire pour ne pas gêner les gestes de l'encolure qui fonctionne comme un balancier dans la locomotion et pour assurer la conduite du cheval.

Enfin il faut monter à cheval *comme on danse,* en se laissant bercer par le cheval, en se liant à ses mouvements par des mouvements accordés, afin de demeurer maître de son équilibre en toutes circonstances, quelles que soient les réactions du cheval. Une bonne assiette, ferme et souple, peut seule donner au cavalier l'indépendance de ses mouvements et une complète liberté d'esprit.

Pendant la longue période préparatoire indispensable aux débutants, les buts successifs à atteindre sont : la mise en confiance, la mise en selle et l'école des aides.

Mise en confiance

Il faut être très prudent avec les jeunes cavaliers et leur donner l'exemple de la prudence : cette vertu leur servira pendant toute leur vie d'homme de cheval ; elle ne peut pas amoindrir le goût du risque que tout cavalier doit avoir.

Le cheval est dangereux quand on est à pied près de lui ; il l'est infiniment moins quand on est dessus. Le cheval le plus calme est toujours susceptible de donner un coup de pied ou de dent, par peur et réflexe de défense. Mais il a ceci de particulier qu'il indique très nettement son état d'esprit, ses dispositions amicales ou non, par le mouvement de ses oreilles : il est méchant ou craintif quand il les couche en arrière ; il a peur s'il les pointe en avant ; il est inquiet quand elles remuent en tous sens...

1) Seller et bridonner

Première opération déterminante quant à la confiance éprouvée par le jeune cavalier. Il faut choisir un cheval sage et soumis ; certains prennent d'eux-mêmes leur mors pour faciliter la tâche du débutant. Eviter toujours les gestes brusques, les cris : le calme de l'instructeur est communicatif ; il faut que rien ne le presse : une sage lenteur est nécessaire pour permettre à l'élève de voir et de comprendre sans précipitation.

Traditionnellement, on aborde le cheval à gauche, mais rien n'empêche de le faire à droite : c'est même une excellente habitude que d'alterner selon les jours, pairs ou impairs, afin d'obtenir une certaine symétrie qui n'est pas naturelle au cheval. La sangle est bouclée aux contre-sanglons, côté hors-montoir (à droite), et généralement relevée sur le siège : il vaut mieux ne pas agir ainsi, car si on place la sangle sur le siège pour seller, on le fera aussi en dessellant ; or, la saleté d'une sangle toute imprégnée de transpiration acide ne peut qu'abîmer un siège propre et détériorer ses fines coutures, sans oublier les déchirures de la peau de porc occasionnées par les boucles métalliques de la sangle.

Il est aussi simple de ramener la sangle vers l'arrière et de la prendre avec la main droite qui a empoigné le troussequin, tandis que la main gauche saisit le pommeau. On place alors la selle très doucement sur le dos du cheval, très en avant de sa position définitive, et on la glisse progressivement à sa place vers l'arrière, dans le sens du poil.

Faire glisser la sangle, puis s'assurer que le tapis de feutre ne fait pas de pli, qu'il est bien « dégarrotté ». On passe ensuite de l'autre côté du cheval pour vérifier que les quartiers de la selle ne sont pas repliés ou que la sangle se trouve bien à plat sous le quartier. Revenir du côté montoir (à gauche) pour fixer la sangle et la serrer avec modération. Le cheval se gonfle toujours à ce moment-là pour éviter d'être étranglé ; il pourrait se défendre comme cela arrive à certaines juments particulièrement chatouilleuses, qui tirent au renard ou se roulent dès qu'elles sentent la sangle. On resserre la sangle peu à peu, à mesure que le cheval se dégonfle, spécialement après avoir marché, tenu en main ou monté.

Avant de brider, il est bon de boucler le licol autour de l'encolure du cheval pour qu'il se sente toujours attaché. Placé du côté montoir, on passe les rênes par-dessus l'encolure ; puis la main droite saisit la têtière et remonte à droite de la tête du cheval, le bras par en dessous, tandis que la main gauche prend le mors de filet, le présente et l'engage dans la bouche du cheval. Passer délicatement les oreilles, dégager le toupet, boucler la sous-gorge et détacher le licol.

2) Conduire le cheval en main

Le cavalier marche à côté de son cheval, d'un côté ou de l'autre. S'il se place à gauche, côté montoir, il tient les deux rênes avec la main droite, à 15 cm de la bouche du cheval, les ongles en dessous, l'index entre les deux rênes, la main haute et ferme si le cheval bondit, la main gauche tenant l'extrémité des rênes (à la boucle ou à la couture).

Il arrête son cheval en résistant de la main droite et se prépare à monter à cheval.

3) Monter à cheval

Avant toute chose, prenez soin, sans lâcher vos rênes, dans lesquelles vous passerez le bras gauche, de régler la longueur de l'étrivière gauche approximativement à la longueur de votre bras droit. Inutile de vous occuper de l'étrier droit : vous l'ajusterez quand vous serez à cheval, exactement à la longueur de vos jambes, et vous profiterez de l'occasion pour vérifier le gauche.

Passez ensuite les rênes sur l'encolure, en les balançant comme une corde à sauter par-dessus les oreilles du cheval, à l'aide des deux mains écartées de part et d'autre de sa tête. Ne tentez pas de glisser ces rênes le long du chanfrein, sur les oreilles et vers le garrot, le cheval pourrait craindre votre geste et s'en effrayer en levant la tête : vous ne seriez plus assez grand... ou en reculant, et vous perdriez votre place. N'utilisez pas non plus le bout de votre cravache pour décrocher une rêne restée pendue à une oreille...

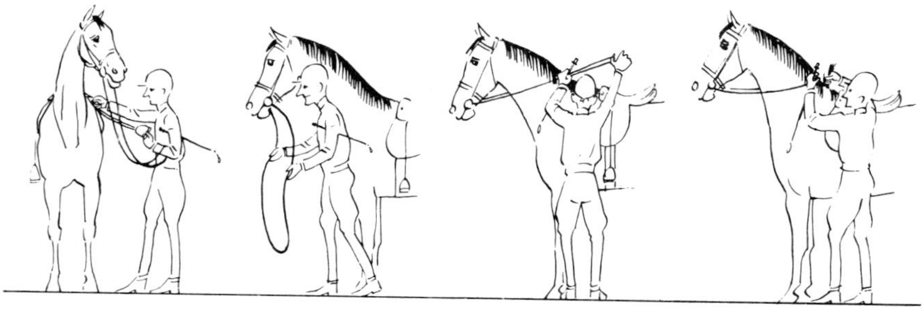

Ajustez alors vos rênes dans la main gauche, pour empêcher le cheval d'avancer pendant que vous vous mettrez en selle et de façon à pouvoir les séparer dans les deux mains dès que vous y serez. Pour cela, faites face à droite et placez-vous à la hauteur de l'épaule gauche du cheval. Avec la main droite, prenez, sur le garrot, la boucle ou la couture des rênes et tendez celles-ci vers l'arrière, au-dessus de la selle, bien égales ; puis vous les saisissez à plat dans la main gauche, ongles en dessous, un peu en avant du garrot.

Si vous avez une cravache, prenez-la aussi dans cette main gauche, pointe en bas, et laissez tomber le fouet des rênes le long de l'encolure, à droite du cheval, pour qu'il ne vous gêne pas. Alors, de votre main droite libre, choisissez une grosse mèche de crins, que vous passerez dans la gauche : c'est une bonne prise sur laquelle vous pouvez compter pour vous aider à vous hisser en selle ; cela ne fait pas mal au cheval et vaut cent fois mieux qu'une traction sur les rênes. Si le cheval n'a pas de crinière, empoignez de la main gauche le bord supérieur de son encolure, en avant du garrot, ou encore attrapez le collier de chasse, s'il y en a un. Vérifiez ensuite la tension des rênes et augmentez un peu la tension de la rêne droite ; ainsi le cheval tournera légèrement sa tête à droite, ce qui l'empêchera de vous mordre et surtout aura tendance à faire dévier sa croupe à gauche au moment où votre jambe droite viendra l'enfourcher. Et, jusqu'à ce que vous soyez assis dans votre selle, tenez fermement dans cette main gauche les rênes, la cravache et la crinière.

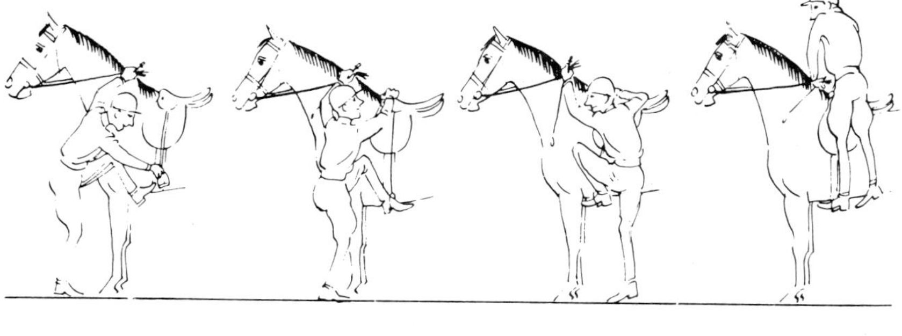

Pivotez ensuite pour faire face en arrière et glissez le pied gauche dans l'étrier que votre main droite a tourné dans le bon sens. Ainsi vous ne risquez pas de tracasser le cheval avec la pointe du pied en lui chatouillant le coude, les côtes ou le ventre. Un peu de souplesse est nécessaire maintenant pour lever le genou gauche très haut et le plier à fond, de façon à rester aussi rapproché que possible de votre cheval.

C'est alors que votre main droite viendra se poser sur le pommeau, troisième point d'appui solide pour monter en selle. Ne prenez pas, comme on le prescrit officiellement, le troussequin : toute traction sur le troussequin déplace la selle, car, sous le troussequin, le dos du cheval est arrondi et il n'y a rien à cet endroit pour fixer la partie postérieure de la selle au corps du cheval, tandis que le pommeau repose sur une partie pointue, le garrot, où il est solidement assujetti juste en dessous par la sangle. En tenant le pommeau, vous éviterez les petits ennuis : de la selle qui tourne, du pli au tapis de selle, du dos blessé, du gros dos et de la sensibilité du dos. Sans compter que vous escamoterez l'instant d'équilibre instable qui se produit toujours au moment où la main droite lâche le troussequin et vient se placer au pommeau pour libérer le siège de la selle.

Il faudra tourner ensuite d'un demi-tour en sautillant sur le pied droit, avec l'aide des prises de vos deux mains et du pied gauche dans l'étrier, pour vous replacer dans le bon sens, face en avant. Attention de ne pas offenser le cheval avec la pointe du pied gauche ! Plaquez-vous contre lui, aussi près que possible, le genou gauche plié à fond et écarté à gauche, au contact du quartier de la selle, l'étrivière verticale et l'avant-bras droit posé sur le siège.

C'est seulement dans cette position qu'il sera possible, d'un élan du pied droit, de vous élever sur l'étrier gauche. Rétablissez aussitôt l'équilibre transversal en inclinant le buste à droite du cheval, le bas-ventre appuyé sur son garrot, les deux jambes tendues l'une contre l'autre. Ne cherchez pas à accélérer les choses en sautant vers le haut dès que votre pied se trouve dans l'étrier gauche : il n'est pas possible, sans perdre l'équilibre, de réaliser le mouvement hélicoïdal qui vous ferait monter à la hauteur de la selle tout en vous retournant face en avant ; l'étrier partirait vers l'arrière du cheval et vous vous affaleriez sur son encolure. Décomposez le mouvement : demi-tour au sol d'abord, puis ascension.

Il ne reste plus qu'à incliner le buste vers l'avant pour dégager la jambe droite qui reste tendue, se soulève et passe par-dessus la croupe du cheval.

Mettez-vous en selle en ayant soin d'arriver au fond aussi légèrement que possible pour ne pas surprendre le cheval. Caressez-le aussitôt de la main droite, lâchez la crinière de la main gauche et prenez les rênes dans les deux mains ; puis chaussez l'étrier droit en relevant la pointe du pied et en tâtonnant, sans vous pencher en avant pour voir. Pesez sur cet étrier droit afin de rétablir l'équilibre de votre selle, légèrement déplacée malgré toutes les précautions, et dressez-vous un instant sur les étriers pour vérifier leurs longueurs respectives, rectifiez-les ensuite s'il y a lieu.

Tout cela ne vous aura demandé que quelques secondes. Il est bon de ne pas trop les écourter : toute brusquerie risquerait de créer du désordre chez le cheval. Hâtez-vous lentement : il doit rester immobile pendant que vous vous mettez en selle et attendre ensuite l'ordre de se porter en avant.

Cette longue description n'est pas exagérée (1) : il faut exécuter minutieusement tous ces détails, aucun d'eux n'est superflu. Beaucoup de cavaliers, même parmi les meilleurs, ne savent pas « monter à cheval » correctement ; leurs chevaux craignent l'instant du montoir, s'affolent et démarrent avant qu'on ait eu le temps de se mettre en selle ; l'aide qui tient le cheval constitue un remède pire que le mal... C'est seulement en procédant seul, méthodiquement et dans le calme, que l'on peut obtenir des chevaux sages au montoir.

4) Sauter à cheval

Au lieu de mettre le pied à l'étrier pour monter à cheval, on peut sauter, excellente méthode, à condition de l'employer sans brusquerie et sans à-coup. Pour cela, vous placerez vos deux mains toujours aux mêmes endroits : la gauche en avant du garrot, tenant les rênes ajustées, la cravache et une touffe de crins, la droite au pommeau de la selle.

Elancez-vous alors des deux jambes de façon à vous élever sur les poignets au-dessus du cheval, comme vous le feriez sur une barre-fixe ; le bas du ventre se pose sur le garrot du cheval, entre vos deux mains, buste incliné à droite du cheval, jambes tendues à gauche, puis un rétablissement des deux bras vous met à l'appui tendu ; il ne reste plus qu'à vous pencher vers la gauche, en regardant les oreilles du cheval, pour pouvoir passer la jambe droite par-dessus la croupe et vous asseoir au fond de la selle.

5) Les étriers

Les étriers sont ajustés à une bonne longueur lorsque leur semelle se trouve à 3 ou 4 cm au-dessus du talon de la botte, quand

---

(1) Cette description est empruntée aux *Cahiers d'équitation* de Pierre Chambry, Ecuyer-Professeur, aux Editions Denoël, Paris 1967.

les jambes tombent naturellement et que le cavalier se trouve bien placé dans sa selle.

L'étrier ne doit porter que le poids de la jambe : un trop fort appui diminuerait l'assiette, contracterait le genou et ne donnerait pas à la jambe toute la liberté d'action voulue. On chausse l'étrier jusqu'au tiers du pied seulement, pour permettre à l'articulation de la cheville de fonctionner. Normalement, le talon est un peu plus bas que la pointe du pied, mais l'important n'est pas de garder les talons forcés vers le bas, c'est de garder les chevilles souples comme des ressorts amortisseurs.

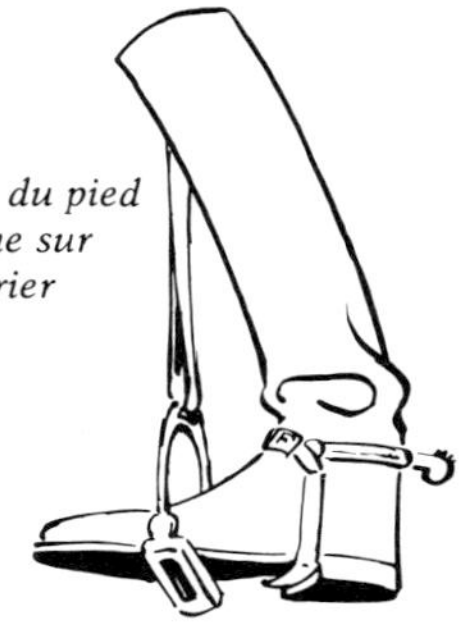

Position du pied gauche sur l'étrier

La semelle de l'étrier doit être légèrement oblique sous le pied du cavalier, plus enfoncée sous le gros orteil, dont l'appui est ainsi plus prononcé, et moins sous le petit doigt : cela entraîne une légère torsion des chevilles vers le dehors qui permet l'enveloppe des jambes et assure la prise des mollets sous le corps du cheval, pourvu que les genoux restent ployés et souples.

A pied, le cavalier ajuste ses étriers de façon empirique, en réglant leur longueur sur celle de son bras tendu : si le poing fermé touche le porte-étrivière, la semelle de l'étrier doit venir juste sous l'aisselle.

A cheval, le cavalier peut régler exactement la longueur de ses étriers selon la longueur de ses jambes, par tâtonnements. Le fait de ne pas déchausser l'étrier pendant que la main modifie l'ajustage de la boucle peut paraître séduisant pour conserver son équilibre en cas de désordre ; mais, dans la réalité, le coulissement du cuir à travers la boucle n'est pas facile, encore moins la mobilité de l'ardillon et ses possibilités de pénétration dans les trous de l'étrivière. Il est préférable de déchausser l'étrier et d'utiliser les deux mains : l'une pour tenir la boucle après l'avoir largement dégagée du porte-étrivière, l'autre pour faire glisser le cuir et l'arrêter au cran adéquat.

Si l'on ne peut pas déboucler l'étrivière en tirant sur son extrémité, parce que l'ardillon est coincé, on obtiendra un bon résultat rapide en poussant l'étrivière à travers la boucle, en la prenant par son milieu.

6) Tenue des rênes

Pour éviter que le jeune cavalier prenne dès le début de mauvaises habitudes, il faut qu'il comprenne clairement pourquoi les rênes doivent être tenues ainsi :

— *Une rêne dans chaque main,* entrant sous le petit doigt, sortant par-dessus entre le pouce et l'index. Les poignets sont exactement dans le prolongement des avant-bras, écartés l'un de l'autre d'environ 25 cm, la paume des deux mains se faisant face, les bras demi-ployés.

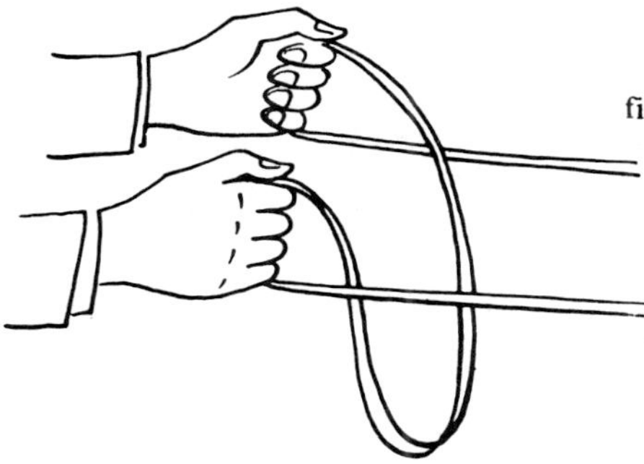

Le pouce et l'index sont serrés sur la rêne pour la maintenir fermement ; les trois autres doigts restent à demi fermés, flexibles, capables de s'ouvrir ou de se serrer davantage, pour conserver en permanence le contact avec la bouche du cheval par l'intermédiaire de la rêne légèrement tendue.

Pour allonger les rênes, le cavalier entrouvre le pouce et l'index de chaque main pour laisser glisser la rêne entre ses doigts ; il les referme dès que la longueur désirée est obtenue.

Pour raccourcir ses rênes, le cavalier procède d'abord sur l'une d'entre elles, la gauche par exemple : il commence par affermir la prise de la rêne droite en serrant ses trois doigts d'en dessous, puis il saisit la rêne gauche au-dessus du pouce gauche avec le pouce et l'index de la main droite, il entrouvre les doigts de la main gauche, puis lève la main droite pour tendre la rêne gauche et sentir le contact avec la bouche du cheval, il ferme alors les doigts de la main gauche dont la rêne se trouve raccourcie et procède ensuite de façon inverse au raccourcissement de la rêne droite.

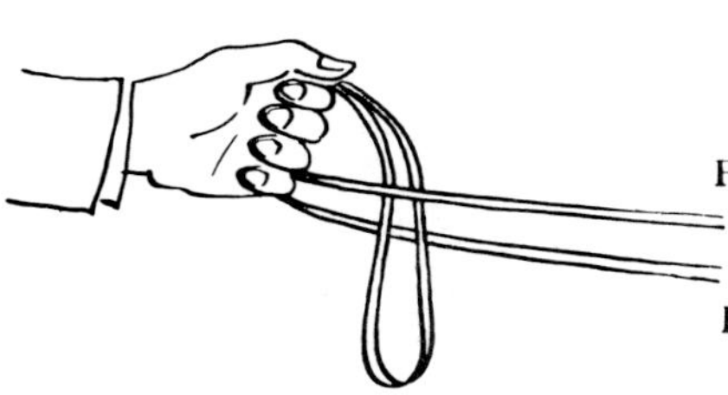

— *Les deux rênes dans une seule main*, gauche ou droite, à plat l'une sur l'autre, séparées en bas par le petit doigt et maintenues fermement, vers le haut, entre le pouce et l'index.

Il allonge et raccourcit comme précédemment l'une ou l'autre rêne ou les deux à la fois.

Le maniement des rênes est un excellent exercice, car il décontracte toutes les articulations supérieures, mais il doit être pratiqué en douceur, avec beaucoup de doigté, sans trop déplacer les mains pour que toutes ces manipulations ne soient pas ressenties brutalement à l'autre extrémité des rênes par la bouche du cheval ; il faudrait que celui-ci ne sente pas les changements opérés par le cavalier dans l'une, l'autre ou les deux mains.

Pour laisser reposer son cheval, au pas ou à l'arrêt, le cavalier ouvre les doigts et laisse filer complètement les rênes pour permettre l'allongement de l'encolure.

7) Marcher au pas

Au pas, le basculement du corps du cheval est suffisamment marqué pour provoquer le déséquilibre du cavalier qui se raidit. Au contraire, s'il reste souple, il arrivera à se lier aux mouvements du cheval comme un marin aux mouvements de son bateau par petite brise.

Le cavalier doit essayer, dès le début, de sentir que le cheval n'avance pas d'une façon continue au pas, mais par des « à-coups » analogues au teuf-teuf d'une petite locomotive ; assis dans sa selle, il lui faut encaisser, pour les amortir, les réactions qui le contraignent vers l'avant et vers l'arrière, alternativement à chaque demi-pas : la décontraction de toutes ses articulations lui sera indispensable, en particulier celle de sa colonne vertébrale, dont le rein constitue à lui seul le meilleur système d'amortissement.

Il faut en outre accompagner le balancement de l'encolure du cheval au pas et assurer en permanence la tension constante des rênes et le contact avec la bouche du cheval, grâce à l'élasticité des coudes. Ce n'est pas un mouvement de piston des avant-bras, en avant et en arrière, qui permet cet accompagnement, mais une avancée alternative des mains du cavalier et de son bassin : avancer les mains quand le cheval allonge l'encolure, puis, sans qu'il y ait rien à faire parce que tout le corps du cheval avance, les hanches du cavalier viennent d'elles-mêmes se replacer entre ses coudes, et ainsi de suite, mains en avant, hanches entre les coudes, etc., en cadence avec chaque demi-foulée de pas.

En plus de ce mouvement syncopé, basculant comme le tangage, le corps du cheval au pas est soumis à un mouvement de roulis, à un bercement transversal provoqué par les gestes des membres. Il faut s'attacher à les sentir plus qu'à les voir et à développer peu à peu le *tact équestre,* sens réceptif tout autant qu'émetteur. Entendre les quatre battues du pas de son cheval et juger leur équidistante régularité achemine progressivement le jeune cavalier à utiliser ce sixième sens dont la nature reste assez indéfinissable.

8) Assouplissements récréatifs

Les assouplissements récréatifs ont pour but de détendre le cavalier, physiquement et moralement, en prenant une forme de jeu. Tout mouvement est bon qui occupe son esprit en l'amusant et l'empêche ainsi de se raidir. Une anecdote racontée avec à-propos constitue un excellent dérivatif intellectuel. A tel point que l'écuyer en chef du Cadre Noir, laconique par tradition, a coutume de conseiller à ses écuyers de parler aux cavaliers, de leur parler beaucoup, pour occuper leur esprit, et il ajoute malicieusement que les élèves auront ainsi l'impression de beaucoup travailler sous un instructeur compétent...

Les assouplissements récréatifs peuvent être variés indéfiniment, à condition d'être sagement gradués et de ne pas constituer une cause d'accidents. Ils sont complétés par l'exécution de mouvements utilitaires : maniement des rênes, ajustage des étriers étant

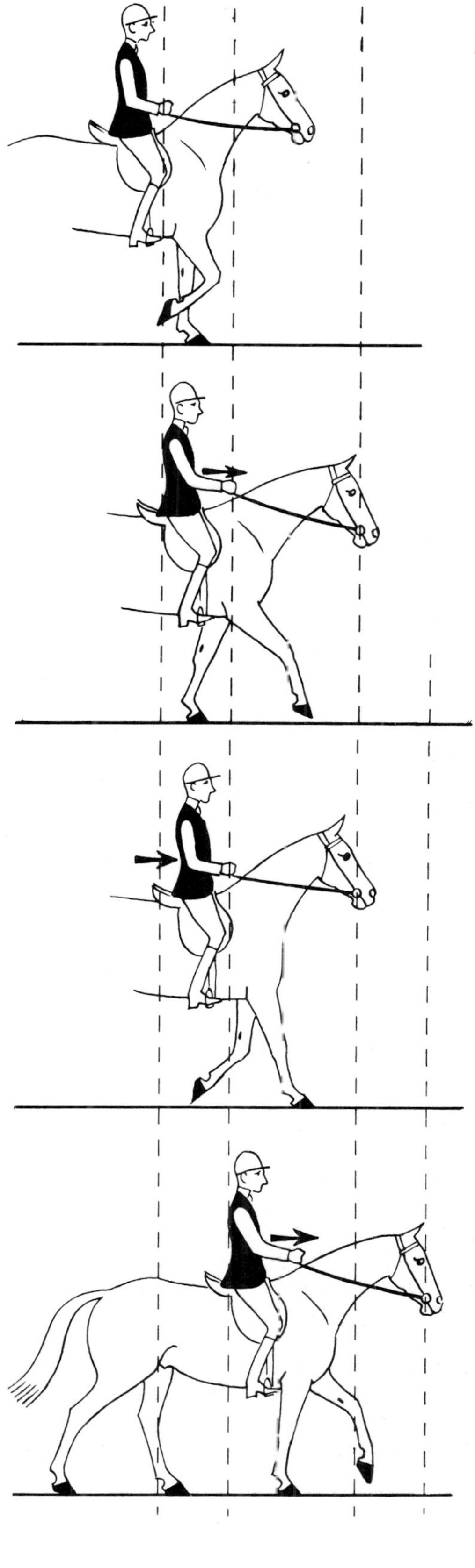

MAINS EN AVANT

HANCHES ENTRE
LES COUDES

MAINS EN AVÁNT

à cheval, abandonner et reprendre les étriers, caresser le cheval, se retourner en arrière, etc.

9) Ralentir et arrêter

Comme on le fait à pied, il faut se redresser pour demander un ralentissement ou l'arrêt : les deux mains du cavalier vont s'opposer au balancement de l'encolure en résistant sur place, sans tirer vers l'arrière. Le geste à faire correspond à celui d'une profonde inspiration : se grandir du haut du corps, rejeter les épaules en arrière, fixer les coudes au corps, élever légèrement les deux mains et serrer les doigts sur les rênes pour augmenter leur tension ; répéter l'élévation des mains et le serrement des doigts si cela est nécessaire.

Dès que le résultat escompté est obtenu, relâcher la tension des rênes ; repos, caresser l'encolure.

10) Mettre pied à terre

Pour mettre pied à terre, le cavalier commence d'abord par ajuster ses deux rênes dans une main, celle du côté où il désire descendre, à gauche par exemple. Il saisit une touffe de crins avec cette main, pose l'autre sur le pommeau de la selle et déchausse l'étrier droit. Puis il s'enlève sur l'étrier gauche et sur les deux bras, passe la jambe droite par-dessus le cheval en pliant le genou, sans toucher la croupe, et rapporte le pied droit à côté du gauche, les genoux contre la selle, le haut du corps un peu penché en avant. Appuyé des deux bras sur le cheval, il déchausse doucement l'étrier gauche et se laisse descendre légèrement à terre en glissant le long de la selle, sans bondir de côté.

Il lâche alors les rênes et la touffe de crins qu'il tenait dans sa main gauche, fait face à gauche et saisit les rênes de la main droite, à 10 cm en dessous de la bouche du cheval.

11) Débrider et desseller

Après avoir ramené le cheval dans sa stalle ou dans son box, le cavalier attache provisoirement le licol autour de l'encolure, comme un collier ; il déboucle la sous-gorge, se place à côté de l'encolure pour retirer doucement le bridon en saisissant la têtière à deux mains pour passer les oreilles ; les mains s'abaissent le long du chanfrein, le mors quitte tout seul la bouche du cheval. Eviter toute brusquerie qui pourrait effrayer le cheval et lui faire lever la tête.

Placer le bridon, têtière et couture des rênes, dans le pli du bras gauche pour mettre le licol définitivement à sa place.

Pour desseller, remonter d'abord l'étrier gauche le long de l'étrivière, puis déboucler à gauche les contre-sanglons. Passer à droite pour remonter l'étrier droit le long de l'étrivière, saisir l'extrémité de la sangle avec la main gauche qui empoigne le troussequin, tandis que la main droite saisit le pommeau pour soulever légèrement la selle que l'on glisse en arrière et retire du dos du cheval.

Poser la selle et le bridon sur un support, jamais à terre, sur une litière sale ou à même le sol. Et revenir au cheval pour lui frictionner le dos, les flancs et le passage des sangles, soulever et curer les pieds, caresser.

Mise en selle

En se mettant en confiance, le cavalier trouve lui-même son équilibre, qui est généralement assez instable et constitue une assiette encore très imparfaite. Toute appréhension cessant, certaines articulations restent néanmoins contractées ou risquent de se contracter aux allures vives. Ce manque de souplesse prive le cavalier d'une partie de ses moyens et enlève à ses actions toute justesse. La mise en selle va lui donner une complète liberté de mouvements, grâce à une assiette souple, ferme et liante.

Ce résultat est obtenu traditionnellement par une série d'exercices sans étriers, des assouplissements et du travail au galop, mais la promenade en terrain varié, le passage de petits obstacles et les jeux sont aussi d'excellents procédés pour acquérir de l'assiette.

L'assiette est la qualité qui permet au cavalier de demeurer maître de son équilibre en toutes circonstances, quelles que soient les réactions du cheval.

1) Travail avec et sans étriers

Au début, les étriers sont nécessaires pour mettre le cavalier en confiance, lui donner quelque équilibre et assurer à ses actions un certain degré de justesse. Mais ils faussent souvent sa position : les genoux ont tendance à remonter et à s'ouvrir, l'assiette est reportée en arrière et les épaules en avant.

Sans étriers, au contraire, le cavalier descend dans le fond de sa selle où repose la plus grande partie de son poids, ses cuisses et ses jambes tombent naturellement, il se lie au mouvement du cheval, sa position se régularise.

Mais s'il constitue un procédé d'instruction particulièrement efficace, le travail sans étriers doit être soigneusement dosé et pratiqué avec méthode : il faut éviter les courbatures, les excoriations et les chutes.

2) Trot enlevé

Pour ne pas fatiguer inutilement les jeunes cavaliers et leur donner le plus tôt possible le sentiment de leurs possibilités, il ne faut pas hésiter à recourir au trot enlevé dès les premières leçons.

Le général L'Hotte a magistralement expliqué la façon de trotter enlevé : « Le cavalier reçoit la réaction produite par la détente du bipède avec lequel il s'accorde et y cède en inclinant légèrement et progressivement le buste en avant. Puis, prenant un léger appui sur les étriers, il se maintient un instant dans cette position, les fesses près, mais isolées, de la selle, pendant que se produit la détente de l'autre diagonal, dont la réaction est ainsi évitée. Le fond de la selle est repris en même temps que le diagonal avec lequel on trotte revient au poser. »

Dans la réalité, le jeune cavalier ne réussit pas à céder à la réaction d'un bipède diagonal : il doit faire effort, au contraire, pour quitter sa selle en prenant appui sur ses étriers et même en s'aidant des deux bras, grâce à l'appui des deux mains sur le garrot. Si son buste doit s'incliner en avant, il doit éviter tout balancement exagéré, ce qui est facile lorsqu'il fait jouer tous ses angles articulaires inférieurs, à la façon d'un pantographe : mais il faut que la cheville, autant que le genou ou l'articulation coxo-fémorale, s'ouvre et se ferme pour provoquer au début, pour accompagner seulement, par la suite, l'élévation et l'abaissement du corps du cavalier.

Le genou n'est pas un point fixe tenant lieu de pivot ; sinon le buste du cavalier oscillerait d'avant en arrière comme un pendule ou comme l'aiguille d'un métronome. A la base du mouvement du cavalier au trot enlevé, il y a un sautillement sur la pointe des pieds et non une rotation autour des genoux.

A mesure que l'équilibre du buste s'améliore, l'appui sur les poignets diminue pour cesser définitivement ; le cavalier arrive à trotter sans faire effort sur les étriers, par le liant de toutes ses articulations qui l'associe aux réactions du cheval.

Au trot enlevé, le cavalier peut s'accorder *avec* l'un ou *avec* l'autre bipède diagonal. Il trotte avec le diagonal droit (antérieur droit et postérieur gauche) lorsqu'il se lève quand ce diagonal se lève, puis s'assied dans sa selle quand ce diagonal se pose à terre. En regardant le mouvement des épaules du cheval, le cavalier peut « voir » avec quel diagonal il trotte. Mais il est préférable de le « sentir » : trottant avec le diagonal droit, la jambe droite du cavalier ballotte plus que la gauche, en particulier la jambe droite s'écarte de la selle d'un mouvement bref et saccadé chaque fois qu'il s'enlève. Le cavalier peut encore sentir dans sa cuisse droite le mouvement de recul de l'épaule droite du cheval. Il sent aussi son assiette déplacée à gauche du cheval : sa fesse droite pèse plus lourdement dans la selle que sa fesse gauche, et l'appui du pied gauche sur l'étrier gauche est plus marqué que celui du pied droit.

Dans le manège, à main gauche, le cavalier doit trotter en s'accordant avec le diagonal droit, car son cheval se trouve alors dans les meilleures conditions pour tourner à gauche : le diagonal avec lequel on s'accorde couvre plus de terrain que l'autre. Mais si cela correspond parfaitement à la longueur des chemins parcourus par chacun des deux membres antérieurs, c'est l'inverse qui se produit pour les postérieurs : ceux-ci ont tendance à chasser à l'extérieur des tournants et même à dévier à droite dans les lignes droites, sentiment que le cavalier doit s'attacher à percevoir pour développer son tact équestre.

Pour changer de bipède diagonal, il suffit de faire une demi-foulée de trot assis entre deux foulées successives de trot enlevé : le passage d'un diagonal à l'autre est automatiquement obtenu. Il faut en effet, pour ne pas créer une dissymétrie chez le cheval, trotter alternativement avec l'un et l'autre diagonal, malgré la prédilection que chacun éprouve, cavalier ou cheval, pour l'un des deux.

3) Travail au galop

Aucun exercice ne donne autant d'assurance et de liant que des temps de galop prolongés, sur un cheval calme et détendu. Le galop sera donc employé de bonne heure avec les jeunes cavaliers qui devront chercher à conserver un contact moelleux avec la selle en se liant aux mouvements du cheval. Assurer le contact en tenant le troussequin de l'une ou l'autre main, caresser alternativement l'encolure et le flanc du cheval en cadence avec le branle du galop.

Au galop, tout le corps du cheval bascule. Pour bien se lier au mouvement, le cavalier doit basculer lui aussi, non pas tout entier comme la longue aiguille fixée au fléau de la balance, mais à moitié, comme une aiguille cassée, jusqu'à la hauteur de la ceinture. Le bassin du cavalier reste soudé au dos du cheval : il accompagne le mouvement de bascule, le branle du galop. Mais le buste du cavalier ne doit pas se balancer au même rythme : il conserve son aplomb grâce au jeu du rein, flexible en tous sens ; le rein s'arrondit, puis se creuse au cours de chaque foulée.

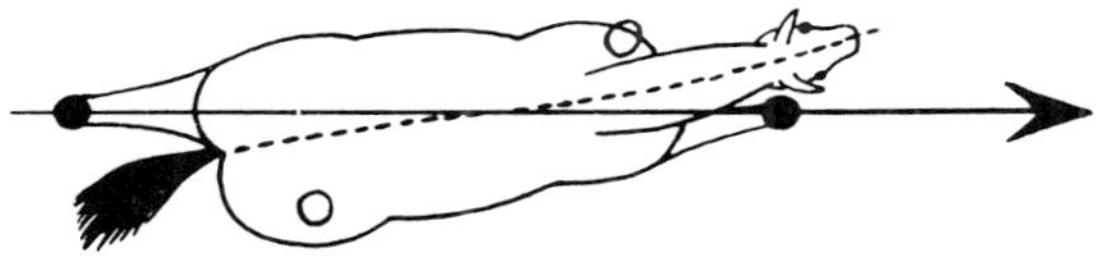

L'instructeur expliquera le mécanisme du galop, il montrera le galop juste et le galop à faux et profitera d'une occasion pour montrer un cheval au galop désuni. Il insistera spécialement sur le traversement du galop : les deux membres du bipède diagonal sur lequel galope le cheval (dont les posers se font aux 1er et 3e temps) suivent l'axe de marche, tandis que les deux membres de l'autre bipède diagonal (dont les posers se font simultanément au 2e temps) se déplacent de part et d'autre de cet axe.

Le cavalier apprend peu à peu à « *sentir* » le galop de son cheval, grâce au déplacement de son assiette, à gauche ou à droite selon que le cheval galope sur le pied droit ou sur le gauche. Au galop désuni, l'allure est très inconfortable.

Les départs au galop se feront par allongement du trot et par perte d'équilibre dans un tournant. Attention, cependant, de ne pas exagérer la position traversée du cheval pour obtenir un départ juste, en particulier la position de la tête : ce n'est pas parce qu'elle sera exagérément à gauche que le cheval partira au galop sur le pied droit ; par contre, la position des épaules du cheval et celle de ses hanches ont une grande importance pour assurer un bon départ.

Le jeune cavalier doit éviter par-dessus tout de se pencher en avant du côté du galop au moment du départ : il gênerait considérablement son cheval et prendrait la mauvaise habitude de « voir » le galop, au lieu de le « sentir ».

4) L'attitude du cavalier à cheval

Si l'attitude du cavalier à cheval varie avec les allures, la forme du terrain sur lequel il travaille et la nature de l'exercice qu'il exécute, les diverses attitudes que les circonstances peuvent imposer au cavalier doivent toutes dériver de la position définie ci-après, qui correspond aux conditions les plus favorables d'équilibre et de possibilité d'emploi des aides :

— le cavalier doit être assis d'aplomb, les fesses portant également sur la selle et le plus en avant possible ;

— les cuisses tournées sans effort sur leur plat, ne s'allongeant que par leur propre poids et celui des jambes ;

— le pli du genou liant ;

— les jambes libres et tombant naturellement, les mollets en contact avec le cheval sans le serrer, la pointe des pieds tombant librement quand le cavalier est sans étriers ;

— le rein et les hanches souples ;

— le haut du corps aisé, libre, droit ;

— les épaules effacées et également tombantes ;

— les bras libres, à demi ployés, les coudes tombant naturellement ;

— le poignet à hauteur du coude et dans le prolongement de l'avant-bras, le pouce en dessus ;

— la tête droite, aisée et dégagée des épaules, le regard haut.

Cette position n'exige aucune contraction musculaire et peut être conservée longtemps sans fatigue.

Elle nécessite trois qualités que le cavalier doit acquérir successivement et sans lesquelles l'emploi qu'il fait de ses aides reste incertain : la souplesse, la fixité et l'aisance.

La souplesse est caractérisée par la flexibilité des articulations, auxquelles le soutien élastique des muscles dorsaux et lombaires permet de jouer dans le sens des mouvements du cheval.

La fixité est l'absence de tout mouvement involontaire ou inutile : elle est la conséquence du liant du cavalier.

L'aisance est la liberté du corps et de l'esprit qui permet au cavalier d'agir avec justesse, mesure et à-propos.

Le cavalier qui n'est pas fixe n'a aucune aisance.

Il ne peut être fixe que s'il est souple.

Il faut avant tout rechercher la souplesse : en s'assouplissant, le cavalier devient de plus en plus fixe ; ce qu'il gagne en fixité, il le gagne en aisance.

Un cavalier est *assis* quand, ses fesses étant chassées le plus en avant possible et le poids de son corps portant tout entier sur la selle, il garde un contact moelleux avec elle, en se liant aux mouvements du cheval.

Le cavalier qui prend un point d'appui trop fort sur ses genoux ou sur ses étriers s'éloigne de son cheval et perd de sa stabilité. La position assise augmente celle-ci, au contraire, en multipliant les points de contact.

Un cavalier est d'*aplomb* quand, son buste étant vertical et sa poitrine dégagée, ses épaules, ses bras et ses jambes tombent naturellement. Cette position équilibrée est celle qui donne le plus d'aisance.

Le cavalier qui a le haut du corps en avant n'est pas maître de son équilibre et n'a, par suite, aucune indépendance de mouvements. Celui dont les épaules sont reculées a le rein creux et raide.

La *souplesse* du rein et des hanches est la condition essentielle d'une bonne assiette. En amortissant les réactions, elle permet au cavalier de garder un contact moelleux avec son cheval et de garder toujours son aplomb.

En s'asseyant le plus en avant possible, le cavalier facilite le jeu du rein.

Les cuisses, embrassant le cheval et ne s'allongeant que par leur propre poids et par celui des jambes, doivent être sur leur plat pour rendre plus intime leur contact avec la selle et permettre l'action des jambes.

Leur adhérence, qui s'obtient par une adaptation progressive, contribue à assurer l'assiette ; mais celle-ci dépend de la souplesse du rein et de l'équilibre général plus que de la force des genoux.

Pour pouvoir agir à propos, la jambe doit être près de la sangle et *fixe* : son ballant, outre qu'il met souvent le cheval en désordre, enlève à ses actions toute justesse ; mais, sans cesser d'être fixe, elle doit être libre. Ce double résultat est atteint quand elle tombe et reste d'aplomb, le *genou légèrement plié, sans raideur.*

Le cavalier ne se sert de ses jambes comme moyen de tenue que si le cheval fait un mouvement brusque ou violent.

Sans étriers, les jambes sont complètement relâchées et la pointe du pied tombe naturellement.

Enfin le cavalier ne peut faire agir ses rênes au moment voulu et avec le degré de tension voulu que s'il a *le haut du corps très libre,* les articulations de l'épaule et du bras souples, les poignets dans le prolongement des avant-bras.

En résumé, une bonne assiette, liante et ferme, assurant l'indépendance des mouvements et une complète liberté d'esprit, est caractérisée par :

— l'aplomb du buste ;

— la souplesse du rein ;

— l'adhérence des cuisses ;

— la fixité des jambes ;

— l'aisance des épaules, de la tête et des bras.

5) Assouplissements

Les assouplissements ont pour but :

1) de détruire les contractions et de dénouer les articulations ;

2) de combattre les défauts de position résultant d'un manque de souplesse ;

3) d'obtenir une complète indépendance des différentes parties du corps.

On les exécute d'abord à l'arrêt, puis au pas, enfin au trot et à toutes les allures. Il faut d'abord *placer* l'assiette en chassant les fesses par-dessous et en cherchant le fond de la selle, puis *assouplir* le rein, mettre les cuisses sur leur plat, faire tomber bras et jambes, enfin on recherche l'*aisance* du haut du corps et l'indépendance des gestes.

— *Mouvements de bras :*

— rotation des bras (droit ou gauche) ;

— flexion des bras (droit ou gauche) ;

— rotation alternative des bras,

— exercices dissymétriques, par exemple rotation d'un bras droit avec flexion du bras gauche.

— *Assouplissements du rein :*

— flexion du rein, la ceinture rentrée, en s'écrasant dans la selle et chassant les fesses en avant, puis en caressant l'épaule ou le flanc du cheval le plus bas possible ;

— extension du rein, en creusant le rein pour faire « le pont » en arrière, la tête la première, puis les épaules, etc. ;

— rotation du rein : le bras, tendu latéralement, tourne lentement jusqu'en arrière, en entraînant la tête et les épaules.

— *Mouvements des cuisses :*

— élévation des cuisses jusqu'à l'horizontale, genoux écartés du pommeau, le rein droit. Profiter de cette position pour tirer l'assiette en avant le plus possible, puis ramener les cuisses à leur position primitive ;

— élévation alternative des cuisses ;

— rotation de la cuisse : écarter le genou, le porter en arrière en étendant la jambe, tourner le genou en dedans le plus possible et replacer la cuisse à plat sur la selle.

— *Flexion de la jambe :*

— ployer lentement le genou sans déranger la position de la cuisse ni celle du corps, attrapper le cou-de-pied avec la main et le remonter le plus haut possible.

— *Rotation de la pointe des pieds* autour de la cheville, sans déranger la position de la jambe ; forcer quand la pointe des pieds remonte et quand elle vient en dedans.

6) Trot assis

Le petit trot assis développe la souplesse du rein et doit être considéré comme l'allure d'instruction par excellence. Les variations de vitesse et de rythme, en plaçant le cavalier dans des équilibres différents, favorisent la mise en selle.

Au trot, le cheval saute d'un bipède diagonal sur l'autre ; chaque fois qu'il saute, projeté en l'air par la détente d'un bipède diagonal, tout son corps s'élève ; ensuite, il retombe, et tout son corps s'abaisse au moment où l'autre bipède diagonal se pose sur le sol. Mais, après s'être élevé, le corps du cheval descend, et il descend plus vite que celui du cavalier. C'est le moment critique : le cavalier n'a pas eu le temps de réintégrer le fond de sa selle que déjà le corps du cheval s'élève à nouveau et le fait resauter en l'air — comme des coups de raquette dans une petite balle de ping-pong —

Comment amortir cette suite ininterrompue de chocs ? En restant aussi souple qu'une balle à moitié dégonflée, libre et décontracté, en gardant bien flexible le ressort du rein : le bas de la colonne vertébrale se creuse et s'arrondit, travaille en extension et en flexion, afin de coller au cheval. Flexion quand le corps du cheval s'élève, extension quand il s'abaisse.

Ce n'est pas en serrant les cuisses, les genoux, les mollets qu'on arrive à se lier aux réactions du trot. Au contraire, il faut descendre dans sa selle, laisser les jambes s'allonger par leur propre poids et se grandir du haut du corps, en rejetant légèrement les épaules en arrière, afin que le rein, soulagé du poids des épaules, puisse jouer librement comme un ressort.

7) **Saut de cavaletti**

Le saut de petits obstacles est un excellent perfectionnement de la mise en selle. Le travail doit se faire avec calme et méthode, afin de ne pas entraîner l'énervement du cheval ni l'appréhension du cavalier. Ce dernier doit être pénétré, dès le début, de l'idée que le cheval qui dispose de son encolure saute volontiers et facilement.

Il est bon de commencer par un travail préparatoire sans étriers, qui consiste à disposer par terre, sur la piste du manège, une ou plusieurs barres qu'on laisse le cheval passer d'abord au pas, en abandonnant les rênes et en les allongeant au maximum. Quand le cheval passe la barre dans le calme, à toutes les allures, sans modifier sa cadence, on l'élève un peu de façon que le cheval soit amené à soulever davantage ses membres, ce qui provoque une rupture d'équilibre que le cavalier devra combattre par le jeu de son rein ou la position de son corps.

Ce travail se continuera utilement sur plusieurs barres placées à des distances différentes, et même dans les tournants, en exécutant des mouvements de bras. Il est très important que les rênes restent abandonnées ou très longues. On peut, pour mettre le cavalier en confiance, placer autour de l'encolure du cheval une étrivière qu'il saisit avec une main, mais on court le risque de lui donner la mauvaise habitude de se cramponner aux rênes...

Le cavalier bien confirmé dans cet exercice abordera sans difficulté le saut proprement dit. L'obstacle est d'abord placé sur la piste, pour qu'il n'y ait aucune préoccupation de conduite : le cheval continuera à sauter dans le calme.

En abordant l'obstacle, le cavalier enveloppe le cheval avec les mollets, en remontant la pointe des pieds s'il est sans étriers, et se laisse aller en avant en cédant à la force d'inertie quand le cheval marque le ralentissement qui précède la battue. A ce moment, le cavalier prend de l'avance sur son cheval, pour ne pas être en retard lors de la réception, et, pendant le mouvement de bascule au-dessus de l'obstacle, ses épaules s'avancent, ses coudes se déplient, ses doigts s'ouvrent pour accompagner l'allongement de l'encolure, tandis que son rein joue librement en extension : ce n'est pas le rein qui se plie, mais l'articulation des hanches ; le buste s'incline en avant, mais sans que le rein se vousse ; le cavalier ne regarde pas l'obstacle qu'il franchit, mais continue à regarder loin, le menton en avant.

Ce travail peut être effectué sans étriers sur des obstacles de faible hauteur.

Ecoles des Aides

Dès que le jeune cavalier est familiarisé avec les mouvements du cheval à toutes les allures et qu'il possède une aisance suffisante, il doit s'initier à l'emploi élémentaire des jambes et des rênes.

On appelle aides les moyens dont le cavalier dispose pour imposer sa volonté au cheval. Les aides naturelles sont les jambes, les mains et le poids du corps. Les aides artificielles prolongent les aides naturelles : la voix, la cravache, l'éperon, etc.

Les jambes agissent simultanément, par petits coups répétés ou par pressions d'arrière en avant, pour provoquer, entretenir ou accélérer le mouvement en avant.

Les mains indiquent au cheval la direction à prendre et règlent la vitesse. Les deux rênes agissent simultanément, par des résistances, pour ralentir, arrêter ou reculer. Les rênes agissent isolément pour assurer la direction.

Le poids du corps agit par l'intermédiaire de l'assiette sur l'équilibre du cheval qu'il entraîne par ses propres mouvements, qu'il retient ou qu'il conduit.

Toute la conduite du cheval se résume à des changements d'allures ou de vitesse et à des changements de direction. Les changements d'allure ou de vitesse comportent l'emploi des deux jambes pour porter le cheval en avant ou produire une accélération de vitesse, l'emploi des deux rênes pour ralentir ou arrêter. Les changements de direction comportent l'emploi d'une rêne seule pour indiquer au cheval la direction à prendre, celui d'une jambe seule pour tourner serré, ou de pied ferme et enfin l'association d'une action de jambe et d'une action de rêne. Le mécanisme de cette association d'aides permet au cavalier de mettre son cheval droit et de marcher droit, c'est-à-dire de placer et de maintenir son cheval dans la direction voulue.

1) Exercices de conduite

Les exercices de conduite constituent une sorte de gymnastique qui donne au cavalier l'occasion de varier ses actions d'aides sous le contrôle immédiat de l'instructeur. Ils ne doivent pas être considérés comme un but, mais comme un moyen : ils ne remplacent jamais les exercices d'application de la leçon des aides à l'extérieur, qui éveillent et développent le jugement et l'initiative du cavalier dans un sens plus pratique.

L'exercice le plus simple est celui dans lequel les cavaliers, répartis sur la piste du manège ou de la carrière, sont invités à garder entre eux une distance déterminée. Chacun est ainsi mis dans la nécessité d'imposer sa volonté à son cheval, soit en le poussant s'il ralentit, soit en le retenant s'il va trop vite. Dans le travail à des distances indéterminées, au contraire, les cavaliers se répartissent tout autour du manège et cherchent d'eux-mêmes une autre place quand ils sont trop rapprochés de celui qui marche devant eux.

Les principaux mouvements utilisés comme exercices de conduite sont les suivants :

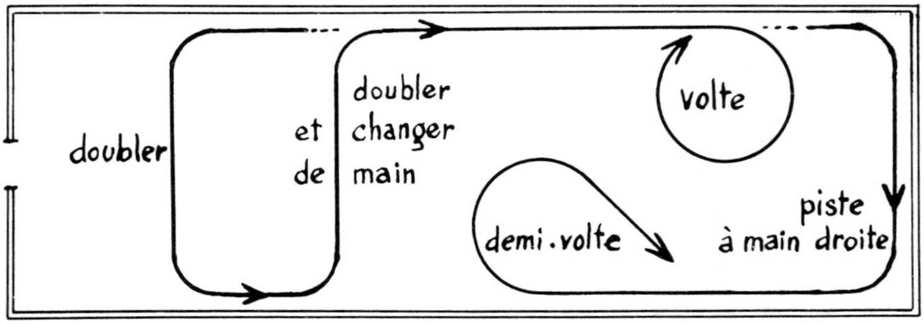

— **Doubler :** il consiste à effectuer un tournant de 90° vers l'intérieur du manège, à traverser le manège en ligne droite et à effectuer un nouveau tournant de 90° du même côté pour reprendre la piste en face.

— **Doubler et changer de main :** tourner à 90° vers l'intérieur du manège, traverser le manège en ligne droite et tourner à nouveau de 90°, mais du côté opposé, pour reprendre la piste en face à l'autre main.

— **Volte :** décrire un cercle tangent à la piste dont le diamètre est égal à la moitié du manège, en principe 10 m.

— **Demi-volte :** décrire la moitié du cercle d'une volte, puis une oblique à 45° pour revenir sur la piste en changeant de main.

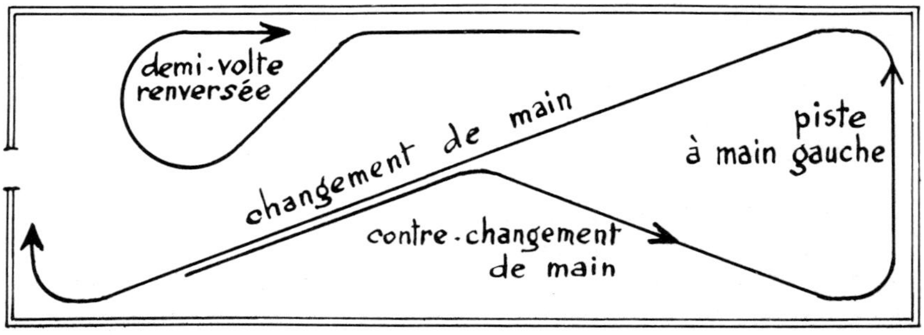

— **Demi-volte renversée :** c'est une oblique à 45°, suivie d'un demi-cercle qui rejoint la piste à main opposée.

— **Demi-tour :** c'est une demi-volte dont le diamètre du cercle est nul.

— **Changement de main :** au début d'un grand côté, le cavalier quitte la piste pour décrire une diagonale qui aboutit à l'autre extrémité de l'autre grand côté, un peu avant le coin.

— **Changement de piste :** brève oblique qui permet au cavalier de passer de la piste (le long du mur à une piste intérieure, ou vice versa).

— **Contre-changement de main :** après avoir décrit la moitié de la diagonale d'un changement de main, le cavalier change de direction au centre du manège, pour suivre la seconde moitié de l'autre diagonale et revenir sur la piste à l'extrémité du grand côté qu'il a quitté, un peu avant le coin.

2) Les aides élémentaires

Avant toute chose, le cavalier doit être bien persuadé que ce n'est pas par des effets de force qu'il arrivera à obtenir l'obéissance de son cheval : la contrainte ne permet pas à l'homme de dominer un animal dix fois plus fort que lui.

Toute traction sur les rênes est à proscrire.

Toute brutalité des jambes également.

Au contraire, par une sorte de ferme persuasion, le cavalier se rendra maître de son cheval.

C'est seulement par la répétition de petites actions brèves, de mains ou de jambes, que le cavalier fera comprendre sa volonté au cheval. Ainsi, deux petits battements de jambes valent mieux qu'un grand coup, pour produire une accélération ; trois petits appuis successifs de rêne gauche sur l'encolure valent mieux qu'un seul appui prononcé pour faire tourner le cheval à droite.

Le cavalier doit aussi comprendre qu'il ne peut rien obtenir avec la main seule ; ce n'est pas en renforçant l'action de la main, en tirant sur la rêne, que le cheval obéira à ses indications : la main indique seulement, tandis que les jambes forcent à obéir.

Enfin il paraît opportun d'indiquer ici aux jeunes cavaliers, plus familiarisés, de nos jours, avec la traction mécanique qu'avec la locomotion animale, certaines analogies entre la conduite d'un cheval et celle d'une automobile :

La force propulsive du cheval vient de son arrière-main qui donne l'impulsion, comme dans une voiture à roues motrices arrière. Les jambes du cavalier provoquent ou augmentent cette impulsion, jouant le rôle de démarreur et d'accélérateur.

Les mains, par l'intermédiaire du mors, règlent le débit de l'impulsion, donc de la vitesse : elles jouent le rôle de frein. On ne peut pas se servir en même temps de l'accélérateur et du frein.

Si le cheval peut se diriger comme une auto, roues avant directrices et roues arrière motrices, il peut encore se déplacer comme un bateau, moteur arrière et gouvernail arrière.

De tout cela, il résulte que :

— Les rênes peuvent indiquer à l'avant-main la direction à prendre, mais c'est l'arrière-main qui pousse le cheval dans la direction voulue ; de même le volant peut incliner les roues avant de côté, mais c'est la poussée des roues arrière qui fait tourner la voiture.

— Aux allures vives, il faut entretenir l'impulsion pour tourner ; de même qu'il ne faut pas lâcher l'accélérateur en abordant un virage.

— L'action d'une jambe seule, en déplaçant l'arrière-main dans le sens voulu, facilite un tourner serré. C'est alors l'arrière-main, agissant comme un gouvernail à l'arrière du bateau, qui commande le tourner ; ou même la jambe seule qui peut le provoquer, sans l'aide des mains.

CHAPITRE IV

PERFECTIONNEMENT EQUESTRE

PRINCIPES FONDAMENTAUX

— Les mêmes causes produisent toujours les mêmes effets. Nécessité d'être précis.

— Aller du simple au composé.

— Rechercher la perfection dans les mouvements simples.

— Ne jamais demander au cheval un mouvement pour lequel il n'est pas *préparé*.

— Eviter les défenses, les retarder, sans qu'il y ait faiblesse de la part du cavalier.

— Dominer le cheval, mais ne pas confondre dominer avec brutaliser.

— Ne pas confondre mauvaise volonté du cheval avec *imperfection* dans la demande du cavalier.

— Tenir compte des facultés *psychiques* du cheval.

— Se souvenir de la maxime du général L'Hotte : « *Calme - en avant - et droit.* »

— Forcer son cheval avec le moins de force possible, par persuasion.

La jambe

— La jambe crée et entretient l'impulsion. Accessoirement, les jambes concourrent avec les rênes pour former les parois du « couloir de direction » dans lequel cette impulsion doit être dépensée.

— La jambe reste perpétuellement en contact avec le corps du cheval.

— La jambe agit par des pressions brèves et répétées, par des battements ou des attaques plus ou moins énergiques.

— Cinq actions différentes, en allant de la plus forte à la plus légère :

- coups d'éperons ⎫
- coups de talons ⎬ élastiques ;
- coups de mollets ⎭
- pressions du mollet, aux sangles ou d'arrière en avant ;
- appels du pied sur l'étrier par ouverture de l'articulation de la cheville ou par le seul abaissement des orteils.

La main

— La main agit, cède ou résiste.

1) *Action* : serrements des doigts, en évitant toute traction d'avant en arrière, en élevant légèrement la main. Les actions de main sont brèves et répétées.

2) *Cession* : desserrement des doigts, en portant la main légèrement en avant et vers le bas, sans perdre le contact.

3) *Résistance* : la main se fixe, doigts serrés sur les rênes, coudes solidement accrochés au corps.

— Aucune action de main ne doit être brutale, ni même brusque ; toutes sont moelleuses. Moelleuses ne veut pas dire molles, le moelleux n'exclut pas la fermeté.

— Le *contact* est la tension donnée aux rênes par le cavalier.

— L'*appui* est la tension donnée aux rênes par le cheval.

Le poids du corps

— C'est l'aide capitale en dressage, comme dans toute bonne équitation.

— Par les modifications apportées à sa position, le cavalier peut déplacer le centre de gravité de la masse cheval-cavalier et créer des variations d'équilibre : en avant, en arrière, au milieu, à droite et à gauche.

— C'est surtout le mouvement du corps du cavalier qui a une action sur le cheval, plus que la position du corps du cavalier.

La caresse

— Aide précieuse, c'est le seul moyen pratique dont dispose le cavalier pour faire comprendre au cheval qu'il fait bien.

La cravache

— C'est, avec l'éperon, le moyen de correction habituel.

— La cravache n'est pas une aide ; elle peut cependant être employée utilement, tout à fait au début du dressage, pour renforcer l'action de la jambe et ensuite pour réveiller l'attention du cheval distrait, par des petits coups ou de légères touches sur l'épaule.

ÉQUITATION SECONDAIRE
PREMIÈRE PÉRIODE

I – GÉNÉRALITÉS

Mise sur la main

Un cheval est sur la main quand il a cessé de résister dans sa bouche et dans son encolure, qu'il garde un contact permanent avec la main de son cavalier et en accepte les indications sans contrainte.

La mise sur la main commence par l'obéissance à l'action impulsive des deux jambes ; celles-ci poussent le cheval dans le mouvement en avant, sur la main du cavalier, qui, par des résistances répétées, obtient la cession du cheval. Le cheval est alors en confiance et recherche de lui-même son équilibre en commençant à engager ses hanches.

Pour obtenir la mise sur la main, il faut avant tout que celle-ci soit fixe, c'est-à-dire exempte de tout mouvement involontaire ou inutile. La main doit ensuite savoir céder en même temps que le cheval : les doigts s'ouvrent au moindre signe de soumission, récompense ; puis se ferment à nouveau, dès que cela devient nécessaire. Il ne faut sous aucun prétexte tenter d'attirer la bouche du cheval vers l'arrière, car le cheval répondrait à cette traction par une traction en sens inverse, beaucoup plus forte que celle du cavalier. C'est au contraire les jambes qui agissent pour pousser en avant le corps du cheval jusqu'à ce qu'il tende ses rênes en prenant appui sur la main du cavalier. L'exercice se fait d'abord sur des cercles, car on peut ainsi diviser la force en deux, en faisant venir le cheval sur une rêne d'ouverture, puis sur l'autre ; mêmes exercices ensuite avec rêne d'appui sur les cercles ; enfin faire venir le cheval sur les deux rênes sur des lignes brisées, puis en ligne droite.

Les résistances du cheval

A ces exercices de mise sur la main, le cheval peut opposer deux sortes de résistances : soit qu'il « tire » en opposant sa force à la main qui résiste, soit qu'il pèse en laissant porter sa tête et en mettant du poids sur les épaules.

Dans l'un et l'autre cas, le cavalier ne doit pas tenter de remédier à une résistance par une action continue de sa main : sa force est toujours inférieure à celle du cheval et il serait toujours perdant. Donc, en règle générale, agir contre toute résistance par des actions discontinues, petites, brèves et répétées ; entre deux actions il y a une cession, qui trompe les appuis.

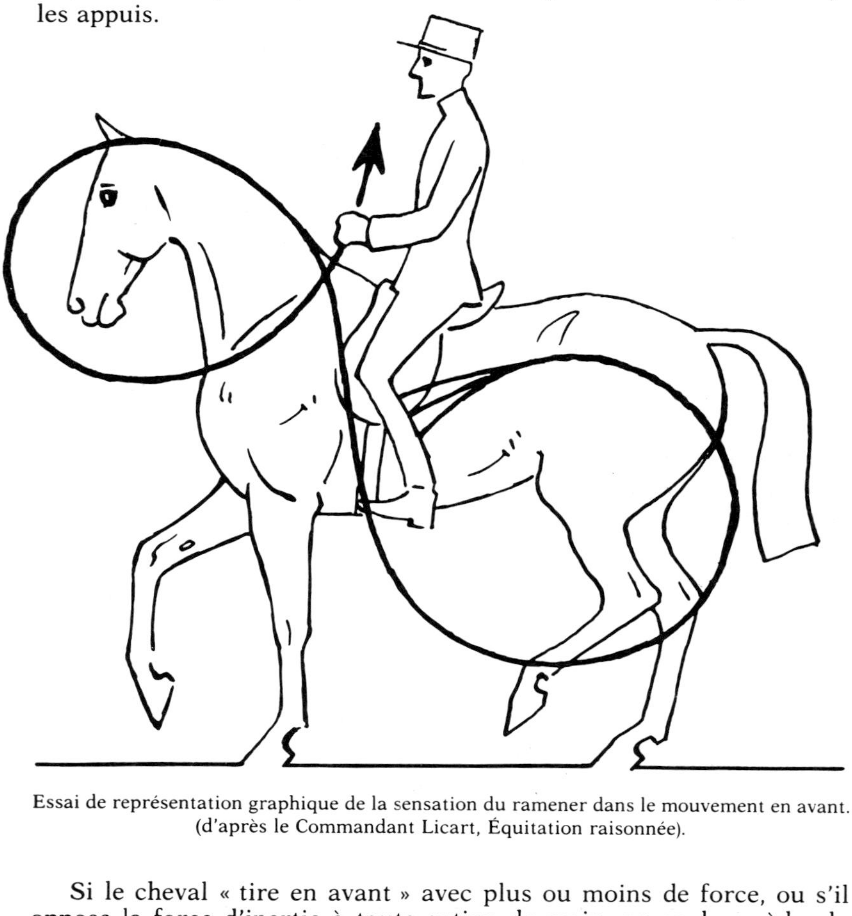

Essai de représentation graphique de la sensation du ramener dans le mouvement en avant. (d'après le Commandant Licart, Équitation raisonnée).

Si le cheval « tire en avant » avec plus ou moins de force, ou s'il oppose la force d'inertie à toute action de main, un seul remède : la vibration, mouvement rapide d'une main, effectué horizontalement de droite à gauche et de gauche à droite, sur une rêne tendue, tandis que l'autre main résiste avec fermeté, voire même en se fixant sur le garrot. La vibration, exécutée un peu plus haut que la bouche du cheval, s'arrête dès que le cheval cède ; l'ampleur des vibrations est proportionnée à la résistance, et tend toujours à diminuer d'intensité avec le dressage jusqu'à n'être plus qu'un frémissement.

Si le cheval pèse à la main, son équilibre se trouve rompu vers l'avant : il faut le rétablir par un demi-arrêt, action énergique de la main qui s'élève brusquement, puis cède instantanément, comme on ferait pour soulever rapidement un pavé de pierre posé sur une marche d'escalier et le placer sans bruit sur la marche d'en dessus. Le demi-arrêt s'exécute avec une seule main ou avec les deux, mais sur les rênes de filet plutôt que sur les rênes de bride, car, logiquement, le filet est un releveur, tandis que le cheval risquerait de s'encapuchonner si l'on agissait sur la bride. L'encapuchonnement devient alors une résistance : le cheval s'enferme et refuse le contact de la main, parce qu'il la craint ou parce qu'il n'a pas l'habitude de lui céder ; il faut alors revenir en arrière aux descentes d'encolure et à l'engagement des postérieurs.

Il peut arriver que le cheval oppose à la fois des résistances de poids et de force. Le cavalier agira séparément contre la résistance de poids en remettant d'abord son cheval en équilibre, demi-arrêt, puis contre la résistance de force par des vibrations sur la rêne extérieure en décrivant des cercles.

Le cheval peut ne résister que d'un seul côté, sur une seule rêne. Le cavalier a l'impression que la résistance est d'un côté ; alors qu'elle vient de l'autre, le mors s'y appuyant sur la bouche ; c'est de cet autre côté qu'il faut décontracter la bouche, par des vibrations ou des résistances, à l'extérieur d'un cercle, voire même en déplaçant les hanches, en dehors ou en dedans. C'est en obtenant la soumission des hanches qu'on obtient la soumission du bout de devant.

Dans tous les cas, les actions de main pour vaincre les résistances sont précédées et accompagnées d'actions impulsives des jambes ; mains et jambes se faisant sentir de façons discontinues, alternatives (main sans jambes et jambes sans main).

Enfin il y a lieu de ralentir l'allure, de passer à l'allure inférieure, ou même d'arrêter le cheval, si l'on ne peut obtenir facilement la disparition de ces résistances : autrement dit, décomposer la force et le mouvement.

Cheval qui travaille juste — Cheval qui travaille faux

Le cheval juste

Le cheval qui est sur la main a cessé de résister dans sa bouche et dans son encolure ; il prend un contact moelleux et permanent avec la main de son cavalier, dont il accepte les indications sans contrainte.

Le cheval sur la main engage ses postérieurs, tend sa ligne du dessus ; il a retrouvé son équilibre perturbé par le poids du cavalier, grâce au relèvement de la base de son encolure qui s'arrondit vers le haut pour lui permettre de franchir son mors.

Alors il travaille juste, dans le bon sens, ceci sous l'effet de l'impulsion, comme le montre très justement un schéma du Commandant Licart dans son Équitation raisonnée (page 51). Il est plus sûr, plus adroit, plus maniable ; il est plus confortable ; il se trouve dans les meilleurs conditions de fonctionnement.

II. TRAVAIL DE DÉTENTE AUX TROIS ALLURES

Détendre son cheval avant de commencer un travail quelconque est une nécessité impérieuse. Dix minutes de détente sont un minimum : ce n'est pas du temps perdu.

Le cheval qui sort de son écurie a besoin de « jeter son feu » avant d'entreprendre tout travail, que ce soit pour la course, pour l'obstacle ou pour le dressage. Remarquez que le cheval ne devient attentif qu'après avoir travaillé assez longtemps. Au physique, comme au moral, le cheval a besoin d'être détendu.

Pour aller vite, on néglige trop souvent ce petit quart d'heure de détente. Alors, le cheval n'est pas prêt à exécuter un travail difficile : ses muscles ne sont pas échauffés, ses articulations sont raides, son attention fait défaut. On risque ainsi des entorses ou des claquages, en tout cas des défenses, non pas parce que le cheval a de la mauvaise volonté, mais tout simplement parce que son intelligence n'est pas en éveil : il ne comprend pas ce qu'on lui demande... Comment, alors, lui demander d'exécuter un travail nouveau ?

Il faut commencer la détente du cheval aux allures lentes, pour assouplir lentement et progressivement les articulations, pour échauffer la musculature, au pas d'abord, puis au petit trot (trot assis, qui permet en même temps au cavalier de retrouver le fond de sa selle) ; allonger le trot progressivement jusqu'à l'allongement maximum. Souffler un instant et partir au galop.

Le travail de détente se fait aux deux mains, en commençant souvent par le travail à main droite, puisque c'est le côté gauche qui est le moins souple en général.

III. ACTIONS DES RÊNES D'OUVERTURE ET D'APPUI

Pour tourner à droite, le cavalier a le choix entre deux actions de rênes : ouverture ou appui, dont les effets sont différents.

La *rêne d'ouverture* se fait en dépliant le bras vers l'avant, pour ne pas tirer, la main haute, plus haute que la bouche du cheval et les ongles en dessus, pour garder le coude au corps. Ce n'est pas le cavalier qui tend la rêne d'ouverture en arrière, mais le cheval qui la tend en avant, par suite de l'impulsion créée et entretenue par l'action des deux jambes.

L'effet produit par la rêne d'ouverture droite n'est pas de plier l'encolure du cheval à droite, mais d'attirer ses épaules vers la droite. Le cavalier tient ferme sa rêne gauche et n'en cède que quelques centimètres pour permettre un léger ploiement de l'encolure à droite, puis résiste pour limiter cette incurvation. Sous aucun prétexte, la main gauche ne se lève, elle reste basse pour que la rêne gauche fasse « barrière » à gauche ; autrement, le cheval, tiré à droite, risquerait de s'échapper sous la rêne gauche.

La *rêne d'appui* (gauche) se fait la main haute sans exagération, seulement pour passer au-dessus de la main droite, les ongles en dessus pour garder le coude au corps et par de brefs appuis successifs en remontant sur l'encolure, à rebrousse-poils, afin de maintenir en éveil la sensibilité du cheval. Ce n'est pas une rêne qui tire en arrière, mais une rêne qui pousse de côté et vers l'avant ; il n'y a donc pas lieu de la tendre de façon exagérée.

Le contact de la rêne d'appui sur l'encolure ne doit pas se faire haut, mais le plus bas possible : le but n'est pas de pousser l'encolure, mais les épaules ; plus elle sera basse, plus elle aura d'action.

Un léger ploiement de l'encolure à gauche est nécessaire : le cheval ne regarde plus du côté où il va, comme dans la rêne d'ouverture, mais du côté opposé. Ceci est très important parce que la rêne d'appui est à proscrire quand il faut incurver le cheval sur la courbe qu'il décrit.

RÊNE D'OUVERTURE

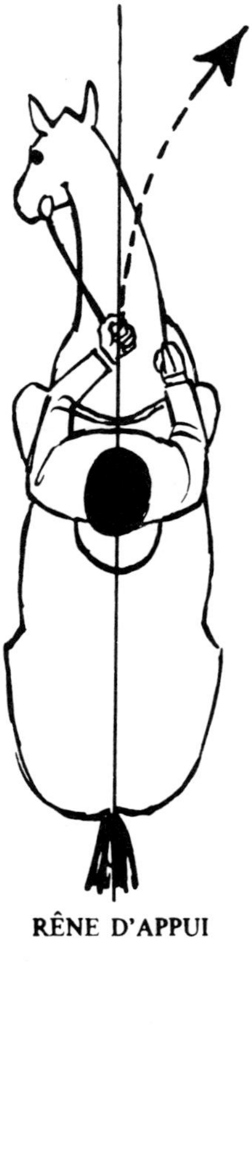

RÊNE D'APPUI

Rêne d'ouverture droite et rêne d'appui gauche sont incompatibles : toutes deux font bien tourner le cheval à droite, mais l'une en attirant son nez à droite tandis que l'autre l'attire à gauche. Il ne faut donc jamais utiliser ces deux actions de rênes en même temps, ne jamais mettre les deux mains à droite pour tourner à droite ou les deux mains à gauche pour tourner à gauche. Si le cavalier bafouille dans ses demandes, à plus forte raison le cheval bafouillera dans son exécution.

Rêne d'ouverture et rêne d'appui n'ont d'effet que dans la mesure où le cheval reste sollicité dans le mouvement en avant par l'action des deux jambes du cavalier. Un cheval qui se traîne au pas obéit mal aux indications de ces actions de rênes.

Doubler

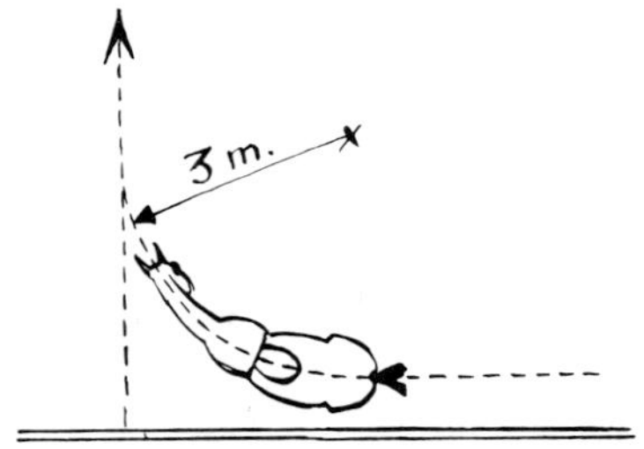

DOUBLER

Les tournants imposés par le doubler ou le doubler avec changement de main sont, en principe, des angles droits : il faudrait alors que le cheval puisse se plier en deux, se casser par le milieu, pour rester « droit », c'est-à-dire pour s'incurver exactement sur la courbe décrite : un angle droit.

Cela n'est évidemment pas possible : le ploiement maximum du cheval correspond à celui d'une volte olympique, dont le rayon est égal à une longueur de cheval, soit 3 m. Les tournants d'un doubler sont donc des quarts de cercle de 3 m de rayon, au maximum. Cette incurvation maxima du cheval ne peut être obtenue que lorsque celui-ci sera parfaitement mis ; on ne pourra l'atteindre qu'après de longs mois de préparation et d'exercices. En attendant, il ne faut pas tenter de « forcer » les tourners, pas plus que de « forcer » les coins du manège, sous peine de voir le cheval déplacer ses hanches de côté, au lieu de rester droit.

Demi-volte (à droite)

Sur le demi-cercle, le cheval est ployé à droite ; sur l'oblique, il est redressé ; à la fin de l'oblique, pour revenir sur la piste, le cheval est ployé à gauche. La demi-volte est un excellent exercice préparatoire à la serpentine.

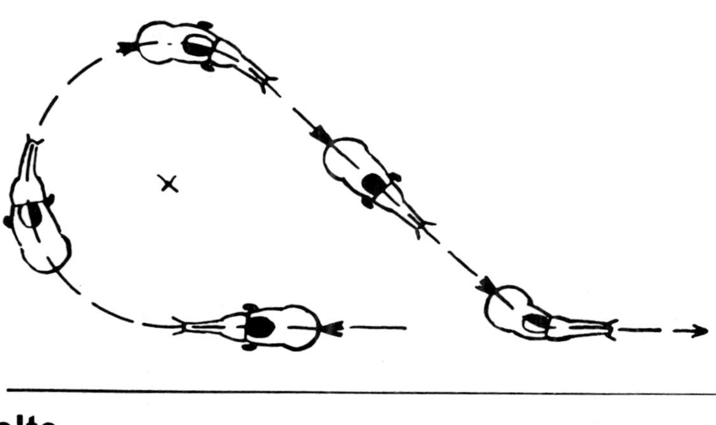

Volte

Faire une volte, c'est décrire un cercle tangent à la piste. Il n'y a donc qu'un point de contact entre la piste et la volte : obligation de revenir sur la piste à l'endroit exact où la volte a été commencée.

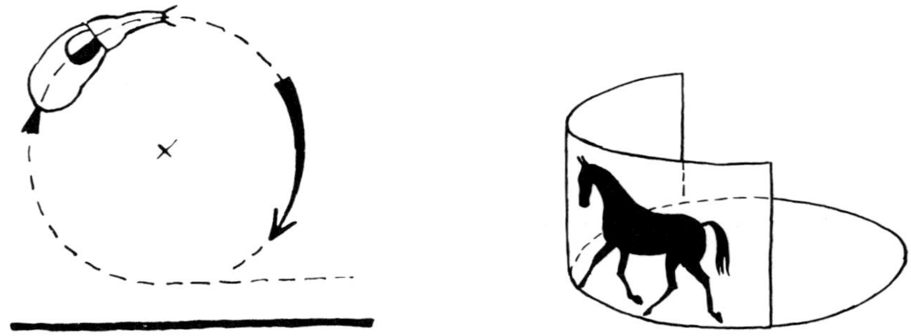

CHEVAL RELEVÉ DANS SA VOLTE

La volte est une ligne courbe sur laquelle le cheval doit rester « droit ». Le cheval doit donc s'arrondir sur cette courbe, se ployer comme un arc : on dit alors que le cheval est « relevé » dans sa volte, et non pas la décrire par des positions perpétuellement tangentes à la courbe, en s'inclinant vers son centre : le cheval serait « couché » dans sa volte.

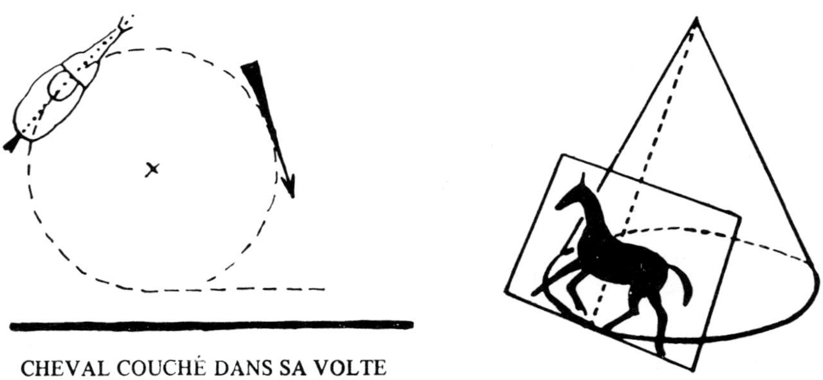

CHEVAL COUCHÉ DANS SA VOLTE

Donc, fixer la jambe droite aux sangles, pour maintenir sur la courbe de la volte le centre du corps du cheval, agir par rêne d'ouverture droite (plutôt que par rêne gauche d'appui), pour attirer le nez du cheval à droite, et agir avec la jambe gauche, pour tenir les hanches du cheval à droite. Le haut du corps du cavalier tourne légèrement à droite, faisant face à la direction qu'il désire suivre, la ligne des épaules prolongeant le rayon de la volte.

Le cheval est comme un arc, plié à droite : la main gauche de l'archer, qui tient fixe le milieu de l'arc, correspond à la jambe droite du cavalier, les deux extrémités de l'arc sont la tête du cheval, rêne d'ouverture droite, et les hanches du cheval, jambe gauche du cavalier.

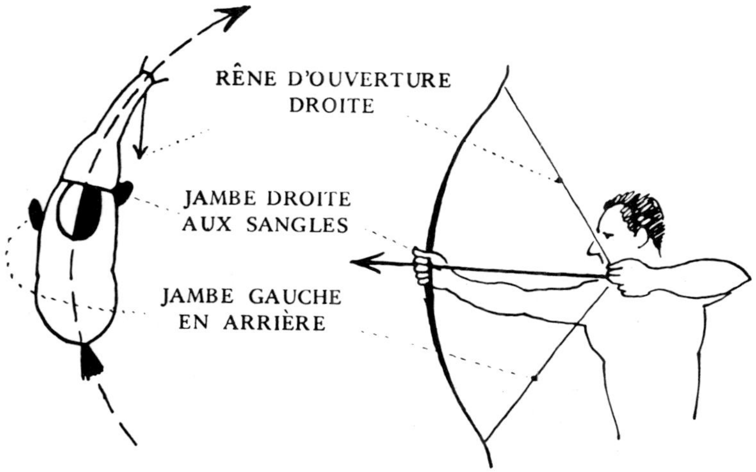

Demi-volte renversée

Mêmes remarques que pour la demi-volte, en ce qui concerne les incurvations successives du corps du cheval.

Contre-changement de main

Le cavalier entame une diagonale, comme pour changer de main ; mais au milieu du manège, il se ravise et tourne pour suivre l'autre moitié de l'autre diagonale, en poussant son cheval, pour tourner, par des actions de rêne d'appui.

IV. DRESSAGE A L'ACTION DES DEUX JAMBES, A L'OBÉISSANCE AUX DEUX MAINS

L'action impulsive des deux jambes est capitale pour porter le cheval dans le mouvement en avant. L'action des deux mains l'est autant pour ralentir ou arrêter.

1. Allongements d'allure

Le cheval doit répondre sans hésitation à l'action simultanée des deux jambes : il doit « gicler » en avant comme un noyau de cerise pincé entre deux doigts.

Ne pas émousser la sensibilité du cheval aux jambes par des actions inconsidérées, trop énergiques, trop souvent répétées. Doser les demandes en fonction de cette sensibilité, de façon à cultiver la « finesse aux jambes ».

Dans les allongements d'allure, la main cède pour ne pas s'opposer au mouvement en avant, quitte à réajuster ses rênes par la suite.

2. Ralentissements d'allure

Ils sont toujours lents et progressifs. La main agit par des serrements de doigts brefs et répétés, en s'élevant légèrement (quatre à six centimètres) et en évitant toute traction en arrière. Le cavalier pétrit ses rênes, comme pour presser un citron, comme le sculpteur pétrit sa terre, en arrondissant les poignets.

La main agit alors sur les membres antérieurs, qui ralentissent les premiers ; les membres postérieurs tendraient alors à dépasser les antérieurs en se jetant de côté et le cheval se traverserait si les jambes du cavalier n'agissaient pas, par pressions, pour empêcher les hanches de déborder à droite ou à gauche et maintenir les membres postérieurs juste derrière les antérieurs.

Ceci est particulièrement important dans l'arrêt : l'action des jambes permet l'engagement des postérieurs, le cheval reste « tendu » à l'arrêt.

3. Le pas

Le pas est une allure marchée, symétrique, basculée, à quatre temps égaux. Les quatre battues se font dans l'ordre suivant : postérieur gauche, antérieur gauche, postérieur droit, antérieur droit.

Pendant un pas de pas, il y a quatre bases tripédales (deux antérieures et deux postérieures) et quatre bases bipédales (deux diagonales et deux latérales) ; à aucun moment il n'y a de base unipédale.

Au pas, le cheval balance son encolure ; le cavalier doit accompagner ce balancement, grâce à l'élasticité de ses bras, en faisant jouer toutes ses articulations : épaules, coudes, poignets et doigts, les mains s'avançant pour suivre l'allongement de l'encolure, puis se fixant tandis qu'à leur tour les hanches du cavalier s'avancent entre ses coudes.

Pour allonger le pas, le cavalier marche avec son cheval, agissant alternativement avec ses deux jambes, la droite au moment du lever du postérieur droit, la gauche au moment du lever du postérieur gauche. Au pas allongé, le cheval balance considérablement son encolure : favoriser l'amplitude de ce balancement par l'avancée alternative des mains et du bassin et amplifier le mouvement de roulis des hanches par des pressions alternatives d'un ischion et de l'autre ischion.

Pour ralentir et cadencer le pas, le cavalier marche à contretemps avec son cheval.

4. Le trot

Le trot est une allure sautée, symétrique, horizontale, à deux temps égaux. Les deux battues se font par bipèdes diagonaux.

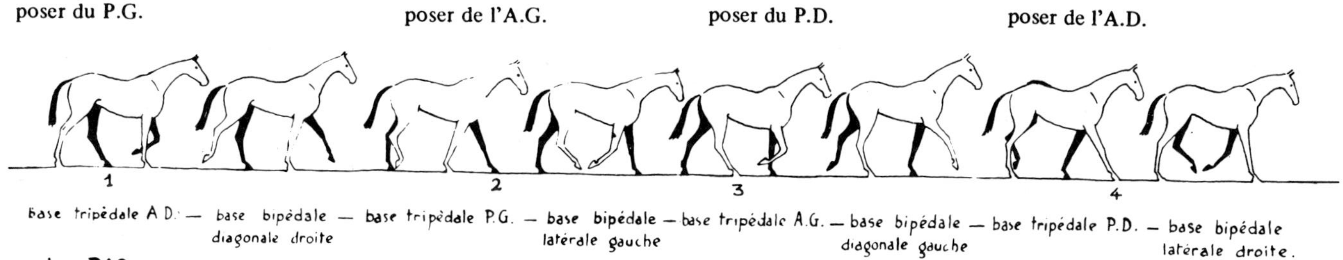

le PAS est une allure marchée, symétrique, basculée, à quatre temps égaux.

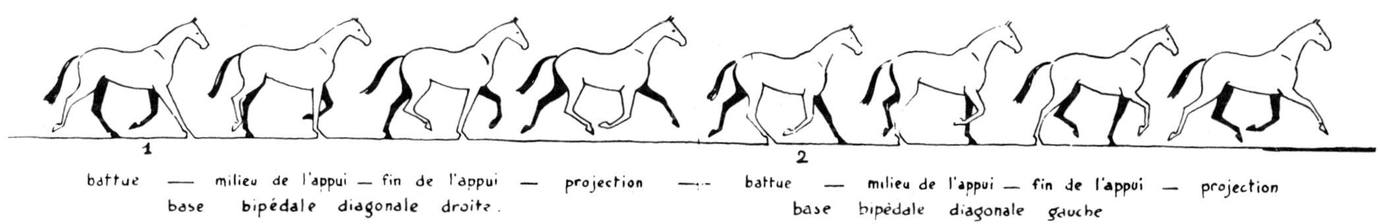

le TROT est une allure sautée, symétrique, horizontale, à deux temps égaux.

Pendant un pas de trot, il y a deux bases bipédales diagonales et deux périodes de projection.

Au trot, le cheval fixe son encolure ; il n'y a plus aucun balancement comme au pas, mais tout le corps du cheval s'élève, puis s'abaisse, deux fois de suite au cours d'une foulée complète.

Au trot enlevé, le cavalier cède à la réaction produite par la détente du bipède diagonal avec lequel il s'accorde et quitte le fond de sa selle en se maintenant un instant sur ses étriers, pendant que se produit la détente de l'autre diagonal, ainsi évitée ; il reprend le fond de sa selle au moment où le diagonal avec lequel il trotte revient au poser. Pendant une foulée de trot enlevé, le corps du cavalier s'élève et s'abaisse une seule fois, tandis que celui du cheval s'élève et s'abaisse deux fois. Les épaules du cavalier montent et descendent, mais sa main doit rester à la même hauteur, par rapport à la bouche du cheval, donc les coudes doivent se déplier et se plier, de haut en bas et de bas en haut.

Pour allonger le trot, le cavalier incline davantage le buste en avant, glisse ses mollets un peu plus en arrière et profite du trot enlevé pour pousser son cheval avec son assiette, en se tassant dans sa selle chaque fois qu'il reprend contact avec elle.

Pour ralentir et cadencer le trot, le cavalier se redresse, prend le trot assis et agit alternativement avec la main droite, puis la main gauche, au moment des soutiens des bipèdes diagonaux, droit et gauche, comme s'il voulait aider le cheval à soulever son antérieur droit, puis le gauche, en tendant davantage la rêne correspondante.

Au trot enlevé, le cavalier qui travaille à main droite trotte juste s'il s'accorde avec le diagonal gauche et, inversement, à main gauche, diagonal droit. L'observation montre que le diagonal avec lequel on trotte gagne plus de terrain que l'autre, et que son postérieur tend à marcher dans les traces de l'antérieur, donc à dévier du côté de ce diagonal, en entraînant toute l'arrière-main de ce même côté.

5. Travail sur la piste

Tout travail effectué sur la piste est facilité par le fait que le cheval se déplace le long du mur.

A main droite, tout traversement à gauche est pratiquement impossible ; travailler sur la piste, c'est donc décomposer les difficultés dans la recherche de la rectitude parfaite du cheval sur la ligne droite.

De plus, comme le cheval « suit » naturellement le mur, toute préoccupation de la direction à suivre disparaît et cela permet au cavalier de concentrer ses efforts sur un autre point. Mais il ne faut pas oublier les quatre tournants dans les quatre coins du manège et ne pas laisser le cheval tourner de lui-même.

A égalité d'allure, la piste appartient au cavalier qui vient à main droite. Autrement, la piste appartient au cavalier qui va à l'allure la plus rapide.

6. Travail sur les diagonales

Les diagonales permettent de travailler la rectitude parfaite du cheval sur une ligne droite, sans bénéficier d'aucune aide, comme celle du mur du manège. Une diagonale commence 6 m après le coin du manège et se termine 6 m avant le coin.

Un cavalier qui vient à main droite prend une diagonale et reste à main droite jusqu'à la fin de cette diagonale.

Au trot enlevé, venant à main droite et trottant juste avec le bipède diagonal gauche, il décrira toute la ligne diagonale en trottant avec ce même bipède et ne change de bipède diagonal qu'à la fin de la ligne diagonale, au moment où il change de main.

V. DRESSAGE A L'ACTION D'UNE JAMBE SEULE

Sous l'action de la jambe gauche du cavalier, glissée en arrière et exerçant une pression perpendiculaire au cheval, répétée en cadence avec l'allure, le cheval déplace ses hanches à droite, et inversement.

Cette jambe gauche donne la position à l'arrière-main, et agit comme la barre qui fait tourner la barque à gauche, en déplaçant sa poupe à droite, proue à gauche.

Sous l'action de cette jambe gauche de position, le postérieur gauche s'engage davantage pour se couler sous la masse en croisant plus ou moins le postérieur droit. C'est toute la jambe qui agit à plat contre le corps du cheval, et non pas seulement le talon gauche, pointe de pied sortie, genou écarté et cuisse non adhérente ; au contraire la cuisse comme le genou et le mollet produisent un effet bien supérieur pour pousser l'arrière-main vers la droite ; tandis que le talon gauche seul provoquerait le réflexe de la mouche : piqué à gauche, le cheval jette son arrière-main à gauche, comme pour écraser la mouche contre le mur.

Demi-volte renversée en chassant les hanches

Le cavalier vient à main droite et entame une demi-volte renversée. Ralentir à la fin de l'oblique, ce qui facilite le déplacement des hanches, comme le dérapage contrôlé des automobilistes.

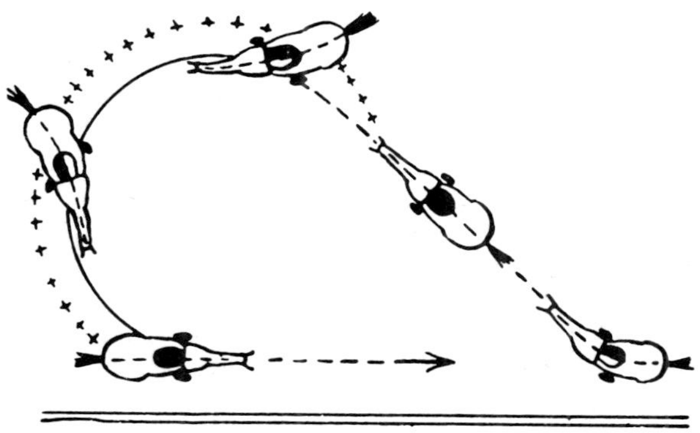

Au moment où se produit le ralentissement, demander le déplacement des hanches vers l'extérieur, donc à droite, en agissant avec la jambe gauche, légèrement en arrière, perpendiculairement au cheval, par pressions répétées faites à plat au moment des levers du postérieur gauche. Au besoin renforcée par l'éperon, perpendiculairement au corps du cheval, au moment des levers du postérieur gauche.

Se contenter d'abord d'un ou de deux pas avec hanches en dehors et terminer la demi-volte renversée en marchant « droit » sur le cercle avec actions simultanées des deux jambes.

Augmenter progressivement le nombre de pas de deux pistes, jusqu'à obtenir que tout le demi-cercle soit parcouru hanches en dehors ; le cheval atterrit sur la piste parallèlement au mur.

L'encolure doit rester droite, en recherchant le placer à droite, du côté du déplacement des hanches. Il y a donc lieu d'utiliser la rêne d'appui droite qui permet ce placer tout en dirigeant le cheval sur le demi-cercle à gauche.

Demi-pirouette renversée

C'est un demi-tour sur les épaules : les postérieurs décrivent un cercle dont le centre est constitué par les antérieurs ou, mieux, par l'antérieur opposé à la direction du déplacement des hanches.

Le mouvement se fait de préférence lorsque le cheval est en marche afin d'éviter le risque d'acculement : résistance des deux mains pour freiner les antérieurs, puis action de la jambe gauche de position, en arrière de sa place normale, perpendiculairement au corps du cheval, actions nettes, précises en cadence avec l'allure, et à plat pour agir sur toute sa longueur. Maintenir l'encolure droite et, de préférence, le bout du nez du côté opposé à l'action de la jambe.

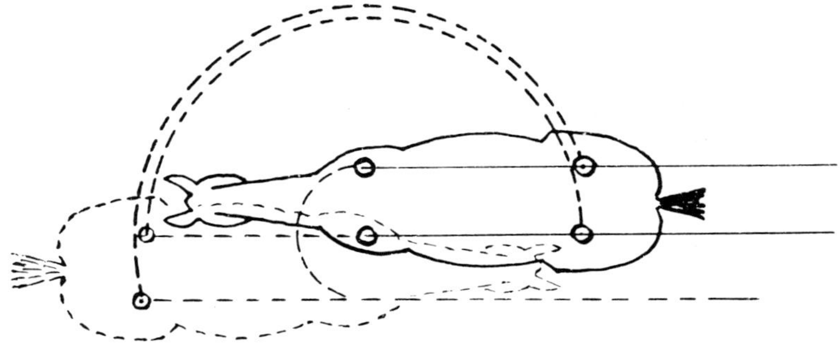

Récompenser dès qu'on a obtenu un léger déplacement des hanches vers la droite, puis, progressivement, obtenir un demi-tour complet. Récompenser abondamment. Lorsque le mouvement est terminé, le cheval continue à marcher à main gauche, sur une piste intérieure.

Si, pendant le mouvement, le cheval tente de se déplacer en avant, ne pas trop l'en empêcher par une action des deux rênes ; par contre, s'il tente de reculer, ouvrir les doigts et agir énergiquement avec les deux jambes.

VI. FLEXIONS ET DÉCONTRACTIONS

1. Tenue des rênes de brides

Tous les manuels d'équitation décrivent en détail les différentes manières de tenir les rênes de bride, mais ce qu'ils oublient d'indiquer, c'est la méthode qui permet de passer de l'une à l'autre. Car le problème ne consiste pas à tenir convenablement les rênes de bride, ce qui est très simple, il consiste à les ajuster correctement, à modifier leur ajustage et à changer la tenue des rênes sans aucune variation de la mise en main. Autrement dit, dans la tenue des rênes comme dans les allures, le point le plus important réside dans les transitions.

Il y a plusieurs façons de tenir les rênes. La tenue des rênes *à l'allemande* est la seule officielle dans les reprises de dressage de sévérité moyenne en France, mais elle présente de gros inconvénients : elle n'est pas logique, car le filet, en haut dans la bouche du cheval, se trouve en bas dans la main du cavalier ; et, inversement, la bride, qui est en bas dans la bouche du cheval, se trouve plus haut dans la main du cavalier ; il en résulte un croisement des rênes de bride et de filet. D'autre part, la rêne de filet, sous le petit doigt, se relâche automatiquement, tandis que la rêne de bride, sous l'annulaire, se tend naturellement : il vaudrait mieux que ce soit l'inverse. Enfin la main bascule commodément vers le bas, tandis que l'avancée du petit doigt nécessite un effort constant.

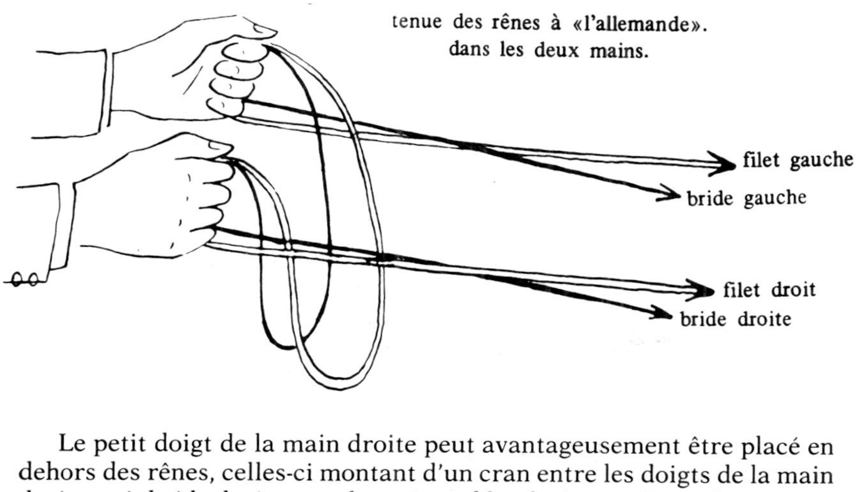

tenue des rênes à «l'allemande».
dans les deux mains.

Le petit doigt de la main droite peut avantageusement être placé en dehors des rênes, celles-ci montant d'un cran entre les doigts de la main droite, soit bride droite sous le majeur, filet droit sous l'annulaire, pour ressortir par en haut entre le pouce et l'index. Cette dernière façon de tenir les rênes à deux mains permet de passer facilement à la tenue des quatre rênes dans la main droite, différente de la tenue des quatre rênes de la main gauche. En effet, comme il fallait autrefois que le fouet des rênes tombe toujours à droite, pour ne pas s'emmêler dans la poignée de sabre en avant et à gauche de la cuisse gauche du cavalier, la main gauche seule tient les quatre rênes rentrant par-dessous et sortant par-dessus entre le pouce et l'index, avec un fouet de rênes qui tombe ainsi facilement à droite de l'encolure ; tandis que la main droite seule tient les quatre rênes rentrant par-dessus et sortant par-dessous, autour du petit doigt. Ce détail n'a plus de raison d'être : le petit doigt de la main droite, prenant la rêne droite de filet, est aussi utile que le petit doigt de la main gauche. Il n'y a pas lieu de s'attacher à d'aussi minces détails : à chacun de choisir la façon qu'il préfère, en remarquant que chaque doigt a un rôle à jouer, et que, si nous en avions six, ce ne serait pas de trop. Servons-nous de nos cinq doigts.

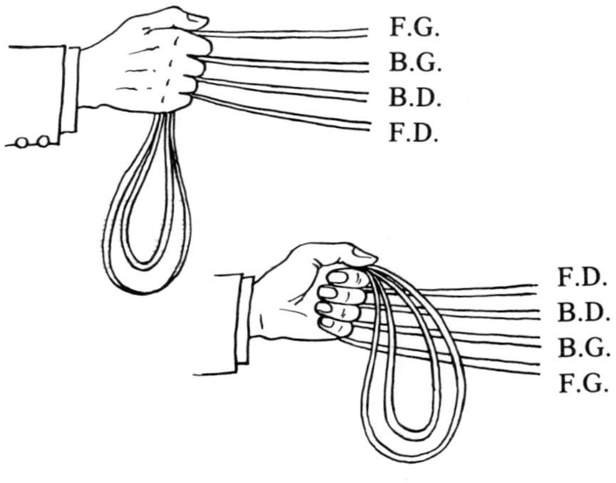

La méthode *à l'anglaise* semble plus logique : elle supprime le croisement des rênes, conserve en haut de la main la rêne de filet qui est haute dans la bouche du cheval, en bas de la main la rêne de bride qui est basse dans la bouche du cheval. Cette méthode n'est pas admise officiellement, mais elle peut être d'une grande utilité à l'entraînement, en particulier pour la première leçon en bride et les premières décontractions.

tenue des rênes à «l'anglaise».

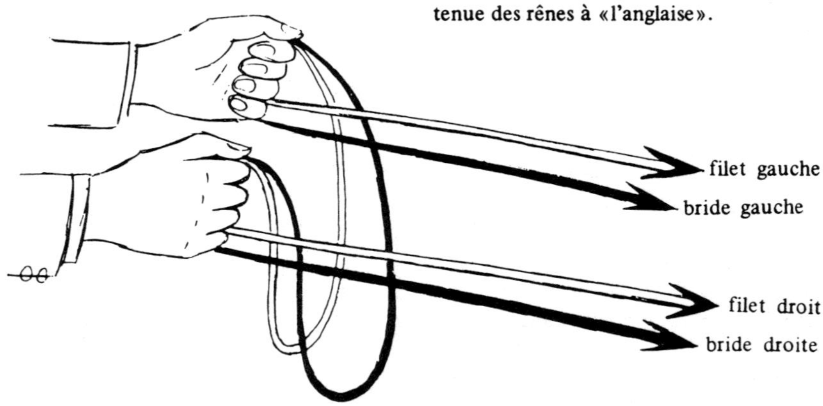

La tenue des rênes *à la française* n'est plus pratiquée que par les spécialistes de la Haute Ecole. On lui reproche d'être compliquée, ce qui est faux, car elle est d'une simplicité merveilleuse, puisqu'elle ne nécessite aucune manipulation pour varier l'ajustage

tenue des rênes «à la française»,
dans les deux mains :

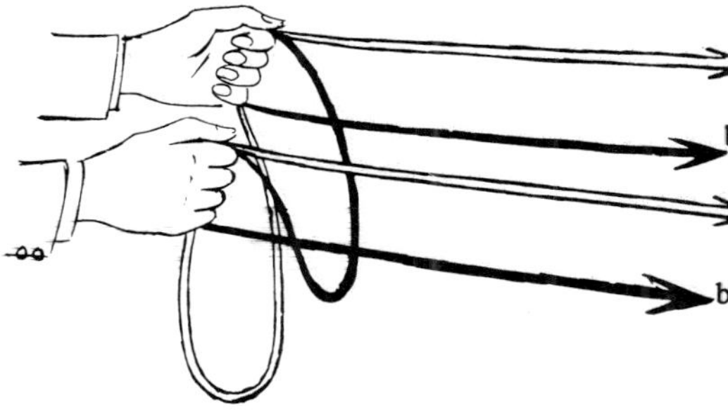

dans la main gauche :

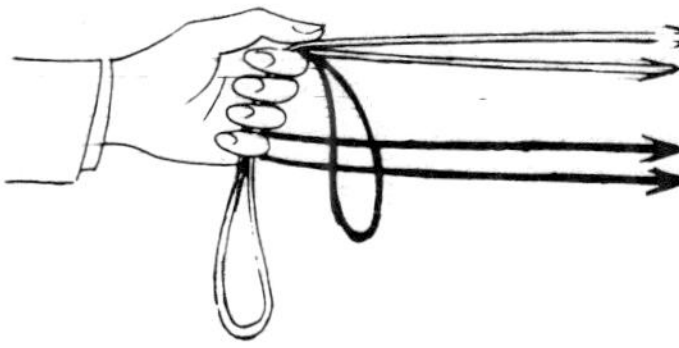

des rênes ; d'être brutale, mais tout n'est-il pas une question de doigté ? Nous ne saurions mieux faire que d'encourager ceux des cavaliers qui sont les plus doués à employer cette méthode de tenue des rênes « à la française », car nous sommes certains qu'ils en tireraient le meilleur parti et d'excellents résultats.

Nous ne décrirons pas en détail ces trois méthodes de tenue des rênes, quelques dessins suffiront largement. Par contre, il est indispensable d'étudier soigneusement chacun des gestes qui permettent de passer d'une manière à une autre. Prenons par exemple la tenue des rênes « à l'allemande », puisqu'elle est officiellement adoptée, tenue des quatre rênes dans les deux mains : pour passer ces quatre rênes dans la seule main gauche, le cavalier évitera avant tout de précipiter les choses en fourrant à gauche ses deux rênes droites ; immanquablement, l'ajustage des rênes sera modifié, même momentanément, et une telle transition provoquera une modification de la mise en main : le cheval tournera la tête « pour voir » ce qui se passe, son attention se trouvera en défaut ; s'il est en marche, la cadence de son allure sera altérée, s'il est arrêté, son immobilité sera perturbée.

Il faut donc ne passer les deux rênes droites dans la main gauche qu'une par une, l'une après l'autre, afin de toujours garder ajustée l'une d'entre elles, au moins, pendant le passage de l'autre, et n'agir qu'avec moelleux et légèreté pour qu'à l'autre bout des rênes le cheval ne sente rien et ne se doute pas de la modification de tenue des rênes.

On veillera d'abord à toujours garder les paumes des deux mains vis-à-vis l'une de l'autre, sans jamais les basculer vers le bas. Puis on glissera la rêne de bride droite au bout de l'annulaire droit déplié, comme si l'on voulait, dans cette main droite, étaler son jeu de cartes de rênes ; il est alors facile de faire passer cette rêne de bride droite à sa place dans la main gauche, c'est-à-dire entre l'annulaire et le majeur gauches, tout en maintenant ajustée la rêne de filet droite, grâce au serrement du petit doigt de la main droite.

Dès que la rêne de bride droite se trouve dans la main gauche, on l'ajuste délicatement en la pinçant entre le pouce et l'index droits, soit au-dessus, soit au-dessous de la main gauche, pour la tendre ou la relâcher. Ceci fait, méticuleusement, on poussera la rêne de filet droite au bout du petit doigt droit, comme pour étaler son jeu, afin de la passer commodément dans la main gauche, entre le majeur et l'index gauches, puis on l'ajustera de la même manière que la rêne de bride droite. Après quoi la main droite empilera soigneusement le fouet des quatre rênes qui doit sortir entre le pouce et l'index de la main gauche ; le cas échéant, on sortira doucement le fouet des rênes s'il est coincé contre l'encolure.

Notez alors, quand les quatre rênes se trouvent dans la main gauche, que les deux rênes de filet occupent des positions extrêmes : tout en bas, sous le petit doigt gauche, pour la rêne de filet gauche, tout en haut, sous l'index gauche, pour la rêne de filet droite, tandis que les deux rênes de bride occupent des positions intermédiaires : bride gauche sous l'annulaire gauche, bride droite sous le majeur gauche. Ce qui fait que les deux rênes gauches se croisent toujours, tandis que les deux rênes droites sont décroisées et tenues logiquement.

Pour passer les quatre rênes dans la main droite, on les passera d'abord dans la main gauche, comme indiqué ci-dessus, puis on basculera la main gauche, paume en dessous, et l'on posera la main droite sur la gauche, doigts écartés pour s'introduire entre les quatre rênes, en prenant soin de placer l'index droit à la place du petit doigt gauche et le petit doigt droit à la place de l'index gauche ; les doigts de la main droite se serrent sur les quatre rênes, tandis que ceux de la main gauche s'ouvrent et lâchent les rênes qui restent dans la main droite.

Tenues dans cette seule main droite, chacune des quatre rênes entre sur un doigt et toutes sortent par-dessous, le petit doigt serré sur le paquet des quatre rênes, tandis que le pouce fermé sur l'index ne maintient que la seule rêne de filet gauche.

Pour revenir à la tenue des rênes dans les deux mains, il faut, pour plus de commodité, revenir d'abord à la tenue des quatre rênes dans la main gauche. Ensuite de quoi on séparera les deux rênes droites l'une après l'autre, filet d'abord, bride ensuite, en prenant soin de maintenir ajustée l'une d'entre elles pendant le passage de l'autre. Eviter les grands gestes des bras, en particulier les coudes qui s'écartent ; éviter aussi de lancer le fouet des rênes d'un côté, de l'autre ou au milieu, par de grands mouvements de mains : cette agitation s'accompagne toujours d'un coup de sonnette sur la bouche du cheval, multiplié par dix grâce au bras de levier du mors de bride.

Quelle que soit la tenue des rênes, dans les deux mains, dans l'une ou l'autre main, le fouet des rênes, officiellement, tombe toujours à droite de l'encolure, afin de ne pas risquer de se prendre à gauche dans la poignée de sabre : notre équitation civile moderne découle d'une longue tradition militaire...

2. Flexion directe

C'est une flexion de la nuque, accompagnée d'une cession de la mâchoire, l'encolure restant dans l'axe du cheval et la nuque restant le point le plus élevé de l'encolure. La charnière est constituée par l'atlas, première vertèbre cervicale du rachis.

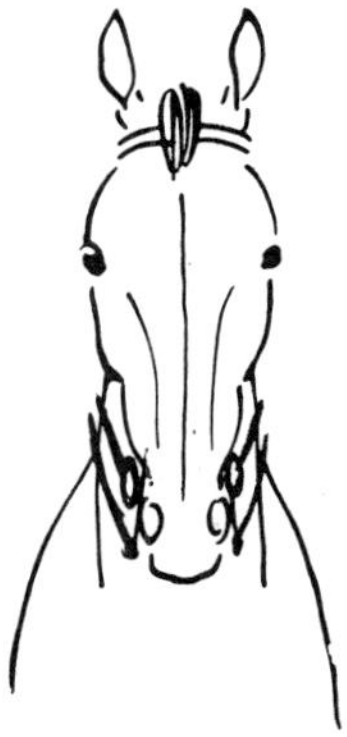

La flexion directe, qui conduit au ramener, s'exécute comme suit :

1) élever l'encolure en élevant les mains (quelques centimètres) pour obtenir une cession de la mâchoire ;

2) serrer les doigts des deux mains. Si le cheval résiste, vibrations sur l'une ou l'autre rêne. Dès qu'il cède, en pliant sa nuque, le cavalier cède en faisant une descente de main et caresse.

3. Flexion latérale

C'est une légère rotation de la tête autour d'un axe vertical,

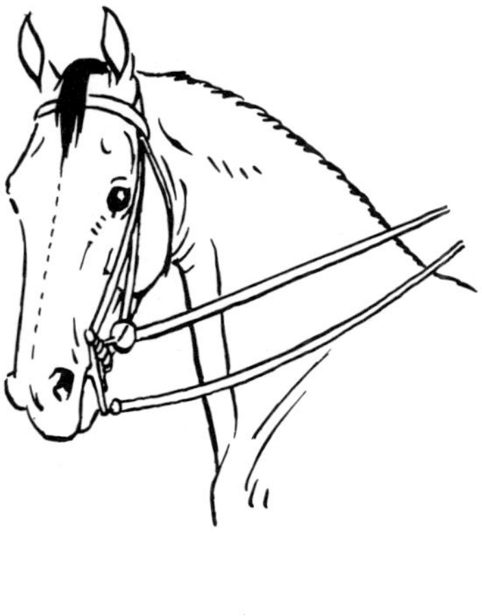

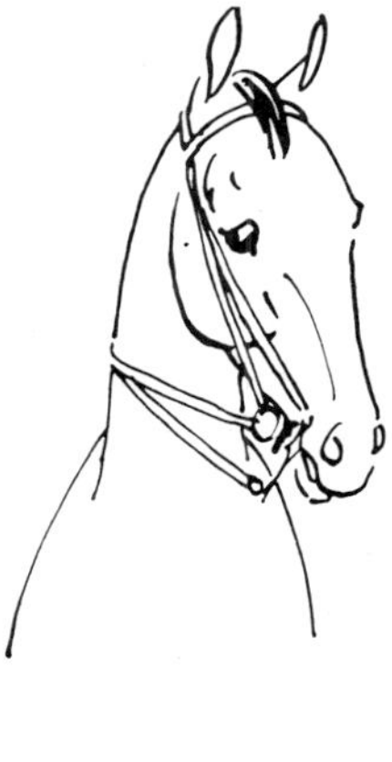

suivie d'une flexion, sans participation de l'encolure. La charnière est l'axis, seconde vertèbre cervicale, pour la rotation, puis l'atlas pour la flexion.

1) Action de rêne d'ouverture pour attirer la tête à droite, ou à gauche, et légère élévation des mains pour relever l'encolure ;

2) serrement des doigts des deux mains pour obtenir une cession de la mâchoire. Si le cheval résiste, vibrations sur une rêne, de préférence la rêne extérieure. Dès que le cheval cède, descente de main, caresse. La flexion latérale peut aussi être demandée à partir de la flexion directe : dès qu'elle est obtenue, céder franchement d'une rêne seulement, tandis que les doigts restent serrés sur l'autre rêne ; le cheval prolonge alors sa flexion en tournant légèrement la tête du côté où le contact est maintenu.

4. Remarques

Les flexions directes et latérales se demandent à l'arrêt comme au pas ou au trot et même au galop.

Les flexions à l'arrêt sont à déconseiller au début du dressage, car le cheval risquerait de s'acculer. Au contraire, en marchant, l'impulsion aide puissamment à leur obtention.

Après avoir longtemps préconisé le travail à l'arrêt, Baucher a reconnu loyalement que tout travail exécuté dans l'impulsion, en marche, était infiniment meilleur.

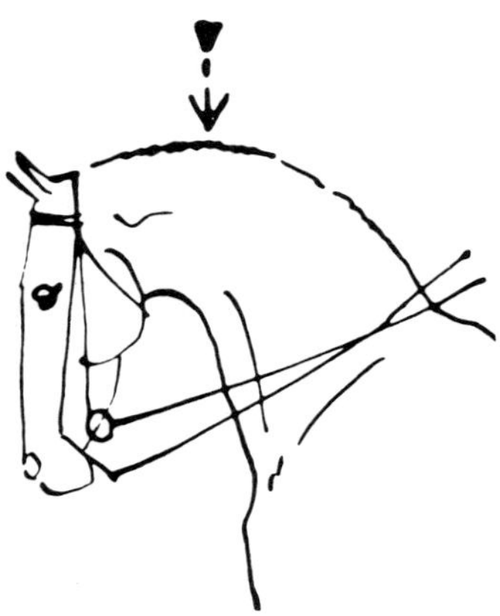

La flexion directe est mauvaise quand la nuque ne reste pas le point le plus élevé de l'encolure. Certains chevaux mal mis ont l'encolure cassée entre la troisième et la quatrième vertèbres cervicales, et c'est ce point qui reste le plus élevé. D'autres ont acquis trop de souplesse dans leur encolure, qu'ils ont « rouée ».

La flexion latérale est mauvaise lorsque l'encolure se plie d'une façon exagérée dans le sens de la flexion. La flexion latérale est mauvaise lorsque la tête bascule de côté, le bout du nez attiré du côté de l'action de rêne d'ouverture et la nuque résistant en sens inverse : les pointes des deux oreilles ne sont plus à la même hauteur. Dans ce cas, actions répétées en remontant de rêne d'appui pour repousser la nuque du bon côté.

Les chevaux chargés en ganaches, dont les parotides se trouvent coincées par les flexions di-

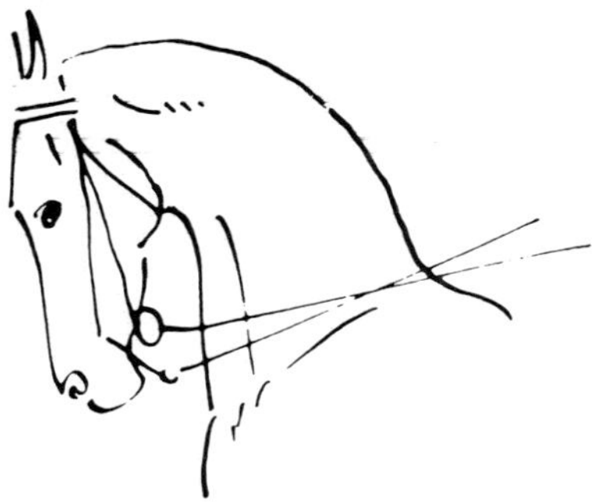

rectes ou latérales, doivent y être préparés très lentement et progressivement.

Pour inciter le cheval à céder dans sa nuque, on peut caresser la partie supérieure de l'encolure, près de la nuque, soit avec la main, soit en y passant très légèrement la touche de la cravache ou, au besoin, en frappant quelques petits coups. Ne pas abuser de ce procédé qui risque de provoquer l'encapuchonnement.

VII. TRAVAIL AU GALOP

1. Le galop

Le galop est une allure sautée, dissymétrique, basculée, à trois temps inégaux. Le cheval peut galoper de deux façons, sur le pied droit ou sur le pied gauche.

Dans le galop à droite, les posers se font dans l'ordre suivant : postérieur gauche, bipède diagonal gauche (antérieur gauche et postérieur droit), antérieur droit, puis il y a une période de projection. Les levers des mémores se font dans le même ordre.

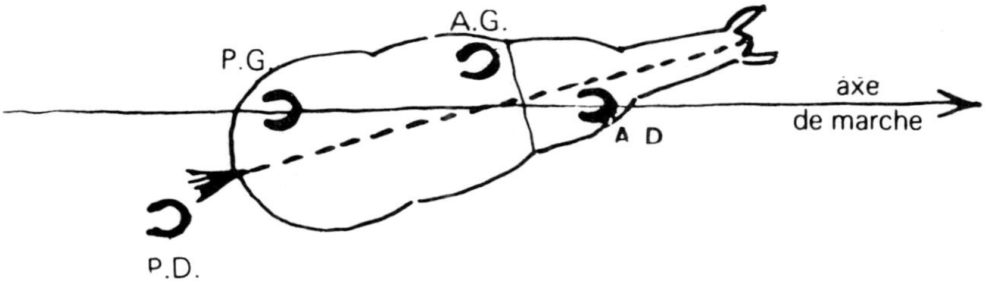

Au galop à droite, les foulées du postérieur gauche et de l'antérieur droit se font sensiblement sur l'axe de marche du cheval, alors que les foulées du bipède diagonal gauche (deuxième temps) se font à droite (postérieur droit) et à gauche (antérieur gauche) de cet axe.

Au galop, le cheval a la possibilité de donner une indépendance complète à chacun de ses bipèdes antérieur et postérieur. Lorsqu'il galope à droite avec son bipède antérieur, et à gauche avec son

Dans un pas de galop, il y a théoriquement deux bases unipédales séparées par une base bipédale diagonale et quelques interférences de bases tripédales. Pratiquement, les choses se compliquent, selon la vitesse du galop.

Le galop rassemblé, comme le galop de course, est un galop à quatre temps plus ou moins bien marqués, par suite de la dissociation des posers des deux membres du bipède diagonal, le postérieur se posant sur le sol un peu avant le poser de l'antérieur. Dans le galop rassemblé, on constate l'apparition de deux bases bipédales (antérieure et postérieure). Dans le galop de course, on constate également l'apparition de ces deux bases bipédales (antérieure et postérieure), mais, en plus, les deux bases tripédales disparaissent complètement pour faire place à deux bases unipédales (postérieure droite et antérieure gauche, dans le galop à droite).

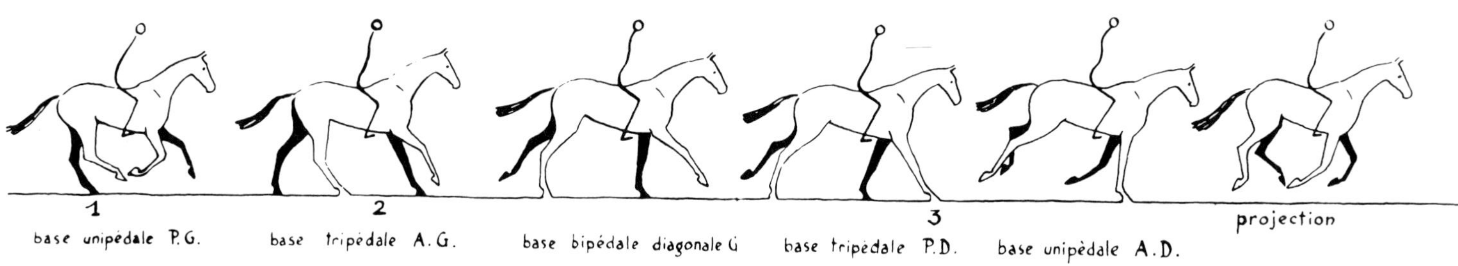

le GALOP est une allure sautée, dissymètrique, basculée, à trois temps inégaux. GALOP THÉORIQUE, A DROITE.

bipède postérieur, ou inversement, on dit qu'il galope désuni ; c'est une faute grave, un vice d'allure. Dans le *galop désuni*, la succession des posers se ferait ainsi : postérieur gauche, bipède latéral droit, antérieur gauche.

On appelle *aubin*, ou galop du devant, l'allure irrégulière caractérisée par le galop du bipède antérieur, tandis que le bipède postérieur reste au trot.

On appelle galop du derrière, ou *traquenard*, l'allure irrégulière caractérisée par le galop du bipède postérieur, tandis que le bipède antérieur reste au trot.

Galop désuni, aubin et traquenard sont des irrégularités ou des vices d'allures.

2. Affermissement du galop

Le cheval doit galoper aussi librement sur chacun des deux pieds, se mettre de lui-même aussi volontiers au galop sur chacun des deux pieds, s'y maintenir en galopant régulièrement (ordre et rythme des posers des membres), et cela quelles que soient les sinuosités du parcours.

Le cavalier doit sentir dans son assiette le galop de son cheval, reconnaître sur quel pied il galope, s'il se désunit ou change de pied.

Il faut lutter contre les chevaux qui se désunissent. Beaucoup de chevaux y sont sujets, et cela est dû le plus souvent au fait que beaucoup de cavaliers ne savent pas sentir le galop désuni, et ils laissent alors leurs chevaux persister dans ce vice d'allure. Ou qu'ils ne savent pas le voir, quand ils font travailler leurs chevaux à la longe : un peu de réflexion, d'attention et de sensibilité (tact équestre) permettrait d'éviter ce grave défaut.

Le cavalier à cheval sent que son cheval se désunit par les torsions perpétuellement contraires des deux bipèdes antérieur et postérieur : il semble que le cheval se dévisse par-devant, tandis qu'il se visse par-derrière, ou inversement.

Tant qu'un cheval ne galope pas juste ou à faux sans jamais se désunir, il est inutile de chercher à lui apprendre les départs au galop avec précision, à plus forte raison les changements de pied.

3. Départs au galop par perte d'équilibre

Les départs seront demandés par un allongement du trot, au début d'un tournant sur un des petits côtés du manège.

Les mains n'agiront pas : seules les jambes, par des actions simultanées et exactement symétriques. *Il ne doit jamais être question de traverser le cheval pour obtenir un départ au galop juste*, comme cela se fait trop souvent. Laisser au contraire le cheval s'embarquer de lui-même au galop, en profitant du tourner pour qu'il parte juste.

Si le cheval s'embarque à faux, il faut immédiatement reprendre le trot, pour recommencer ensuite à partir juste. Eviter de châtier le cheval qui part à faux et faire preuve d'une longue patience quand ce défaut se renouvelle.

Lorsque le cheval sera parti au galop juste, l'y maintenir par des actions symétriques des deux jambes, par un léger déplacement d'assiette à gauche (galop à droite) et un soutien plus prononcé de la main droite.

Ralentir le galop et commencer à le cadencer par des serrements de doigts sur les rênes au troisième temps de chaque foulée, immédiatement suivis par des cessions faites dès la période de projection et qui durent pendant le premier et le deuxième temps.

Pendant toute cette période, le travail au galop se résumera uniquement à un travail d'affermissement.

Si le cheval galope plus volontiers sur un pied que sur l'autre, travailler davantage ce dernier : commencer à galoper sur ce pied, galoper plus longtemps sur ce pied, récompenser généreusement et au besoin abandonner momentanément tout travail au galop sur le pied de prédilection.

VIII. QUELQUES DÉFINITIONS

1. Mise sur la main et mise en main

La mise sur la main est une étape de la mise en main, but final de tout dressage, qui consiste en la décontraction de la bouche dans la position du ramener. La mise en main a une expression de plus en plus marquée au fur et à mesure que s'avance le dressage, dans le but de parvenir au rassembler.

A son début, la mise en main est seulement le fait d'obtenir que le cheval se détende des épaules et prenne sur la main un appui léger dans ses débuts, plus accentué par la suite, là où le cheval veut bien le donner, sans qu'on essaie de lui imposer une position de tête ou d'encolure quelconque.

La seule attitude à ne pas tolérer est celle du cheval qui s'encapuchonne. Par contre, s'il porte la tête plus ou moins dans le prolongement de l'encolure, il ne faut pas trop s'en émouvoir, pourvu qu'il s'appuie. Telle est la définition donnée par le MANUEL DE DRESSAGE DU CHEVAL DE TROUPE.

Donc le poulain qui tend ses rênes, au débourrage, et s'appuie en confiance sur la main de son cavalier, est déjà dans la mise en main, un début de mise en main, de mise sur la main, qui peut s'affirmer, se perfectionner et s'affiner. Ainsi il y a des degrés dans la mise en main d'un cheval : elle commence au moment où l'appui (du cheval) répondant au contact (de la main du cavalier), devient confiant et constant, sans provoquer le moindre désordre dans la position de la tête et de l'encolure, quelles que soient les sinuosités du parcours ou les dénivellations du terrain ; elle atteint sa perfection dans le rassembler.

De toutes façons, la mise sur la main est caractérisée par la fixité de

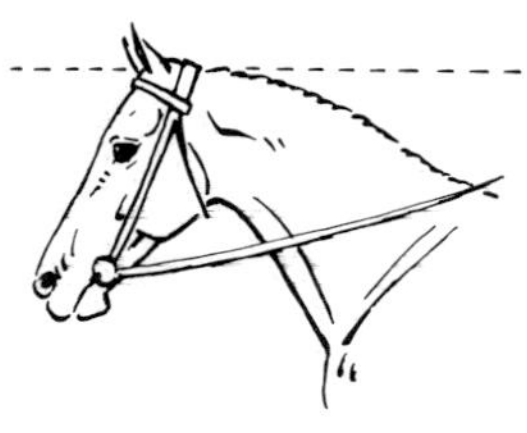

début de mise sur la main

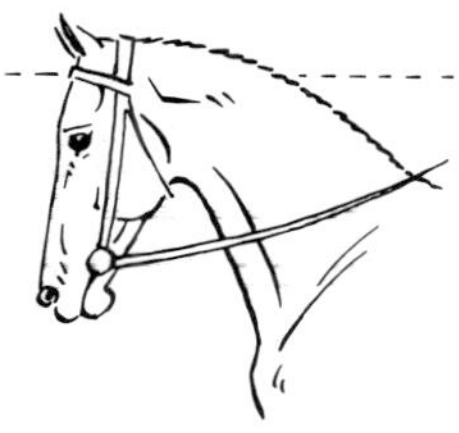

mise sur la main

mise en main

la tête, sur une encolure, sans raideur, dans une attitude aisée, variable avec la conformation du cheval, la nuque en étant le point le plus élevé, les deux oreilles demeurant toujours à la même hauteur. La tête sera fléchie sur l'encolure à la nuque, le chanfrein légèrement en avant de la verticale, la bouche en contact franc, moelleux et permanent avec la main du cavalier par l'intermédiaire de rênes ajustées, la bouche donnant l'impression de se poser sur la main. Le contact de la bouche avec la main du cavalier, contact plus ou moins accusé suivant le degré d'avancement du dressage, doit toujours être une conséquence de l'impulsion du cheval et non pas d'une action de main du cavalier vers l'arrière. Il n'y a pas lieu de rechercher une élévation d'encolure systématiquement haute, attitude qui n'a sa raison d'être que lorsque le cheval est rassemblé ; elle dépend beaucoup de la conformation du cheval.

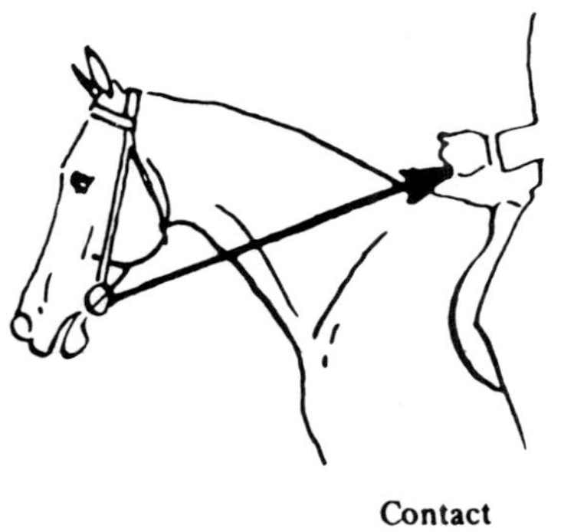

Contact

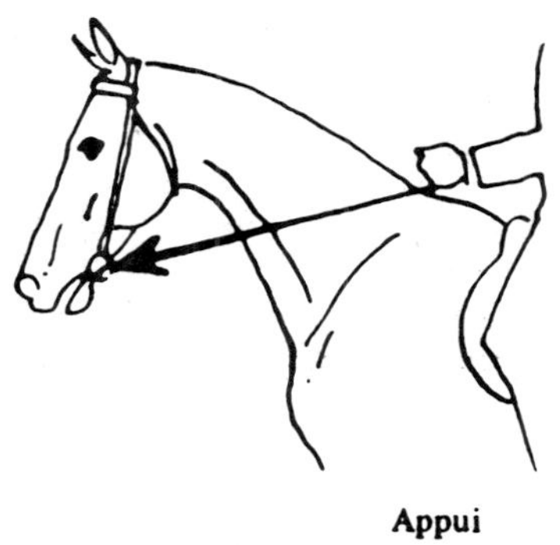

Appui

Par la suite, le contact permanent et moelleux avec la main du cavalier doit s'accompagner de la décontraction de la bouche caractérisée par sa mobilité discrète de la mâchoire à la demande du cavalier : c'est là le témoignage de la soumission et de la décontraction (voir page 222).

La position de la tête et de l'encolure d'un cheval aux allures rassemblées, est naturellement fonction de son degré de préparation et en partie de sa conformation. De toute façon, il doit présenter une encolure s'élevant librement en une courbe harmonieuse du garrot à la nuque, point culminant, la tête légèrement en avant de la verticale. Toutefois, au moment de l'action des aides du cavalier pour obtenir un rassembler momentané et passager, la tête peut se rapprocher de la verticale.

2. Ramener

C'est la fermeture de l'angle de la tête avec l'encolure, la nuque restant le point le plus élevé de cette dernière.

Le ramener raccourcit le levier de l'encolure et décharge les antérieurs d'une partie du poids ; le ramener augmente les mouvements d'élévation des membres antérieurs et développe leur geste.

Mais ce mot ramener est très mal choisi, car il laisse entendre que, pour l'obtenir, il faille provoquer le retrait de la tête vers le corps du cheval, ce qui est déplorable (première manière de Baucher) : le cheval s'accule, se campe ou risque de s'encapuchonner.

La bonne méthode consiste, au contraire, à obtenir le ramener en mouvement, en poussant le corps du cheval vers sa tête, tout en provoquant des cessions de mâchoire et des flexions de la nuque, grâce au jeu des variations de vitesse, des départs et des arrêts.

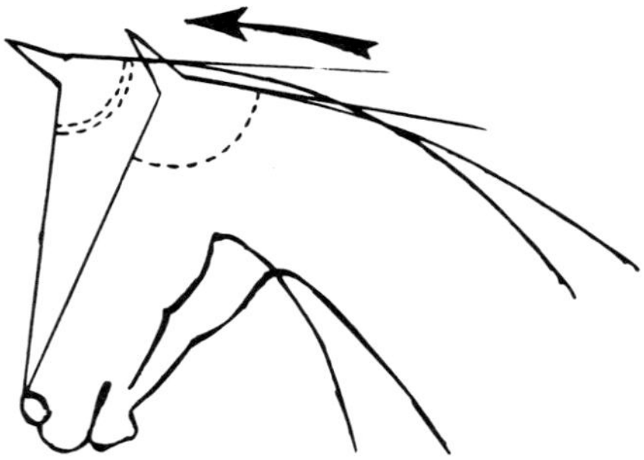

fermeture de l'angle tête-encolure
« le cheval franchit son mors »

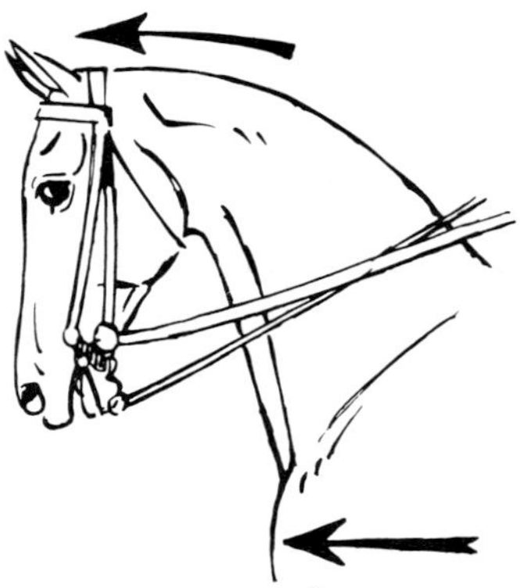

le ramener

Dans les ralentissements et les arrêts, le cavalier prolonge imperceptiblement, puis de plus en plus effectivement, la progression du corps du cheval (avec ses jambes), tandis qu'il s'efforce de ralentir ou d'arrêter d'abord la tête du cheval et ses antérieurs après avoir obtenu une cession de mâchoire.

Dans les allongements et les départs, le cavalier agit d'abord des jambes et n'ouvre les doigts, pour laisser passer l'impulsion, qu'après une cession de mâchoire du cheval.

3. Relèvement de l'encolure

Le cheval n'a pas de clavicule, la partie antérieure de sa colonne vertébrale n'est reliée aux membres antérieurs que par un berceau de muscles et de ligaments.

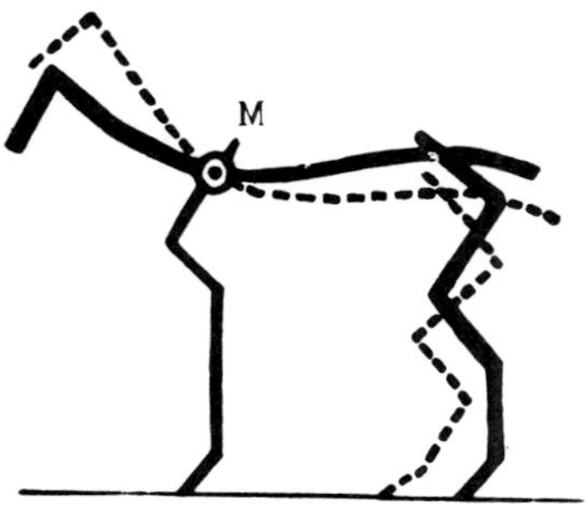

le relèvement de l'encolure
et ses conséquences supposées,
si le cheval avait une clavicule,
si le point M était fixe.

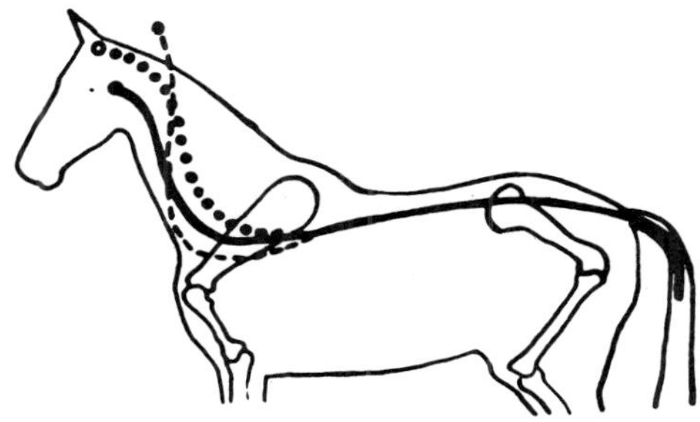

Position naturelle du rachis
et relèvement de l'encolure :
sans ramener --------
avec ramener ●●●●●●●●

Si on élève le bout de devant : 1) on n'obtient pas nécessairement l'abaissement du bout de derrière ; 2) on n'allège pas automatiquement les antérieurs ; 3) on n'assouplit pas forcément les postérieurs.

Le relèvement de l'encolure doit se faire progressivement, dans tout le cours du dressage, à mesure que l'arrière-main devient apte à se ployer de partout, donc à s'abaisser.

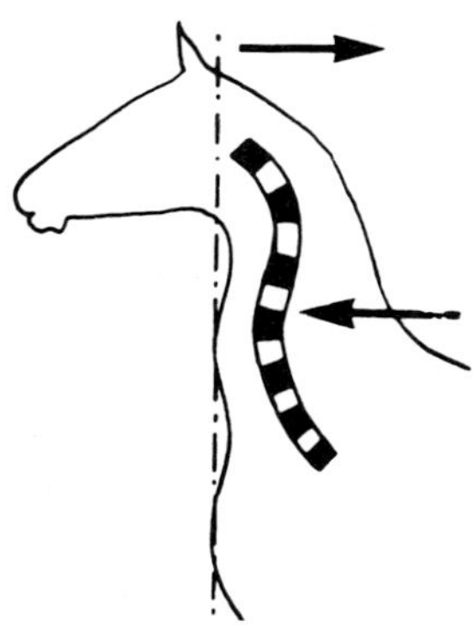

Relèvement de l'encolure
sans ramener.
La nuque recule.
La chaîne des vertèbres cervicales
est refoulée de haut en bas.
Elle s'incurve d'arrière en avant
dans sa partie inférieure
et provoque la gorge de pigeon.

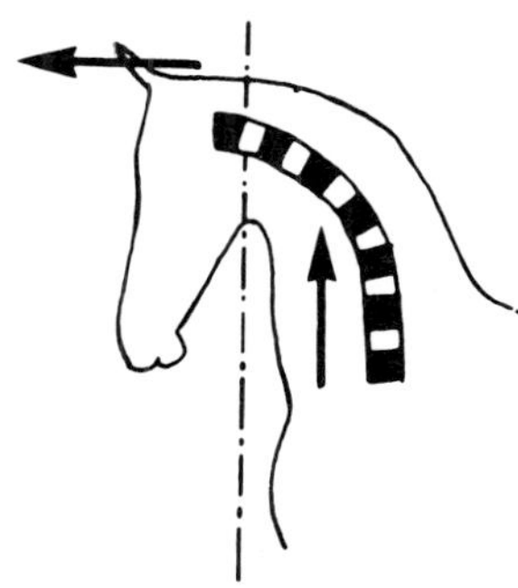

Relèvement de l'encolure
avec ramener
la nuque avance
la chaîne des vertèbres cervicales
est tirée de bas en haut.
Elle se redresse dans sa partie inférieure.

Le relèvement de l'encolure, *relatif*, par rapport aux hanches, produit par une gymnastique appropriée pour abaisser les hanches, prime de beaucoup son relèvement *absolu*, par rapport à sa position normale, provoqué par le retrait de la tête sur le tronc.

Le relèvement de l'encolure n'est acquis et efficace que quand l'encolure se maintient à sa nouvelle position sans le secours de la main du cavalier.

4. La descente de main

descente de main

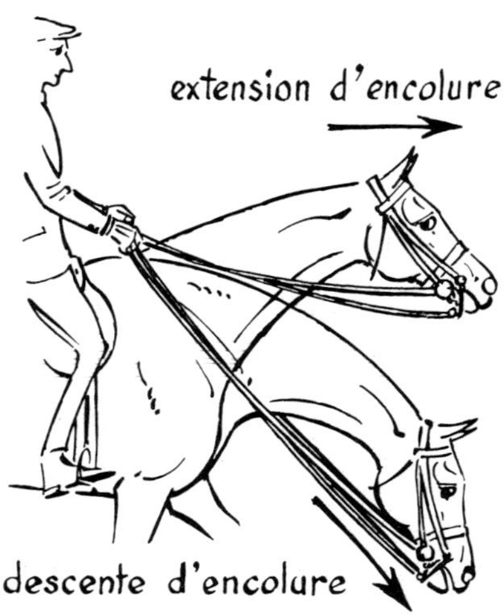

C'est un relâchement de la pression des doigts sur les rênes qui glissent et s'allongent progressivement, tandis que le cheval, préalablement équilibré et placé en vue de la perfection de son allure, conserve celle-ci intégralement, sans modifier en quoi que ce soit son attitude.

Elle permet au cavalier de donner au cheval plus de liberté et plus d'aisance dans une attitude inchangée. Elle permet au cheval de mettre en œuvre toutes les ressources de son instinct pour remédier, par des effets de compensation, aux faiblesses locales et momentanées de son appareil locomoteur, en libérant ses mouvements de toute trace de crispation.

Ne pas confondre la descente de mains avec la descente d'encolure, dans laquelle le cheval allonge et poursuit son encolure à mesure que les rênes se détendent, le bout de nez descend.

La descente de main, obtenue par l'ouverture des doigts *sans* action de jambes, donne au cheval la « liberté sur parole » en maintenant son allure et son attitude.

L'extension d'encolure, obtenue par l'ouverture des doigts *avec* action de jambes, fait prendre au cheval une certaine vitesse, avec une attitude de l'encolure convenable à cette vitesse ; le bout de nez s'avance, c'est un peu comme le contraire du ramener.

5. L'effet d'ensemble

« En rapprochant du corps la main de bride et en fermant les jambes jusqu'à un appui franc, continu et énergique des deux éperons, on produit l'effet d'ensemble. »

Général Faverot de Kerbrech.

« L'effet d'ensemble permet de forcer l'obéissance, mais cette obéissance forcée ne convient pas à l'équitation académique. »

Général Decarpentry.

Le dresseur ne saurait mieux faire que de s'en servir le plus rarement possible, c'est-à-dire jamais.

6. Le rassembler

C'est une disposition du corps du cheval qui en affecte toutes les parties et place chacune d'elles en vue d'assurer le meilleur rendement aux efforts de l'arrière-main.

Le cheval de course avant le départ, le jumper avant l'obstacle, le sauteur en liberté avant la courbette, le poney de polo avant de pirouetter sur les hanches, etc., tous ces chevaux se rassemblent, mais la forme de leur rassembler diffère chacune dans un sens unique : dépenser son énergie pour tel but.

Mais le rassembler académique prépare cette dépense d'énergie en vue de son application en plusieurs sens ; c'est une attitude intermédiaire ou une disposition moyenne, instantanément transformable. Il assure un maximum de mobilité en tous sens, en long, en large et en hauteur : changements de vitesse, pas de côté, élévation des gestes.

Le rassembler résulte d'une augmentation dans l'engagement des postérieurs, les articulations pliées et souples sous la masse, grâce à une action discontinue et souvent répétée de l'assiette et des jambes du cavalier, poussant le cheval en avant sur une main plus ou moins perméable au mouvement en avant. En conséquence, le rassembler n'est pas le résultat du raccourcissement de l'allure au moyen d'une action de la main qui résiste, mais en revanche, de l'usage de l'assiette et des jambes afin d'engager les postérieurs sous la masse du cheval.

Il résulte de ceci que le rassembler académique exige :

1) L'engagement des postérieurs

Favorable à la mobilité, l'engagement des postérieurs diminue l'étendue des bases de sustentation, mais seulement dans une certaine mesure.

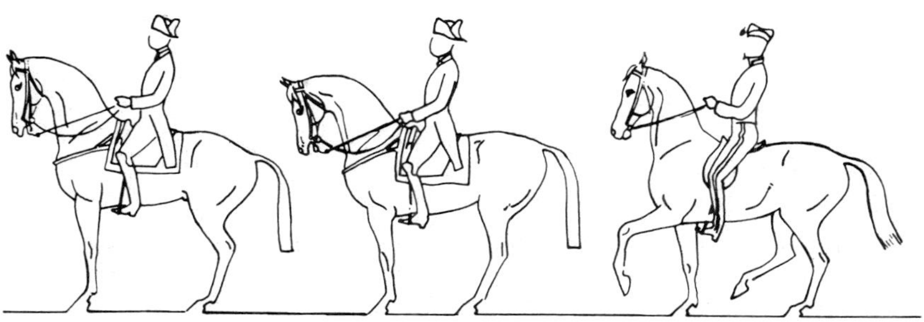

Rassembler de l'ancienne Ecole (La Guérinière - Ecole de Vienne). Rassembler de Baucher (1re manière). Rassembler de Baucher (2e manière).

L'excès d'engagement des postérieurs : *a*) diminue l'aptitude du cheval au mouvement en avant ; *b*) peut devenir une défense ; *c*) ferme à refus l'articulation coxo-fémorale, ce qui fait faire le gros dos et provoque l'affaissement de l'encolure en même temps que l'avancée du tronc au-delà des antérieurs. Le cheval est ainsi placé sous lui du devant et du derrière et plus ou moins encapuchonné (rassembler de Baucher, première manière).

Donc, éviter la recherche du rassembler *en place* et rétablir intégralement l'impulsion dans le mouvement en avant sous l'action des jambes sans opposition de la main.

2) La détente des postérieurs

C'est la détente des postérieurs, et non leur engagement, qui détermine l'élévation des allures d'école et des airs qui en dérivent.

Elle dépend : *a*) de la verticalité des postérieurs. Plus le membre postérieur dans son ensemble (cuisse, jambe, canon) est voisin de la verticale (pied à l'aplomb de la pointe de la hanche) au moment de sa détente, plus la poussée produite par celle-ci sur le corps s'exerce de bas en haut. Plus le membre postérieur est éloigné en arrière de la verticale au moment de sa détente, plus la poussée s'exerce en avant : l'allure s'étend. Plus le membre postérieur est éloigné en avant de la verticale au moment de sa détente, plus la poussée s'exerce en arrière : acculement.

Général WATTEL au passage sur CLOUGH-BANK
Écuyer-en-chef – Saumur – 1918-1928

Colonel LESAGE au piaffer sur TAINE
1er aux Jeux Olympiques de Los-Angeles 1932

Colonel JOUSSEAUME au galop rassemblé sur HARPAGON
2e aux Jeux olympiques de Londres 1948

Elle dépend : *b*) de la puissance de l'effort des postérieurs. C'est au moment où la hanche, dans son parcours d'arrière en avant, passe au-dessus de son pied, à la verticale de son pied, que la compression des ressorts, c'est-à-dire la fermeture des angles articulaires du membre postérieur est maximum.

Elle dépend : *c*) de la disposition du corps au-dessus du membre postérieur. Plus les hanches sont rapprochées du centre de gravité au moment de la détente des postérieurs, plus le corps est soulevé dans son ensemble jusqu'à son extrémité antérieure. Ce n'est pas seulement le dessous du cheval qui doit être raccourci, mais aussi son dessus qui doit être comprimé.

Dans le rassembler, le cavalier s'efforce de pousser son cheval sur la main, de le « faire entrer dans ses rênes », de rapprocher progressivement tout son corps de sa tête et ses hanches du centre de gravité de la masse.

Le rassembler n'est pas une période spéciale du dressage, mais un travail quotidien, toujours perfectible.

7. La légèreté

« La marque de la haute école, de l'équitation savante, artistique, haute-équitation, comme on voudra l'appeler, se trouve, non pas dans des mouvements plus ou moins extraordinaires, mais dans la parfaite légèreté, que les mouvements soient simples ou compliqués. »

La légèreté consiste dans la parfaite obéissance du cheval aux plus légères indications de la main et des talons.

La légèreté résulte de la mise en jeu par le cavalier et de l'emploi que fait le cheval des seules forces utiles au mouvement envisagé, compte tenu toutefois du fait qu'elle réclame la mise en jeu de tous les ressorts, sa perfection ne permettant qu'aucun d'eux ne reste inerte, par suite de la corrélation qui existe instinctivement entre toutes les contractions musculaires.

La légèreté se manifeste, en dehors de la perfection des mouvements, par la mobilité de la mâchoire et par la flexibilité des hanches, si intimement liées par leurs réactions réciproques qu'il est impossible d'attribuer à l'une d'entre elles la priorité d'influence déterminante sur l'autre.

La mobilité de la mâchoire est perçue par la main du cavalier, la flexibilité des hanches est perçue par son assiette. Le cavalier n'a jamais trop de ces deux antennes pour être renseigné sur l'état physique et moral de son cheval. Leurs indications se complètent et se confirment. Il doit les utiliser concurremment. C'est la persistance de leur emploi simultané qui donne au tact équestre tout son développement.

EQUITATION SECONDAIRE

DEUXIÈME PÉRIODE

I. PERFECTIONNEMENT DE TOUT LE TRAVAIL DE LA PREMIÈRE PÉRIODE

Pour passer avantageusement aux exercices qui suivent, il est indispensable que chevaux et cavaliers exécutent facilement les exercices de la première période, sans exception. Autrement, c'est mettre la charrue devant les bœufs : le travail ne serait aucunement profitable.

Tous les chevaux peuvent faire facilement tous les exercices de cette première période. Il appartient aux cavaliers de se perfectionner pour être capables de demander et d'obtenir leur exécution. A chaque leçon, tout le programme de la première période sera répété avant de passer au programme de la deuxième période : ce sera une excellente mise en train.

Le dressage est un travail lent et progressif. On ne peut aborder un travail nouveau qu'à partir du moment où les exercices préparatoires sont parfaitement sus et facilement exécutés. Mais tout exercice a besoin d'être perfectionné, même le plus simple. Nous ne pourrons aborder les airs d'école : appuyers, changements de pied au galop, passages, piaffers, etc., que quand chevaux et cavaliers seront prêts.

II. TRAVAIL DE DEUX PISTES AU PAS

La marche de travers n'est pas naturelle au cheval. Sans être inapte à la progression latérale, son appareil locomoteur ne permet

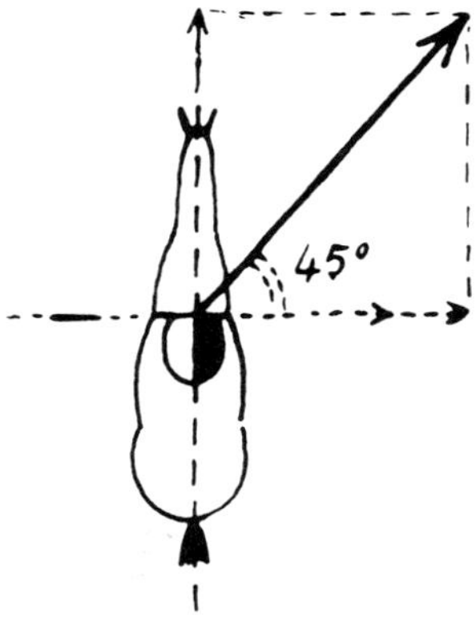

qu'une marche oblique, vers l'avant et de côté, sous un angle compris entre la direction à laquelle il fait face et une oblique à 45°, cette oblique à 45° étant un maximum à ne jamais dépasser.

Dans les pas de côté, les membres antérieurs et postérieurs se croisent par le jeu des muscles abducteurs et adducteurs ; ces muscles, qui ont un rôle à peu près nul dans la marche directe, ont besoin d'être entraînés méthodiquement.

Pour décomposer les difficultés, il y a lieu de travailler d'abord le croisement des antérieurs (épaule en dedans), puis celui des postérieurs (hanche en dedans) et enfin le croisement simultané des antérieurs et des postérieurs (appuyer).

Dans chacun de ces trois exercices, l'incurvation de la colonne vertébrale du cheval diffère : dans l'épaule en dedans, le cheval incurvé se déplace du côté où il est convexe, dans la hanche en dedans, du côté où il est concave, dans l'appuyer, le cheval est presque droit et se déplace du côté où il est très légèrement concave.

1. Volte hanches en dehors

C'est la suite logique du travail entrepris à la première période : demi-volte renversée en chassant les hanches. Difficulté supplémentaire : on ne peut plus profiter du petit ralentissement à la fin de l'oblique pour déclencher et entamer le mouvement.

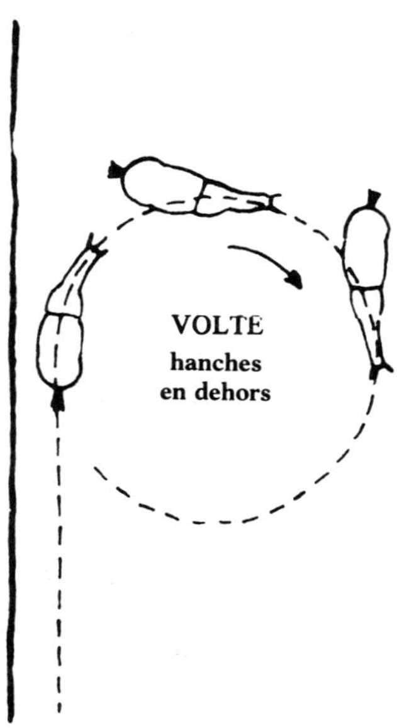

Le cavalier vient à main droite, pour effectuer une volte à droite :

1) Actions de rêne d'appui gauche pour obtenir la volte à droite et, en même temps, le placer à gauche, du côté où vont les hanches.

2) Actions de jambe droite pour déplacer l'arrière-main vers la gauche.

3) A certains moments, rêne d'ouverture à gauche ou d'appui droite (l'une des deux, mais pas les deux en même temps) pour que le cheval ne tourne pas sur un cercle trop petit.

4) Nécessité impérieuse de l'impulsion fournie par les deux jambes avec prédominance de la jambe

droite ; l'action de cette jambe droite doit se faire sentir au moment de l'engagement du postérieur droit, lorsque le cavalier éprouve une dépression sous la jambe et qu'il peut voir, à cet instant, l'épaule droite qui revient en arrière.

2. L'épaule en dedans

A la fin d'une volte à droite, sur laquelle le cheval sera bien incurvé à droite, entamer une nouvelle volte, jusqu'à ce que, les antérieurs ayant quitté la piste, les postérieurs s'y trouvent encore, au point de tangence

de la volte avec la courbe ; telle est la position (en mouvement) de départ pour le travail avec l'épaule droite en dedans.

Il s'agit alors de faire déplacer le cheval vers la gauche en maintenant ses postérieurs sur la piste et en conservant l'incurvation de sa colonne vertébrale à droite par :

1) des actions de rêne intermédiaire droite ;

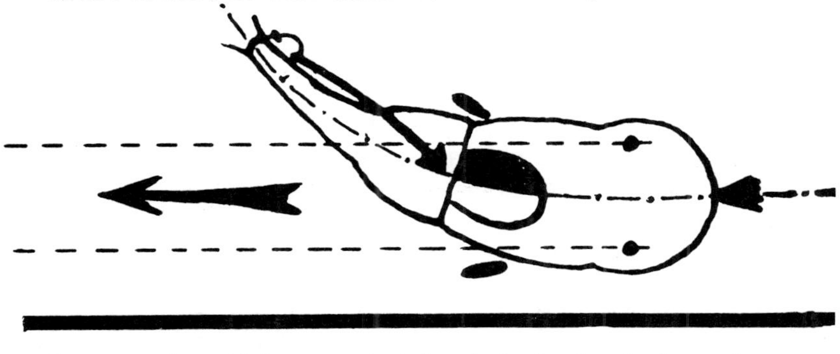

2) des actions légères et répétées de la jambe droite qui pousse vers la gauche, aux sangles ;

3) des actions très légères de la jambe gauche qui aident au maintien de l'incurvation du cheval à droite, en arrière des sangles.

Se contenter d'abord de quelques pas d'épaule droite en dedans : ce travail est très pénible pour le cheval. Dès que quatre pas sont obtenus, entamer une nouvelle volte à droite qui conserve l'incurvation à droite et prépare le cheval soit à recommencer le même exercice, soit au contraire à se déplier facilement en revenant sur la piste.

Ne pas oublier que l'encolure est naturellement plus souple et plus flexible que le reste de la colonne vertébrale, que c'est la colonne vertébrale surtout qu'il faut ployer, avec les jambes, aidées par les mains (rêne intermédiaire droite), que ce n'est pas parce que le cheval plie son encolure à droite qu'il exécute des pas d'épaule droite en dedans.

Importance capitale de l'aide poids du corps : assiette déplacée légèrement à gauche par une génuflexion de la jambe gauche et torsion du buste vers la gauche pour faire face à la direction de marche et entraîner le cheval vers la gauche.

Le but de l'épaule droite en dedans est triple :

1) *Engagement du postérieur droit* sous la masse, par abaissement de la hanche droite : le cheval est fortement sur les hanches.

1) ENGAGEMENT DU P.D. 2) CROISEMENT DE L'A.D.

2) *Croisement de l'antérieur droit* devant l'antérieur gauche qui doit alors se soulever davantage, préparation aux airs d'école qui demandent une plus grande élévation des gestes.

3) *Légèreté* : ce n'est pas par des tractions sur la rêne droite qu'on obtiendra l'épaule droite en dedans. Si l'on se croit souvent obligé de tirer ou de résister exagérément, c'est parce qu'on se montre trop exigeant, que l'on recherche une trop grande incurvation du cheval, qu'on lui demande un trop grand nombre de pas d'épaule en dedans, etc. Ne pas oublier que tout travail doit être lent et progressif.

3. La légèreté

Par l'intermédiaire des rênes, le *contact* de la bouche du cheval avec le mors provoque un *appui* sur la main du cavalier.

Le contact vient du cavalier, l'appui du cheval.

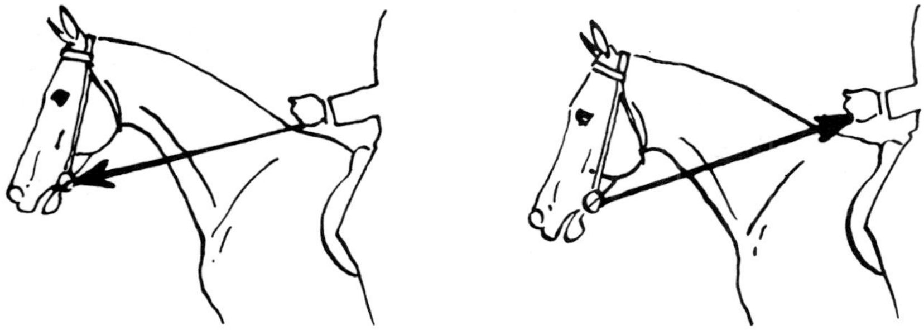

Appui

Si léger qu'on puisse le désirer dans le travail de manège, le contact doit toujours exister, puisqu'il est le seul moyen de communiquer les intentions du cavalier au cheval, par l'intermédiaire de la main et des rênes. L'absence totale de contact ne doit donc jamais durer plus de quelques secondes.

L'appui du cheval est aussi indispensable que le contact de la main : il est léger au manège avec un cheval bien assoupli et équilibré, doux à l'extérieur et sur l'obstacle, ferme aux allures rapides, trot ou galop d'entraînement ou de course.

4. Demi-volte en tenant les hanches

Le cavalier vient toujours à main droite. Dès le début de la demi-volte, tenir exagérément les hanches ployées à droite pour que les postérieurs se déplacent sur un cercle plus petit à l'intérieur du grand cercle décrit par les membres antérieurs.

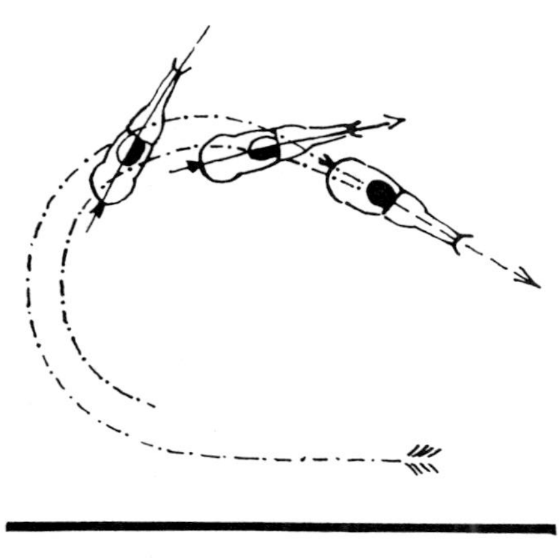

Le demi-cercle terminé, entamer l'oblique en laissant les postérieurs reprendre leur place derrière les antérieurs.

Agir d'abord avec la rêne droite d'ouverture pour entamer le demi-cercle et obtenir un placer correct à droite, du côté où vont les hanches, puis ensuite :

1) jambe gauche en arrière, qui forme un « mur » afin de placer les hanches sur un cercle intérieur, mais en évitant une inclinaison trop grande (30 à 35°) ;

2) actions de rêne gauche d'appui pour pousser les épaules vers la droite sur le demi-cercle, alternant avec de légères actions de rêne gauche contraire d'opposition ;

3) jambe droite aux sangles, entretenant l'impulsion et surveillant le déplacement des hanches pour le limiter si c'était nécessaire ;

4) assiette à droite par une génuflexion de la jambe droite ; et torsion du buste vers la droite. Le cavalier a plutôt tendance à faire le contraire, ce qui dérange l'équilibre et entrave le déplacement.

Ce travail se perfectionne par la recherche d'une légère incurvation intérieure (à droite) : le cavalier doit avoir l'impression que le cheval se plie autour de sa jambe droite.

5. Les rênes d'opposition

Ainsi appelées parce qu'elles s'opposent au mouvement en avant. Elles n'opposent pas les hanches aux épaules, ni les épaules aux hanches, qui, comme les deux piles d'un pont, ou les deux piliers d'une voûte, restent toujours opposés les uns aux autres ; sans cette opposition permanente, le pont ou la voûte s'écrouleraient, comme le corps du cheval.

Il y a trois effets de rênes d'opposition :

1) *La rêne directe d'opposition,* qui est une résistance dans une direction parallèle au corps du cheval : la rêne droite directe d'opposition, par exemple, freine l'antérieur droit et jette les hanches à gauche ; par réaction, elle attire un peu les épaules vers la droite. Le cheval tourne sur ses antérieurs, en chassant ses hanches à gauche : il se met ainsi sur les épaules.

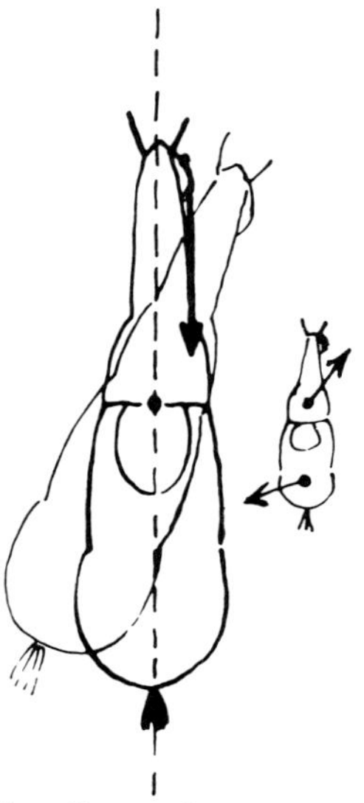
rêne directe d'opposition

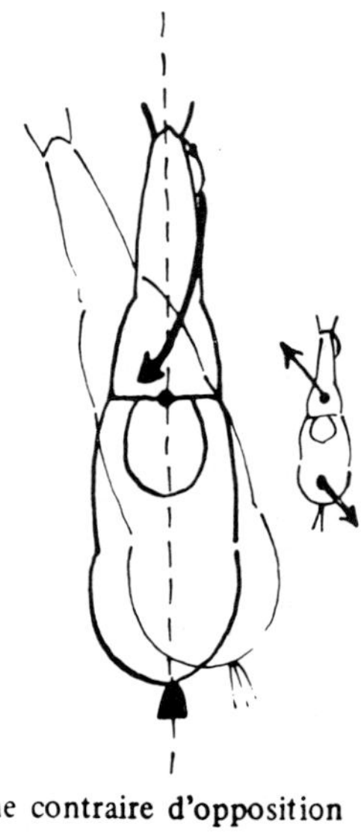
rêne contraire d'opposition

2) *La rêne contraire d'opposition,* qui est une résistance dans une direction oblique par rapport au corps du cheval : la rêne droite contraire d'opposition, par exemple, résiste en direction de l'épaule gauche du cheval, en avant de son garrot ; elle freine le mouvement en avant et pousse les épaules vers la gauche ; par réaction, les hanches sont déviées à droite. Le cheval tourne sur ses postérieurs en chassant ses épaules à gauche : il se met franchement sur les hanches.

3) *La rêne intermédiaire,* qui est une rêne d'opposition comme les deux précédentes, car elle s'oppose légèrement au mouvement en avant, tout en poussant, par des oscillations entre la rêne directe d'opposition et la rêne contraire d'opposition, les hanches et les épaules dans la même direction, de l'autre côté.

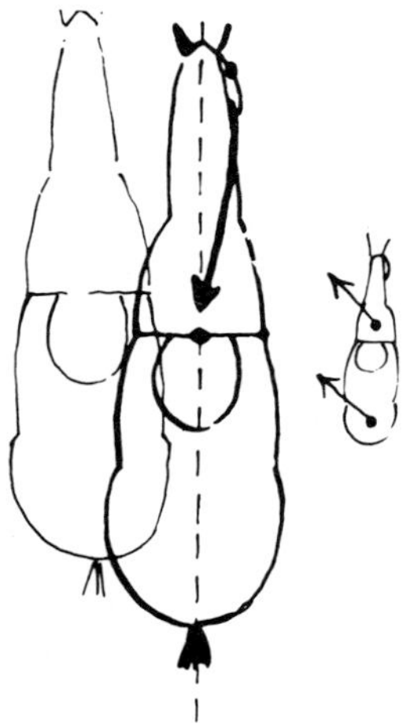
rêne intermédiaire

La rêne intermédiaire opère dans une direction intermédiaire, au milieu du corps du cheval, en arrière du garrot, et ne résiste que très peu : la rêne droite intermédiaire, par exemple, agit en direction de la hanche gauche du cheval, et pousse les épaules et les hanches à la fois vers la gauche. Le cheval tout entier se déplace vers la gauche, ses membres droits croisant nécessairement les membres gauches (appuyer).

La rêne intermédiaire est aussi appelée rêne contraire d'opposition cinquième effet en arrière du garrot ; mais comme il ne faut pas oublier que l'une de ses deux composantes est la rêne directe d'opposition, nous préférons lui laisser sa dénomination traditionnelle de rêne intermédiaire (intermédiaire entre la rêne directe d'opposition et la rêne contraire d'opposition).

6. Remarques

Quelle que soit l'action de la main : rêne d'ouverture, rêne d'appui, rêne directe d'opposition, rêne contraire d'opposition, rêne intermédiaire, l'effet produit sur le cheval ne prendra toute sa valeur que si cette action de main est petite, brève et répétée.

Une action forte, longue et continue peut être utile quelquefois, mais elle lasse le cheval, détruit incontestablement sa sensibilité et ne conduit pas à la légèreté.

Toute la difficulté consiste à n'agir qu'au moment voulu, et seulement pendant cet instant idéal : c'est-à-dire, pour la main droite, pendant le lever de l'antérieur droit. Dès que cet antérieur droit se pose sur le sol, toute action de main droite doit immédiatement cesser pour ne reprendre qu'après l'appui, au moment où l'antérieur droit se lève à nouveau.

Cette règle générale s'applique également aux actions de jambes qui n'agiront utilement que pendant le soutien du postérieur correspondant ; dès son appui, l'action de la jambe doit cesser, pour ne reprendre qu'après l'appui, au moment où le postérieur se lève à nouveau.

Il en va de même pour les actions de l'aide poids du corps, qui doivent être petites, brèves et répétées, comme celles des mains et des jambes.

III. TRAVAIL DE DEUX PISTES AU TROT

Demi-volte renversée hanches en dehors

Le travail est le même qu'au pas. Mais avec l'allure et l'impulsion plus grandes au trot, le cheval se livrera plus facilement parce qu'il profitera des périodes de projection (moments où aucun membre n'est à l'appui) pour effectuer le déplacement transversal, de tout son corps.

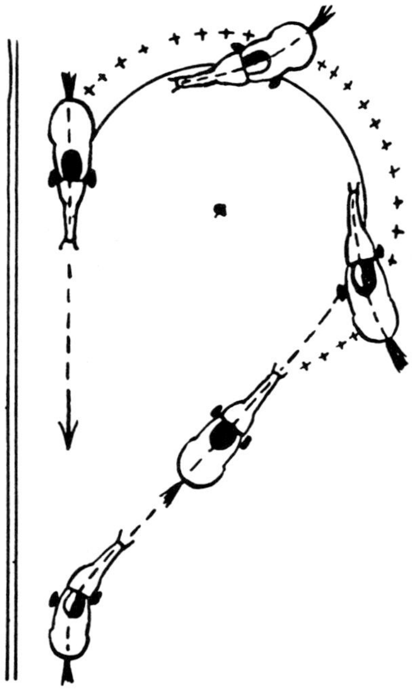

A main droite, le cavalier entame l'oblique de la demi-volte renversée. A la fin de cette oblique, il marque un ralentissement momentané qui facilite le déclenchement du déplacement des hanches vers la droite, grâce aux actions de la jambe gauche, qui se fait sentir en arrière perpendiculairement au corps du cheval, à plat et en cadence avec les levers du postérieur gauche.

Il faut d'abord se contenter de deux ou trois foulées de trot avec hanches en dehors et terminer la demi-volte renversée en marchant « droit » sur le cercle, avec des actions simultanées des deux jambes. Augmenter progressivement le nombre de foulées sur deux pistes, jusqu'à obtenir que tout le demi-cercle soit parcouru en chassant les hanches ; le cheval atterrit alors sur la piste parallèlement au mur.

L'encolure doit rester droite, en recherchant un très léger placer à droite, du côté où vont les hanches. Il y a donc lieu d'utiliser la rêne d'appui droite qui permet ce placer tout en dirigeant le cheval sur le demi-cercle à gauche.

IV. VARIATIONS D'ALLURES

La préoccupation du mouvement en avant doit être constante pendant tout le dressage et plus particulièrement pendant ces premières périodes. Nécessité de créer chez le cheval le réflexe instantané qui permet la véritable impulsion et élimine l'esprit de rébellion.

Si le cheval veut rétiver pendant l'exécution d'un mouvement, ne pas insister sur celui-ci, mais agir aussitôt des deux jambes, de façon énergique, pour obliger le cheval à *fuir* en avant.

Les variations d'allures sont un moyen pour développer l'impulsion, à condition que le cavalier ait toujours en vue l'affinement de la sensibilité de son cheval, et que, sous prétexte de le faire « gicler » en avant, il ne l'attaque pas toujours systématiquement avec les éperons.

Si les allongements d'allures sont propices au développement de l'impulsion et de la sensibilité du cheval, les ralentissements d'allures sont incomparables pour obtenir l'engagement des postérieurs et une rectitude absolue du cheval. Lorsque la main agit pour ralentir l'allure, c'est sur les antérieurs qu'elle agit. Au moment où les antérieurs ralentissent, les postérieurs, eux, n'ont pas encore reçu d'ordre et tendent alors à s'échapper de côté, à moins qu'une action des deux jambes ne se fasse sentir pour les maintenir derrière les antérieurs : ils viennent alors « buter » contre les antérieurs, ce qui provoque leur engagement.

Il faut rechercher progressivement des transitions plus nettes et plus rapides ; les allongements restent toujours plus immédiats que les ralentissements.

Dans les allongements, les jambes du cavalier doivent déployer toute l'énergie nécessaire, dosée en fonction du tempérament et de la sensibilité du cheval, les mains ne doivent pas s'opposer au mouvement en avant, mais le permettre en s'avançant vers le bas, en desserrant les doigts et en relâchant les rênes de bride : tout allongement d'allure, quelle que soit cette allure, nécessite un allongement de l'encolure, ainsi que l'ouverture de l'angle tête-encolure, soit un changement d'attitude. Le poids du corps du cavalier aide puissamment aux allongements : l'assiette s'avance vers le pommeau, le buste s'incline en avant.

Dans les ralentissements, les mains se ferment et se soulèvent pour résister par des petites actions brèves et répétées, jamais en tirant d'une façon continue. Le buste se redresse, l'assiette s'enfonce et les jambes sont attentives pour éviter tout traversement.

1. Pas allongé

« C'est au pas de son cheval qu'on reconnaît le cavalier. »

Il faut rechercher l'allongement des foulées en conservant la même cadence et non en précipitation par raccourcissement à une cadence accélérée. Veiller également à la régularité et l'équidistance des battues.

Le cavalier marche avec son cheval, agissant alternativement avec ses deux jambes, la droite au moment du lever du postérieur droit, la gauche au moment du lever du postérieur gauche, pour engager davantage chacun des postérieurs ; il amplifie le mouvement de balancier de l'encolure avec ses coudes, ses poignets et ses doigts, il favorise les ondulations de la colonne vertébrale par le jeu souple et liant de son rein : extension ou allongement de l'encolure.

L'action alternative des jambes indique et provoque l'allongement, puis cesse, mais le cavalier reste attentif pour agir à nouveau avec ses jambes, dès que l'allongement risque de diminuer.

2. Pas rassemblé

Rechercher l'élévation des gestes et leur raccourcissement. Le cavalier marche à contretemps avec son cheval, agissant alternativement avec ses deux jambes, la droite au moment du poser du postérieur droit, la gauche au moment du poser du postérieur gauche. Le cavalier contrarie les mouvements de l'encolure et demande sans cesse des flexions de mâchoire. Veiller à maintenir l'activité des postérieurs.

3. Trot allongé

Importance du buste qui entraîne au lieu de rester à la traîne. Mais cette légère inclinaison du buste en avant ne fait que démarrer l'allongement ; dès que celui-ci est entrepris, le buste se redresse pour pousser le cheval avec l'assiette, comme si on voulait tellement le comprimer entre l'assiette et le sol, qu'il ne trouve pas d'autre échappatoire que de « gicler » en avant, comme un noyau de cerise pincé entre deux doigts.

Mains basses et en avant, rênes de bride légèrement relâchées, jambes très actives, alternativement. Extension ou allongement de l'encolure.

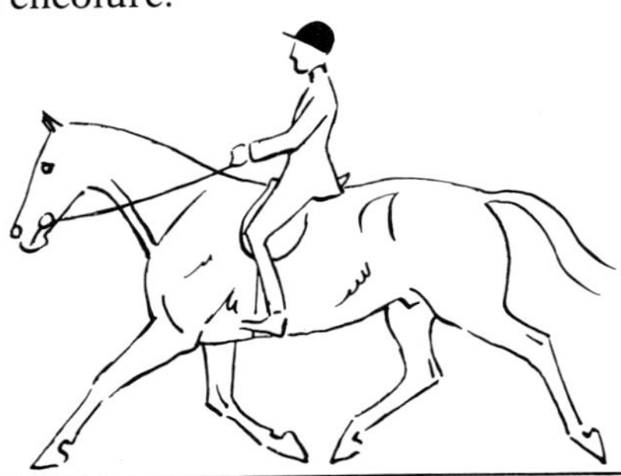

trot allongé

trot rassemblé

4. Trot rassemblé

La poussée de chacun des postérieurs déplace le corps du cheval à la fois en avant et de bas en haut. Le trot rassemblé consiste non pas à réduire l'amplitude des foulées, ce qui engendrerait immanquablement la traînée des membres, mais à augmenter l'effort de projection verticale au détriment de l'effort de propulsion horizontale.

Trot assis, bien entendu, permettant une plus grande activité des jambes et une plus grande fixité des mains (la fixité des mains n'exclut pas leur moelleux). Il faut tendre vers le trot cadencé, dans lequel on prolonge la durée de l'appui du diagonal à terre et la durée du soutien du diagonal en l'air.

diag. d. à l'appui diag. g. à l'appui

Pour cela, lorsque le diagonal droit est à l'appui, action sur la rêne droite (rêne d'ouverture ou rêne directe d'opposition), qui fixe ainsi la masse de l'avant-main du cheval sur l'antérieur droit à l'appui, et action de la jambe droite, qui reporte la masse de l'arrière-main du cheval sur le postérieur gauche à l'appui.

Cette action de jambe droite engagera également sous la masse le postérieur droit, contribuant ainsi à prolonger le soutien de ce membre ; en même temps encore, ouvrir les doigts de la main gauche pour ne pas retenir le geste de l'antérieur gauche et lui permettre au contraire de se développer ; enfin relâcher quelque peu la pression de la jambe gauche pour n'inciter ni le postérieur gauche à venir sous le centre ni l'antérieur droit à quitter l'appui.

Tout cela pour l'unique demi-foulée du diagonal droit venant à l'appui... !

Autrement dit : reprise de main et de jambe sur le diagonal à l'appui, remise de main et de jambe sur le diagonal au soutien. Ce qui est très difficile puisqu'il faut inverser ses aides toutes les demi-foulées, soit à peu près toutes les demi-secondes.

Là est toute la difficulté : rechercher la précision dans les indications des aides, compter les battues des diagonaux pour ne pas agir à contretemps et veiller au maintien de la cadence. L'amélioration du trot cadencé sera très rapide dès que les demandes seront précises et justes : le cheval se cadencera avec soumission et même avec plaisir.

V. TRAVAIL AU GALOP

1. Galop juste sur un grand cercle

Rechercher le bon placer de l'encolure, la bonne incurvation du cheval sur la courbe qu'il décrit et le maintien de la régularité de l'allure : le cheval ne doit ni ralentir sa cadence ni l'accélérer.

Très progressivement, diminuer le diamètre du grand cercle (20 m environ) jusqu'à lui donner la dimension d'une volte (10 m de diamètre), puis élargir le cercle, tout cela sans ralentir ni accélérer, avec une incurvation correcte et un bon placer.

2. Allongements et ralentissements du galop

Les allongements doivent être bien marqués par un galop un peu plus rapide que le galop ordinaire : il ne s'agit pas de faire un « canter », mais en augmenter l'amplitude des foulées ; pas de précipitation, les demander d'abord sur la ligne droite à la sortie d'un cercle.

Dans le galop ralenti, l'action des deux mains ne doit pas être simultanée. Dans chaque foulée de galop à droite :

1) Action de rêne droite à la fin du troisième temps (poser de l'antérieur droit) et cession après le premier temps (engagement du postérieur gauche).

2) Action de rêne gauche au moment où la rêne droite cesse son action, c'est-à-dire au deuxième temps (poser du diagonal gauche) et cession avant le troisième temps.

Ces actions de main se font par serrement moelleux des doigts, toute saccade sur la bouche étant proscrite : la main agit sur la rêne comme si elle pétrissait du mastic, avec une tendance à s'élever.

L'action des jambes est également alternative, correspondant avec l'engagement du postérieur du même côté. L'impulsion doit être égale, comme la cadence, dans les allongements et les ralentissements.

Tout ce qui précède n'empêche pas les actions que nous avons coutume de faire au galop pour maintenir le cheval droit : main droite plus soutenue (placer à droite), jambe droite aux sangles (redressement des hanches), assiette à gauche, pour le galop à droite. Sous aucun prétexte, action de rêne droite d'appui qui pousse les épaules à gauche en traversant le cheval. Sous aucun prétexte, actions de jambes gauche de position qui pousse les hanches à droite en traversant le cheval. Ne jamais oublier que les aides diagonales droites (main droite et jambe gauche) sont des aides de départ au galop, mais de départ seulement, et non de maintien du galop, car elles ont tendance à traverser le cheval, ce qui est en contradiction avec la recherche de la rectitude.

3. Départs au galop

Le sujet est inépuisable : les cavaliers n'ont pas fini d'en discuter entre eux !

Mais, à l'origine de ce chapitre, il y a une erreur colossale, officiellement colportée, qui fausse le problème : on dit et on écrit que « le cheval a constamment, au galop, un bipède latéral en avant de l'autre », que « le galop est caractérisé par l'avance prise par un latéral sur l'autre » et qu'en conséquence, pour obtenir un départ au galop, il suffit « de retarder un latéral, en le surchargeant, ou de donner de l'avance à l'autre latéral, en l'allégeant »...

Nous sommes aussi éloignés de la réalité que le peintre Géricault lorsqu'il représentait des chevaux au galop !

La réalité est, en effet, bien différente : au galop à droite, par exemple, les membres droits ne dépassent pas constamment les membres gauches. Il est exact qu'au galop à droite chacun des deux membres du bipède latéral droit vient se poser sur le sol en avant de son congénère gauche, mais ceci dans le cadre étroit d'une seule foulée de galop, séparée de la suivante par une période de projection ; car, en dehors de ce cadre étroit, les membres gauches viennent eux aussi, à leur tour, c'est-à-dire au début de la foulée suivante, se poser sur le sol en avant de leur congénère de droite.

Il y a donc un moment où chaque membre gauche dépasse son congénère de droite : par conséquent, chacun des deux bipèdes latéraux, droit et gauche, vient à son tour en avant de l'autre ; il y vient d'ailleurs en deux temps, l'avance du postérieur précédant toujours celle de l'antérieur, à droite comme à gauche, et non d'un même ensemble pour les deux membres de chaque bipède latéral. Cependant le dépassement effectué par les deux membres gauches dure moins longtemps que le dépassement effectué par les membres droits.

Notons encore qu'au galop à droite, si le postérieur gauche se pose le premier sur le sol (1er temps), le postérieur droit, qui se pose ensuite (2e temps), s'engage bien davantage et fait un effort plus considérable que son congénère gauche.

Enfin, pour mieux retourner le problème sous toutes ses faces, on peut ajouter qu'en se posant sur le sol, chaque membre droit dépasse son congénère gauche d'une distance moins grande que celle du dépassement de chaque membre gauche.

Il suffit de regarder la représentation graphique des phases successives du galop pour se rendre compte des erreurs qui ont été écrites à ce sujet.

Pour obtenir un départ au galop selon la règle officielle, il faudrait utiliser telles ou telles actions de mains et de jambes soigneusement indiquées ; mais ce qu'on ne dit pas, c'est qu'il faudrait *les faire à tel instant précis et fugitif*, bien difficile à discerner par le cheval et par le cavalier, instant qui correspondrait alors à l'avance d'un latéral sur l'autre. C'est sans doute pour cette raison que les départs au galop semblent si faciles à obtenir par certains cavaliers qui sentent instinctivement, tandis que d'autres ne réussissent pas.

4. Mécanisme des départs au galop

Dans son *Equitation académique*, le général Decarpentry a expliqué le mécanisme des départs au galop de façon tellement magistrale qu'il faut en suivre le développement presque mot à mot.

Il semble bien que le fameux principe de Baucher : *position et action,* se révèle insuffisant : il n'y a pas de position qui impose le galop, il n'y a que des positions qui le favorisent.

C'est à l'entendement du cheval qu'il faut s'adresser. S'il est nécessaire d'agir sur sa mécanique, il faut en outre réaliser toutes les conditions extérieures qui peuvent éclairer le cheval sur les intentions de son cavalier. Bref, il ne faut pas chercher à déclencher le mécanisme du départ au galop par des moyens infaillibles, mais « se faire comprendre et laisser faire », tout en utilisant le moins mal possible ce qui paraît être certain.

Le cheval ne part pas instantanément au galop : il « évolue » du pas vers le galop, ou du trot vers le galop, comme du reculer ou de l'arrêt vers le galop, comme encore du galop vers le galop

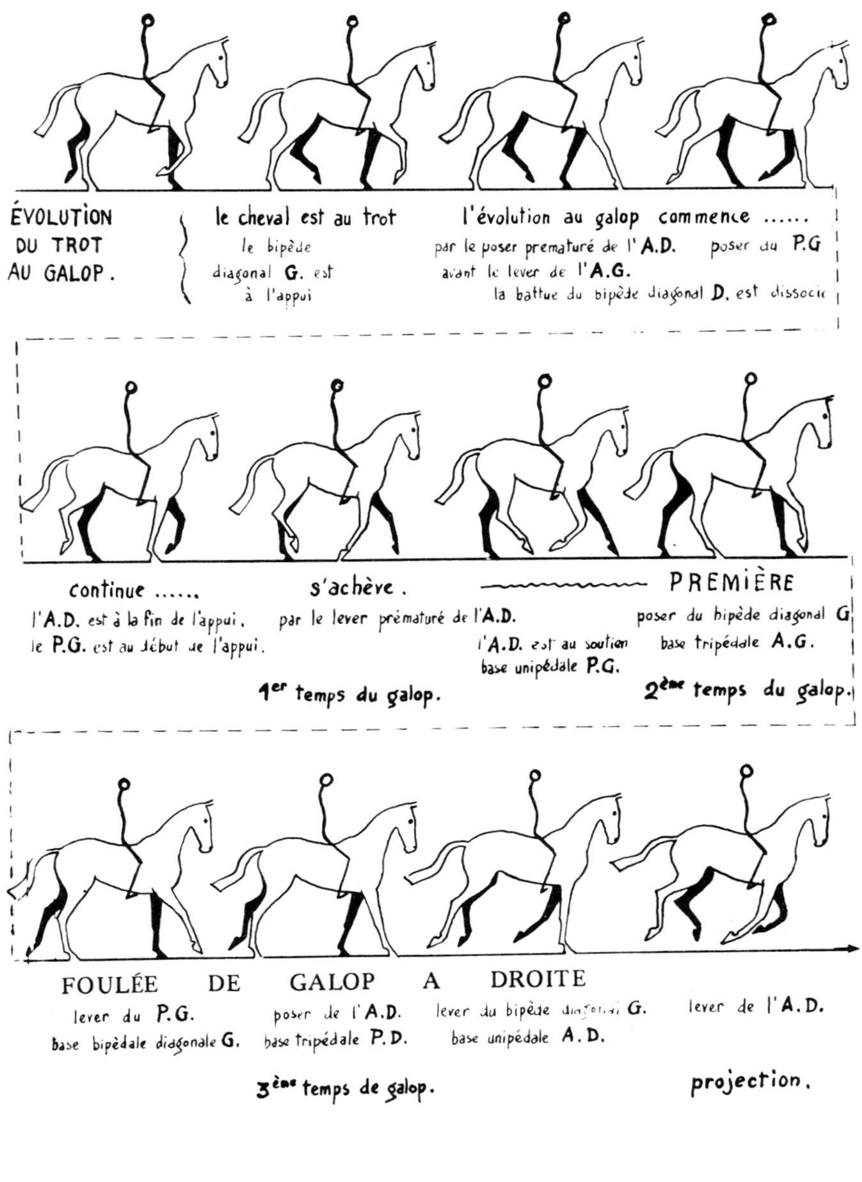

(changement de pied). Et cette évolution ne réussit pas toujours du premier coup, ni même du second : il y a une période intermédiaire de tâtonnements, une période de transition, pendant laquelle le cheval n'est plus au pas, mais pas encore au galop, ou n'est plus au trot, mais pas encore au galop. Cette évolution peut durer plusieurs foulées ; lorsqu'elle atteint son minimum, une foulée, l'espace ou le temps d'une foulée, le départ au galop est bon.

En partant du pas, l'évolution vers le galop commence toujours par l'arrière-main, par les hanches, d'où : action de jambe du cavalier d'abord, puis, presque immédiatement, action de main.

Du *pa*s au galop à droite, le cheval commence toujours par précipiter le *le*ver du *po*stérieur droit : il évolue alors vers le galop et il sera complètement au galop à partir du moment où l'antérieur droit va se lever prématurément, avant le poser de l'antérieur gauche.

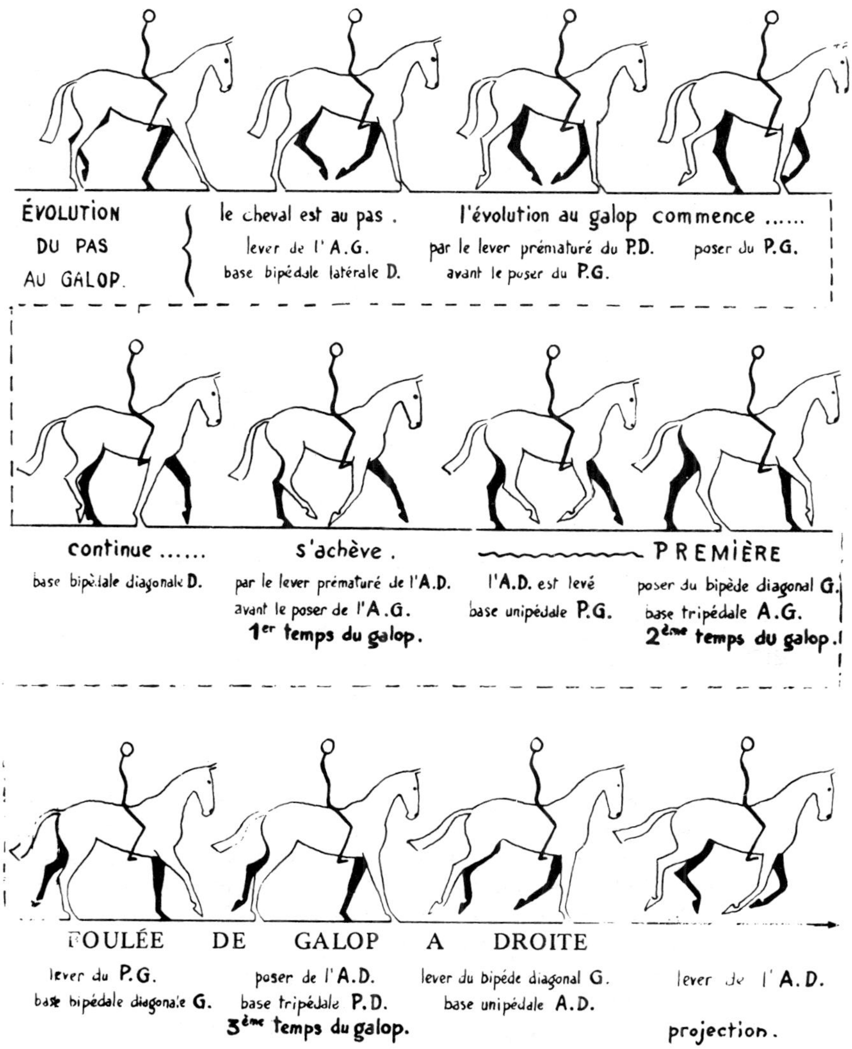

Tout ce qui facilite la précipitation du lever du postérieur droit favorise le déclenchement du départ au galop à droite en partant du pas : *pa-le-po.*

En partant du trot, l'évolution vers le galop commence toujours par l'avant-main, par les épaules, d'où : action de main du cavalier d'abord, puis, presque immédiatement, action de jambe.

Du *tro*t au galop à droite, le cheval commence toujours par précipiter le *pos*er de l'*an*térieur droit ; il évolue alors vers le galop et il sera complètement au galop à partir du moment où le postérieur droit va se poser prématurément, avant le lever du postérieur gauche.

Tout ce qui facilite la précipitation du poser de l'antérieur droit favorise le déclenchement du départ au galop à droite en partant du trot : *tro-pos-an.*

En partant du reculer, même chose qu'à partir du trot, puisque le reculer est une allure diagonale comme le trot.

En partant de l'arrêt, l'évolution vers le galop commence par une esquisse de reculer : le cheval « s'assied ». Mais, en même temps, il esquisse un début de cabrer ; le mouvement en arrière, le mouvement de cabrer et le mouvement en avant pour prendre le galop doivent coexister ; ainsi, le départ au galop de pied ferme est le résultat d'un compromis ; il ne peut être obtenu qu'avec un cheval parfaitement habitué aux départs au galop en partant de toutes les autres allures.

En partant du galop, c'est le changement de pied, qui ne sera étudié qu'au cours de la troisième période.

Dans tous les départs au galop, on oublie de dire, après avoir parlé de multiples actions de mains et de jambes, que l'aide la plus précieuse, comme d'habitude, est l'aide « poids du corps », dont la *disposition* influe considérablement sur la *position* du cheval.

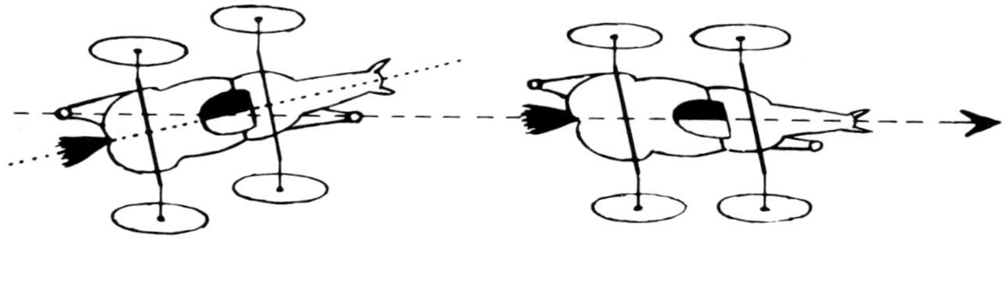

Au galop du cheval, ses essieux avant et arrière ne restent pas perpendiculaires à l'axe de marche : ils sont obliques. Et nous entendons par essieu arrière la ligne des hanches, par essieu avant la ligne des épaules, comme si le cheval avait des roulettes, ou plutôt des grandes roues, qui tourneraient, comme ses membres, autour de leurs axes ou de leurs centres d'attache, aux extrémités d'essieux obliques : au galop à droite, les roues droites sont un peu en avant des roues gauches.

Au début du dressage, il en est ainsi, comme d'une auto aux

roues mal équilibrées. Peu à peu on redresse la carrosserie : pour marcher droit, les roues vont s'aligner deux à deux, à droite et à gauche, mais les essieux restent toujours légèrement obliques par rapport à l'axe de marche.

Alors, pour partir au galop à droite, il n'y a qu'à tordre dans le bon sens la carrosserie du cheval tout entier, la « gauchir » vers la gauche, cavalier compris, pour provoquer cette obliquité des essieux. C'est lui d'ailleurs, le cavalier, partie pensante et pesante de l'appareil, qui va communiquer à tout l'ensemble une disposition favorable au galop à droite, pour l'ébranler ensuite à cette allure : il avance sa hanche droite et son épaule droite, entraînant ainsi en avant la hanche droite et l'épaule droite du cheval, afin de tendre vers le galop à droite.

Cet infime mouvement de torsion du buste du cavalier, qui s'accompagne automatiquement d'une pesée à gauche, provoque chez le cheval un grand déséquilibre qui l'oblige à entamer un galop sur le pied droit bien plus sûrement que toutes les actions possibles de mains et de jambes.

5. Procédés pour les départs au galop

Suivant le degré de dressage du cheval, les départs au galop à droite peuvent être demandés par des procédés différents. Il est bien entendu que, si nous choisissons le galop à droite comme exemple, les choses se passent de façon presque symétrique en ce qui concerne le galop à gauche.

1) *Procédé élémentaire,* par les aides latérales gauches : actions de jambe gauche en arrière et de rêne gauche directe d'opposition, sans oublier l'aide poids du corps, toujours à gauche, et l'action impulsive des deux jambes. Le cheval est traversé à droite, les hanches à droite, la tête à gauche. Ce procédé convient aux jeunes chevaux et à ceux qui manquent de souplesse.

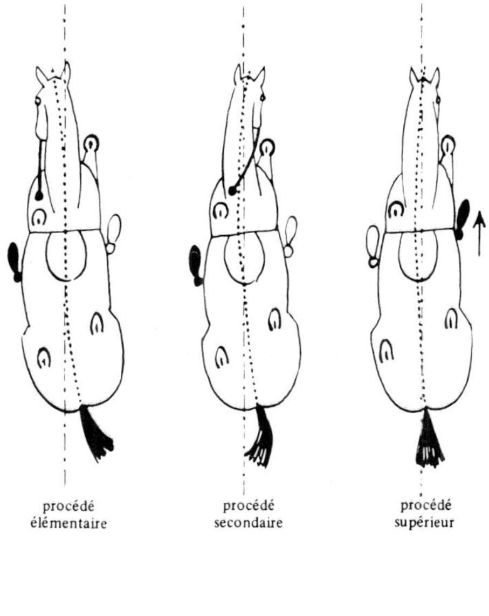

2) *Procédé secondaire,* par les aides diagonales droites : actions de jambe gauche en arrière et de rêne droite contraire d'opposition, sans oublier l'aide poids du corps, toujours à gauche, et l'action impulsive des deux jambes. Le cheval est fortement incurvé à droite, tête et hanches à droite, épaules à gauche. Ce procédé convient aux chevaux déjà assouplis par le dressage.

3) *Procédé supérieur,* par la seule jambe droite qui glisse en avant à la sangle et attire le postérieur droit vers l'avant, en ployant légèrement à droite tout le corps du cheval ; une très légère action de rêne droite permet d'obtenir le placer à droite, sans oublier l'aide poids du corps, toujours à gauche, et l'action impulsive des deux jambes. Cette méthode ne peut convenir qu'aux chevaux très bien assouplis, et à des cavaliers très confirmés.

6. Pratique des départs au galop

Tout en essayant de produire sur le cheval des effets mécaniques qui peuvent déterminer le galop, le cavalier devra s'attacher avant tout à placer le cheval dans l'ensemble des conditions extérieures qui concourent à provoquer ce départ sur le pied recherché et à procéder par la substitution progressive d'indications encore inconnues du cheval à des indications déjà connues de lui.

On ne demandera provisoirement que des départs au galop à partir du pas : cela nous aidera considérablement, ensuite, pour obtenir de façon aisée et coulante les départs au galop à partir du galop, autrement dit les changements de pied.

Pour passer du pas au galop, en dehors de la nécessité éventuelle d'augmenter l'impulsion, l'action de jambe doit précéder l'action de main, puisque le cheval commence son évolution vers le galop par l'arrière-main, par la précipitation du lever du postérieur droit (*pa-le-po*). La jambe droite, glissant légèrement en avant et se plaquant aux sangles, attirera le postérieur droit en avant après avoir précipité son lever ; la main droite ne doit agir qu'immédiatement après. Toute la difficulté consiste à agir à l'instant adéquat, avec la jambe comme avec la main : c'est là qu'intervient le tact équestre du cavalier.

On passera alors à l'étude des départs au galop à partir du galop, soit des changements de pied, ce qui n'est pas aussi difficile qu'on veut bien nous le faire croire, pourvu que le cheval sache imperturbablement passer du pas au galop et du galop au pas, en restant droit.

Malheureusement, dans la suite logique des reprises de dressage, on complique les difficultés en demandant d'abord des départs au galop à partir du trot...

Dans les départs au galop à partir du trot, où l'évolution commence par l'avant-main (*tro-pos-an*), c'est l'action de main qui doit précéder l'action de jambe et son effet, plus marqué, pourra aller jusqu'au demi-arrêt, s'il est nécessaire, afin de précipiter le poser de l'antérieur droit ; la jambe n'interviendra qu'ensuite, mais immédiatement et, dans la mesure nécessaire, pour activer le postérieur droit ou rétablir au besoin l'impulsion.

Les départs au galop à partir du reculer pourront alors être demandés, puisque le reculer est une allure diagonale, comme le trot.

Enfin les départs de l'arrêt au galop, obtenus par une esquisse de reculer, jusqu'à le devenir progressivement de pied ferme.

7. Galop à droite et galop à gauche

Naturellement, les deux formes du galop, galop à droite et galop à gauche, ne sont pas symétriques. Le cheval naturellement infléchi à gauche (cas général) galope à peu près droit sur le pied droit : son inflexion naturelle s'oppose à la déviation particulière du galop, et produit un redressement relatif. Les deux déviations s'ajoutent au contraire au galop à gauche, où le cheval se présente fortement de travers en même temps qu'incurvé.

Pour commencer le redressement du galop — qui ne pourra être obtenu complètement qu'au galop rassemblé —, le cavalier exercera son cheval en se basant sur l'influence de la vitesse, de la courbe suivie et sur les aides de redressement. Plus on galope vite, plus le cheval a tendance à redresser son galop : en course, le cheval galope droite, ses quatre pieds se posant successivement en quatre temps sur la même ligne

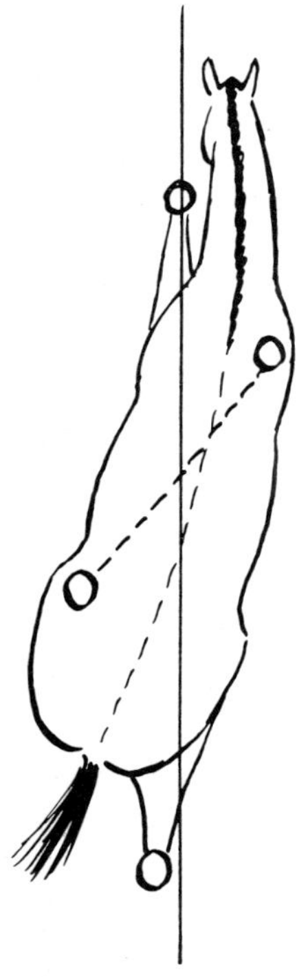

cheval naturellement incurvé à gauche
galopant sur le pied gauche

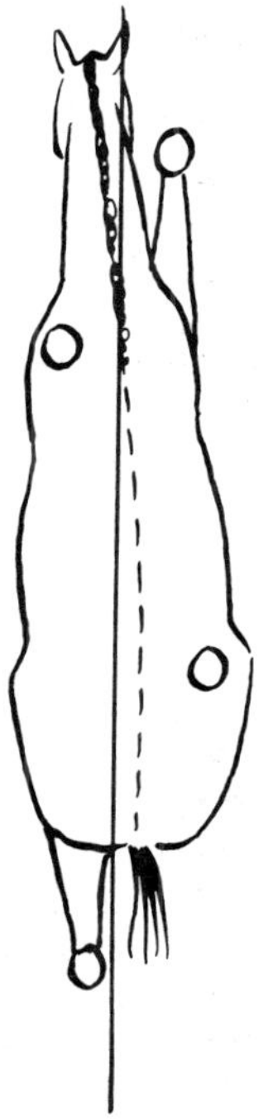

cheval naturellement incurvé à gauche
galopant sur le pied droit

droite ; il y a donc lieu d'utiliser quelques foulées d'allongement du galop dès qu'un certain traversement apparaît, puis ralentir en s'efforçant de garder un début de rectitude. Travailler ensuite sur des cercles à gauche en allongeant le galop à gauche, ce qui provoquera un certain dérapage des hanches à droite ; et, bien entendu, pousser les épaules à gauche, devant les hanches, par des actions de rêne droite d'appui, ce qui a tendance en même temps à fléchir le cheval à droite ; tandis que la main gauche agira par de petits effets de rênes gauche directe d'opposition pour rejeter les hanches à droite, en calant en quelque sorte les épaules en direction. Bien se garder d'utiliser les jambes, car il y aurait risque de désunion ou de changement de pied. Enfin, utiliser le galop à faux le long du mur, galop à gauche à main droite, pour retenir la déviation des hanches.

Ne pas oublier que la rectitude réside non seulement dans la symétrie de gestes des deux membres de chaque bipède antérieur et postérieur (aux allures symétriques), mais aussi dans la symétrie des deux formes du galop (allure dissymétrique) : un cheval très bien redressé au galop à droite n'est pas droit si son galop à gauche reste traversé, qu'il s'agisse du galop lui-même ou des départs au galop.

L'inflexion à gauche, naturelle chez le cheval qui, poulain, est enroulé (généralement) à gauche dans le ventre de sa mère, se trouve encore augmentée tout au long de sa vie par les mauvaises habitudes de l'homme qui l'aborde à gauche, qui le selle et le bride à gauche, qui le monte à gauche et descend de cheval à gauche, accentuant de plus en plus la flexibilité à gauche, au détriment de la flexibilité à droite, donc de la rectitude. Un remède, contre cette dissymétrie à droite et acquise peu à peu, consiste simplement à alterner, jours pairs et jours impairs, le côté du cheval réservé pour l'aborder, le harnacher, le monter et en descendre ; expérience faite dans un important centre équestre sur un lot de cent chevaux, au bout d'un mois de sévères contrôles, le résultat était concluant : la cavalerie s'était redressée et l'on enregistrait une meilleure rectitude sur la majorité des sujets.

8. Galop à faux

Le travail au galop à faux constitue un excellent exercice d'assouplissement ; c'est en outre un bon moyen d'équilibrer le cheval, de cadencer son galop et de développer l'amplitude du geste des antérieurs.

Il ne faut pas vouloir « forcer » le cheval à rester sur le même pied, mais lui faire comprendre, par insistance, que c'est ce qu'il doit arriver à faire et le « laisser se débrouiller » pour y parvenir, en évitant toute bousculade qui puisse provoquer la désunion ou le changement de galop. C'est une « souple passivité » du cavalier, avec un minimum d'intervention qui doivent être réalisés.

Au galop à droite, les tourners justes s'obtiennent par des actions de rêne gauche d'appui, les tourners à faux par des actions de rêne gauche d'ouverture. La main gauche du cavalier est seule chargée d'assurer la direction, puisque l'autre main, la droite, indique le galop et donne le placer.

Le galop à faux peut être entrepris de deux façons différentes : la meilleure consiste à acheminer le cheval progressivement sur une très large courbe à faux, sur un très grand cercle ; un vaste

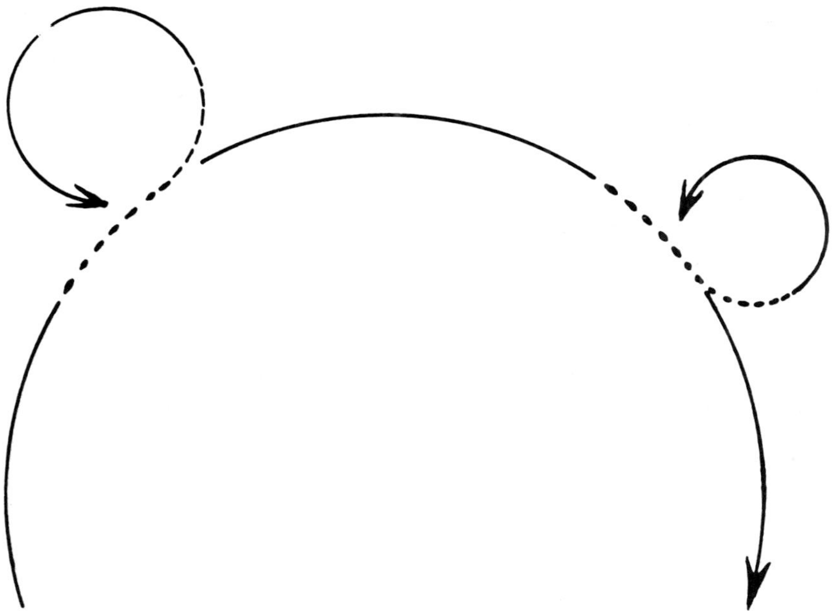

terrain est alors nécessaire. Dès que le cheval tente de quitter son galop à faux, volte extérieure pour raffermir l'allure ; dès que le galop s'altère, prendre le trot sans brusquerie et décrire une volte extérieure pour entamer un nouveau galop juste, puis reprendre le grand cercle à faux.

Deuxième méthode, dans un manège, acheminer le cheval sur une ligne brisée dont on augmente peu à peu l'amplitude : aux premiers essais, le mouvement est considérablement estompé, on s'écarte seulement du mur et on amortit au maximum le tournant à faux. Peu à peu, la boucle à faux augmente d'importance, jusqu'à

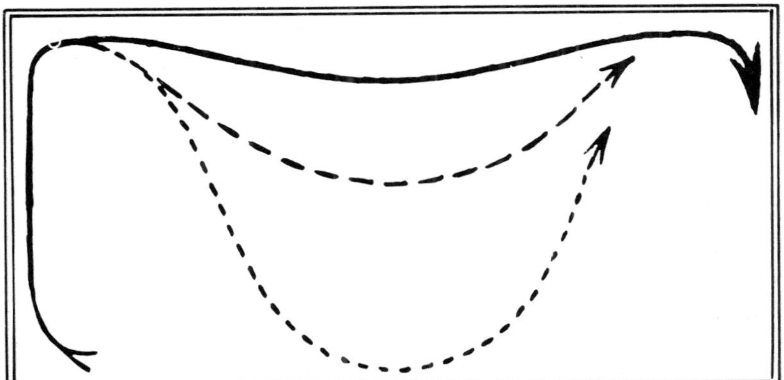

atteindre l'autre grand côté du manège, comme pour une serpentine. Dans les deux procédés, ce n'est que très progressivement que l'on abordera les cercles de petit diamètre, les voltes et le passage des coins à faux.

Il est particulièrement important de ne jamais amener le cheval à considérer la désunion ou le changement de galop comme une faute punissable, sinon le cavalier éprouverait les plus grandes difficultés, par la suite, pour obtenir les changements de pied au galop.

VI. LES EMBOUCHURES

La conformation et la structure des régions sur lesquelles reposent les mors, aussi bien que la conformation et la structure des mors eux-mêmes, influent nécessairement sur la nature et l'intensité des sensations que le cavalier peut provoquer dans la bouche de son cheval.

La *bouche* du cheval est fendue plus ou moins haut.

Les *lèvres* sont plus ou moins lisses et épaisses.

La *voûte du palais* est plus ou moins profonde, plus ou moins large, avec un revêtement plus ou moins charnu.

L'*auge* est plus ou moins étroite.

La *langue* est plus ou moins épaisse.

Les *barres* sont plus ou moins minces et sensibles.

Il existe une très grande quantité de mors ou d'embouchures ; deux seulement sont autorisées dans les concours de dressage, qui correspondent à tous les besoins normaux, le filet simple et la bride complète composée d'un filet et d'un mors de bride avec sa gourmette.

Le *filet* agit sur la langue et sur les lèvres, en particulier à leur commissure. De gros canons sont préférables quand le filet est employé seul dans la bouche du cheval ; au contraire, employé avec un mors de bride, il y a avantage à ce qu'il soit mince, pour tenir le moins de place possible et à ce qu'il soit à trois canons ou à double brisure pour ne pas offenser la voûte du palais. Le filet est ajusté quand ses canons touchent les commissures des lèvres en les plissant légèrement.

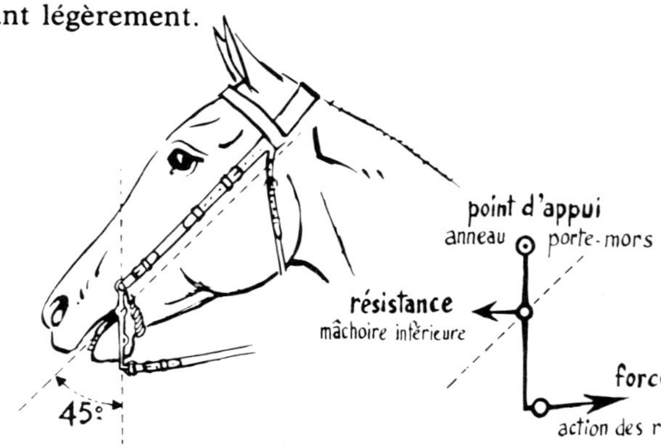

Le mors de bride agit par ses branches comme un levier

Le *mors de bride* est un levier du second genre, inter-résistant, qui transmet en la multipliant la force exercée à l'extrémité du plus long de ses bras. La puissance d'un mors est en raison directe de la différence de longueur de ses branches (quand la gourmette est attachée a l'extrémité de la branche supérieure).

Le mors de bride doit porter sur les barres et non sur la langue, dont l'écrasement douloureux provoque toujours du désordre. Pour éviter le pincement de la langue, il faut augmenter l'espace où la langue peut se réfugier : cintrage du canon, liberté de langue ou passage de langue, voire même un canon à col d'oie.

La gourmette fait partie intégrante du mors : elle sert à fixer par en bas l'anneau porte-mors, tandis que la têtière fixe cet anneau porte-mors par en haut ; l'anneau porte-mors constitue le point fixe du levier formé par les branches du mors. La gourmette est bien ajustée quand elle permet un basculement des branches du mors égal à 45° environ par rapport aux montants de bride. Trop serrée, elle est douloureuse et même brutale ; trop lâche, elle n'a plus assez d'action et peut blesser le cheval, en remontant le long de la mâchoire inférieure.

Le porte-mors sera de forme ronde, et non en D, pour que le montant de bride puisse tourner dedans et ne pas remonter en offensant l'œil du cheval.

Le mors de bride doit avoir exactement la même largeur que la bouche du cheval, pour ne pas glisser transversalement sur un effet de rêne seule. Ses branches supérieures seront avantageusement écartées pour basculer librement sans frotter sur les côtés de la mâchoire supérieure. Il est ajusté, à la bonne hauteur, quand, sans retrousser la commissure des lèvres, il est placé à un ou deux travers de doigts au-dessus des crochets du cheval ou de l'emplacement des crochets de la jument.

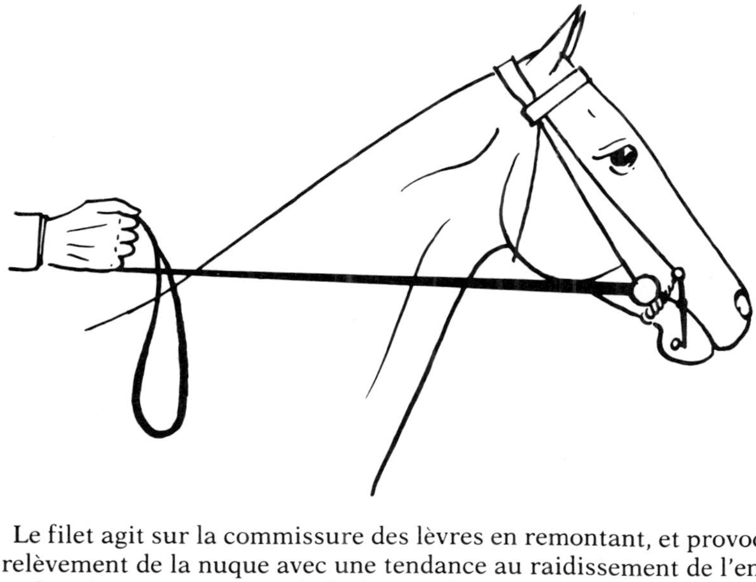

Le filet agit sur la commissure des lèvres en remontant, et provoque le relèvement de la nuque avec une tendance au raidissement de l'encolure dans le sens transversal, droite-gauche.

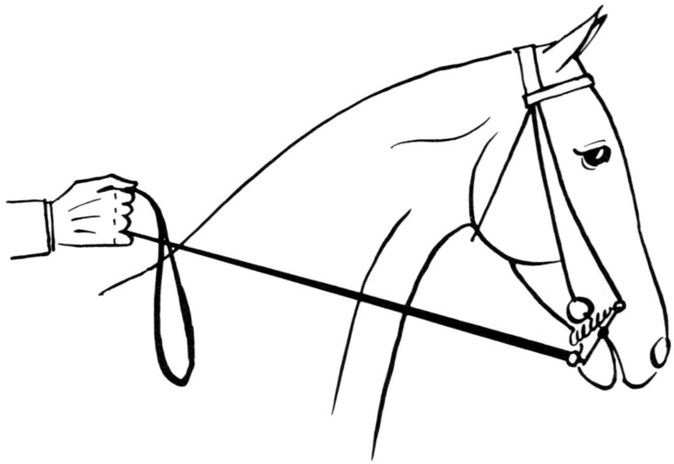

Le mors de bride agit sur les barres et sur la langue en basculant, et provoque un abaissement du bout du nez par flexion de la nuque et ploiement de l'encolure, dans le sens vertical.

Le filet est un *releveur*, le mors de bride un *abaisseur*.

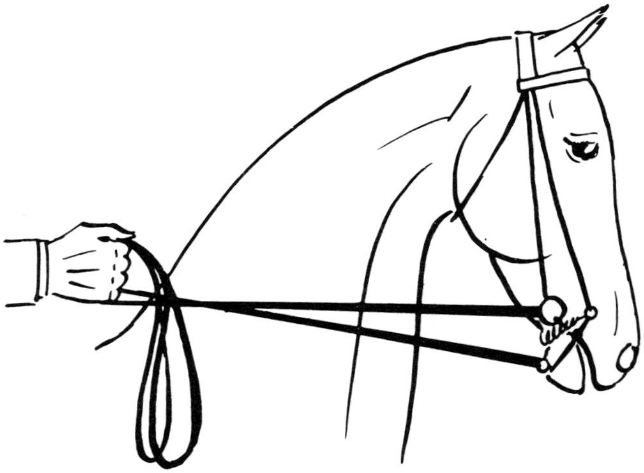

Filet et mors de bride agissant concurremment dans la bouche du cheval permettent d'obtenir le *ramener*. Le filet est une embouchure de travail pour le jeune cheval et de dressage élémentaire. Le mors de bride seul est une hérésie, à plus forte raison s'il est utilisé sans gourmette : il ploie exagérément l'encolure et le cheval s'encapuchonne fortement. La bride complète est une embouchure de travail de tous les jours et n'a rien de brutal si, à l'autre bout des rênes, le cavalier a une bonne main, fixe, juste et moelleuse, grâce à l'activité des doigts d'en dessous (le pouce et l'index restent fermés sur le fouet des rênes) qui savent se fermer ou s'ouvrir un par un, séparément, sur les rênes de filet ou sur les rênes de bride, comme sur une flûte, ce qui constitue le doigté, suprême finesse d'une main savante.

CHAPITRE V

EQUITATION SUPERIEURE

L'équitation supérieure se propose de rendre au cheval monté la grâce des attitudes et des mouvements qu'il avait naturellement en liberté, puis, comme l'écrit Newcastle, de « parfaire la nature par la subtilité de l'art ».

Le but particulier de l'équitation supérieure, outre les buts généraux de l'art équestre — calme, impulsion, rectitude —, est *la légèreté.* La légèreté consiste « dans la parfaite obéissance du cheval aux plus légères indications de la main et des talons ».

La légèreté résulte « de la mise en jeu par le cavalier et de l'emploi que fait le cheval des seules forces utiles au mouvement envisagé », compte tenu, toutefois, du fait qu'elle « réclame la mise en jeu de tous les ressorts, sa perfection ne permettant qu'aucun d'eux reste inerte », « par suite de la corrélation existant instinctivement entre toutes les contractions musculaires ».

La légèreté se manifeste, « en dehors de la perfection des mouvements, par la mobilité de la mâchoire et par la flexibilité des hanches, si intimement liées par leurs réactions réciproques qu'il est impossible d'attribuer à l'une d'entre elles la priorité d'influence déterminante sur l'autre ».

I. TRAVAIL AU TROT

1. Régularisation et développement de l'allure

Il s'agit maintenant d'augmenter l'énergie et l'ampleur du trot, jusqu'à la limite compatible avec sa régularité, d'augmenter l'aptitude du cheval aux variations de vitesse au trot et sa sensibilité aux indications des aides qui commandent ces variations.

Ce travail doit être fait à l'extérieur, sur de bonnes routes ou chemins, et non dans le manège ou sur la carrière, en utilisant au maximum les impulsions naturelles et l'instinct du cheval qu'il faut éviter de heurter.

En allant vers les écuries : *allongements* pour obtenir la générosité du cheval avec un minimum d'actions du cavalier ; *ralentissements* pour donner au cheval l'envie de reprendre une vitesse supérieure, impulsion, tension du dessus. Ainsi entrepris, le travail s'achèvera en tournant le dos aux écuries pour faire la preuve des résultats acquis.

En montée : *allongements* pour provoquer la poussée de l'arrière-main, augmenter la « chasse » et développer le geste des antérieurs ; *ralentissements* pour combattre le creusement de la ligne du dessus et éviter un excès de refoulement de poids en arrière.

En descente : *allongements* pour donner confiance au cheval et l'obliger à jeter hardiment sa masse d'un diagonal sur l'autre ; *ralentissements* pour améliorer le relèvement de l'encolure, assouplir le dessus en le voussant, augmenter l'engagement des postérieurs et leur relèvement.

Ne pas oublier que le trot enlevé permet de remédier à certains défauts de symétrie ou de rectitude : le diagonal avec lequel on s'accorde gagne plus de terrain que l'autre et son postérieur tend à marcher dans les traces de son antérieur, donc à dévier du côté de ce diagonal.

La nature du terrain peut être une aide précieuse : sur un sol uni et dur, le cheval se livre volontiers ; en terrain lourd ou collant, le cheval est obligé d'accroître l'effort des muscles élévateurs. Enfin le travail solitaire ou l'accompagnement par un autre cheval constitue encore un moyen de modifier les allures qu'il ne faut pas négliger.

Pendant tout ce travail, le cavalier concentrera toutes ses facultés pour arriver à bien sentir le cheval, afin d'étudier son élève et pour développer son tact équestre. Il observera son cheval monté par un aide montant « aux ordres » : de face, de dos, de profil, en montée ou en descente, en terrain dur ou profond, en ligne droite ou dans les courbes ; renseigné sur les particularités de l'allure de son cheval, il pourra choisir les moyens convenables pour redresser ses défauts.

Pendant tous ces exercices, le cavalier évitera soigneusement toute activité simultanée des mains et des jambes.

2. Travail sur les cercles

1) Généralités.

Il n'y a pas d'autre procédé, pour obtenir et développer la souplesse transversale du cheval, comme les reptations du serpent, qui commande la souplesse dans le sens vertical, comme les ondulations des vagues, que le travail d'infléchissement sur les cercles.

Le cheval peut changer de direction de trois manières : *a*) par conversion de l'avant-main autour de l'arrière-main (tourners vites et courts, pirouettes) ; *b*) par conversion en sens inverse de l'arriè-

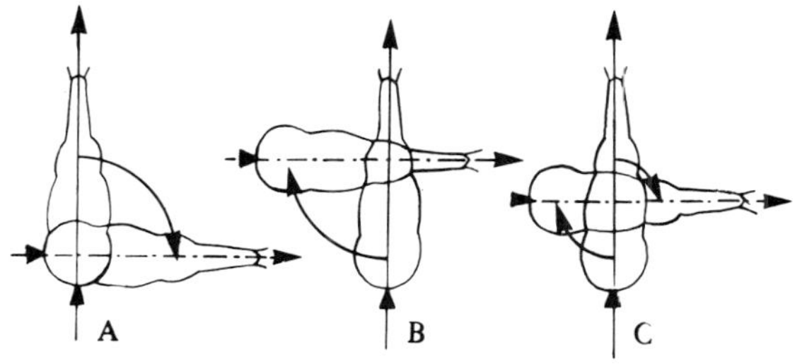

re-main autour de l'avant-main (pirouette renversée) ; *c*) ou par l'emploi conjugué de ces deux moyens, en exécutant des fractions de ces deux modes de conversion (tourners par tangentes successives).

Mais le général L'Hotte précise que : « de la tête aux hanches, le cheval doit être droit quand il suit une ligne droite et infléchi dans le cas où il suit une ligne courbe ».

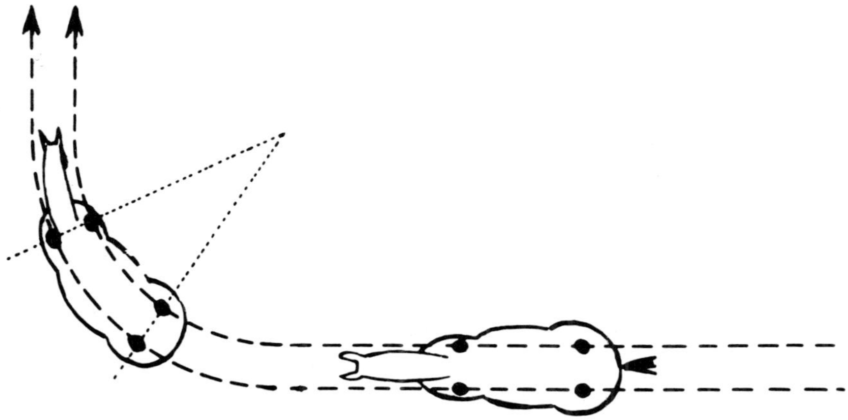

Or, tous les chevaux sont infléchis naturellement, le plus souvent à gauche. Si cette inflexion est trop accentuée, si la croissance osseuse du cheval est terminée, il est très difficile de redresser l'incurvation pour obtenir la rectitude académique. Au contraire, si l'incurvation est moindre, si le cheval est encore jeune, on peut redresser la colonne vertébrale en provoquant dans le système musculaire une dissymétrie favorable à la flexion opposée. Cette dissymétrie musculaire compensera la dissymétrie osseuse et permettra de replacer le cheval « relativement droit ».

2) Redressement sur la ligne droite.

Pour redresser un cheval naturellement infléchi à gauche :

— soit : effet d'appui de la rêne droite, qui fléchit l'encolure à droite et ramène les épaules à gauche devant les hanches (général Faverot de Kerbrech) ;

— soit : jambe droite aux sangles, qui provoque un effet analogue à celui qu'emploie la danseuse en appuyant la main sur son flanc droit, du côté où le corps doit s'infléchir (général L'Hotte).

Mais on évitera d'employer ces deux moyens simultanément.

3) **Flexions latérales du rachis.**

Le cheval est souvent trop flexible du côté où il est naturellement concave pour bien ajuster son inflexion à la courbe qu'il décrit.

Et il est généralement trop raide pour se plier comme il convient du côté où il est naturellement convexe.

Pour décrire une courbe, le jeune cheval se déplacera, au début, par tangentes successives ; il sera « couché dans sa volte » ; assoupli par un travail progressif, le cheval dressé décrira une courbe en s'arrondissant : il est « relevé dans sa volte ».

Deux procédés :

— soit : maintenir le milieu du corps du cheval sur le cercle, puis attirer sa tête et pousser sa queue sur le cercle, de dehors en dedans : jambe droite passive aux sangles, qui fait barrière ; rêne d'ouverture droite active et jambe gauche en arrière, active (procédé du tireur à l'arc) ;

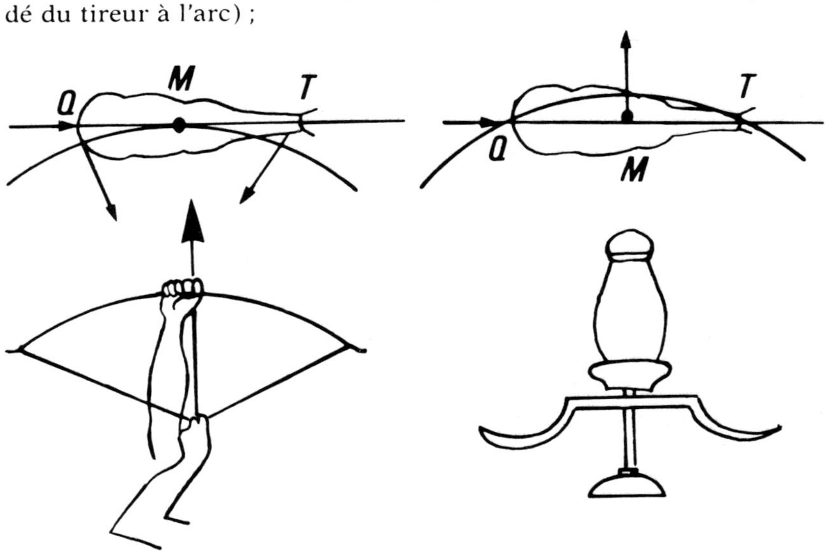

— soit : maintenir la tête et la queue sur le cercle ; puis pousser le milieu du corps du cheval sur le cercle, de dedans en dehors : jambe gauche en arrière, passive, et rêne d'ouverture droite, passive, jambe droite active aux sangles (procédé du bouchon de bouteille d'eau gazeuse).

Ces deux procédés seront combinés alternativement, voire même simultanément, selon la nature et l'intensité des résistances du cheval.

Très souvent, le cheval cédera dans son encolure, en la « cassant » au garrot ; il faut combattre ce défaut par l'appui d'une rêne enveloppante du côté opposé, l'appui allant jusqu'à l'opposition qui relève l'encolure en diminuant la flexibilité.

Au début du travail, quelques pas seulement sur un cercle de grand rayon, en commençant par le côté opposé à l'incurvation naturelle du cheval. Puis spirales intérieures, en augmentant progressivement l'incurvation du cheval ; mais attention que la colonne vertébrale du cheval, trop ou trop longtemps ployée, ne

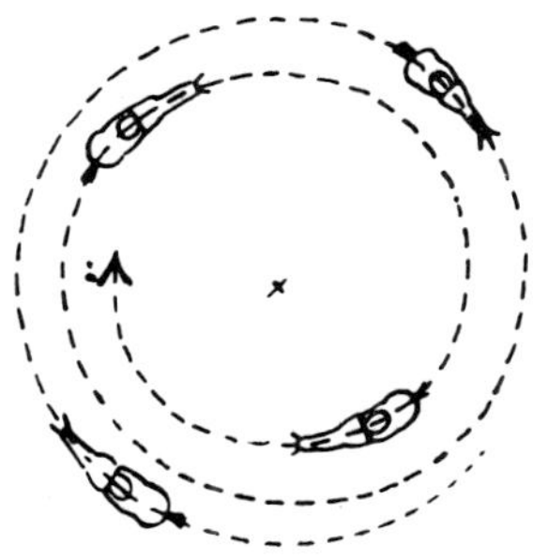

fatigue ou ne casse comme une lame d'épée. Dès que le dresseur sent arriver la résistance, il doit cesser toute action de main et de jambe pour partir sur la ligne droite d'une tangente.

Position du cavalier et répartition de son poids : il doit faire face à la direction de son cheval, en alignant ses épaules et ses hanches sur le centre du cercle, au lieu de laisser son épaule extérieure en arrière. Il doit veiller à ajuster son inclinaison vers l'intérieur de la courbe à celle du cheval ; tout excès, d'un côté ou de l'autre, provoquerait une réaction en sens inverse du cheval.

Quand la symétrie de concavité sera obtenue, il faudra entreprendre le côté naturellement concave, sur lequel le cheval aura tendance à se ployer exagérément : le travail consiste alors à le déployer. A partir d'un petit cercle, correspondant à la courbure habituelle du cheval, spirale extérieure pour ouvrir peu à peu son inflexion, jusqu'au redressement sur la ligne droite, suivi de l'enroulement dans l'autre sens.

Huit de chiffre, serpentines à boucles inégales, serrées du côté opposé à la courbure naturelle, élargies de l'autre et spirales. En résumé, c'est par un exercice judicieusement *inégal* qu'on parviendra au rétablissement d'une flexibilité *égale* des deux côtés.

En même temps que la symétrie du cheval, nous avons obtenu un autre résultat : dans les lignes courbes, chacun des deux bipèdes latéraux s'est exercé alternativement *en flexion* à l'intérieur et *en extension* à l'extérieur du cercle ; comme le travail se faisait au trot, à l'extension de l'épaule externe correspondait la flexion du postérieur interne, et vice versa. L'allure du cheval s'est modifiée
postérieur interne, et vice versa. L'allure du cheval s'est modifiée le trot a pris de l'ampleur et du « tride », il se rapproche du trot d'école.

3. Travail de deux pistes

1) Généralités.

La marche de travers n'est pas naturelle au cheval. Sans être inapte à la marche latérale, son appareil locomoteur ne lui permet pas autre chose qu'une marche oblique, vers l'avant et de côté, sous un angle moyen compris entre la direction à laquelle il fait

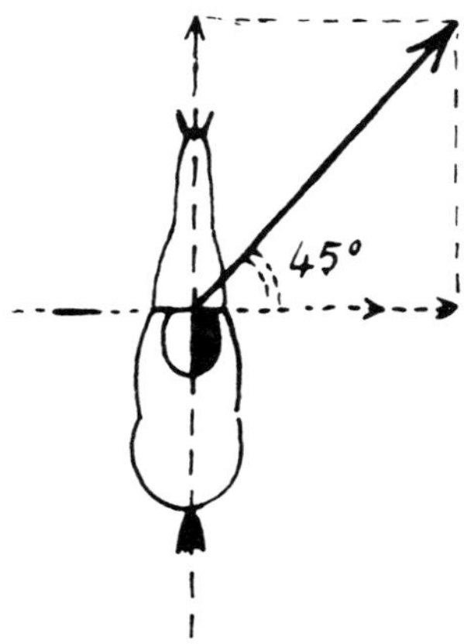

face et une oblique à 45°, cette oblique étant un maximum à ne jamais dépasser.

La pratique des pas de côté :

a) augmente l'aptitude du cheval à conserver ou à modifier son équilibre ;

b) augmente son agilité et l'aisance de ses mouvements ;

c) assouplit et fortifie les muscles du dessus, en particulier ceux de son rein ;

d) met en jeu les muscles abducteurs (en dehors) et adducteurs (en dedans).

Dans tout travail de deux pistes, le cheval est obligé de croiser ses membres deux à deux. Le membre du côté du déplacement doit s'étendre pour s'écarter, tandis que son congénère doit se fléchir et se lever pour le croiser. Ainsi, chacun des membres est, à son tour, suivant le sens de l'inflexion et celui du déplacement latéral, dans la nécessité d'augmenter l'effort de ses muscles extenseurs et abducteurs, fléchisseurs et adducteurs. La mobilité des membres en tous sens favorise leur flexion, qui facilite le rassembler et commande l'élévation des gestes.

Mais le cheval dispose d'un artifice pour éviter ces efforts et il cherche toujours à l'utiliser : pour faciliter le travail de croisement d'un membre, il évite le plus possible d'avancer son congénère au moment où il le porte de côté ; le membre échappe ainsi à la nécessité de se développer, de se déployer en avant, puisque l'effort de croisement est considérablement diminué. Le travail sur les cercles a permis au cavalier de contrôler l'engagement de chaque membre, interne ou externe, donc de remédier à ce défaut en interdisant la dérobade d'un membre pour imposer son engagement.

Les muscles abducteurs, qui écartent le membre, et les muscles adducteurs, qui le rapprochent, ont un rôle à peu près nul dans la marche directe ; pour obtenir les pas de côté, ils ont donc besoin d'être entraînés méthodiquement. On décomposera les difficultés en travaillant d'abord le croisement des antérieurs (épaule en dedans), puis celui des postérieurs (hanche en dedans), enfin le croisement simultané des antérieurs et des postérieurs (appuyer).

Dans chacun de ces trois exercices, l'incurvation de la colonne vertébrale du cheval diffère :

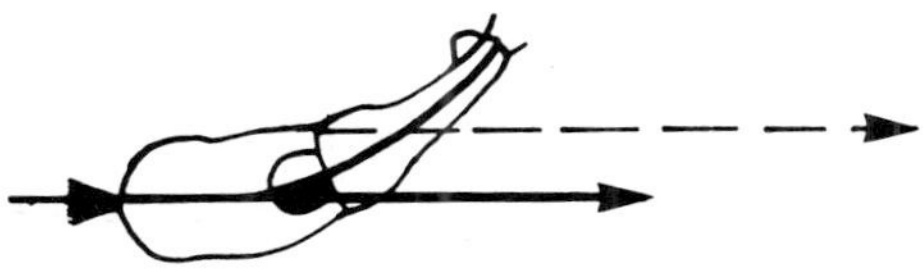

— dans l'épaule en dedans, le cheval est incurvé et se déplace du côté où il est convexe ;

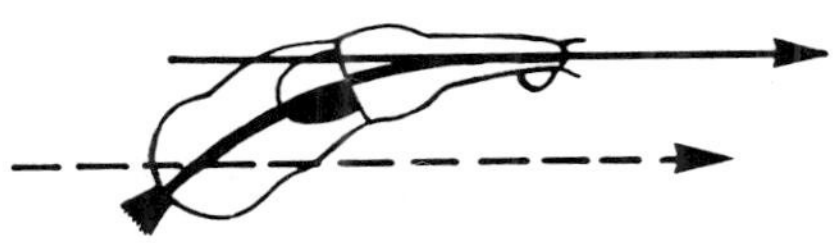

— dans la hanche en dedans, le cheval est incurvé et se déplace du côté où il est concave ;

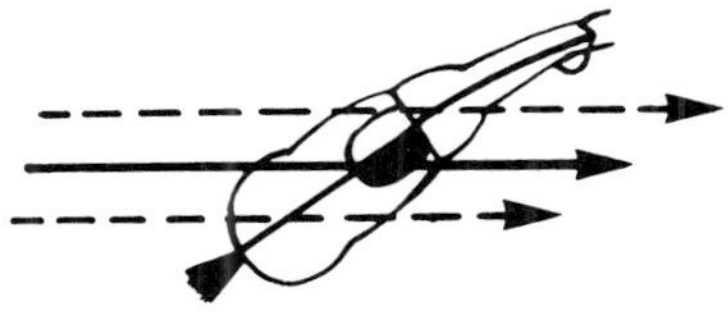

— dans l'appuyer, le cheval se déplace de côté, mais sa tige vertébrale reste droite, avec seulement un léger pli de la nuque du côté du déplacement.

Il est important de remarquer que :

1) Dans l'épaule en dedans, les postérieurs marchent droit, ou presque, parce que la ligne des hanches reste perpendiculaire à l'axe de mar-

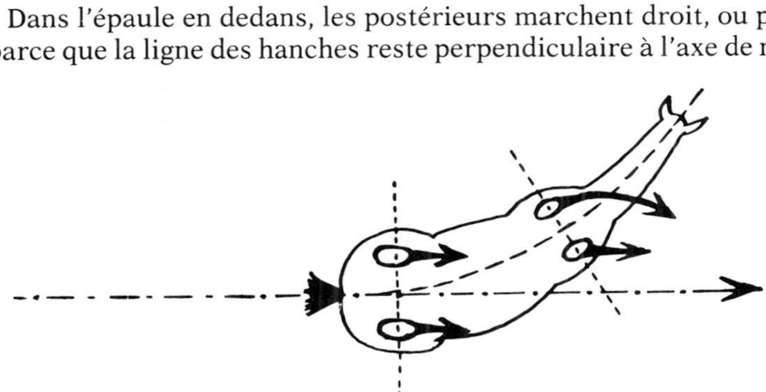

épaule gauche
en dedans

che, tandis que seuls les antérieurs font des pas de côté, puisque la ligne des épaules est oblique.

2) Dans la hanche en dedans, les antérieurs marchent droit, ou presque, parce que la ligne des épaules reste perpendiculaire à l'axe de marche, tandis que seuls les postérieurs font des pas de côté, puisque la ligne des hanches est oblique.

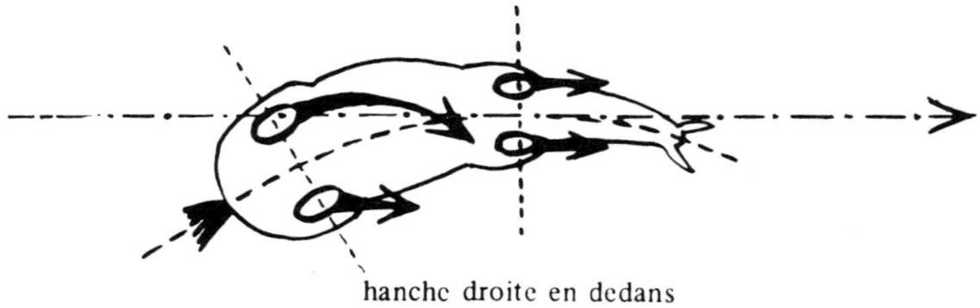

hanche droite en dedans

3) Ce n'est que dans l'appuyer que les antérieurs et les postérieurs font simultanément des pas de côté, puisque la ligne des

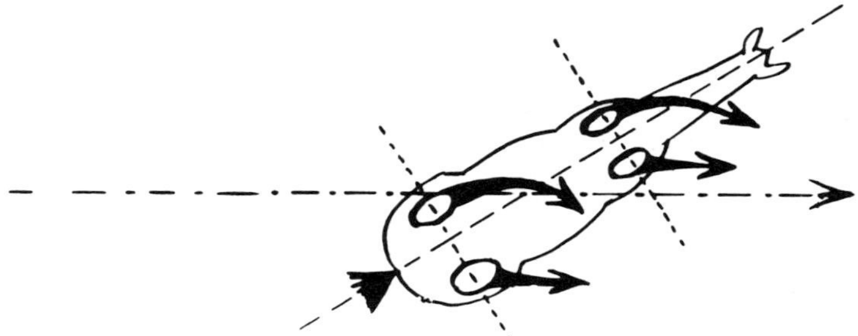

appuyer vers la droite

épaules et la ligne des hanches sont obliques par rapport à l'axe de marche.

C'est ainsi que l'on décompose la double difficulté (croisement simultané des antérieurs et des postérieurs) de l'appuyer, en exerçant d'abord le cheval à croiser les antérieurs (épaule en dedans), puis les postérieurs (hanche en dedans).

2) Epaule droite en dedans.

A la fin d'une volte à droite, sur laquelle le cheval sera bien incurvé à droite, le cavalier entame une nouvelle volte, jusqu'à ce que, les antérieurs du cheval ayant quitté la piste, ses postérieurs s'y trouvent encore : telle est la position de départ (en mouvement) que le cheval doit avoir pour faire quelques pas d'épaule droite en dedans.

Il s'agit alors de déplacer le cheval vers la gauche, parallèlement a lui-même, sans modifier l'incurvation à droite de sa colonne vertébrale, en maintenant ses postérieurs sur la piste et ses antérieurs sur une piste intérieure, par les actions d'aides suivantes :

1) Rêne droite intermédiaire, dans la direction voulue pour

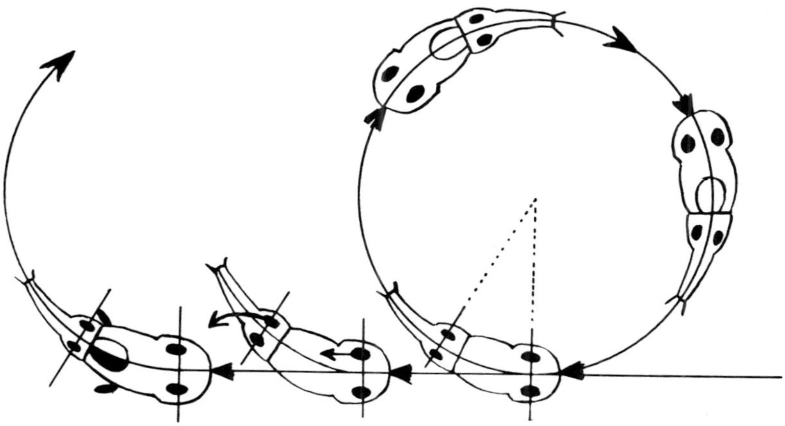

épaule droite en dedans

agir avec une égale intensité sur les épaules et sur les hanches qu'elle pousse vers la gauche.

2) La jambe droite d'incurvation se ferme aux sangles pour ployer le cheval à droite ; elle le pousse en même temps vers la gauche et provoque l'engagement du postérieur droit sous la masse.

3) Poids du corps à gauche : torsion du buste à gauche, assiette à gauche et pesée sur l'étrier gauche pour entraîner tout le corps du cheval vers la gauche.

4) La jambe gauche de position reste en arrière des sangles, pour aider au maintien de l'incurvation à droite.

5) La rêne gauche entraîne le cheval vers la gauche par des effets d'ouverture.

Il faut se contenter d'abord de *quelques pas* seulement d'épaule en dedans: ce travail nouveau est très pénible pour le cheval. Dès que quatre pas sont obtenus, entamer une nouvelle volte à droite : elle conserve l'incurvation à droite et permet un regain d'impulsion en marche directe ; elle prépare le cheval soit à recommencer le même exercice à la fin de cette volte, soit au contraire à se déplier en arrivant sur la piste.

On aura toujours avantage, au moins jusqu'à un certain perfectionnement, à décomposer les difficultés en incurvant d'abord le cheval sur une volte, ou une portion de cercle (coin du manège, fin d'un doubler, etc.), pour l'acheminer ensuite épaule en dedans et, inversement, à terminer la marche épaule en dedans par une volte ou une portion de cercle (coin ou doubler) afin de ne pas risquer une détente brutale de la colonne vertébrale qui, comme la détente d'une lame d'épée, en fausserait la flexibilité.

L'encolure est naturellement plus souple et plus flexible que le reste de la colonne vertébrale : il faut éviter de la ployer exagérément par une action de rêne droite intermédiaire qui résiste trop ou tire en arrière. La rêne droite intermédiaire est une rêne d'opposition, qui s'oppose donc au mouvement en avant puisqu'elle est une résistance ; elle agit par une série d'oscillations entre la rêne directe d'opposition et la rêne contraire d'opposition, prenant à chacune d'elles son effet dominant (les effets secondaires s'annulent), alternant le déplacement des hanches vers la droite (effet direct) et la poussée des épaules vers la droite (effet contraire). Elle s'appuie en arrière du garrot et agit sur l'encolure en même temps qu'en haut de l'épaule ; son action ne peut se faire que si l'encolure n'est pas trop pliée à droite : il faut donc laisser « filer » quelques centimètres de rêne dans la main droite pour placer cette main devant le pommeau de la selle, dans la position de la rêne intermédiaire droite, et compenser tout excès d'incurvation de l'encolure à droite par la tension de la rêne gauche.

Il faut surtout ployer le rein du cheval, naturellement raide : les longues apophyses transverses se heurtent dès que le rein s'incurve légèrement, mais, par un effet de bascule du rein, mobile comme un cardan, lorsqu'une hanche s'abaisse, les longues apophyses transverses se chevauchent en passant les unes sous les autres, ce qui permet la flexion utile de cette partie de la colonne vertébrale. Actions de jambe droite aux sangles, d'arrière en avant, tandis que la jambe gauche reste passive en arrière des sangles.

Au début de l'épaule en dedans, le cheval cède toujours avec l'encolure basse, ou relativement basse, même s'il a une tendance à renverser l'encolure : « les incurvations de l'encolure, incompatibles avec la contraction simultanée de ses deux renverseurs, obligent l'allongement de l'un d'eux et décomposent ainsi, dissocient leur résistance simultanée. Par construction, il est impossible au cheval d'incurver et de renverser en même temps l'encolure »... « l'épaule en dedans oblige à remonter la base de l'encolure et à la mettre entre les rênes, ce qui l'achemine peu à peu vers la seule position correcte ».

Dans l'épaule en dedans, le cavalier éprouve une sensation de légèreté à la main, d'équilibre et de puissance des propulseurs (membres postérieurs) dont il perçoit très nettement les posers sous son assiette.

L'épaule droite en dedans a un triple but :

1) Engagement du postérieur droit sous la masse : le cavalier sent dans son assiette la hanche droite qui s'abaisse.

2) Le croisement de l'antérieur droit, par-devant et à gauche de l'antérieur gauche ; il doit se soulever davantage et se ployer (préparation à l'élévation de geste des airs d'école).

3) Recherche de la légèreté, « qualité du cheval qui obéit sans peser à la main » (général Faverot de Kerbrech).

Au début de l'épaule en dedans, il faut se montrer très peu exigeant et récompenser tout soupçon d'obéissance, toute preuve de bonne volonté de la part du cheval. Il y a surtout cinq fautes à éviter :

1) Incurvation d'encolure trop grande : limiter cette incurvation par la tension de la rêne gauche ou par des actions d'ouverture gauche qui entraînent en même temps le cheval vers la gauche.

2) Inclinaison trop prononcée du cheval par rapport à la direction suivie : maximum 30° ; minimum, le postérieur droit marche sur la piste de l'antérieur gauche.

3) Mauvaise position du cavalier, dont l'assiette reste à la traîne, à droite, au lieu d'entraîner le cheval vers la gauche.

4) Le cheval n'engage pas le postérieur droit : augmentation des actions de la jambe droite, par intermittence, au moment des levers de ce postérieur droit.

5) Le cheval ne croise pas l'antérieur droit devant l'antérieur gauche : augmentation intermittente des effets de la composante droite contraire d'opposition en accord avec les levers de l'antérieur droit, par serrements des doigts sur cette rêne, la paume de la main en dessus, sans que ces actions se prolongent jusqu'au poser de l'antérieur droit.

3) Hanche droite en dedans.

A la fin d'une volte à droite, sur laquelle le cheval sera bien incurvé à droite, au moment où les antérieurs arrivent au point de tangence sur la piste, tandis que les postérieurs n'y sont pas encore,

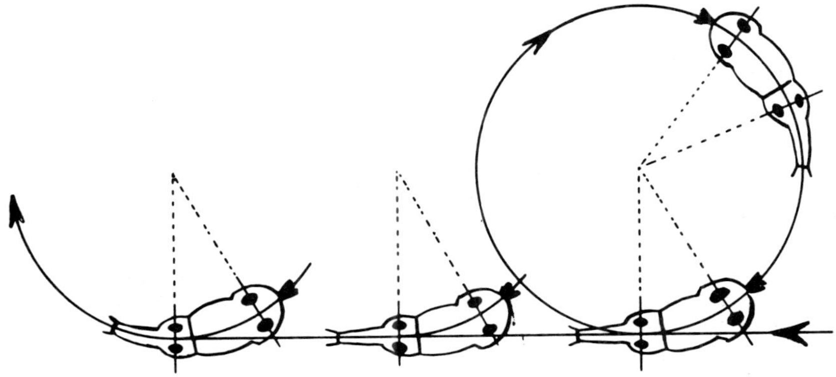

hanche droite en dedans

le cavalier déplace son cheval vers la droite, parallèlement à lui-même, sans modifier l'incurvation à droite de toute sa tige vertébrale, en maintenant ses antérieurs sur la piste et ses postérieurs sur une piste intérieure, par les actions d'aides suivantes :

1) La rêne droite dominante entraîne le cheval vers la droite par des effets d'ouverture.

2) Rêne gauche contraire d'opposition qui pousse les épaules vers la droite.

3) La jambe droite d'incurvation se ferme aux sangles pour ployer le cheval à droite.

4) Jambe gauche de position en arrière des sangles pour pousser les hanches vers la droite, et aider au maintien de l'incurvation à droite.

5) Poids du corps à droite, torsion du buste à droite, assiette à droite et pesée sur l'étrier droit pour entraîner tout le corps du cheval vers la droite.

Il faut se contenter d'abord de quelques pas seulement de hanche en dedans : ce travail nouveau est très pénible pour le cheval, bien davantage que l'épaule en dedans. Dès que quatre pas sont obtenus, entamer une nouvelle volte à droite : elle conserve l'incurvation à droite et permet un regain d'impulsion en marche directe ; elle prépare le cheval soit à recommencer le même exercice à la fin de cette volte, soit au contraire à se déplier en arrivant sur la piste.

On aura toujours avantage, au moins jusqu'à un certain perfectionnement, à décomposer les difficultés en incurvant d'abord le cheval sur une volte, ou sur une portion de cercle (coin du manège, fin d'un doubler, etc.), pour l'acheminer ensuite hanche en dedans et, inversement, à terminer la marche hanche en dedans par une volte ou une portion de cercle (coin ou doubler) afin de ne pas risquer une détente brutale de la colonne vertébrale qui, comme la détente d'une lame d'épée, en fausserait la flexibilité.

Le principal intérêt du travail hanche en dedans réside dans le fait que seuls les postérieurs font des pas de côté et que le cheval est obligé d'élever sa hanche droite pour soulever et écarter son postérieur droit. C'est encore le rein du cheval qui effectue la plus grande partie de l'effort en se tordant comme une articulation à la cardan, mobile en tous sens.

Dans le travail hanche en dedans, le cavalier se heurte généralement aux mêmes difficultés que dans l'épaule en dedans et doit éviter les mêmes fautes.

4) L'appuyer.

Dans l'appuyer, le cheval, maintenu droit dans son grand axe, se déplace obliquement vers l'avant et de côté, en restant parallèle à lui-même.

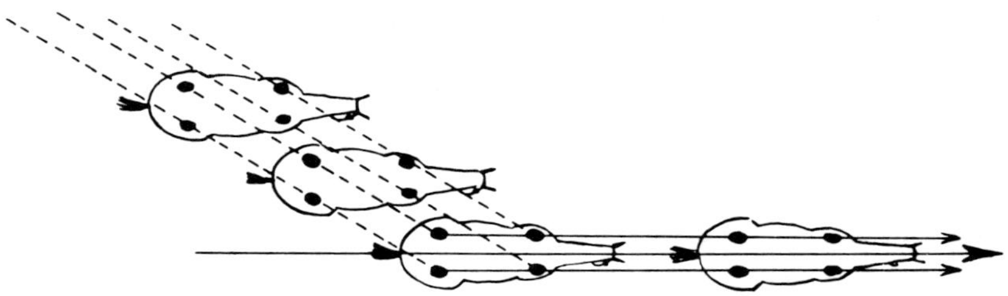

appuyer vers la droite

La ligne des épaules et la ligne des hanches sont obliques par rapport à l'axe de marche et chacun des deux membres gauches, dans un appuyer à droite, doit faire effort pour croiser son congénère droit par-devant, tandis que ce congénère droit doit faire effort pour s'abaisser et pour s'écarter vers la droite.

Ce n'est que par des tâtonnements « modifiés sans vergogne », selon l'expression du général Decarpentry, qu'on arrivera à obtenir, au début, la détermination du mouvement ; plus tard, et progressivement, on reviendra à l'emploi normal des aides, qui sont les suivantes :

1) La rêne droite d'ouverture lui donne le placer et conduit le cheval en entraînant ses épaules vers la droite.

2) La jambe gauche pousse les hanches du cheval vers la droite.

3) La rêne gauche d'appui enveloppe l'encolure et pousse les épaules du cheval vers la droite.

4) La jambe droite entretient l'impulsion et interdit toute dérobade du postérieur droit.

5) Le poids du corps à droite (assiette à droite, torsion du buste à droite, pesée sur l'étrier droit) entraîne tout le cheval vers la droite.

Les premiers pas d'appuyer seront demandés à la fin de l'oblique d'une demi-volte : le cheval est attiré par la piste et se livrera volontiers dans ce nouvel exercice de pas de côté, auquel il aura été préparé par la marche épaule en dedans et hanche en dedans. Cependant, il tendra presque toujours à ralentir, et c'est au maintien de l'impulsion, voire même à son rétablissement, que le cavalier devra d'abord s'attacher, en utilisant une convention depuis longtemps bien établie : « quand le cavalier prend le trot enlevé, le cheval allonge le trot ».

Les premières foulées d'appuyer seront demandées et peut-être obtenues au trot assis ; néanmoins, dès le retour sur la piste, le cavalier prendra le trot enlevé, en marche directe ; si cela était nécessaire, il prendrait le trot enlevé pendant les dernières foulées d'appuyer avant le retour sur la piste afin d'éviter tout risque de ralentissement.

Le problème se pose alors de savoir avec quel bipède diagonal il convient de s'accorder au trot enlevé. La logique veut que ce soit avec le diagonal du côté de l'appuyer, puisque les hanches ont alors tendance à se jeter de ce côté. Dans l'appuyer à droite, il faudrait donc trotter en s'accordant avec le diagonal droit : ses deux membres font plus de chemin que les deux autres, l'antérieur droit entamera plus volontiers son geste ; le cheval n'essaiera pas de se soustraire à l'effort de porter ce membre de côté ; de même, le postérieur gauche s'engagera plus aisément sous la masse et vers la droite, en chevalant avec plus de facilité son congénère droit. Mais il arrive alors que l'autre diagonal travaille moins librement : l'antérieur gauche hésite à croiser le droit, le postérieur droit se soustrait à l'effort de se porter de côté. Et c'est alors avec l'autre diagonal qu'il convient de trotter...

En règle générale, il faut alterner le trot enlevé avec l'un ou l'autre diagonal, suivant les résultats obtenus et les améliorations à apporter. Le cavalier utilisera aussi, dès que possible au début, le trot assis, dans lequel il reste plus libre d'agir avec précision.

Dans l'appuyer, bien que le corps du cheval doive être maintenu droit, il faut rechercher un léger placer qui fait regarder le cheval où il va et contribue à attirer l'épaule du dehors dans le croisement des antérieurs. Ce placer ne doit pas être trop prononcé : il rejetterait les épaules du côté inverse. De plus, il se propagerait tout le long de la colonne vertébrale et réagirait également sur les hanches. Ce placer sera atténué et réduit à une simple tendance : « pour une demi-hanche en dedans, le cavalier doit voir le coin de l'œil du cheval ; pour une hanche (30° et au-delà), il doit voir scintiller le globe de l'œil ». Dans la demande du placer, du *pli*, la main agit à sa place normale ou à l'extérieur de sa place normale, mais jamais à l'intérieur.

Le cavalier se montrera, comme en tout, très progressif dans l'étude des appuyers : en ligne droite d'abord, de faible obliquité (25 à 30°) et de durée restreinte (longueur de l'oblique d'une demi-volte), avec recherche de la reprise de la marche directe, sans changement de vitesse ni de cadence. Puis sur le cercle, la croupe à l'extérieur, faible obliquité, durée restreinte, avec reprise de marche directe sur le cercle. Sur le cercle encore, mais la croupe à l'intérieur, faible obliquité, durée restreinte, avec reprise de marche directe sur le cercle. Enfin seulement sur la ligne droite avec une obliquité plus accusée, allant jusqu'à 45°.

Il faut travailler en premier lieu le côté qui donne les moins bons résultats et présente le plus de difficultés ; le travailler plus que l'autre, afin d'obtenir une symétrie apparente. Alors, on pourra aborder les contre-changements de main de deux pistes, en réduisant peu à peu jusqu'à zéro le nombre de pas intermédiaires en marche directe.

5) Variations d'incurvation.

L'incurvation latérale du cheval modifie le travail de ses membres dans les exercices de deux pistes :

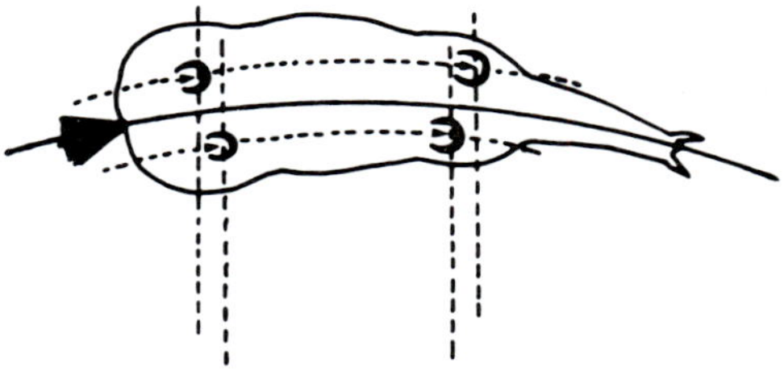

— les membres de son côté concave sont rapprochés ;

— les membres de son côté convexe sont éloignés ;

— l'antérieur interne est relativement en arrière de l'antérieur externe ;

— le postérieur interne est relativement en avant du postérieur externe ;

— l'effet de croisement est donc facilité pour le membre qui se trouve le plus en avant et rendu plus difficile pour celui qui se trouve le plus en arrière.

Dans l'épaule en dedans, où le cheval mar
à son inflexion, l'effort de croisement est dim
main, augmenté pour l'avant-main.

Dans la hanche en dedans, où le cheval mar
inflexion, l'effort de croisement est augmenté
et diminué pour l'avant-main.

Dans l'appuyer, où le cheval reste droit, l'eff
est sensiblement le même pour l'arrière-main et

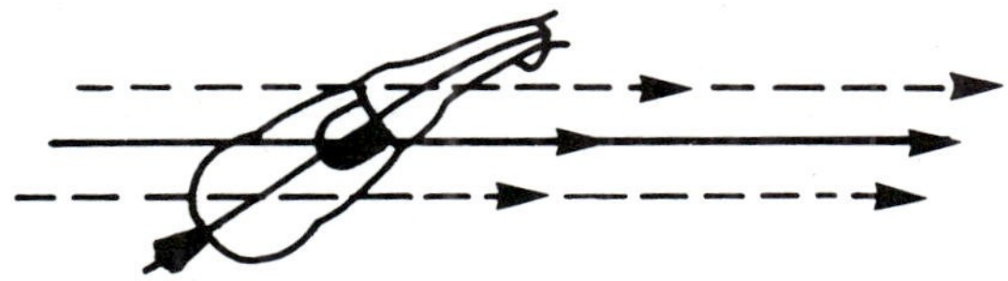

Lorsque le cheval décrit une ligne droite en marchant de deux pistes, le jeu des membres du bipède antérieur et du bipède postérieur produit un déplacement égal. Mais lorsque le cheval décrit une ligne courbe en marchant de deux pistes, il n'en est plus de

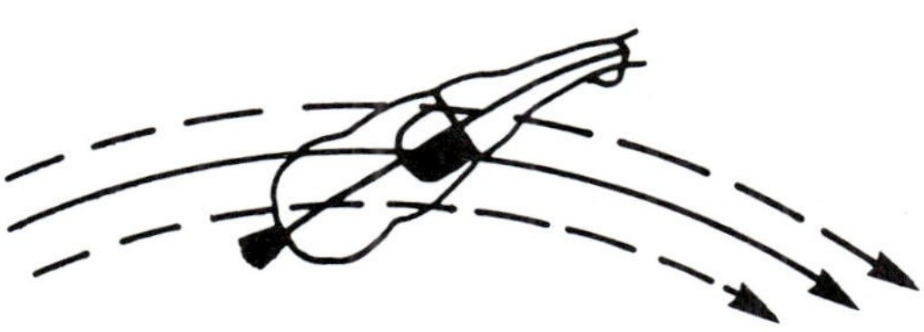

même : avec la croupe à l'intérieur, le déplacement des postérieurs est réduit par rapport à celui des antérieurs qui ont plus de chemin à parcourir ; avec la croupe à l'extérieur, c'est l'inverse.

Les différents modes de progression de deux pistes doivent être travaillés concurremment, mélangés, entremêlés, alternés pour développer les muscles et les assouplir, pour vaincre plus commodément certaines résistances et, finalement, pour obtenir la perfec-

... apparente. Sur un vaste terrain d'évolution, le cavalier passera de l'épaule droite en dedans à la hanche droite en dedans, et vice versa, par des portions de courbes sur lesquelles sera maintenue l'incurvation à droite du cheval. Dans le manège, il utilisera les coins ou les doublers dans le même but, jusqu'au moment où ces portions de courbes, peu à peu réduites, disparaîtront complètement pour permettre le passage direct de l'épaule en dedans à la hanche en dedans, ou vice versa. Par des redressements progressifs, on obtiendra également le passage direct de l'épaule droite en dedans à l'épaule gauche en dedans, ou inversement. Ainsi balancé entre les différents modes de progression de deux pistes, le cheval acquerra peu à peu l'aptitude à ranger ses épaules par rapport à ses hanches, ou réciproquement, c'est-à-dire un commencement de mobilité en tous sens.

Un exercice particulièrement bénéfique consiste à trotter sur un grand cercle de vingt mètres de diamètre, à main droite par exemple, en alternant sur chaque demi-cercle, puis sur chaque quart de cercle l'exercice de l'épaule droite en dedans, de la hanche gauche en dedans, de la hanche droite en dedans et de l'épaule gauche en dedans ; même travail ensuite sur un cercle à gauche.

Le perfectionnement du travail de deux pistes sera obtenu par l'emploi du pas, où le croisement des membres est complet, tandis qu'il est quelquefois escamoté au trot, où le cheval saute d'un diagonal sur l'autre.

D'autre part, la réduction progressive du rayon du cercle, où le cheval exécute des pas de côté, croupe à l'intérieur ou croupe à l'extérieur, conduit à la pirouette ou à la pirouette renversée. Ce travail ne peut être terminé qu'au pas, mais il amène le cheval à continuer à trotter sur place, avec les antérieurs ou les postérieurs, c'est-à-dire à un début de piaffer.

II. TRAVAIL AU PAS

1. Pas d'école

Le trot s'est cadencé et allégé ; il est devenu le trot d'école, et ses ralentissements sont devenus de plus en plus faciles.

En poussant ces ralentissements jusqu'au pas, le cheval gardant sa tête en place et conservant son maintien, on arrive au pas d'école, plus relevé que le pas naturel.

Le pas d'école, appelé encore pas relevé, est une allure dérivée du pas ordinaire, dans laquelle les quatre temps sont inégaux, avec une forte tendance à se diagonaliser. Les membres antérieurs s'étendent et semblent marquer un léger temps d'arrêt, une hésitation, avant de se poser sur le sol, la cadence est plus lente, ce qui donne à l'allure un cachet d'élégance et de majesté.

On ne demandera, au début, que des périodes très courtes de pas d'école, avec retour au trot, en évitant de passer au pas naturel. Puis, périodes de pas d'école terminées par l'arrêt et reprise du trot.

Quand le pas d'école est bien établi en ligne droite, il faut l'entamer sur les courbes, pour travailler en même temps l'inflexion, puis en pas de côté et enfin sur les spirales conduisant aux pirouettes.

2. Pirouettes et pirouettes renversées

La pirouette est une rotation de l'avant-main du cheval autour de son arrière-main ; l'axe de rotation est constitué par le postérieur interne qui doit se lever comme chacun des trois autres membres et marquer la cadence en se reposant dans sa trace.

La pirouette raccourcit et gonfle les muscles du rein, lequel tend à se hausser et à se vousser. Elle met le cheval en équilibre sur les hanches, avec une tendance à soulever son avant-main.

La pirouette renversée est une rotation de l'arrière-main du cheval autour de son avant-main ; l'axe de rotation est constitué par l'antérieur interne qui doit se lever comme chacun des trois autres membres et marquer la cadence en se reposant dans sa trace.

La pirouette renversée allonge et étire les muscles du rein qu'elle tend à affaisser et à creuser. Elle met le cheval sur les épaules pour mobiliser ses hanches.

S'il doit se montrer discret dans la pratique des pirouettes renversées, le cavalier ne sera jamais trop prodigue de pirouettes, ou plutôt de portions de pirouettes, deux ou trois pas de pirouette avec reprise immédiate de la marche directe. Ce travail fractionné aidera puissamment à engager les postérieurs, à rétablir l'équilibre du cheval compromis par la surcharge du cavalier et à mobiliser la bouche par des décontractions de mâchoire accompagnées de flexions de la nuque.

On pourrait aborder les pirouettes à partir de l'arrêt : le travail n'en serait pas facilité, par manque d'impulsion, et le membre pivot apprendrait très vite à ne plus se lever, pour pivoter réellement sur le sol. Afin de ne pas courir de tels risques, pirouettes renversées et pirouettes s'obtiendront à la limite d'une spirale rétrécissante que l'on peut entamer de quatre façons différentes :

1) Epaule gauche en dedans sur un cercle à gauche. Rétrécir peu

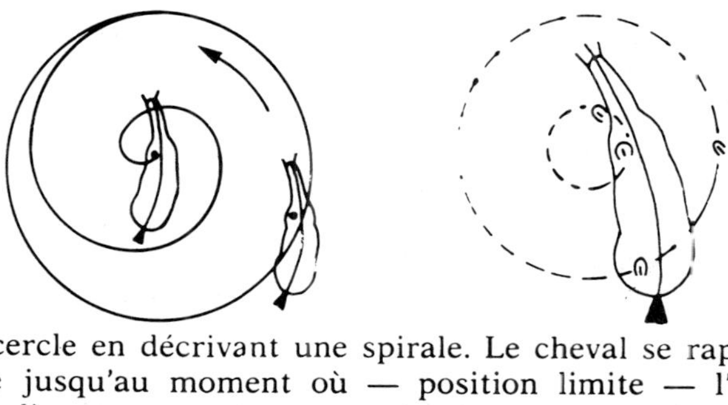

à peu le cercle en décrivant une spirale. Le cheval se rapprochera du centre jusqu'au moment où — position limite — l'antérieur gauche se lèvera pour se reposer dans sa trace, au centre de la spirale et du cercle, tandis que les trois autres membres tourneront autour de lui en décrivant des cercles de rayons variés.

On aura obtenu une pirouette renversée avec placer intérieur, les épaules tendront à s'écarter vers la droite, les hanches à restreindre leur déplacement vers la droite et à s'engager plus facilement sous la masse. Mais le placer est défectueux, ainsi que l'incurvation du cheval.

2) En partant de la hanche droite en dedans sur le même cercle à gauche, on obtiendra par la même spirale une pirouette renversée à gauche avec un placer extérieur correct, les épaules tendront à s'échapper vers la gauche, les hanches à exagérer leur déplacement vers la droite, mais en évitant de s'engager sous la masse.

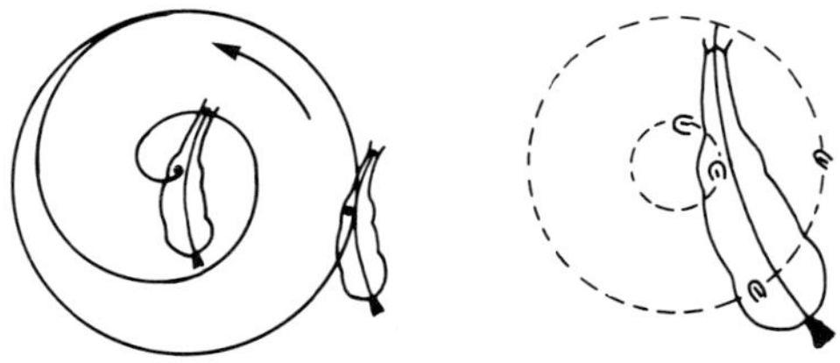

Cette dernière méthode conviendra particulièrement puisque le placer sera obtenu du côté où vont les hanches et que les hanches iront franchement à droite.

3) Epaule gauche en dedans sur un cercle à droite. Rétrécir peu à peu le cercle, en décrivant une spirale. Le cheval se rapprochera du centre jusqu'au moment où — position limite — le postérieur

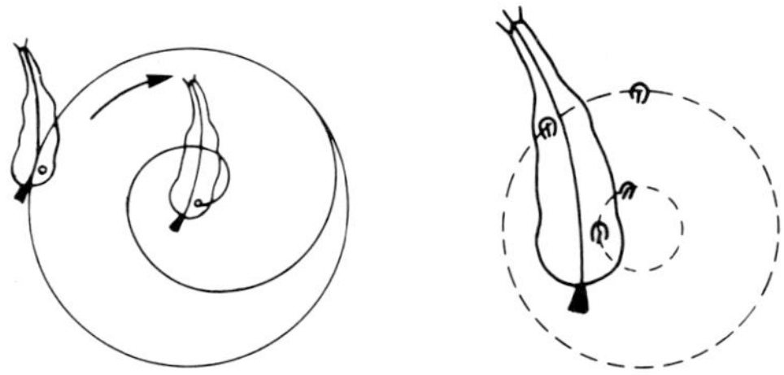

droit se lèvera pour se reposer dans sa trace, au centre de la spirale et du cercle, tandis que les trois autres membres tourneront autour de lui en décrivant des cercles de rayons variés. On aura obtenu une pirouette avec placer extérieur incorrect.

4) En partant de la hanche droite en dedans sur le même cercle à droite, on obtiendra par la même spirale une pirouette avec placer intérieur correct, du côté où vont les hanches. C'est donc la meilleure méthode pour obtenir la pirouette.

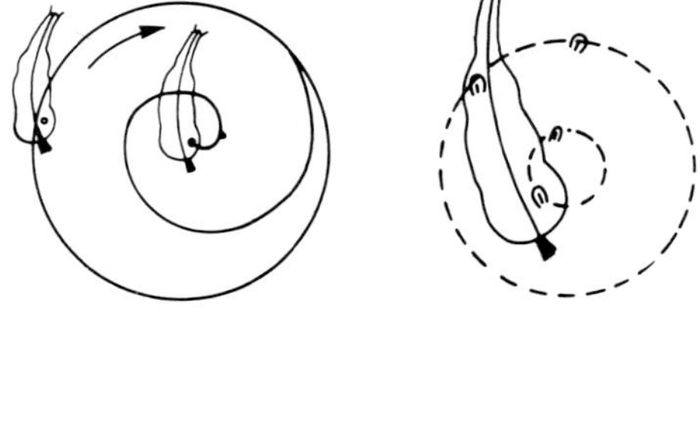

Ces spirales ne constituent qu'un schéma, car il ne faut pas se laisser enfermer dans un cadre aussi étroit et savoir le quitter dès que l'impulsion fait défaut. De même, à la limite de ces spirales, pendant les pirouettes renversées ou les pirouettes, il faut pouvoir abandonner le mouvement pour une reprise immédiate de la marche directe à tout instant ; ce sera un excellent exercice de calme et de soumission, en même temps qu'un contrôle de l'impulsion.

L'enchaînement des pirouettes renversées et des pirouettes permet d'alterner le sens d'assouplissement du rein, tantôt en élongation, tantôt en contraction.

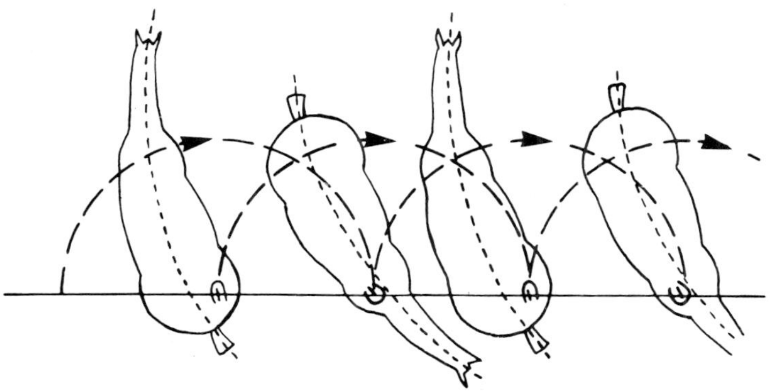

La « valse » est le type de ces mouvements alternatifs, succession de demi-pirouettes renversées (sur les épaules) et de demi-pirouettes (sur les hanches), et réciproquement.

C'est pendant les pirouettes renversées que la bouche du cheval a le plus tendance à se mobiliser naturellement : c'est le moment où le cheval « tombe » le plus facilement dans la main. Pendant l'exécution des pirouettes renversées, le dresseur entreprendra le travail des flexions de mâchoires.

3. Pratique des assouplissements

Jusqu'à présent, nous avons cherché, par des exercices appropriés, au trot spécialement, à obtenir un début de mise en main, bien que les mots : décontraction de la bouche et flexions n'aient jamais été prononcés.

C'est que, dans la plupart des cas, il est prudent de ne rechercher la mise en main qu'indirectement, par une gymnastique d'ensemble qui amène le cheval à l'emploi le plus harmonieux possible de ses forces dans les mouvements qui lui sont demandés.

Mais il est certain que les décontractions de la bouche et les flexions, quand le dressage est suffisamment avancé, procurent des avantages qu'aucun autre moyen ne permet d'atteindre.

On a employé des procédés barbares pour obtenir la décontraction de la bouche et les flexions : par des mors spéciaux, mors arabes, mors à palette, à liberté de langue élevée, à jouet ; par l'appui simultané des deux éperons au passage des sangles ; par des appels de cravache sur le rein, au sommet de la croupe ; Baucher demandait décontractions et flexions au cheval immobile, en place ; Fillis procédait aux flexions sur un cheval en mouvement en ligne droite. Mais les trajets courbes d'une seule piste à petit rayon augmentent l'aptitude de la mâchoire à se mobiliser et cette aptitude devient une tendance dès que le cheval s'y déplace latéralement dans la marche de deux pistes.

Décontraction de la bouche

Elle consiste essentiellement en un mouvement de la langue analogue à celui qu'elle exécute dans la déglutition. Ce mouvement :

1) entraîne une *faible ouverture* des mâchoires ;

2) fait *sortir les parotides* de leur logement ;

3) provoque une *légère salivation ;*

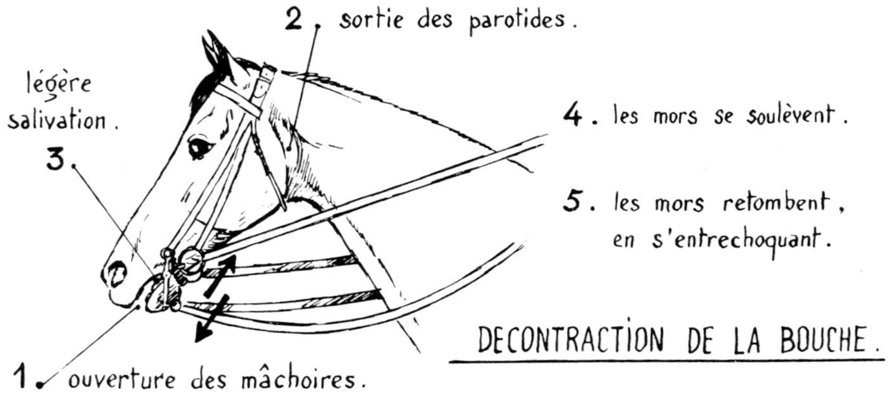

4) *soulève les mors* en les entraînant vers le fond de la bouche ;

5) et les *laisse retomber* en s'entrechoquant.

La décontraction de la bouche s'obtient par une tension légère et momentanée des rênes ; on la demandera d'abord avec les rênes de filet seules, puis avec les quatre rênes et enfin avec les rênes de bride seules, en suivant chaque fois pas à pas la progression que voici :

1) *Par la main et la jambe* : au milieu du manège, sur le demi-cercle d'une demi-volte renversée, en chassant les hanches. Sous l'action de la jambe interne, élévation de la main interne et attendre en desserrant un peu les doigts sur l'autre rêne. Dès que la moindre mobilité de la langue se manifeste, cession de main et de jambe interne et reprendre la marche directe. Exercer le cheval alternativement des deux côtés, surtout du côté le plus raide.

2) *Par la main seule,* au milieu du manège sur une ligne droite,

élévation d'une main et attendre la cession de mâchoire, puis rendre et recommencer de l'autre côté. Si la cession tarde, fermer la jambe du même côté pour embarquer le cheval sur une courbe, en chassant les hanches, comme précédemment. Alterner les demandes à droite et à gauche et toujours plus souvent du côté le plus raide.

3) *Par les deux mains :* on alternera les demandes à droite et à gauche en passant de plus en plus rapidement de l'une à l'autre pour que la cession obtenue par l'une ne soit pas encore terminée quand l'autre commence, jusqu'à obtenir la décontraction sur les deux rênes égales par une simple élévation des mains, sans les rapprocher du corps, puis par un simple serrement des doigts.

Il faut éviter de provoquer une mobilité excessive et permanente de la langue. C'est la permanence et la légèreté de l'appui qu'il faut assurer, avec la faculté d'obtenir *instantanément* la mobilisation de la langue à la demande des doigts.

Flexions

La flexion est le mouvement de fermeture de l'angle tête-encolure, accompagné d'une décontraction de la mâchoire.

La flexion directe se fait dans l'axe du cheval ; elle a pour conséquence le ramener. La flexion latérale se fait avec une rotation de la tête, à droite ou à gauche, qui entraîne une légère torsion dans le même sens de la partie antérieure de l'encolure ; elle a pour conséquence le placer.

Les *flexions latérales* sont particulièrement favorables pour préparer la flexion directe dans le ramener, et c'est par elles qu'il y a lieu de commencer.

— Epaule droite en dedans sur un cercle à droite ; rétrécir peu à peu le rayon du cercle pour décrire une spirale analogue à celle qui conduit à la pirouette renversée ; sur cette spirale, on demandera la rotation de la tête vers la droite par une action de rêne droite d'appui et la décontraction de la mâchoire par une augmentation de tension de la rêne droite sous l'action de la jambe droite aux sangles. Dès que la flexion se produit, descente de main et de jambe et continuer la marche sur un cercle de rayon correspondant à l'inflexion du cheval. Recommencer jusqu'à ce que le cheval reste en flexion pendant plusieurs pas d'épaule en dedans sur la spirale.

Même exercice de l'autre côté. Quand les deux côtés sont bien assouplis, le dresseur pourra aborder volontairement les flexions directes qui se sont produites sans doute, involontairement, à certains moments du dressage.

Une des grosses difficultés est de sentir le moment où se produisent ces flexions, latérales ou directes, pour pouvoir rendre aussitôt, afin de récompenser la bonne volonté du cheval, au début des flexions. Ce n'est en effet que par des cessions suivant immédiatement les flexions que le dresseur arrivera à agir sur le moral du cheval, d'abord sur son intelligence ou son instinct, puis, peu à peu, sur son physique, pour perfectionner et prolonger les flexions.

La *flexion directe* s'obtient en élevant les deux mains pour relever l'encolure et en fermant les doigts sur les deux rênes simultanément. Dès que la flexion se produit, descente de mains et caresses. Si la flexion tarde, vibrations sur une rêne ou sur l'autre ;

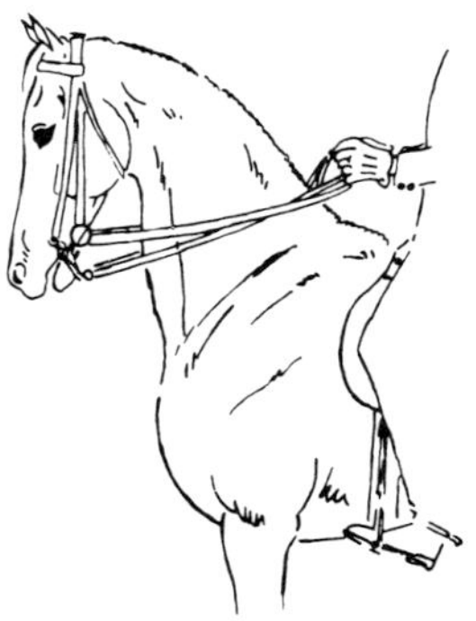

si cela ne suffit pas, embarquer le cheval sur une courbe et procéder à une flexion latérale. Recommencer la flexion directe et, peu à peu, demander et obtenir des flexions rapprochées, jusqu'au moment où, de lui-même, le cheval conservera cette position de la tête fléchie à la nuque dans le ramener.

Il faut, dès le début, que ces flexions soient consenties très hautes : la nuque doit rester le point le plus élevé de l'encolure ; tout abaissement de la nuque entraînerait l'encapuchonnement.

Selon James Fillis, la flexion directe a pour but :

1) d'équilibrer le cheval par la hauteur de l'encolure ;

2) d'affermir l'encolure dans l'axe du corps, en liant aux épaules la tête rendue légère par la flexion ;

3) d'obtenir la légèreté par la décontraction de la mâchoire.

Le ramener

Le ramener est le résultat logique des décontractions de mâchoire et des flexions de la nuque. La mise sur la main élémentaire des débuts du dressage s'est améliorée par les exercices et le travail ; il fallait solliciter énergiquement le cheval pour obtenir quelques bribes de ramener, donné assez à contrecœur et de façon fugitive...

Tous les assouplissements effectués au pas, au trot et au galop ont eu pour but de développer la flexibilité longitudinale du balancier tête-nuque-encolure. De lui-même, peu à peu, le cheval prend l'habitude de « tomber » dans le ramener, sur une simple opposition des doigts.

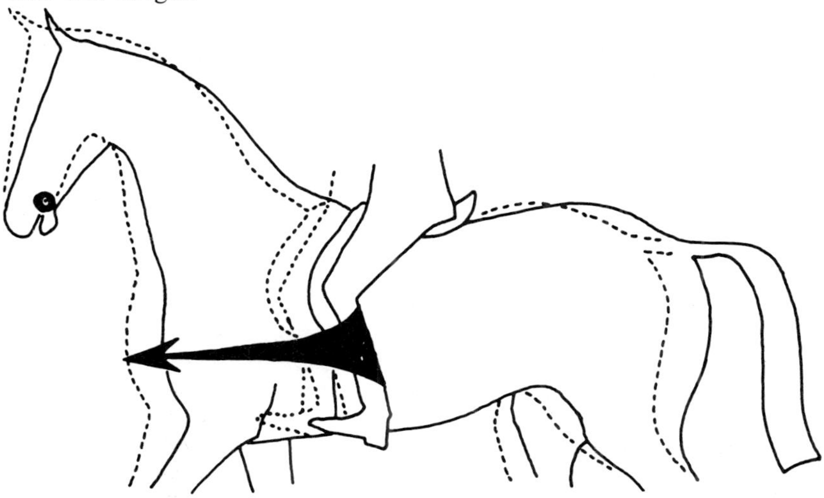

C'est par l'avancée du tronc vers la tête que l'angle de la nuque accentue sa fermeture ; le cavalier améliorera progressivement ce ramener s'il sait retarder imperceptiblement l'ouverture de ses doigts qui devait d'abord précéder, puis accompagner toutes les actions de ses jambes. Il ne s'agit plus de « mains sans jambes », mais de jambes avec mains, tout étant une question de tact de la part du dresseur pour ne pas rebuter son cheval : il doit doser méticuleusement la pression de la vapeur et rester attentif à l'ouverture des soupapes.

Le liant de la nuque doit être une conséquence de celui de la mâchoire, dont la décontraction doit toujours précéder la flexion de nuque, sous peine de mise derrière la main.

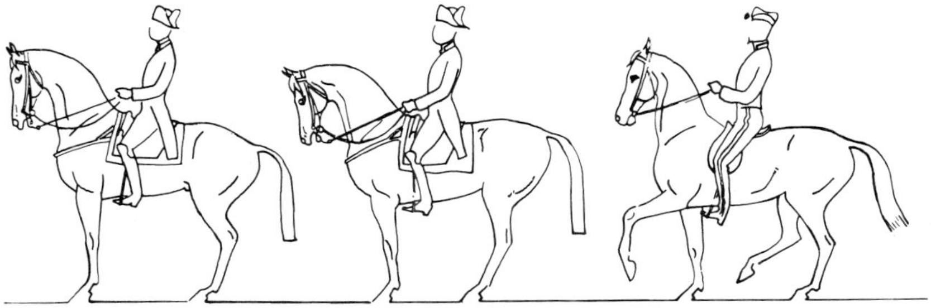

Rassembler de l'Ancienne Ecole : La Guérinière, Ecole de Vienne. — première manière — seconde manière.

Porter fréquemment le cheval énergiquement en avant, sans aucune opposition des doigts, pour vérifier l'impulsion et rétablir celle-ci par une vigoureuse action des jambes dans le cas où elle laisserait à désirer.

4. Le reculer

Dans le reculer correct, c'est le poids du cheval qui fait marcher les membres. Les postérieurs sont entraînés en arrière par le retrait préalable du tronc, et c'est au moment où la pointe de la hanche, dans le recul du tronc, passe à l'aplomb du pied correspondant que

le cheval peut lever ce postérieur en restant maître de son équilibre. Il recule alors par foulées amples, nettement diagonalisées, et il est en mesure de cesser de reculer instantanément pour repartir en avant.

Si le cheval laisse passer ce moment fugitif où la pointe de la hanche est à l'aplomb du pied, il se hâte d'étayer sa masse vers l'arrière en précipitant le poser de ce postérieur. Il recule alors à

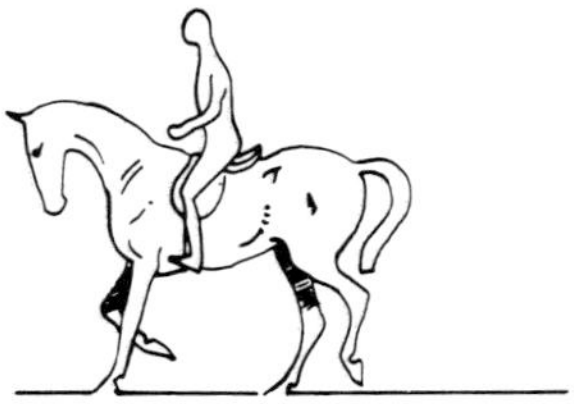

petits pas précipités et ses diagonaux sont rompus par la hâte des postérieurs à reprendre appui sur le sol. Son encolure est affaissée, plus ou moins encapuchonnée : c'est le reculer dans l'acculement.

Si le cheval lève ses postérieurs trop tôt, ce qui se produit quand le reculer est demandé alors que le cheval n'y a pas été préparé par des assouplissements, le désordre est à son comble : le dos se

creuse, l'arrière-main s'écrase, les jarrets se ploient à refus et le cheval se hâte de dégager brusquement les postérieurs pour les porter en arrière et en dehors. Il fuit en arrière, postérieurs écartés, avec des gestes saccadés et en lâchant la main.

Pour obtenir sûrement la régularité du reculer, il est préférable de reprendre entièrement à partir du début l'instruction de la marche en arrière, en tenant compte des considérations suivantes :

Il faut transformer la marche en avant, très lente, en marche rétrograde. Donc ralentir le pas jusqu'au-delà du nécessaire, pour obtenir un arrêt instantané dans un équilibre statique momentané et profiter du reste de mobilité de la masse pour l'empêcher de stabiliser son arrêt en l'entraînant vers l'arrière en deçà du « point mort ».

L'important n'est pas tellement de reculer que de passer directement, sans marquer le moindre temps d'arrêt, du mouvement en avant au mouvement en arrière, et inversement du mouvement en arrière au mouvement en avant.

L'alternance de ces deux mouvements développe la souplesse du rein et influe sur l'appareil locomoteur tout entier.

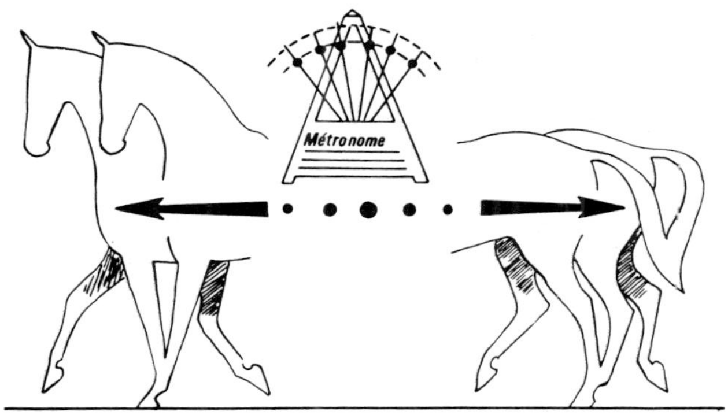

La fréquence des alternances importe plus que la longueur des trajets en avant et en arrière. Ces alternances doivent être travaillées et obtenues également des deux côtés.

La mobilité alternative en avant et en arrière de chacun des bipèdes diagonaux prépare efficacement le piaffer.

III. TRAVAIL AU GALOP

1. Changement de pied au galop

Plusieurs conditions doivent être réalisées pour aborder utilement l'étude des changements de pied :

1) Le cheval est parfaitement affermi dans ses galops, c'est-à-dire qu'il galope aussi volontiers sur l'un ou l'autre pied, juste ou à faux, quelles que soient les sinuosités du parcours.

2) Le cheval sait prendre le galop imperturbablement en partant du pas, aussi aisément sur un pied que sur l'autre,

3) Le cheval reste droit au galop sur l'un ou l'autre pied, sous l'action d'aides discrètes : jambe et main du côté du galop, poids du corps du côté opposé et surtout avancée de l'épaule du côté du galop.

HARPAGON
monté par le Colonel JOUSSEAUME
2e aux Jeux Olympiques
Londres, 1948.

4) Le cheval sait retourner au pas directement à partir du galop, sans foulée de trot intermédiaire.

Si ces conditions n'étaient pas réalisées, de mauvaises habitudes seraient vite prises par le cheval dès ses premières tentatives, qu'il serait bien difficile d'extirper par la suite, pour le perfectionnement des changements de pied et l'étude des changements de pied rapprochés : désunissement, manque de rectitude, foulées de trot intermédiaires, etc.

Il y a donc lieu de bien revoir tous ces exercices avant d'entreprendre ce travail dont on exagère volontiers la difficulté, celle-ci ne provenant, en général, que d'un manque de préparation.

Mécanisme du changement de pied

Pour que le changement de pied soit correct, il faut que le cheval l'effectue pendant le temps qui sépare les bases diagonales de deux foulées de galop successives.

Le changement de pied s'opère pendant le temps qui sépare les bases diagonales de deux foulées de galop successives et non pas seulement pendant la période de projection, comme on serait tenté de le croire. Dans le changement de pied de droite à gauche, le changement des postérieurs se produit à partir de l'appui de l'antérieur droit et continue pendant la période de projection ; le changement des antérieurs commence au début de la période de projection et continue pendant l'appui du postérieur droit.

Ainsi, le changement de pied commence par les postérieurs et se termine par les antérieurs ; ces deux changements partiels se chevauchent pendant la période de projection. Postérieur et anté-

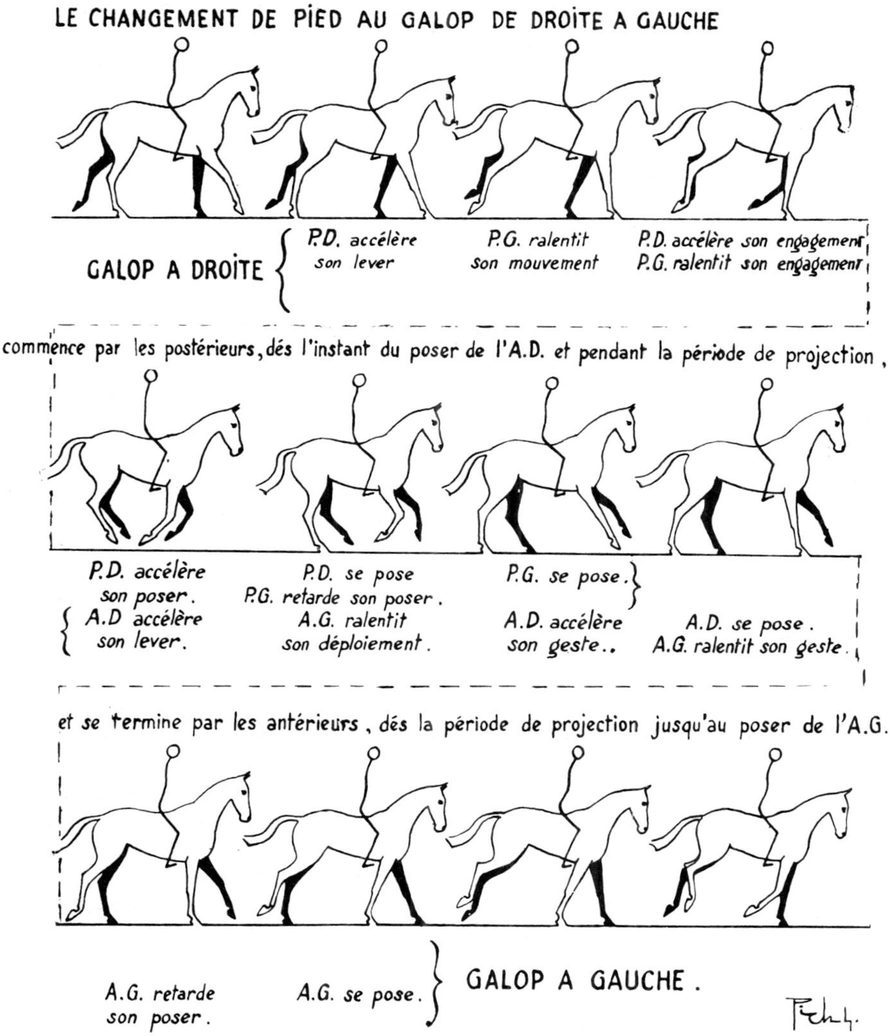

rieur droits redoublent leur poser ; les bipèdes postérieur et antérieur effectuent donc successivement un saut à cloche-pied. Un changement de pied correct doit être effectué de cette manière.

Si, au contraire, le bipède antérieur changeait le premier, suivi par le bipède postérieur, le changement de pied serait effectué en deux temps, avec une foulée intermédiaire de galop désuni.

Il en serait de même si, après le changement du bipède postérieur, le changement du bipède antérieur ne le chevauchait pas durant la période de projection et se faisait attendre : il entraînerait une ou plusieurs foulées de galop désuni.

De toute façon, ce n'est pas instantanément que se déclenche et s'effectue le mécanisme du changement de pied. Il n'est donc pas nécessaire d'attacher une trop grande importance dans le choix de l'instant précis où le cavalier doit effectuer sa demande : il suffit de la faire assez tôt, pendant la dernière foulée de galop, pour permettre au cheval de préparer son inversion sans bousculade ; soit entre le premier et le deuxième temps de la dernière foulée de galop, ce qui laisse au cavalier toute latitude pour donner ses ordres sans précipitation, avec précision et moelleux.

Leçon du changement de pied

Le cheval sera préparé à recevoir cette très importante leçon dans le manège en lui demandant plusieurs départs au galop à partir du pas, quelques tours de galop juste et à faux aux deux mains et des retours au pas directement.

Détendu et calmé, le cheval sera placé sur un grand cercle au centre du manège, à main droite, par exemple, et on lui fera exécuter plusieurs départs au galop à droite à partir du pas, au point de tangence avec un grand côté, soit en B. Après quelques foulées de galop sur ce cercle, reprise du pas en E, pour repartir au galop en B, et ainsi de suite, en utilisant toujours les mêmes aides et s'aidant de la voix « au galop ».

Peu à peu, le cheval partira au galop en B presque de lui-même, pour reprendre le pas en E ; le cavalier continuera cependant à utiliser toujours les mêmes aides, avec la même intensité, et le commandement « au galop ».

Après six ou huit départs au galop en B, marcher large au pas détendu un ou deux tours, puis prendre à main droite le galop à gauche, avec les aides habituelles. Au moment de passer en B, le cavalier donnera tranquillement toutes les indications du départ au galop à droite, voix comprise, tout en entamant le même grand cercle à droite, comme précédemment.

Le cheval va marquer sa perplexité et essaiera quelque chose : modification d'allure, altération de sa régularité, fausse battue, désunion, etc. Le cavalier attendra en persistant dans ses indications, sans en augmenter l'intensité, jusqu'à ce que le cheval réussisse à passer au galop sur le pied droit. Caresser aussitôt, galoper un tour complet, au pas et repos.

Si le cheval ne réagit pas ou s'il cesse de réagir avant d'avoir réussi à passer au galop à droite, le cavalier passera tranquillement au pas, pour demander le départ au galop à droite, toujours à la lettre B.

Si la préparation a été bien faite, le premier changement de pied sera obtenu sans trop de difficulté ; reprendre le pas et renouveler la demande de changement de pied deux ou trois fois, avec de longs intervalles de repos. Et remettre au lendemain de nouvelles tentatives. Il faut absolument que le cavalier se montre peu exigeant, très progressif et très patient pour mener à bien le dressage du cheval aux changements de pied.

Perfectionnement des changements de pied

Quand le cheval exécutera nettement et facilement des changements de pied à la lettre B, on lui demandera le même travail en faisant varier l'endroit, sur la piste et toujours de dehors en dedans. Puis de dedans en dehors, sur la ligne droite des grands côtés, en recherchant avant tout la rectitude de la position du cheval et la conservation de celle-ci pendant le changement.

Le même résultat sera alors recherché sur la ligne droite, loin du mur, à l'intérieur du manège. Il importe d'obtenir des changements également faciles sur les deux pieds. Ce n'est que par la suite qu'on abordera l'étude du changement de pied de dedans en dehors sur la ligne courbe, du plus grand rayon possible pour commencer, progressivement diminué jusqu'au cercle de 10 m de diamètre.

Le degré de perfection de ce changement de pied de dedans en dehors sur le cercle donnera la mesure des résultats obtenus, caractérisés par la rectitude du cheval, son calme, l'aisance, la netteté et l'ampleur des gestes pendant l'inversion.

2. Appuyer au galop

Au galop naturel, le cheval a déjà une tendance plus ou moins prononcée à se traverser, ce qui est une prédisposition à la marche de deux pistes.

Cependant, si l'appuyer au galop ne présente pas de difficultés, en général, il y a lieu de n'aborder cet air qu'une fois bien sue la leçon des changements de pied, parce qu'il pourrait se produire des confusions dans l'esprit du cheval : les aides du changement de pied sont voisines de celles de l'appuyer.

Aussi y aura-t-il toujours intérêt à entreprendre les appuyers au galop à partir des appuyers au pas. Bien établi dans un pas cadencé, le cheval sera engagé dans un appuyer sur la diagonale du manège ; vers le milieu de cet appuyer, on demandera un départ au galop, suivi de quelques foulées de galop, en s'efforçant de conserver la marche de deux pistes ; retour au pas qui se termine en appuyer jusqu'à la fin de la diagonale.

Peu à peu, le nombre de foulées de galop sera augmenté, toujours encadré par des temps de deux pistes au pas. Puis on réduira les foulées préliminaires d'appuyer au pas jusqu'à ce que le cheval entame sa diagonale par un galop de deux pistes. Finalement, le cheval sera amené au galop sur la piste jusqu'au point de départ de la diagonale, sur laquelle on l'entraînera de deux pistes.

Le même procédé sera employé à partir du pas pour acheminer le cheval dans l'appuyer sur toutes les figures de manège, en particulier sur les courbes hanches à l'intérieur, jusqu'à la volte serrée sur les hanches qui permet de rassembler le galop et prépare à la pirouette.

3. Pirouette au galop

La demi-volte serrée en tenant les hanches à l'intérieur permet d'obtenir peu à peu, par réduction progressive de son rayon, une demi-pirouette au galop. La pirouette ne viendra qu'ensuite ; il ne faut pas tenter de l'obtenir trop vite, de l'arracher coûte que coûte, car le ralentissement considérable du galop qu'il faut imposer au cheval pour exécuter la pirouette risque de troubler et surtout d'éteindre l'allure qui doit, au contraire, rester particulièrement vibrante.

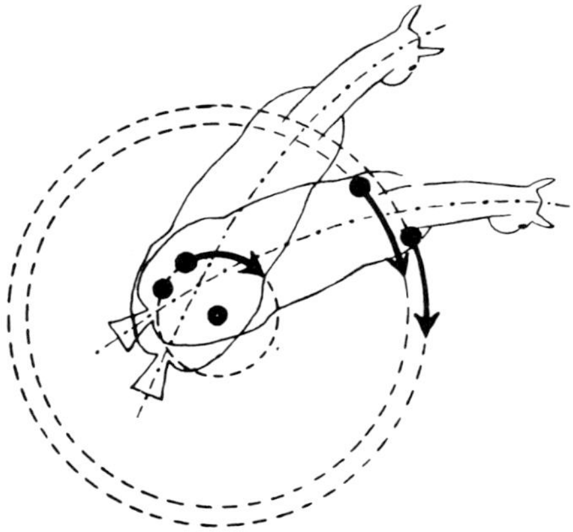

Afin de conserver une impulsion suffisante, il faut pouvoir sortir de la pirouette à tout moment dès qu'une baisse d'énergie se produit, après deux foulées, après un quart ou après un tiers de pirouette, pour reprendre la marche directe et ne pas laisser le cheval s'établir de lui-même dans son air, car il s'y installe presque toujours en s'endormant...

La bonne méthode pour préparer les pirouettes consiste à augmenter d'abord l'obliquité des appuyers en ligne droite, au-delà de 60° ; on obtient une amélioration dans ces excès d'appuyer au galop par des demandes d'appuyer sur des cercles, hanches à l'intérieur.

Il faut ensuite revenir aux pirouettes au pas, irréprochables comme régularité, comme cadence et surtout comme perfection de la mise en main. Pendant une pirouette au pas, le cavalier demande une ou deux foulées de galop, repasse au pas pour continuer la pirouette en rétablissant la légèreté et le calme, ou reprendre la marche directe.

Le nombre de foulées de galop est augmenté très progressivement jusqu'au demi-tour. Il faut alors entreprendre le départ au galop dès le commencement de la pirouette, puis exécuter une demi-pirouette en partant du galop en ligne droite. Quand la demi-pirouette est obtenue, un long travail de perfectionnement viendra à bout de la pirouette complète, pourvu que le dresseur sache maintenir la vigoureuse activité du cheval qui, à tout moment, sur une battue quelconque de pirouette, doit pouvoir être détaché vivement droit devant lui et pouvoir passer rapidement à un galop allongé.

Dans la pirouette au galop, les postérieurs, et en particulier le postérieur interne, ont tendance à ne pas se détacher du sol et à pivoter sur eux-mêmes. C'est une faute grave qu'il faut éviter

à tout prix par des appels de cravache au sommet de la croupe ou des retours plus fréquents à la marche directe.

Quant au postérieur externe, il aurait tendance à s'avancer à peine, voire même à reculer pour faciliter le travail de son congénère droit. Dans la pirouette à droite, il y a lieu d'exercer une pesée sur l'étrier gauche, en arrière (jambe de position) au moment où la hanche gauche va s'abaisser pour l'engagement du postérieur gauche qui doit s'avancer sous la masse et tourner pas à pas en avant du postérieur droit. Les pesées vers l'arrière sur l'étrier, vigoureuses au début, s'atténueront progressivement pour devenir imperceptibles : elles font s'abaisser la hanche correspondante, abaissement qui permet l'engagement du postérieur.

IV. PIAFFER ET PASSAGE

Le passage est un air issu du trot, caractérisé par la prolongation de la projection et par la surélévation de la masse du cheval, quelle que soit l'étendue des foulées de trot.

Le piaffer n'est que du passage sur place, obtenu lorsque l'étendue des foulées devient nulle.

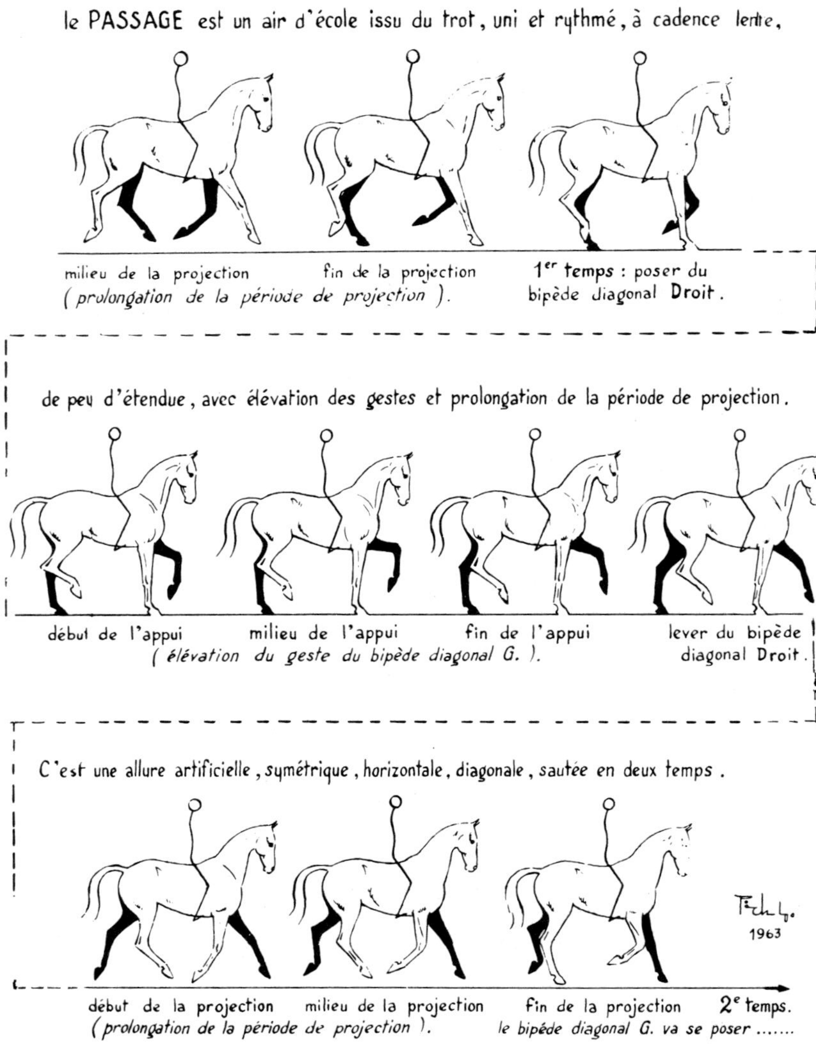

La recherche du passage et du piaffer s'obtiendra assez aisément lorsque le cheval aura suivi pas à pas la progression exposée dans les chapitres précédents, aura été affermi dans chaque exercice, qu'il exécutera volontiers, joyeusement, dans une impulsion toujours en éveil et avec un minimum de légèreté.

Il y a toujours avantage à commencer la stylisation du trot par les deux bouts à la fois, c'est-à-dire en même temps par le passage et le piaffer. Dès qu'un peu de cadence se dessine sur place — c'est déjà du piaffer —, il faut porter le cheval en avant en s'efforçant de conserver cette cadence. De même, dès que les temps de projection augmentent suffisamment au trot — c'est déjà du passage —, il faut entreprendre le ralentissement de l'allure, en s'efforçant de conserver cette cadence. La recherche de raccordement des deux airs, piaffer et passage, doit primer pendant très longtemps la recherche du développement de leur hauteur.

Beaucoup de chevaux espagnols ou lusitaniens fournissent d'excellentes photos, quand un diagonal se trouve au milieu de l'appui et que l'autre se trouve au maximum de son élévation. Cela trompe l'observateur qui, ensuite, ne pourra saisir l'instant prolongé de la projection ; car ce type de chevaux exagère le relèvement au détriment de la projection : il n'y a pratiquement plus de projection, le cheval reposant le diagonal au soutien au moment où l'autre diagonal se lève. On observe même des passages ou des piaffers dans lesquels il y a une base quadrupédale entre deux bases diagonales. Inutile de dire que cela n'a rien de commun avec un passage ou un piaffer vibrant et aérien, dans lequel les périodes de projection se prolongent pour donner l'impression d'une danse « sur les pointes » dans lequel le cheval s'envole, ce qui fait toute la valeur et le charme de ces airs stylisés.

On utilisera avantageusement la progression suivante :

1. Trot cadencé conduisant au passage

Pour obtenir le cadencement du trot jusqu'au passage, il faut déterminer la poussée de chaque diagonal pour provoquer le relèvement de l'allure et la prolongation des périodes de projection pour obtenir la cadence et le « tride ».

Le surcroît d'action imposé par les jambes à un postérieur et l'allègement simultané de l'épaule diagonalement opposée permettent théoriquement de prolonger le soutien de ce diagonal. Le cavalier doit donc inverser ses aides à chaque temps du trot pour obtenir les mêmes résultats sur chacun des deux bipèdes diagonaux. Mais, étant donné la rapidité des mouvements du cheval et le rapprochement des actions du cavalier, nous risquons de n'obtenir des résultats que très lentement, de disperser l'attention du cheval, de provoquer une perte momentanée du calme, de créer une dissymétrie marquée dans les mouvements des deux bipèdes diagonaux. Alors, au début, nous décomposerons nos exigences, en ne les appliquant qu'à un seul diagonal à la fois. Puis nous nous efforcerons de « marier » le plus tôt possible les progrès obtenus isolément dans chaque diagonal.

Premier exercice.

Pour travailler un diagonal, le cheval restant droit, on peut activer le postérieur de ce diagonal par des actions de jambe successives et marquer des demi-temps d'arrêt, successifs également, sur l'épaule du même côté que le postérieur pour dégager l'autre épaule.

Mais nous faciliterons énormément les premiers résultats en donnant au cheval une certaine incurvation, c'est-à-dire en le travaillant sur une courbe : en effet, le cheval incurvé tend naturellement à engager le postérieur de son côté concave et à dégager l'épaule de son côté convexe.

Après une bonne leçon au trot sur une et deux pistes, avec des variations marquées de vitesse, le dresseur engagera son cheval sur un cercle à gauche, 10 m de diamètre environ, et favorisera le jeu du diagonal droit par :

— rêne gauche d'ouverture très légère pour accentuer le placer à gauche et maintenir le cheval sur le cercle ;

— rêne droite enveloppant l'encolure, agissant par pressions de droite à gauche pour amener le poids du bout de devant sur l'épaule gauche ;

— jambe gauche affermie aux sangles pour maintenir l'incurvation à gauche et engager le postérieur gauche ;

— jambe droite en surveillance à sa place normale pour interdire toute évasion du postérieur droit vers l'extérieur du cercle ;

— poids du corps d'aplomb, mais plutôt à gauche.

Quand le cheval est bien installé dans cette attitude, le dresseur transforme peu à peu ces indications continues en actions intermittentes réglées sur les posers du diagonal gauche. Et il décompose peu à peu l'ensemble de ces actions d'après le comportement du cheval :

— un peu plus ou un peu moins de rêne d'ouverture gauche ;

— ou de rêne droite enveloppante ;

— jambe passive si le cheval reste dans une impulsion énergique ;

— actions de mains plus prolongées, tendant à dépasser insensiblement la durée du poser du diagonal gauche.

Mais le point capital est le suivant : on veut aller trop vite pour obtenir trop en demandant trop. Et l'on gâche tout par un excès d'empressement.

Il faut se limiter à deux ou trois battues. Il faut revenir souvent à cet exercice, mais ne pas le prolonger longtemps : le cheval ne doit pas prendre l'habitude de persister dans cette dissymétrie.

Dès que le dresseur a obtenu *une* élévation nettement accentuée du diagonal droit, reprendre le même travail sur un cercle à droite pour obtenir *une* élévation nettement accentuée du diagonal gauche.

Exercice N° 2.

Ces résultats acquis aux deux mains sur le cercle, on les demande sur la piste en ligne droite, d'abord en maintenant le cheval légèrement incurvé, comme sur le cercle, puis le cheval restant parfaitement droit.

Ensuite, en quittant la piste, sur des lignes droites orientées en tous sens.

Exercice N° 3.

Ce résultat acquis aux deux mains sur les lignes droites au milieu du manège, le dresseur s'efforce d'obtenir deux élévations successives et nettement accentuées d'un diagonal, puis immédiatement de l'autre.

Pour cela, il engage son cheval sur la piste à main droite et, profitant des bouts du manège, il sollicite le développement du diagonal droit sur une portion de cercle à droite. Dès qu'il a obtenu l'élévation du diagonal droit, il demande l'élévation du diagonal gauche, ce qui est facile au cheval puisqu'il y a déjà été exercé.

Même exercice à main gauche, en commençant par développer le diagonal gauche, puis immédiatement le diagonal droit.

Exercice N° 4.

Quand le cheval exécute facilement deux battues élevées et alternées, en commençant par le diagonal interne — le plus difficile —, le cavalier en demandera trois, en commençant par le diagonal externe.

Ce luxe de minutie dans la progression est absolument indispensable pour éviter par la suite l'inégalité dans l'alternance des battues.

Comme résultat, le cheval sait élever trois battues alternées successives, en commençant par l'un ou l'autre diagonal : il est pratiquement au passage.

2. Trot sur place conduisant au piaffer

Pour obtenir le trot sur place qui conduit au piaffer, il faut déterminer, la mobilisation des membres, par bipèdes diagonaux, sans déplacement horizontal, et la projection de la masse du cheval dans l'intervalle des battues des bipèdes diagonaux.

La transition directe de l'immobilité au trot est souvent difficile à obtenir. Elle l'est d'autant plus que le cavalier va chercher en même temps à empêcher toute progression (trot sur place).

Par contre, la transition du reculer au trot se fait facilement sans rupture des diagonaux : au moment du changement de sens de la marche, l'alternance des battues des bipèdes diagonaux persiste naturellement ; entre le mouvement en arrière et le mouvement en avant il n'y a pas de point mort ; d'autre part, au moment du changement de sens de la marche, les périodes de projection de la masse persistent naturellement pour la même raison et on évite les « sauts de pie ».

PIAFFER

Exercice N° 5

La gymnastique préparatoire consiste dans l'alternance du petit trot avec le reculer et, réciproquement, du reculer avec le petit trot. Vitesse très réduite dans le trot aussi bien que dans le reculer. Parcours réduit dans les deux sens : quelques foulées de trot, quelques pas en arrière. C'est la fréquence des transitions, « passage au point mort », des changements de sens du déplacement qui permet peu à peu au cheval de rester dans l'allure du trot à vitesse nulle.

Exercice N° 6

Dès que la cadence du trot reste marquée nettement aux environs du « point mort », il faut dépasser celui-ci le moins possible en arrière, recourir de moins en moins au reculer et en arriver à passer de l'arrêt au trot et du trot à l'arrêt, cet arrêt ne comportant jamais l'immobilité, mais, au contraire, la persistance régulière des mouvements diagonaux du trot.

Dans tous les cas, terminer les exercices par un mouvement en avant énergique, précédant le repos. Le cheval doit considérer l'activité sur place comme toujours provisoire et toujours suivie d'une progression nette, cadencée ou non.

Mais le point capital est le suivant : on veut aller trop vite pour obtenir trop en demandant trop. Et l'on gâche tout par un excès d'empressement...

Il faut se limiter à deux ou trois battues sur place. Il faut revenir souvent à cet exercice, mais ne pas le prolonger longtemps : le cheval n'est pas encore mûr pour prendre l'habitude de marquer le trot sur place.

Exercice N° 7

Ces résultats acquis aux deux mains le long du mur du manège, le dresseur s'efforcera de les obtenir en s'écartant d'abord très légèrement du mur, puis sur la ligne du milieu et enfin sur n'importe quelle ligne droite, à n'importe quel endroit du manège.

Alors, il faut procéder à l'amplification des gestes et des périodes de projection pour obtenir le piaffer. Mais ce résultat ne peut être obtenu utilement de façon directe : il y a obligation de reprendre au préalable le travail par l'autre bout, c'est-à-dire de perfectionner le passage.

3. Perfectionnement du passage et du piaffer

Arrivé à ce point, le dresseur devra faire preuve d'une patience infinie et s'efforcera de modérer son envie de demander trop vite un passage qui sera momentanément correct, mais qu'il n'arrivera pas à prolonger à volonté pendant une vingtaine de foulées.

Il faut être bien convaincu qu'à partir de ces résultats, le passage et le piaffer sont acquis presque à coup sûr, mais que le travail doit être mené très lentement : trop lentement, toujours, au gré du cavalier ; trop vite, toujours, pour le cheval, dans l'affermissement de ces airs.

Pour un bon passage, l'étendue moyenne des foulées est d'environ un pied, soit 0,33 m ; la pince de l'antérieur au soutien s'élève en principe à hauteur du milieu du canon de l'antérieur à l'appui, la pince du postérieur au soutien, légèrement au-dessus du boulet du postérieur à l'appui. Mais le même passage ne peut pas être exigé de tous les chevaux : suivant leur conformation et leur tempérament, et aussi suivant l'énergie de leur impulsion, les uns ont le geste plus arrondi et plus large, les autres plus vif et plus court, mais le bercement d'une hanche sur l'autre est toujours une faute.

CLOUGH-BANK
au passage
monté par le Colonel WATTEL
Ecuyer en Chef à Saumur
de 1918 à 1928.

TAINE
au piaffer
monté par le Commandant LESAGE
1er aux Jeux Olympiques
de Los Angeles, 1932.

L'encolure s'élève, élégamment courbée, la nuque au point culminant, la tête se rapproche de la verticale, la mise en main reste légère et permet au cheval de passer sans heurt du passage au piaffer et vice versa, sans effort apparent et sans altérer la cadence sous une impulsion toujours active et généreuse.

CHAPITRE VI

LE SAUT

Comme la *vitesse* pour le cheval de courses, le *saut* est, pour le cheval de selle, une spécialité technique qui exige un entraînement à part, logique et progressif.

S'il est bien certain que tous les chevaux sautent naturellement des petits obstacles simples, il n'en va plus de même lorsque la hauteur et la largeur augmentent ou que l'aspect et la conformation des obstacles se compliquent. Tout cheval de selle digne de ce nom est capable de franchir les obstacles naturels rencontrés dans la campagne, aussi bien que les cavaletti au manège cela fait partie de son dressage élémentaire. Mais si l'on veut spécialiser un cheval dans la discipline du concours hippique ou dans celle du concours complet d'équitation, il est nécessaire d'orienter son travail de façon différente et d'étudier en détail tous les éléments susceptibles de développer ses aptitudes naturelles, pour améliorer son *style* sur l'obstacle, son *adresse* et sa *puissance*.

1. Le cheval d'obstacles et le cavalier sur le plat

C'est en sautant et en sautant beaucoup que le cheval et son cavalier apprennent à sauter. Mais le cavalier ne doit pas en abuser et succomber à la griserie de sauter toujours et de sauter encore : il dégoûterait vite le meilleur tempérament et risquerait de tarer définitivement l'organisme de son cheval. Il ne faudrait pas dépasser une moyenne de deux — ou trois — séances de travail sur les obstacles par semaine, épreuves comprises, et limiter chaque séance au franchissement de douze à quinze obstacles.

Toutefois, avant d'entreprendre sérieusement l'entraînement au saut, il est bon de faire le point des connaissances acquises par le cheval sur le plat afin de les développer et de les perfectionner. En effet, pour bien sauter, le cheval doit être *soumis* à son cavalier et facile à conduire : franchir un obstacle est relativement facile, mais la difficulté survient quand il s'agit d'en franchir plusieurs, les uns après les autres, comme dans une épreuve de sauts d'obstacles, où le parcours est sinueux avec des lignes droites et des lignes courbes sur lesquelles sont disposés irrégulièrement des obstacles variés.

Il est donc indispensable que le cavalier reste maître de l'*impulsion*, de l'*équilibre* et de la *vitesse*.

En outre, la rapidité de la course et la succession des obstacles entraînent une dépense d'énergie telle qu'il faut éviter tout effort inutile et toute perte de temps. On saute actuellement de plus en plus « gros » et il faut aller de plus en plus vite ; cela est dû non seulement à une amélioration des aptitudes des races chevalines et au progrès des cavaliers, mais encore au grand nombre de concurrents qui participent aux épreuves : pour gagner, il faut être le plus rapide et le plus fort. La compétition a entraîné des exigences supérieures.

Le bon cheval d'obstacles doit savoir *marcher droit sur les lignes droites*, ce qui ne veut pas dire seulement : marcher en ligne droite, plus court chemin d'un point à un autre, mais marcher sur cette ligne avec un *cheval droit* : antérieurs et postérieurs se meuvent sur deux rails parallèles, de façon que toute l'énergie emmagasinée par l'engagement des postérieurs puisse se transmettre intégralement par leur détente jusqu'aux antérieurs et même jusqu'au bout du nez du cheval. Tout traversement est néfaste.

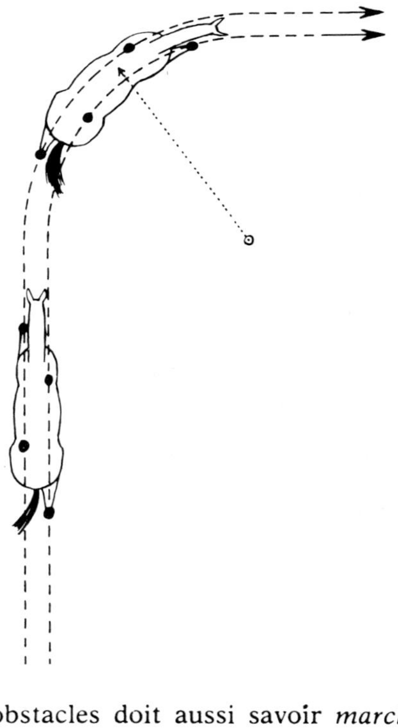

Le bon cheval d'obstacles doit aussi savoir *marcher droit sur les lignes courbes*, où la difficulté augmente quand il s'agit d'utiliser toute la poussée. Comme dans le cas du train, il se produit des frottements sur les rails courbes qui freinent la puissance de la machine ; mais si le châssis est bien rigide et les axes des boggies bien mobiles, la perte d'énergie sera négligeable. Il faut donc rendre flexible à droite et à gauche la colonne vertébrale du cheval, tout en lui assurant une fermeté suffisante pour garder intacte toute l'impulsion. Le cheval doit donc être aussi souple d'un côté que de l'autre, c'est-à-dire symétrique.

Pour les tourners, il est indispensable que le cheval se ploie du côté où il tourne ; les aides à employer pour un tourner à droite, par exemple, sont :

— *Jambe droite* aux sangles pour maintenir fermement le milieu de l'arc formé par le corps du cheval et le plier à droite.

— *Jambe gauche* en arrière pour aider au ploiement de l'arrière-main et empêcher sa dérobade à gauche.

— *Rêne droite* directe pour aider au ploiement de l'avant-main et obtenir que le cheval regarde du côté où il va, à droite.

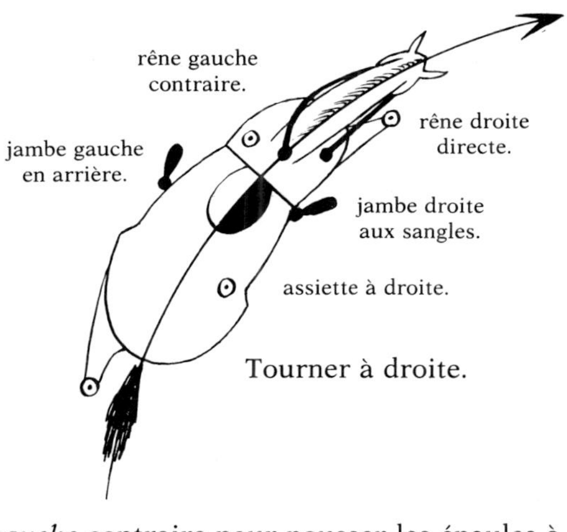

Tourner à droite.

— *Rêne gauche* contraire pour pousser les épaules à droite devant les hanches.

Suivant le degré de dressage du cheval, l'une ou l'autre de ces aides deviendra dominante, mais il ne faut pas oublier que, pour les mains, l'action de rêne directe a tendance à mettre le cheval sur les épaules, tandis que l'action de rêne contraire le met sur les hanches, donc l'équilibre.

C'est le travail sur les cercles qui permet d'obtenir peu à peu la soumission complète du cheval dans les changements de direction. Il est bon de diminuer et d'agrandir le diamètre des cercles sans changer de vitesse et, inversement, de changer de vitesse, allongements et ralentissements, sur un cercle de diamètre donné. En parcours, il faut ralentir avant d'entamer un changement de direction et allonger en tournant, tout en veillant au maintien de l'équilibre ou, du moins, aux possibilités de reprise d'équilibre quand celui-ci vient à être rompu.

Pour remettre le cheval en équilibre, le cavalier peut utiliser le demi-arrêt, sur l'une ou l'autre rêne (de préférence sur la rêne du côté du galop) ou sur les deux rênes à la fois ; une action simultanée des deux jambes provoque toujours l'engagement des postérieurs. Selon les cas, soit que le demi-arrêt se limite à une pression des doigts sur les rênes ou qu'il devienne une brusque élévation des poignets on obtient le relèvement de l'encolure qui augmente la légèreté du devant, ou le ralentissement de l'allure, ou encore la diminution de la longueur des foulées, mais toujours avec un engagement accru des postérieurs, donc en rééquilibrant.

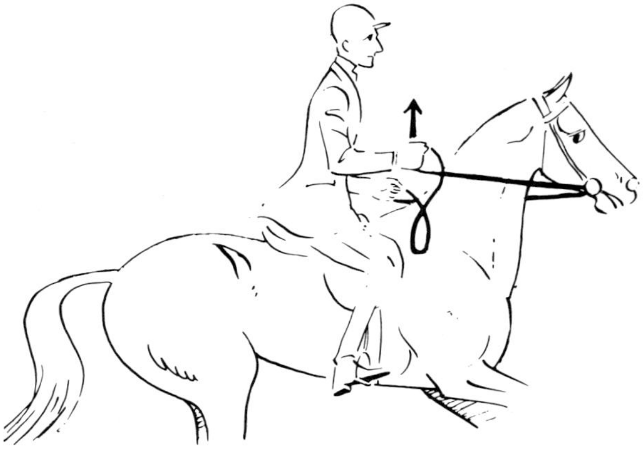

Allonger ou raccourcir les foulées permet d'amener le cheval à l'endroit le plus favorable pour prendre sa battue. Pour allonger les foulées, le cavalier monte en cadence, en agissant des mains et des jambes ; ce procédé augmente à la fois l'impulsion et la vitesse, mais il risque de mettre le cheval sur les épaules. Pour raccourcir les foulées, le cavalier reprend en cadence à chaque foulée par une succession de légers demi-arrêts qui limitent le mouvement en avant des antérieurs et engagent les postérieurs ; c'est la méthode généralement employée, parce que la plus commode, mais c'est toujours au détriment de la vitesse. Une troisième solution consiste à relier ces deux moyens : raccourcir les foulées pour engager les postérieurs, puis allonger les foulées pour arriver juste ; ainsi, lorsque le cheval arrive trop vite pour allonger ses foulées son cavalier lui demandera d'abord de les raccourcir, assez loin de l'obstacle, afin de rééquilibrer et d'engager les postérieurs, puis il lui redonnera de l'impulsion en allongeant les foulées pour aborder l'obstacle en vitesse croissante.

Avec un cheval bien dressé, ces exercices ne demandent que des actions simples, discrètes, presque invisibles. Le perfectionnement du dressage est une affaire qui demande du temps : on gâcherait tout en voulant aller trop vite, car il ne faut pas provoquer de défense et laisser croire au cheval qu'il garde l'initiative ; mais il n'est pas défendu au cavalier de lui indiquer ce qu'il doit faire, sur les obstacles en particulier : c'est ce qu'on appelle l'*intervention*.

Il y a lieu de rappeler aux partisans de la non-intervention que, même lorsque le cheval arrive bien, en équilibre et dans l'impulsion, son cavalier ne reste pas passif : il doit veiller à conserver cet équilibre et cette impulsion, ce qui est encore une forme d'intervention. A l'inverse, il ne faut pas croire que l'intervention consiste à tirer sur les rênes avec plus ou moins de violence et d'à-propos en abordant un obstacle ; il est bien évident que ce genre d'intervention est plus nuisible qu'utile.

Le cavalier doit au contraire agir avec beaucoup de tact et de prudence pour apprendre à son cheval à écouter et à comprendre les indications qui lui sont données pour obéir sans délai. Ce n'est pas le jour de l'épreuve, quand viennent les difficultés, qu'un cavalier peut se permettre d'intervenir utilement s'il ne l'a jamais fait à l'exercice ; l'intervention doit donc d'abord se pratiquer à l'entraînement, pendant le dressage préparatoire et les premières leçons qui se donnent sur le plat, sans obstacle.

Ce n'est que lorsque l'obéissance aura été obtenue dans ces conditions que le cavalier pourra essayer d'intervenir à l'obstacle.

2. Le cheval sur l'obstacle Mécanisme du saut

C'est au milieu d'une foulée de galop que le cheval franchit un obstacle, une foulée spéciale que nous appellerons la *foulée saut*. La foulée saut correspond à une foulée de galop normale, dissociée en deux parties : la première moitié de la foulée saut s'effectue avant l'obstacle, et comporte essentiellement la *battue puis la détente des deux postérieurs* ; la seconde moitié s'effectue après l'obstacle, c'est la *réception sur les deux antérieurs*. Donc, dans la foulée saut, le deuxième temps du galop, (poser le bipède diagonal) est dissocié.

BATTUE RECEPTION

Entre ces deux phases extrêmes, battue et réception, la foulée saut comprend la *montée*, le *planer* et la *descente*. Avant la foulée saut, il y a une série de foulées préparatoires ; la dernière d'entre elles comporte la *battue des antérieurs*, suivie de leur *détente*. Après la foulée saut, marquée par la réception sur les deux antérieurs, il y a, comme dans la succession normale des foulées de galop, une *période de projection*, immédiatement suivie par la reprise du galop ; c'est au début de cette première foulée de galop que le cheval se reçoit sur les postérieurs et reprend son équilibre.

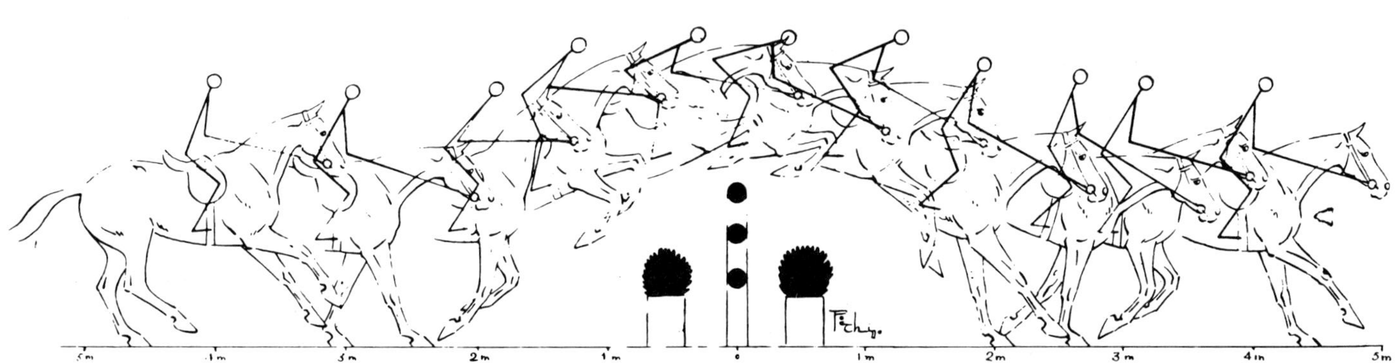

TREMPLIN BALANCIER AMORTISSEUR

L'encolure joue un rôle capital dans le saut ; ce rôle est triple :

1) C'est d'abord un *tremplin élastique* qui se comprime en s'allongeant vers le bas au moment de la battue des antérieurs, puis se détend en se redressant vers le haut pour faciliter l'enlever de l'avant-main.

2) C'est ensuite un *balancier* qui s'abaisse au moment de la détente des postérieurs pour soulager leur effort et contribuer à la montée, puis s'allonge pendant le planer afin d'amorcer le mouvement de bascule.

3) C'est enfin un *amortisseur* qui se relève pendant la descente pour freiner le mouvement vers le bas et s'abaisse brusquement au moment de la réception sur les antérieurs pour atténuer le choc. Pour terminer, l'encolure se relève pour permettre l'engagement des postérieurs et la reprise du galop.

Le rôle des bipèdes postérieur et antérieur se trouve bien mis en évidence dans cette foulée saut : les postérieurs sont des éléments de propulsion, les antérieurs des éléments de soutien.

Au total, pendant le saut, l'encolure s'allonge trois fois : avant, pendant et après, au moment de la battue des antérieurs, pendant le planer et à la réception. Chacun de ces allongements est suivi d'un relèvement plus ou moins brusque : la main du cavalier ne doit pas contrarier ces gestes, mais les accompagner moelleusement, aussi bien dans leur allongement que dans leur relèvement.

Une remarque importante s'impose, qui concerne les ondulations de la colonne vertébrale du cheval pendant les différentes phases du saut : elles sont analogues à celles d'une foulée de galop normal, mais plus atténuées lorsque la vitesse est grande ou que l'obstacle à franchir est pris de volée ; on dit que le cheval « coule ». Au contraire, quand la vitesse est réduite, particulièrement au trot ou sur des obstacles larges pris de près, l'effort d'arrachement ou de projection vers le haut est plus prononcé : il ne peut se produire que grâce à un engagement plus marqué des postérieurs, à un voussement du rein plus accentué qui oblige le cheval à « monter ses épaules » ; il est suivi d'un basculement exagéré par-dessus l'obstacle, qui creuse le rein au moment où s'amorce la descente et permet au cheval de trousser ses postérieurs pour passer à leur tour au sommet de la trajectoire.

Voici, en détail, la succession des différentes phases du saut :

1) Au cours de la dernière foulée de galop, un net ralentissement se produit, l'encolure s'allonge pour la première fois, *les antérieurs frappent leur battue* (2e et 3e temps) sur le sol et toute l'avant-main du cheval agit comme un tremplin élastique qui comprime ses ressorts.

2) Les postérieurs ont quitté le sol, l'encolure se relève brusquement, *les antérieurs se détendent*, l'avant-main rebondit.

3) Fin de la dernière foulée de galop avant le saut, période de projection, *les postérieurs s'engagent.*

4) Commencement de la foulée saut : engagés à fond, *les postérieurs frappent leur battue sur le sol,* en avant de l'endroit où s'est produite celle des antérieurs.

5) Pour faciliter la *montée des épaules,* l'encolure s'allonge (pour la deuxième fois) les postérieurs se plient, se tendent, se compriment comme des ressorts.

6) La *détente des postérieurs* se produit, qui projette le cheval en avant et vers le haut, l'encolure s'allonge toujours et s'abaisse pour décharger les épaules et favoriser leur mouvement.

7) Le cheval a quitté le sol : son mouvement d'ascension, sous l'action propulsive des postérieurs, a marqué une certaine *accélération*, les antérieurs passent.

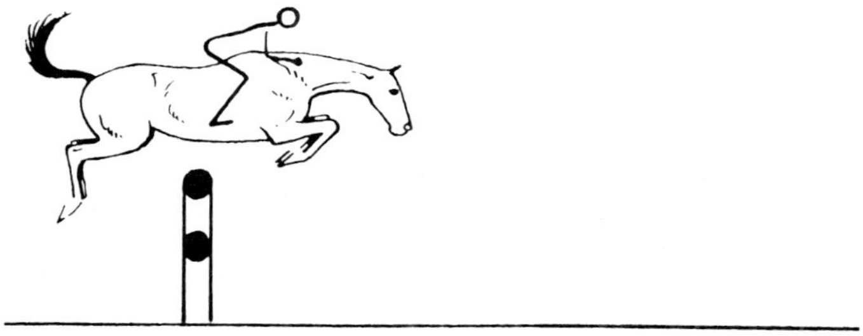

8) Le cheval a atteint le *point culminant* de sa trajectoire et plane au-dessus de l'obstacle, l'encolure s'allonge à son maximum, abaissant ainsi le centre de gravité.

9) Entraîné vers le bas par l'allongement de l'encolure, *le corps du cheval bascule*, amorçant la descente, les postérieurs se troussent et passent.

10) Les épaules descendent, les antérieurs s'allongent vers le sol, tandis que *l'encolure se relève* pour freiner le mouvement vers le bas.

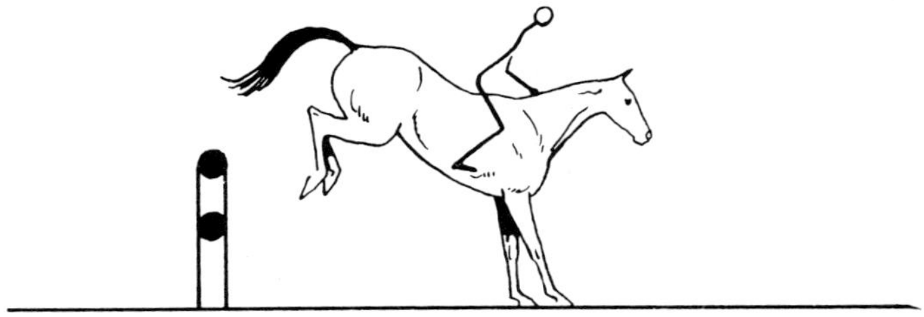

11) Les *antérieurs arrivent au sol l'un après l'autre* comme dans une foulée de galop normale, le rein se vousse pour permettre l'engagement des postérieurs.

12) L'encolure s'allonge et s'abaisse pour la troisième fois afin *d'amortir le choc sur le sol,* les postérieurs continuent à s'engager.

13) L'un après l'autre, les antérieurs se sont détendus pour la reprise du mouvement, c'est la *période de projection* qui termine la foulée saut, l'encolure se relève pour permettre l'engagement des postérieurs.

14) *Reprise de galop,* première foulée après l'obstacle, premier temps, poser du postérieur, rétablissement de l'équilibre.

3. Le cavalier à l'obstacle

Il est bien évident que le cavalier ne peut pas « enlever » son cheval au-dessus de l'obstacle, comme on l'entend, hélas ! trop souvent, dans les tribunes... Un marin ne peut pas soulever son bateau pour franchir une vague. Pas davantage le cavalier pour franchir un obstacle.

Cependant, le rôle de l'homme n'est pas de rester passif comme le ferait un mannequin : il doit au contraire lier son mouvement à celui du cheval, pour ne pas gêner l'effort du saut et l'aider en quelque sorte en « se faisant oublier ». Tout mouvement inutile est à proscrire, mais il y a des mouvements bénéfiques qui favorisent et peuvent même aider les gestes du cheval à l'obstacle.

Pendant la *battue*, le cavalier ne doit pas résister aux forces d'inertie qui tendent à l'envoyer en avant, du fait du ralentissement

marqué par le cheval. Il prend donc de l'avance sur ce dernier, son buste s'inclinant de plus en plus vers l'avant, grâce à l'ouverture des trois angles articulaires de ses rayons inférieurs : chevilles, genoux et hanches.

Pendant la *montée*, le buste du cavalier se projette en avant sur

la trajectoire du saut, tandis que les angles articulaires se referment peu à peu.

Mais le corps du cheval, propulsé par la détente des postérieurs, rattrape rapidement le cavalier qui se tasse au-dessus de son cheval pendant le *planer*.

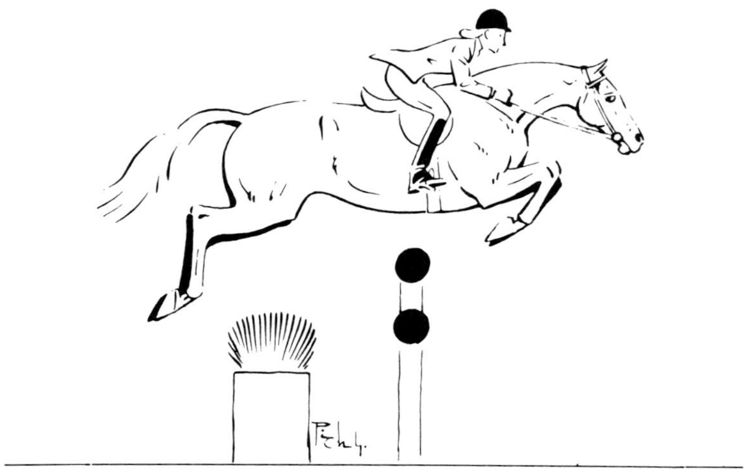

Pendant la *descente*, le cavalier prend du retard sur son cheval, puisque celui-ci, plus lourd et doué d'une énergie cinétique plus grande, descend plus vite que lui. A nouveau, les angles articulaires inférieurs

s'ouvrent ; hanches, genoux et chevilles se déplient et le redressement du buste du cavalier s'opère par le bas, grâce à un coup de rein (vers l'avant) qui remet l'assiette en place.

Au moment de la *réception*, les articulations inférieures se plient pour amortir le choc, et le cavalier retrouve son assiette en glissant son bassin en avant sous ses épaules.

Il n'y a pas de « position » du cavalier à l'obstacle. Le saut est un mouvement : on ne peut se lier à un mouvement que par un mouvement accordé.

Pendant le saut, c'est la main du cavalier qui peut gêner le plus le cheval en contrariant le mouvement du balancier-encolure. Il est indispensable de garder décontractés : les épaules, les coudes, les poignets et les doigts, prêts à céder ; la principale préoccupation du cavalier, avant, pendant et après le saut, consiste à ne pas attenter à la bouche du cheval, aussi légèrement que ce soit. Tout allongement de l'encolure doit être accompagné par le déploiement de tous les angles articulaires des bras, de façon que le contact d'une part, qui vient du cavalier, et d'autre part l'appui, qui vient du cheval, ne soient modifiés en rien. La main s'avance vers le bas, en direction de la bouche du cheval, comme si elle glissait le long d'un rail qui coïnciderait exactement avec la direction des rênes.

4. Préparation aux épreuves de saut d'obstacles

La principale difficulté du concours de sauts d'obstacles réside dans la manière d'aborder l'obstacle et non pas dans le saut lui-même. Tout va bien si le cheval arrive à bonne distance de l'obstacle, en équilibre et dans l'impulsion, et tout va médiocrement si l'un de ces trois points n'est pas respecté.

Certains chevaux peuvent réaliser ces conditions d'eux-mêmes : ce sont soit des chevaux qui ont une aptitude naturelle au saut (et le respect de l'obstacle), soit de vieux routiers auxquels le dressage (saut à la longe et barrage en particulier) a appris leur métier. Trop heureux le cavalier qui tombe sur ces exceptions, qu'il n'a plus qu'à laisser faire presque tout seuls, car ils se règlent « entre la jambe et l'obstacle ».

Mais il arrive que l'on ait d'autres sortes de chevaux à monter. Certains, malgré des aptitudes et du dressage, n'arriveront jamais à comprendre le problème et à s'améliorer : ils abordent souvent l'obstacle sur les épaules, ou encore partent à n'importe quelle distance... D'autres n'ont pas encore le métier suffisant pour éviter ces mêmes fautes, mais il faut cependant les utiliser immédiatement, tels qu'ils sont, pour une raison ou pour une autre.

Les parcours actuels, enfin, comportent des obstacles à la fois hauts et complexes : doubles ou triples à fausses distances, alternant le large et le vertical. Comment espérer qu'un cheval, à moins d'être exceptionnel, se tirera seul de semblables difficultés, dont il n'a pu avoir, en s'en rapprochant au galop, qu'une vue rapide, partielle et perspective ? Son cavalier, lui, a fait le tour à pied et, par conséquent, sait d'avance quelles sont les conditions théoriques les meilleures pour aborder les sauts successifs.

Pourquoi donc, dans tous les cas, le cavalier n'utiliserait-il pas son intelligence, son expérience et ses moyens d'action pour aider son cheval en difficulté ?

Nier par principe la nécessité des interventions en concours, c'est fuir sa responsabilité de cavalier d'obstacles, puisqu'il y a des cas où il faut intervenir absolument.

Dans ces conditions, il faut apprendre en détail quels sont les moyens et les manières d'intervenir, car ce n'est pas une solution, en présence de la difficulté, que de tenter de se tirer d'affaire par des inspirations irréfléchies, souvent aussi inopérantes qu'inesthétiques.

Mais on ne peut intervenir utilement que si l'on *sent* la nécesité de le faire. La pratique donne et améliore petit à petit le sentiment de ce qui se passe et de ce qu'il convient de faire pour améliorer la situation. Si l'on en fait l'objet d'une étude réfléchie et d'un travail méthodique, le sentiment se développe comme tout autre sujet d'étude, plus ou moins vite il est vrai, selon les individus.

Le sentiment, d'autre part, n'est rien si le cavalier ne peut traduire par ses aides la décision qu'il a puisée en lui. Et il ne peut le faire, c'est-à-dire intervenir de façon exacte, que si ses moyens d'intervention (mains, jambes et buste) restent indépendants de la réaction du saut, c'est-à-dire s'il conserve à tout instant un équilibre garanti une position qui s'adapte à cette réaction. C'est là, naturellement, la première des choses à apprendre.

En conséquence, la préparation aux épreuves de sauts d'obstacles comprendra successivement deux buts :

1) Lier le cavalier au mouvement du saut, rendre ses aides indépendantes de la réaction subie et lui donner « l'équilibre ». C'est l'instruction préparatoire.

2) Développer le sentiment du cavalier en ce qui concerne le réglage de l'impulsion, de l'équilibre ou de la foulée. C'est l'instruction spécialisée.

INSTRUCTION PREPARATOIRE

Il faut d'abord apprendre au cavalier à se lier au mouvement du saut, à rendre ses aides indépendantes de la réaction subie et à lui donner l'équilibre.

1. — Obtenir la souplesse générale.

Travail de longue haleine, obtenu par l'usage des assouplissements avec et sans étriers. On pourrait croire, au point où doit se trouver le cavalier lorsqu'il aborde la préparation aux sauts d'obstacles que le travail a déjà été accompli ; certes, il a été entrepris, mais c'est insuffisant : il faut y revenir sans cesse, en profitant de toutes les occasions pour perfectionner point par point toutes les articulations les unes après les autres, afin d'obtenir une souplesse totale. Chaque cavalier a ses propres difficultés à résoudre et ses défauts naturels de conformation qu'il doit combattre sans se lasser. En même temps, veiller à l'indépendance des différentes parties du corps : le geste d'un membre, produit par le jeu d'une articulation déterminée, ne doit pas se répercuter sur le reste du corps ; comme à l'indépendance des aides, mais ceci est une autre histoire.

2. — Assouplir le rein et lier le cavalier à la réaction du saut

Tout en continuant les mêmes assouplissements, et sans tenir aucun compte du saut, poser les rênes sur le pommeau et :

— Saut de cavaletti, à distances et en nombre variables, le cavalier restant dans la position assise, sans étriers.

— Saut d'obstacles moyens, en largeur et en hauteur, le cavalier dans la position assise, sans étriers.

— Saut des mêmes cavaletti et obstacles, dans la position assise, avec étriers.

3. — Fixer le mollet et faire jouer le genou par coulissement de la cuisse

— Trot enlevé sans étriers, talons bas.

— Trot « arabe » sans étriers, talons bas.

— Passer souvent de la position assise à la position « arabe » et inversement.

— Galop « en avant » sans étriers.

— Saut de cavaletti « en avant » sans étriers.

— Saut d'obstacles en largeur et en hauteur, « en avant », sans étriers et talons bas.

4. — Donner l'équilibre sur les étriers et obtenir le jeu de la cheville

— Trot « arabe » avec étriers.

— Galop « en avant » avec étriers.

Dans ces deux exercices, alterner, sans recul de la ceinture, les quatre positions suivantes : buste vertical loin de la selle, buste vertical près de la selle, buste horizontal loin de la selle, buste horizontal près de la selle.

— Saut de cavaletti dans ces positions d'équilibre.

— Saut d'obstacles en hauteur et en largeur dans ces positions d'équilibre.

5. — Rendre la main indépendante du saut.

Cette qualité s'obtient en faisant des exercices les rênes sur le pommeau. La main est occupée soit à faire des assouplissements, soit à accompagner exagérément le mouvement de l'encolure, ou encore est immobilisée à un point fixe (dos, nuque, hanches du cavalier).

L'emploi d'un stick, maintenu par le pli des coudes au creux des reins, combat la tendance naturelle du cavalier à vousser le rein quand il est surpris par le saut, au lieu de se maintenir en avant par l'appui du mollet qui permet d'avancer le genou.

« L'équilibre Danloux » — le mot équilibre paraît plus juste que l'expression traditionnelle « position » — n'est pas universellement reconnu comme le meilleur. Pourtant, c'est lui qui donne au cavalier le plus de fixité et de liant dans le saut, le plus d'indépendance dans ses aides et, par suite, le plus de moyens d'action sur son cheval. Certes, de tous temps, il y a eu des cavaliers qui ont monté supérieurement, dans quelque équilibre que ce soit, mais l'équilibre Danloux représente une évolution heureuse dans l'équitation de concours, qui a fait ses preuves de façon péremptoire.

INSTRUCTION SPECIALISEE

Cette instruction a pour but de développer chez le cavalier le sentiment de l'impulsion, de l'équilibre et de la foulée.

1. — Exercices préparatoires sur le plat au galop.

Apprendre à doser l'impulsion :

— Demander des allongements par les jambes, la main ne laissant pas passer toute la vitesse, de manière à ce que le cheval tende lui-même ses rênes.

— Demander ensuite des raccourcissements par la main, les jambes obligeant le cheval, par des action discontinues, à maintenir la tension des rênes.

Apprendre à sentir l'équilibre :

— Demander des raccourcissements en contre-accompagnant l'encolure par la main, tout en gardant le contact de la bouche (c'est-à-dire légers demi-arrêts successifs), les jambes veillant à l'impulsion.

— Demander des allongements en accompagnant l'encolure tout en gardant le contact de la bouche, sans avoir la sensation d'une augmentation de poids sur la main (dans ce cas, un ou plusieurs demi-arrêts isolés sur une rêne).

— L'attention du cavalier doit se porter sur la position du garrot et du rein du cheval et sur l'engagement des postérieurs.

Apprendre à régler la foulée :

— En maintenant la cadence, accompagner l'encolure pour augmenter l'amplitude de la foulée ou contre-accompagner pour la raccourcir et se rendre compte du terrain gagné ou perdu dans cette foulée.

Ce découpage peut paraître arbitraire, et il l'est en effet, car impulsion, équilibre et foulée sont trois facteurs intimement liés, mais le cavalier peut très bien porter uniquement son attention sur un seul de ces trois facteurs, quoique il donne l'impression de toujours faire la même chose, allongements ou ralentissements.

2. — Exercices de mécanisme.

Donner le sentiment de la foulée :

— Saut d'un obstacle moyen isolé, sans rênes et avec étriers, le cavalier regardant l'obstacle et s'efforçant de crier du plus loin possible « bien » ou « mal », selon qu'il se voit arriver bien ou mal.

— Saut du même obstacle, le cavalier criant soit « bien », soit « court » ou « long », selon la sensation qu'il a de la solution que le cheval va prendre.

— Saut de doubles à distances variables dans les mêmes conditions. Cet exercice de base sera répété aussi longtemps que le cavalier ne répondra pas de façon presque infaillible, trois foulées avant l'obstacle.

Etude de l'abord de l'obstacle, avec étriers et rênes :

— Apprendre à arriver juste, ce qui entraînera le départ à bonne distance.

— Si le cheval arrive bien, ne rien faire.

— Si le cheval arrive mal, accompagner pour gagner du terrain ou contre-accompagner pour perdre du terrain.

Apprendre à arriver près, ce qui entraînera le départ de près :

— Diminuer la vitesse, tout en surveillant l'impulsion par des actions de jambes hors de la cadence du galop et diminuer les foulées de manière à se rapprocher ; laisser partir le cheval de lui-même, la main mollissant la tension des rênes.

Apprendre à arriver loin, ce qui entraînera le départ de loin :

— Augmenter la vitesse et accompagner en augmentant l'appui ; demander le départ par une action plus forte des jambes qui ont accompagné en cadence de plus en plus fort les dernières foulées de galop, la main conservant la même tension des rênes.

Etude du départ :

— Départ de loin sur un galop et des foulées courtes : augmenter l'action des jambes et la tension des rênes en cadence avec le galop pour partir de loin.

— Départ de près sur un galop et des foulées longues : maintenir, s'il y a lieu, l'impulsion du cheval par des actions de jambes hors de la cadence et, selon le cheval, contre-accompagner nettement l'encolure ou laisser diminuer la tension des rênes.

3. — **Exercices d'application.**

Franchir un double moyen de 9 à 10 m de distance (selon les chevaux) :

— En une foulée par départ de loin et accompagnement dès la réception.

— En deux foulées par départ de près et raccourcissement dès la réception.

Franchir un triple moyen de 9 à 10 m de distance (selon les chevaux) :

— En une, puis une foulée.

— En deux, puis deux foulées.

— En une, puis deux foulées.

— En deux, puis une foulée.

5. L'intervention

Cette méthode a été mise au point par le colonel de Saint-André, écuyer en chef du Manège de Saumur, alors capitaine, et mise en pratique en novembre 1948. Plusieurs idées ou procédés ont été puisés dans le livre de Jean d'Orgeix, *Cheval, quand tu nous tiens.* C'est un livre dangereux à mettre entre toutes les mains, car il comporte des notions trop complexes pour des cavaliers qui ne sont pas encore de vieux routiers de concours. En équitation, on ne peut exécuter bien que lorsque l'on a senti la nécessité de le faire.

Pour cette raison, l'instructeur ne doit dévoiler la vérité que petit à petit, au fur et à mesure que ses élèves deviennent capables d'en mieux supporter l'éclat, et c'est dans ce but qu'a été établie la progression ci-dessus, dans l'application de laquelle il n'est passé d'un exercice à l'autre que lorsque le premier est correctement exécuté.

Il est certain, d'autre part, que cette « instruction spécialisée », surtout en ce qui concerne les « exercices d'application », doit être comprise comme une sorte de travail de laboratoire équestre, destiné à mécaniser les cavaliers sur les divers aspects du saut, sur la volonté de « *voir* » et de « *sentir* » et sur la pratique des interventions, quelles qu'elles puissent être.

Mais, en réalité, doit-on intervenir (ou plutôt régler, car le seul fait de monter à cheval est déjà une intervention) quelquefois, souvent ou toujours ?

Jean d'Orgeix répond sans hésiter : toujours. Mais le colonel de Saint-André estime que la fréquence de l'intervention est une fonction qui comporte plusieurs variables : tempérament et habileté du cavalier d'une part, aptitude naturelle du cheval au saut d'autre part. Il semble que, de même qu'au manège on vise à travailler de plus en plus souvent dans la « descente de main » à mesure que s'avance le dressage, de même en concours un cheval devrait, en acquérant du métier, être de plus en plus capable de sauter les obstacles simples dans la « descente d'intervention ». Le rôle du cavalier resterait alors de demeurer toujours en surveillance, prenant la direction des opérations lorsqu'il sent venir l'erreur ou lorsqu'il aborde un obstacle complexe.

En ce qui concerne les élèves, et ce mot se rapporte déjà à des spécialistes, on a mis dans leurs doigts une arme : c'est à eux de sentir dans quelle mesure ils doivent et peuvent l'utiliser. De même qu'un cheval a toujours un style de saut qui lui est propre et qu'il est impossible de modifier entièrement, de même un cavalier acquiert peu à peu une personnalité qu'il faut encourager et non détruire à sa naissance. Le rôle de l'instructeur diminue pour enfin disparaître au fur et à mesure que la rigoureuse exécution du « bon élève » fait place à la naissante inspiration de l'artiste.

CHAPITRE VII

LES SPORTS EQUESTRES

I. CONCOURS DE SAUTS D'OBSTACLES

Un concours de sauts d'obstacles est une épreuve dans laquelle cheval et cavalier sont jugés sous diverses conditions dans un parcours d'obstacles.

L'épreuve est destinée à mettre en valeur certaines qualités du cheval : aptitude au saut, vitesse, maniabilité, soumission, etc.

Les concurrents sont jugés non sur leur style, mais sur leur performance, compte tenu de leurs fautes, désobéissances, chutes et de tout dépassement du temps accordé.

Il y a *faute* lorsque l'obstacle franchi est renversé, tout entier ou en partie, même si l'élément tombé est arrêté dans sa chute par une partie quelconque de l'obstacle. Les obstacles touchés ou déplacés ne comptent pas pour une faute. Il y a faute quand une extrémité, au moins, de l'obstacle est sortie de son support. Dans les obstacles droits, seule compte comme faute la chute de l'élément supérieur.

Il y a *désobéissance* dans les cinq cas suivants :

— *Refus*, quand le cheval s'arrête devant l'obstacle.

— *Dérobé*, quand le cheval évite l'obstacle qu'il doit franchir ou le franchit en dehors des fanions qui l'encadrent.

— *Défense*, quand le cheval réussit à se soustraire au mouvement en avant.

— *Erreur de parcours rectifiée*, quand la rectification est faite avant le saut d'un obstacle.

— *Volte ou groupe de voltes*, au milieu du parcours, à l'exception de celle faite pour revenir sur l'obstacle après un refus ou un dérobé.

Il y a *chute du cheval* lorsque son épaule et sa hanche ont porté sur le sol ou sur l'obstacle. Il y a *chute du cavalier* lorsque celui-ci, pour se remettre en selle, est obligé de remonter ou de sauter à cheval.

Tout *excès de temps* au-delà du temps accordé pour effectuer le parcours constitue également une faute et se trouve pénalisé.

Dans une épreuve courue sous le *barème A*, où l'aptitude du cheval au saut reste le facteur déterminant, les fautes sont décomptées en points. Le temps — en deçà du temps accordé — ne compte pas, à moins qu'il n'en soit fait mention au programme pour départager les ex-æquo.

Les épreuves courues sous le *barème C*, appelées aussi *parcours de chasse*, ont pour but de prouver l'obéissance, la vitesse et la maniabilité du cheval : elles laissent au cavalier la possibilité de choisir lui-même le chemin par lequel il va d'un obstacle à l'autre et de rattraper, au besoin, par la vitesse de son allure, une partie des secondes de pénalisation encourues pour fautes commises. Les fautes commises sont traduites en secondes supplémentaires, qui s'ajoutent au temps mis pour effectuer le parcours. En cas d'égalité, pour la première place seulement, il y a barrage sur le même parcours.

Pénalisations	Barème A	Barème C
Temps accordé dépassé, par seconde	1/4 de point	Proportionnel à la longueur du parcours et au nombre d'obstacles
Obstacle renversé, pied dans la rivière	4 points	
Chute	8 points	Pénalisée automatiquement par le temps.
Première désobéissance	3 points	
Deuxième désobéissance	6 points	
Troisième désobéissance	Élimination	Élimination

En outre, dans toutes les épreuves d'obstacles, il y a élimination du concurrent dans les cas suivants :

Cas imputables au cheval :

1 — qui n'a pas encore franchi la ligne de départ 60 secondes après le signal ;
2 — qui se défend 60 secondes de suite pendant le parcours ;
3 — qui met plus de 60 secondes à franchir un obstacle (sauf en cas de chute) ;
4 — qui se rend coupable d'une troisième désobéissance ;
5 — qui sort de la piste, monté ou en liberté, entre le commencement et la fin du parcours.

Cas imputables au cavalier :

6 — qui n'entre pas en piste, ou n'en sort pas à cheval, sauf autorisation spéciale du jury ;
7 — qui saute plus d'une fois l'obstacle d'essai facultatif accordé dans certaines épreuves ;
8 — qui franchit avant le départ un ou plusieurs obstacles, même ne faisant pas partie du parcours ;
9 — qui prend le départ avant que le signal n'en soit donné ;
10 — qui ne franchit pas la ligne de départ avant de sauter le premier obstacle ;
11 — qui montre à son cheval un obstacle quelconque avant le départ ou après un refus ;
12 — qui franchit un obstacle renversé sans avoir laissé le temps de la rétablir ;
13 — qui ne recommence pas tous les sauts dans les combinaisons d'obstacles, après refus, dérobé ou chute (sauf dans le cas d'obstacles complètement fermés) ;
14 — qui reprend le parcours après une interruption sans attendre le signal de la cloche ;
15 — qui saute un obstacle non dans l'ordre indiqué ;
16 — qui ne rectifie pas une erreur de parcours avant le saut d'un obstacle quelconque ;
17 — qui saute un obstacle ne faisant pas partie du parcours ;
18 — qui ne passe pas entre les fanions de passage obligatoire, et ne rectifie pas cette erreur ou cette désobéissance. ;
19 — qui ne saute pas séparément chaque obstacle d'une combinaison ;
20 — qui a dépassé le temps limite ;
21 — qui a dépassé le temps accordé si mention en est faite au programme ;
22 — qui sort de la piste de quelque façon que ce soit, avant d'avoir terminé son parcours ;

23 — qui ne franchit pas à cheval la ligne d'arrivée, avant de quitter la piste.

24 — qui a reçu une aide complaisante, sollicitée ou non ;

25 — qui n'obéit pas aux injonctions de la cloche ;

26 — qui dépasse le nombre de montes autorisé ;

27 — qui contrevient aux réglementations sur le barrage des chevaux et sur les harnachements ;

28 — qui contrevient aux réglementations sur le dopage et les brutalités ;

29 — qui abandonne son parcours avant de l'avoir terminé ;

30 — qui fait une deuxième chute pendant son parcours.

II. CONCOURS COMPLET D'ÉQUITATION

Un concours complet d'équitation comprend trois épreuves distinctes qui doivent être exécutées individuellement par chaque concurrent, même cheval monté par le même cavalier, en une ou plusieurs journées, car les difficultés augmentent avec la catégorie :

— Jeunes chevaux	J.Ch.
— Initiation cavaliers	I.C.
— Formation 1	F. 1
— Formation 2	F. 2
— Concours complet 1	CC. 1
— Formation 3	F. 3
— Concours complet 2	CC. 2

Premier test : DRESSAGE, reprise qui a pour but de mettre en valeur le développement harmonieux de l'organisme et des moyens du cheval ; le cheval est à la fois calme, soumis et perçant, preuve d'une entente parfaite avec son cavalier.

Les différentes figures de la reprise se déroulent sur une carrière rectangulaire aux dimensions olympiques, 60 mètres de long sur 20 mètres de large. Le total des notes est converti en points de pénalités. La difficulté de l'épreuve augmente avec la catégorie du concours.

Second test : PARCOURS DE FOND, dont le but est de faire ressortir l'équilibre, l'adresse, la maniabilité, la franchise et l'aptitude à l'obstacle du véritable cheval d'extérieur, ainsi que l'allant, le jugement et l'esprit de décision de son cavalier.

Pour les cinq premières catégories, l'épreuve consiste en un cross à tracé sinueux, sur un terrain varié et accidenté : 12 à 16 obstacles sur une distance de 2 000 à 4 500 mètres.

Pour les deux autres catégories, l'épreuve comporte un parcours sur route (10 à 15 kilomètres) divisé en deux tronçons séparés par un steeple sur piste d'hippodrome (6 à 10 obstacles sur une distance de 2 000 à 3 600 mètres) et suivi par un cross à tracé sinueux, sur un terrain varié (20 à 35 obstacles pour une distance de 3 400 à 7 000 mètres). Au total, quatre phases sur une distance variant de 14 à 26 kilomètres.

Dans le steeple et dans le cross, il n'y a faute que dans la zone de pénalité rectangulaire qui entoure chaque obstacle ou chaque combinai-

son (10 mètres avant ou à côté des fanions qui l'encadrent, et 20 mètres après), et ceci dans les cinq cas suivants :

— REFUS, quand le cheval s'arrête devant l'obstacle.

— DÉROBÉ, quand le cheval évite l'obstacle qu'il doit franchir, ou qu'il le franchit en dehors des fanions.

— VOLTE, quand le cheval recoupe sa trace initiale, à l'exception des voltes faites pour revenir sur l'obstacle après un refus ou dérobé.

— CHUTE du cheval, lorsque l'épaule et la hanche ont porté en même temps sur le sol ou sur l'obstacle.

— CHUTE du cavalier, quand il y a séparation de corps, et que celui-ci, pour se remettre en selle, est obligé de remonter ou de sauter à cheval.

Les deux parcours routiers se font à la vitesse imposée de 220 mètres à la minute. Le cavalier peut mettre pied à terre et marcher à côté de son cheval, mais il doit franchir à cheval les lignes de départ et d'arrivée.

Pour le steeple, la vitesse imposée est de 690 mètres-minute.

Pour le cross, la vitesse varie avec les catégories : 400 m-mn pour les Jeunes Chevaux ; 500 m-mn pour l'Initiation Cavaliers ; 550 m-mn pour les Formations 1 et 2 ; 570 m-mn pour les suivantes.

La vitesse imposée détermine un temps accordé idéal au-delà duquel le concurrent est pénalisé. Il n'y a pas de bonification pour les vitesses supérieures.

Tableau des pénalisations dans l'épreuve de fond (en point)

	J. Ch.	I.C.	F.1	F.2	F.3	CC.1	CC.2
Temps dépassé, par seconde :							
premier routier	—	—	—	—	—	1	1
steeple	—	—	—	—	—	0,8	0,8
second routier	—	—	—	—	—	1	1
cross	0,4	0,4	0,4	0,4	0,4	0,4	0,4
Steeple et Cross :							
première désobéissance	10	10	20	20	20	20	20
deuxième désobéissance au même obstacle	20	20	40	40	40	40	40
troisième désobéissance au même obstacle	El.	El.	El.	El.	El.	El.	El.
chute du cavalier ou du cheval	30	30	60	60	60	60	60

Troisième test : ÉPREUVE DE SAUTS D'OBSTACLES, destinée à montrer l'aptitude au saut et la franchise du cheval d'extérieur. Elle a eu lieu avant le parcours de fond pour les quatre premières catégories (J. Ch. — I.C. — F. 1 et F. 2) ; après le parcours de fond pour les autres catégories, afin de montrer que les chevaux, après une sévère épreuve d'endurance, ont gardé la souplesse et l'énergie nécessaires pour continuer à assurer leur service.

Le règlement des sauts d'obstacles est appliqué, barême A sans barrage, sauf en ce qui concerne le décompte des points de pénalisation, plus sévère : 10 points pour un obstacle renversé, jusqu'en F. 2 ; 5 points à partir de la F. 3. Première désobéissance 10 points, 20 à la seconde, élimination à la troisième. Chute du cavalier ou du cheval, 30 points et un quart de point par seconde au-delà du temps accordé, pour toutes les catégories.

Le classement général s'obtient en totalisant les mauvais points obtenus dans chacun des trois tests, sauf dans l'épreuve réservée aux Jeunes Chevaux qui ne comporte pas de prix, mais des primes, selon les notes obtenues en dressage : 5 sur 10, première prime ; 4 sur 10, deuxième prime ; et dans les parcours de fond et d'obstacles, effectués dans le temps et sans faute, première prime ; ou chacun avec 10 points de pénalisation, deuxième prime.

Le concurrent qui totalise le plus petit nombre de mauvais points remporte l'épreuve. Il peut y avoir des ex aequo, mais pour l'attribution des plaques et objets d'art, le meilleur temps du cross sert à les départager, ou celui du steeple en cas de nouvelle égalité.

III. CONCOURS DE DRESSAGE

Le dressage a pour but le développement harmonieux de l'organisme et des moyens du cheval. Il a pour conséquence de le rendre à la fois calme, soumis et perçant, réalisant ainsi une entente parfaite avec son cavalier.

Ces qualités se manifestent : par la franchise et la régularité des allures ; par l'harmonie, la légèreté et l'aisance des mouvements ; par le soutien de l'avant-main et l'engagement des postérieurs ; par la position rigoureusement droite du cheval conservée pendant tout le travail en ligne droite et l'ajustement de son incurvation à la courbure des autres lignes.

Le cheval donne ainsi l'impression de se manier lui-même. Confiant et attentif, il se livre généreusement à son cavalier.

Son pas est régulier, franc et détendu. Son trot est libre, souple, régulier, soutenu et actif. Son galop est uni, léger et cadencé. Ses hanches ne se montrent jamais inertes ni paresseuses. Au premier appel du cavalier, elles s'animent et animent par leur action toutes les autres parties du cheval.

Grâce à son impulsion toujours en éveil et à la flexibilité élastique de ses articulations qu'aucune résistance ne paralyse, le cheval obéit sans hésitation et de bon cœur, avec calme et précision aux différentes actions des aides.

Dans tout son travail, y compris l'arrêt, le cheval doit être « en main ». Un cheval est dit « en main » quand, les jarrets étant à leur place, l'encolure plus ou moins soutenue suivant la rapidité de l'allure, la tête fixe et la bouche aimable, il n'oppose aucune résistance à son cavalier.

L'attitude du cheval dans la mise en main dépend du modèle ainsi que du degré de dressage du cheval.

En France les concours de dressage comportent dix-neuf reprises :

— Reprises réservées aux jeunes chevaux de 4 et 5 ans, qui comportent dans certains cas une épreuve de style à l'obstacle, avec attribution de primes quand la note moyenne est égale ou supérieure à 5,80 sur 10.

— Reprises du premier étage, organisées à l'échelon local par des Centres Équestres (Sociétés loi de 1901 ou Établissements Professionnels agréés) ; elles constituent des épreuves d'entraînement dite d'École des Aides, destinées à améliorer la formation des cavaliers élèves des Établissements Hippiques, indépendamment des chevaux utilisés. Le jury est constitué par des enseignants ; il décerne des primes en fonction de la valeur absolue des prestations.

— Reprises d'intérêt régional, qui comprennent un tronc commun organisé à l'échelon des Ligues second et troisième étage, puis deux cycles à l'échelon fédéral, cycle libre et cycle classique, de quatrième et cinquième étage chacun.

— Reprises d'intérêt national, destinées à contrôler la valeur des résultats des épreuves régionales, à orienter le travail des cavaliers et à rechercher les éléments susceptibles de participer à des concours internationaux. Elles comprennent la Reprise Saint-Georges, les Reprises Intermédiaires 1 et 2, et la Reprise Olympique.

Dans tous les cas, les épreuves se déroulent sur un terrain rectangulaire, 60 mètres de long sur 20 de large, plat, homogène et souple, parfaitement délimité, encadré sur tout son pourtour et muni des lettres réglementaires.

Le jury comprend deux ou trois membres, installés dans une tribune surélevée placée en C au milieu du petit côté face à l'entrée, auquel sont adjoints pour les reprises nationales deux juges supplémentaires placés en B et en E au milieu des grands côtés. Le classement est établi par addition des points attribués par chacun des juges, après soustraction des points de pénalité encourus par suite de dépassement de temps ou par suite d'erreurs de parcours. Les notes sont immédiatement affichées, à titre d'information et provisoirement. Le classement officiel est publié à la fin de l'épreuve.

IV. L'ATTELAGE

L'attelage est une discipline comme les trois précédentes, qui attire de plus en plus de cavaliers et d'hommes de cheval. Tout le monde ne peut pas, à un certain âge, continuer à monter à cheval ; pourquoi, alors, ne pas se tourner vers l'attelage, qui procure les mêmes sensations que l'équitation ? Ce qui n'empêche pas, aussi, à un bon nombre de jeunes de devenir meneurs...

On attelle à un, à deux en paire ou en tandem, à trois en arbalète ou en troïka, à quatre, à cinq pour les postiers, et même à six et davantage. Les voitures à deux roues conviennent pour mener à un, pour mener en tandem, ou pour atteler en paire un carrick à pompe. Voitures à quatre roues pour les autres attelages, ainsi que pour l'attelage à un.

Les voitures à cheval comportent essentiellement quatre parties : le train de roues, pour rouler ; la caisse pour la commodité des passagers ; la suspension à ressorts qui relie le train de roues à la caisse pour amortir les cahots ; et la direction, constituée par les deux brancards pour l'attelage à un seul cheval (qu'il s'agisse d'une charrette à deux roues ou d'une voiture à quatre roues), ou par le timon des voitures attelées en paire qui commande la rotation de l'avant-train.

Le principe de l'attelage est simple : tout cavalier habitué au maniement des rênes apprendra rapidement le maniement des guides. Une des différences avec l'équitation réside dans le fait que le meneur n'a pas de jambes pour mettre le cheval en mouvement, entretenir ou accélérer le mouvement : il n'a que sa voie et son fouet. Pour tourner, ensuite, la méthode consiste à relâcher la guide extérieure ; le cheval prend appui sur la guide interne et tourne de ce côté.

Il n'est pas possible, évidemment, de donner en quelques lignes une méthode de menage. Le lecteur intéressé par cette discipline devra se documenter dans les ouvrages modernes et précis de bons auteurs ; mais ne pas oublier que l'attelage peut être bien plus dangereux que l'équitation et que toutes les précautions doivent être prises pour la sécurité des passagers.

Il faut commencer par l'attelage à un avec une charrette à deux roues ; l'attelage à deux en paire ne présente pas plus de difficultés, il se mène généralement mieux, les deux chevaux s'épaulant mutuellement. La difficulté augmente avec l'attelage à quatre, car le meneur a en main quatre guides, chacune avec leur croisière, dont le réglage doit être fait méticuleusement. Attention alors aux tournants ; la volée tourne la première, tandis que les chevaux de timon continuent à aller droit, sinon la voiture tourne trop court avec le risque de verser dans le fossé ou d'accrocher le bord du trottoir. Les vieilles bornes qu'on voit encore, dans les rues étroites des vieux quartiers des villes, n'avaient d'autre but que d'empêcher les cercles d'acier des roues de mordre les pierres d'angles... L'attelage en tandem est encore bien plus délicat puisque le cheval de flèche se trouve seul en tête, capable de faire brusquement demi-tour au risque de renverser la charrette ; à l'origine, le tandem ne comportait pas de traits pour le leader ; c'était la façon élégante et utile de rallier le rendez-vous de chasse avec un cheval frais par devant, en guides seulement, au lieu de l'attacher derrière la voiture, tirée par une robuste jument poulinière qui effectuait seule le travail.

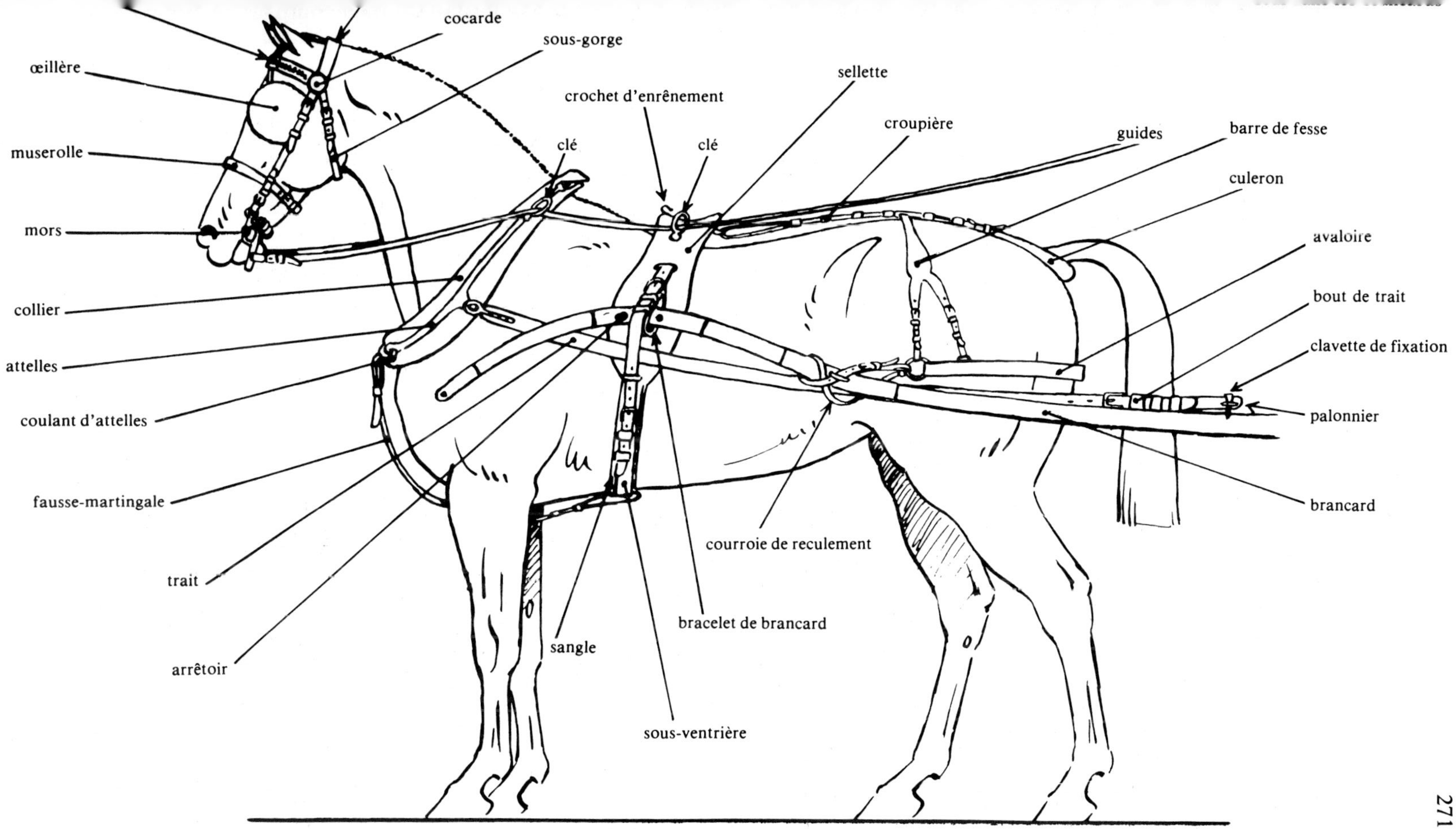

Le harnais du cheval dans les brancards comprend quatre parties : un support de brancards, sellette, sangle, sous-ventrière et les bracelets de brancards, sans oublier la croupière et le culeron ; une traction, collier ou bricole avec les traits ; un frein, l'avaloire soutenu par la barre de fesses, et les courroies de reculement ; une direction, la bride et les guides.

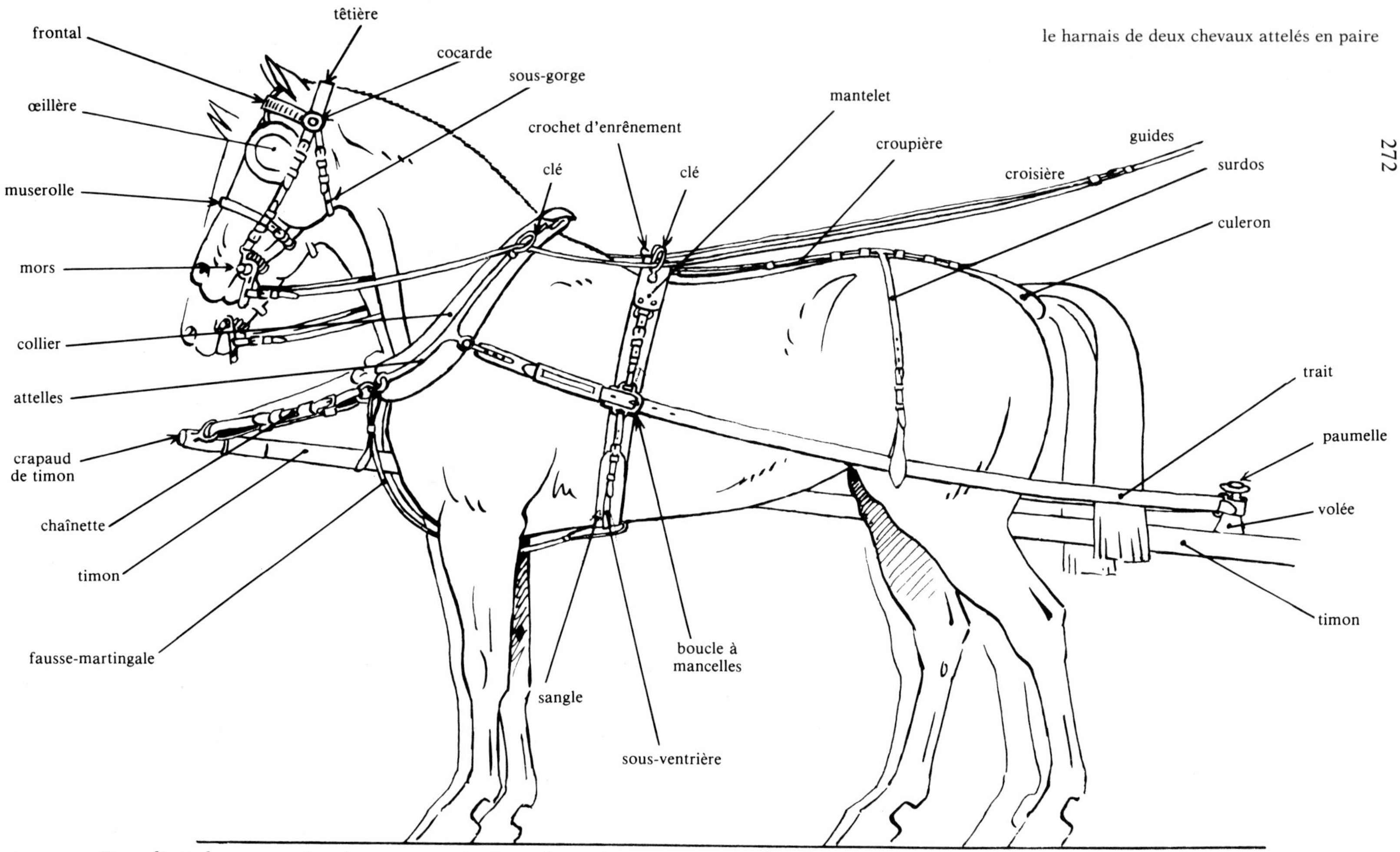

Pour l'attelage en paire, le support n'existe plus : c'est tout juste si les chaînettes soutiennent le crapaud de timon, et la sellette est remplacée par un mantelet qui maintient seulement les traits ; la traction reste la même ; le reculement ne subsiste que dans l'attelage en poste (à quatre ou cinq chevaux) puisque les chaînettes remplissent le rôle de frein en même temps que celui d'orienter le timon pour les tournants ; quant à la direction, elle comporte toujours les brides et les guides, mais chacune

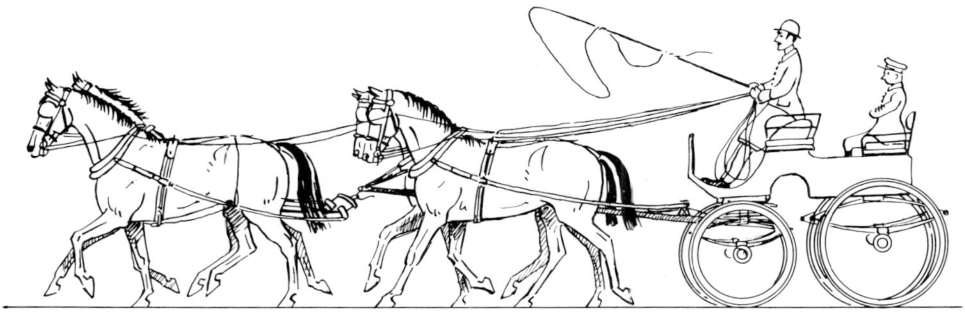

phaéton attelé à quatre chevaux

La compétition d'attelage exige un meneur averti, des chevaux bien mis en condition, une voiture élégante et robuste à la fois, sans oublier l'aide précieuse de grooms. Les concours d'attelage comportent trois épreuves, comme les concours complets d'équitation. D'abord une épreuve de présentation et de dressage, avec des difficultés croissantes selon la catégorie 1, 2 ou 3. Ensuite une épreuve de fond, appelée à tort marathon, pour tester le niveau de qualité, d'endurance et de régularité des chevaux, le sens du train et la compétence du meneur. Le parcours de trente kilomètres environ est divisé en cinq sections, trois sections à effectuer au trot, à des vitesses différentes de quinze, seize et quinze kilomètres à l'heure, séparées par deux sections au pas à la vitesse de sept kilomètres à l'heure. Les concurrents trop lents sont pénalisés ; les concurrents trop rapides le sont aussi, à l'exception d'une fourchette de temps libre qui ne dépasse pas une minute. Plusieurs obstacles doivent être franchis au cours de la troisième section, qui nécessitent toute l'adresse du meneur en même temps que la soumission de l'attelage pour passer des portes étroites et multiples à une vitesse imposée, pour contourner les barrières, des fûts, des arbres, pour gravir un pont, traverser un gué, avec le risque de commettre des fautes : aide d'un groom, mise pied à terre, nécessité de dételer pour sortir de l'impasse, temps accordé dépassé à l'intérieur de la zone de pénalités de l'obstacle, renversement même du véhicule... Enfin une épreuve de maniabilité, dispu-

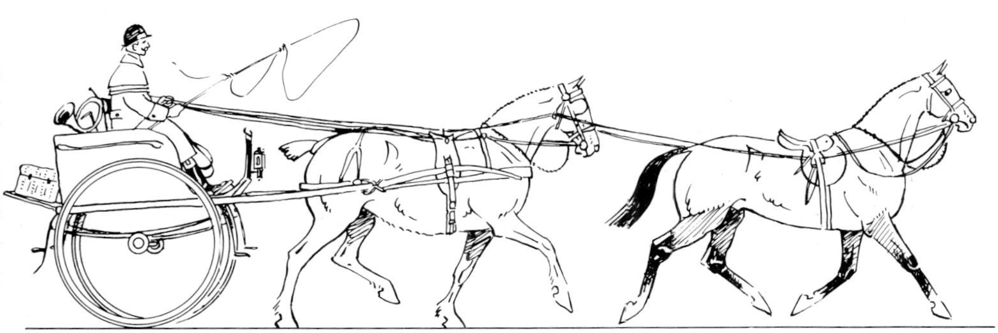

tandem de chasse

tée au chronomètre sur un parcours sinueux comportant une vingtaine de portes mesurées à la dimension du train de roues augmenté de trente centimètres, ou serpentines, ponts de bois, obstacles en formes d'équerre ou d'U, voltes et longues distances pour gagner du temps en allant vite : le galop est autorisé. Le classement général s'obtient par l'addition des points de pénalisation encourus dans chacune des épreuves, avec, s'il y a lieu, un coefficient selon les difficultés.

Plusieurs attelages français, à deux et à quatre chevaux, sont allés se mesurer à l'étranger avec les attelages des autres nations, non sans succès. Il est certain qu'un concours international d'attelage se prépare de longue date : deux années ne sont pas de trop pour réunir une équipe de quatre chevaux de taille, de robe et d'allure identique, pour les mettre en condition et les entraîner en vue de la grande compétition. Des concours nationaux réunissent en France les meilleurs meneurs, préparés depuis longtemps en participant aux concours régionaux, ou aux concours locaux auxquels peuvent s'inscrire les meneurs débutants pour une compétition plus modeste.

V. LE POLO, PADDOCK-POLO ET INDOOR POLO

Le polo est le plus ancien jeu utilisant un maillet et une balle : il existe depuis plus de deux mille ans...

C'est au Thibet que serait né le polo. De là, le jeu passa en Perse, puis en Chine et, au VIe siècle, aux Indes. C'est là que les Anglais, vers 1860, le connurent et l'apprirent à leur tour, pour l'introduire quelques années plus tard en Angleterre. En Angleterre, le premier match de polo a été joué par le 10e Hussards, à Aldershot, en 1869. En Amérique, le premier match fut joué « in door », à l'Ecole d'Equitation Dickell, New York-City, en 1876. En France, à Bagatelle, en 1895, en Belgique, à Anvers, en 1905, et sur les terrains d'Italie et d'Espagne.

Le polo est un jeu passionnant qui exige tout votre temps et ne peut pas être pratiqué à moitié : les soins et le travail des poneys, aussi bien que la préparation des jeunes chevaux, l'entretien du terrain et du matériel, l'entraînement des joueurs, font que le polo est probablement un des sports les plus complexes du monde à l'heure actuelle.

Peu de gens se rendent compte des difficultés qu'il faut surmonter pour jouer une heure de bon polo...

Il y a trois facteurs principaux dans le jeu de polo : l'équitation, les coups (la manière de frapper la balle) et le jeu d'équipe.

Les joueurs devront sans cesse s'entraîner à ces trois facteurs en même temps.

C'est au débutant que nous nous adressons, mais il est bien entendu qu'il s'agit du débutant joueur de polo et non du débutant cavalier. Le polo, comme l'obstacle, la course, la chasse, est l'affaire d'un cavalier expérimenté et entraîné.

Le choix, la préparation et l'utilisation des chevaux entrent en ligne de compte dans le jeu de polo : les bons joueurs estiment que leur cheval compte pour plus de 60 % dans leur jeu. Mais le but de ce résumé est d'attirer l'attention des joueurs débutants sur la place très importante qu'il faut accorder à la manière de frapper la balle et à l'entraînement qu'il faut suivre pour y acquérir une certaine virtuosité. Ces problèmes sont les mêmes pour le paddock-polo et pour l'indoor-polo.

C'est le premier pas à faire.

Nous étudierons ensuite les règles et le déroulement du jeu.

1 — Choix du maillet.

Les maillets ont de 48 à 56 pouces de long.

On s'accorde généralement sur le fait que plus le maillet est court, mieux on l'utilise, à condition d'être déjà un bon joueur, pour ne pas être gêné par les déplacements d'assiette qui sont alors nécessaires. Mais pour un débutant, il vaut mieux un maillet un peu long (52 ou 54) pour ne pas prendre l'habitude de plonger sur les balles. Au fur et à mesure des progrès, on pourra utiliser des maillets plus courts.

D'ailleurs, la longueur d'un maillet dépend de la taille du cheval. Certains joueurs prétendent le contraire, des différences de longueur provoquant des différences d'équilibre ; ils mettent en avant qu'un joueur précis doit connaître instinctivement la distance exacte de sa main à la tête du maillet et qu'il faut faire un calcul de compensation très difficile pour frapper juste, dès que la longueur varie.

Mais tous les joueurs ne sont pas de cet avis et ont une longueur de maillet en fonction de la taille des chevaux qu'ils montent. Il est bien évident qu'avec un cheval de 1,48 m, un joueur ne doit pas utiliser le même maillet qu'avec un cheval de 1,58 m. De plus, la taille du joueur entre en ligne de compte et deux chevaux de taille différente peuvent porter leur cavalier à la même distance du sol, l'un galopant « près de terre » et l'autre pas.

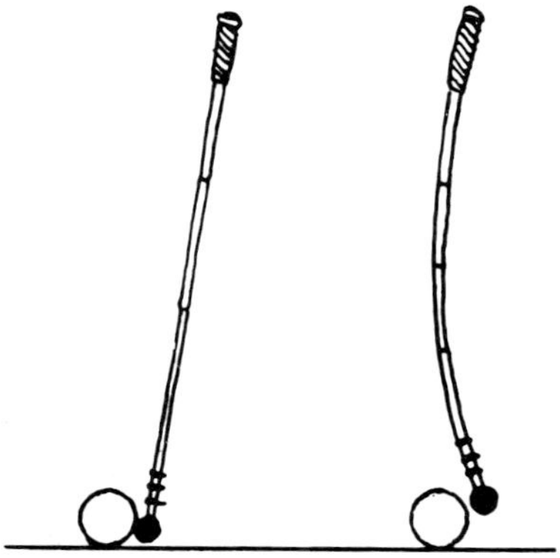

La flexibilité a une grande importance : des coups précis se frappent à une fraction de seconde près, et cette fraction de seconde varie selon que le maillet est souple ou raide. Avec un maillet souple, la tête reste en arrière de la partie supérieure du manche : la frappe se fait avec un léger retard, et le point d'impact est au sommet de la balle ; le joueur doit alors compenser instinctivement le moment de sa frappe et l'allongement de son bras. Les joueurs indiens se servent de maillets très souples ; ils sont précis et frappent loin. Les joueurs européens utilisent plus volontiers des maillets raides. Les débutants auront avantage à n'employer que des maillets raides jusqu'à ce qu'ils aient acquis leur propre style.

Il est pratiquement impossible de posséder plusieurs maillets d'égale souplesse ; mais en les essayant, notez que l'endroit idéal pour une souplesse maximum se trouve entre les deux tiers ou les trois quarts du manche, à partir de la poignée.

Poignées grosses ou poignées minces, c'est une affaire de goût et de choix personnel, selon la taille de la main du joueur et sa façon de tenir la poignée. Si cela ne va pas bien, il n'y a qu'à essayer de changer longueur, souplesse, poignée, pour s'en porter peut-être mieux.

2 — La balle.

Pour le polo, la balle est en bois dur ; elle mesure environ 8 cm de diamètre et pèse 150 g.

Pour l'indoor et le paddock-polo, c'est un ballon en cuir de 12,5 cm de diamètre, gonflé à une pression de 15 à 20 livres.

Pour la frapper, la balle doit être vue nettement. Une balle vaguement repérée peut être difficilement atteinte. L'œil doit mettre au point très nettement la place de la balle si elle est arrêtée ou sa trajectoire si elle est en mouvement.

Il n'est pas nécessaire de concentrer ses regards sur la balle et de la fixer attentivement pour pouvoir la frapper au moment psychologique : on ne doit pas y attacher ses yeux trop longtemps à l'avance, la vue se fatigue facilement et se brouille. Plus d'un joueur a manqué des balles faciles — en shootant un penalty, par exemple — pour avoir concentré sa vision sur la balle trop longtemps avant de la frapper.

3 — Le coup. Comment et à quel moment frapper la balle ?

Point n'est besoin de beaucoup de force pour envoyer la balle très loin. Le secret des coups longs ne réside pas dans les muscles du joueur, mais dans la précision du moment et dans la netteté de la frappe.

La balle peut aller très loin, si elle est un peu soulevée au-dessus du sol, et échapper ainsi aux forces de frottement qui freinent le coup, dès le départ du shoot.

Le coup est donné au bon moment lorsque, à l'impact, la tête du maillet se déplace dans la bonne direction et avec le maximum de vitesse.

Les quatre schémas suivants expliquent en détail les conditions qui font qu'un coup est bon ou mauvais :

1) Le coup est frappé au bon moment : la tête du maillet a atteint le point le plus bas de sa trajectoire et va commencer à remonter, le point d'impact est situé au-dessous du diamètre horizontal de la balle : celle-ci s'élèvera au-dessus du sol et ira loin.

2) Le coup est frappé au bon moment : le maillet est en bas de sa course, mais le point d'impact est au-dessus du diamètre de la balle et celle-ci sera gênée dans sa course par les aspérités du sol.

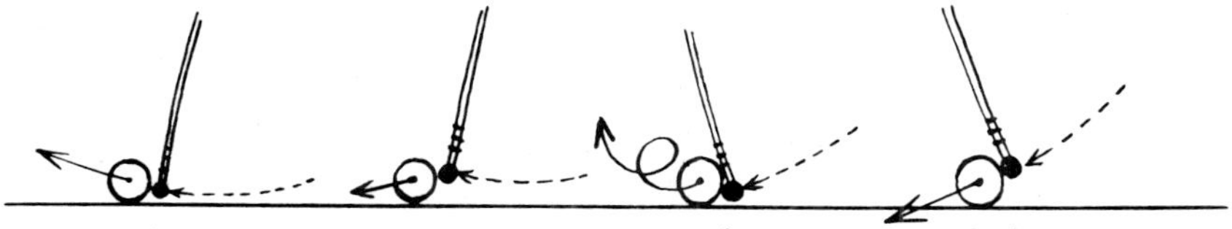

3) Le point d'impact est bien au-dessous du diamètre de la balle, mais le coup est frappé trop tôt : la tête du maillet n'est pas au point le plus bas de sa trajectoire, ce qui produit un effet de rotation de la balle et freine son mouvement en avant.

4) Le coup est frappé trop tôt et le point d'impact est trop haut, la balle s'enfoncera dans le sol et rebondira.

Six facteurs entrent en ligne de compte pour porter un coup parfait :

— la balle est frappée avec le centre de la tête du maillet. Dans le cas contraire, la puissance du coup est diminuée, ou bien cela produit un effet qui donne une autre direction à la balle.

— la balle est frappée en dessous de son équateur, jusqu'au moment où la tête du maillet arrive au point le plus bas de sa trajectoire.

— la balle est frappée quand le bras du joueur est tendu verticalement dans le prolongement du maillet ; l'épaule droite du joueur se trouve alors juste à l'aplomb de la balle.

— la balle est frappée, à droite ou à gauche du cheval, dans un périmètre restreint qui ne dépasse pas deux mètres carrés, à la hauteur de l'épaule du cheval pour les coups vers l'avant, de sa hanche pour les coups vers l'arrière, avec exceptions pour les coups sous l'encolure et les coups sous la queue.

— la balle est frappée quand la tête du maillet, arrivant au point le plus bas de sa trajectoire, a atteint le maximum de vitesse sous l'effet de la rotation du swing.

— la balle est frappée quand elle roule dans la direction du coup et que le cheval est à son maximum de vitesse. C'est l'inverse quand la balle roule vers le joueur.

Les coups parallèles au cheval sont toujours plus puissants que les coups déviés, en dehors ou en dedans.

4 — Les différents coups.

Il y a quatre coups principaux : vers l'avant ou vers l'arrière, à droite ou à gauche.

Tous les autres coups ne sont que des variétés de ceux-ci.

Les coups à gauche sont les plus difficiles et demandent beaucoup d'entraînement ; il faut s'y exercer particulièrement pour acquérir autant d'efficacité des deux côtés.

La prise de la poignée est légèrement modifiée selon que la balle est envoyée vers l'avant ou vers l'arrière, à droite ou à gauche. Noter que la prise est la même pour un coup droit, vers l'avant

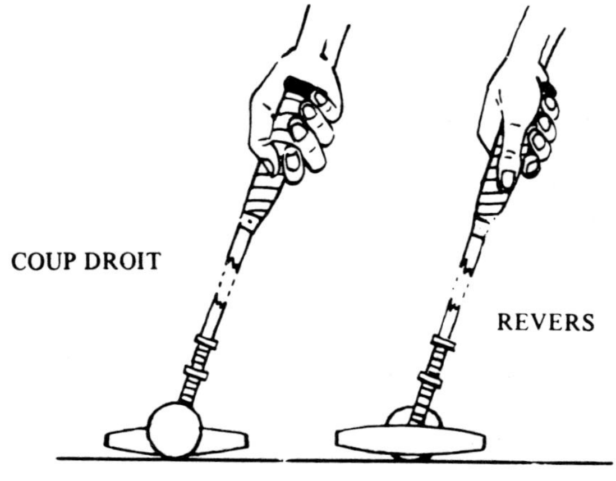

à droite ou vers l'arrière à gauche, le coup étant frappé avec la face de la tête du maillet. Pour un coup de revers, vers l'arrière à droite ou vers l'avant à gauche, la main se déplace légèrement autour de la poignée, le pouce s'allonge derrière pour soutenir le coup qui est donné avec le dos de la tête du maillet.

En réalité, il y a douze coups si, au lieu de frapper droit, parallèlement au cheval, le joueur frappe la balle vers le dedans ou le dehors (« cut » ou « pull »).

En règle générale :

1) Les coups vers l'avant sont frappés au niveau de l'épaule du cheval.

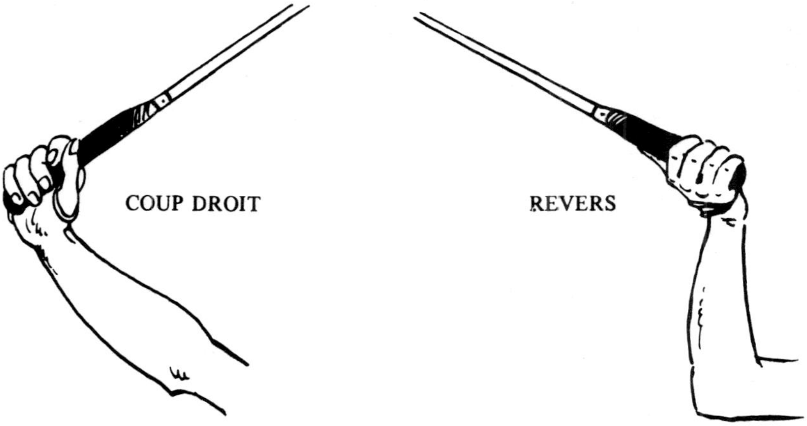

2) Les coups vers l'arrière sont frappés à la hauteur de la hanche du cheval.

3) Les coups vers le dedans sont frappés le plus en avant sous l'encolure ou le plus en arrière possible sous la croupe.

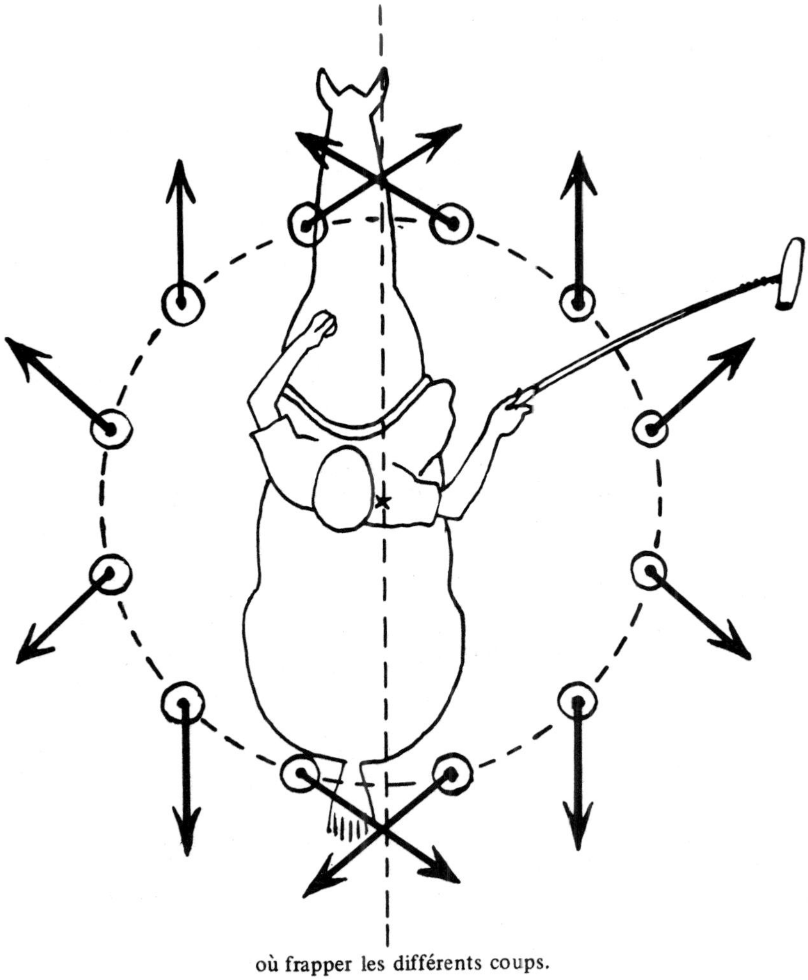

où frapper les différents coups.

4) Les coups vers le dehors sont frappés aussi loin que possible de chaque côté du cheval.

Le cheval doit être conduit non pas sur la balle, mais à côté de la balle, dans une position telle qu'elle puisse permettre l'écartement idéal pour le coup désiré. Un bon cavalier aura toujours un très net avantage sur ses adversaires.

5 — La bouche du cheval.

Le cheval qui reçoit un coup de sonnette sur la bouche chaque fois que la balle est frappée aura très vite une appréhension du polo, ou plus souvent encore acquerra une bouche dure qui le rendra difficile à diriger.

Le joueur débutant devra prendre l'habitude de relâcher ses rênes lorsqu'il frappe la balle, mais cela entraîne souvent un relâchement de tension du cheval, une diminution de vitesse ou même une déviation de ligne, nuisible dans tous les cas.

Le mieux sera de prendre l'habitude et de la conserver pendant toute sa carrière de joueur — à moins de cas exceptionnels —, de poser la main gauche qui tient les rênes en avant du garrot du cheval lorsqu'on frappe la balle, en ayant soin de garder les rênes ajustées dans cette position. En fixant ainsi sa main, le joueur prend un point d'appui ferme sur son cheval : il évite les coups de sonnette sur la bouche et, se liant davantage aux mouvements du cheval, conserve son équilibre plus facilement, malgré les déplacements d'assiette nécessaires pour frapper juste.

6 — S'exercer à frapper la balle.

90 % des balles sont frappées vers l'avant et à droite. C'est le plus facile des coups et il ne demande qu'un peu d'entraînement. Mais, parce qu'il est facile, qu'il n'exige qu'un léger effort et qu'il entraîne les meilleurs résultats, presque tous les joueurs risquent de prendre l'habitude de trop l'employer.

Le joueur débutant commencera donc par s'exercer à ce coup facile, puis travaillera les trois autres coups principaux, pendant autant de temps, à chaque séance d'entraînement. Il remarquera, dès le début, quel est le coup qui lui est le plus malaisé et se réservera un supplément de temps pour le travailler spécialement. Une bonne méthode consiste à s'obliger soi-même à frapper la balle de chaque façon un nombre de fois déterminé, dix par exemple, puis de recommencer la série et enfin d'achever l'entraînement en reprenant dix fois le coup le moins réussi.

Le joueur débutant s'exercera uniquement sur chacun des quatre coups principaux jusqu'à ce qu'il les réunisse assez facilement ; il abordera alors les coups dérivés (« pull » et « cut »), mais continuera cependant à se perfectionner dans chaque coup principal.

Il vaut mieux travailler séparément chacun des quatre coups principaux pendant quatre fois cinq minutes, plutôt que de perdre une demi-heure en frappant des balles à tort et à travers, de toutes les façons, de tous les sens et n'importe comment.

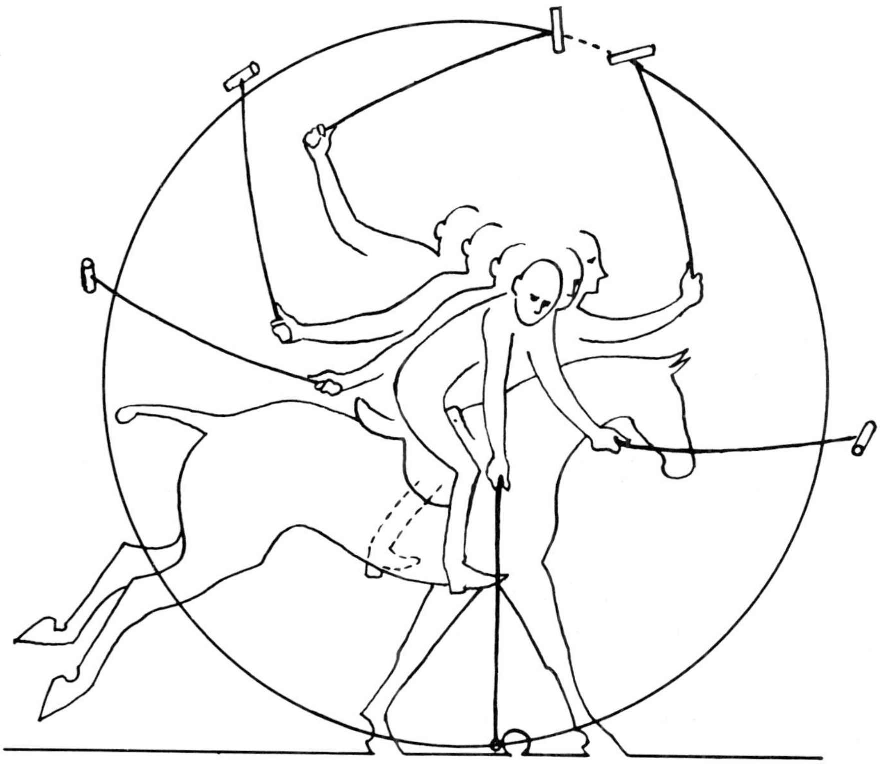

moulinet correct.

7 — L'allure à laquelle il faut s'entraîner.

Pour acquérir la précision de ses coups, le joueur débutant doit apprendre à connaître ou à sentir instinctivement où se trouve exactement la tête de son maillet. Il doit être capable, sans hésitation ni effort, d'atteindre n'importe quoi, caillou, touffe d'herbe, boule de crottin, morceau de bois, avec le centre de la tête de son maillet avec autant de précision qu'avec le bout du doigt. Cela demande d'abord beaucoup d'attention, mais devient vite automatique.

Le pas sera la meilleure allure au début : le joueur pourra se concentrer sur la balle, de façon à la frapper exactement avec le centre de la tête de son maillet, au moment psychologique où celle-ci arrive en bas de sa course, le manche vertical, le bras du joueur également vertical dans le prolongement du manche. S'il réussit ainsi à soulever légèrement la balle du sol, il aura porté un coup parfait. Sa main et son œil seront en accord et il pourra commencer l'entraînement au galop.

1. Coup vers l'avant à droite.

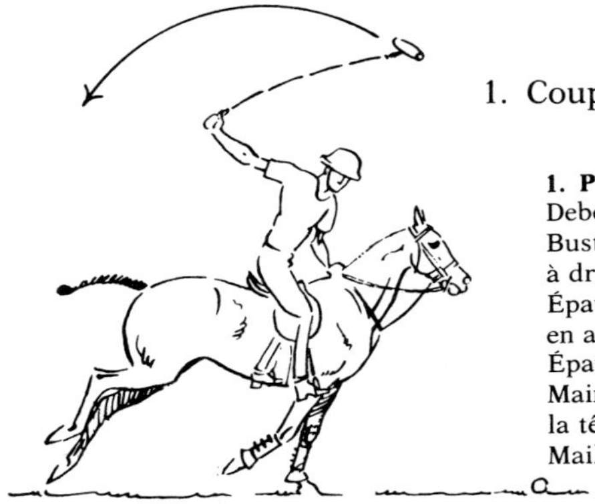

1. Position de départ :
Debout sur les étriers.
Buste penché en avant, tendu et incliné à droite.
Épaule gauche et jambe droite pointées en avant.
Épaule et bras droit tendus en arrière.
Main droite à la hauteur du sommet de la tête.
Maillet incliné à 45°, sa tête vers l'avant.

2. Moulinet :
L'épaule droite avance pendant que s'effectue la rotation du bras droit entraînant la rotation du maillet.
Le buste diminue sa torsion.
La main gauche s'appuie sur le garrot.

3. Frapper la balle :
Le maillet dans le prolongement du bras droit.
La balle est sous l'épaule du cheval.
Le buste du cavalier est perpendiculaire à l'axe du cheval.

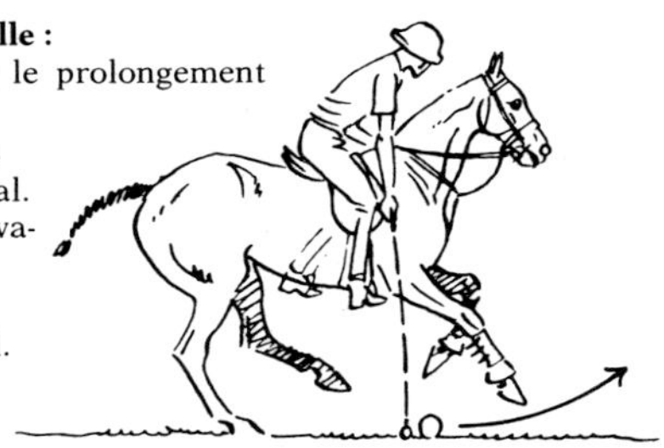

4. Laisser suivre :
Afin de reprendre la position de jeu en faisant le geste de lancer le maillet en avant.
Bras droit et épaule droite relâchés, projetée en avant et entraînant le buste.

2. Coup vers l'arrière à droite.

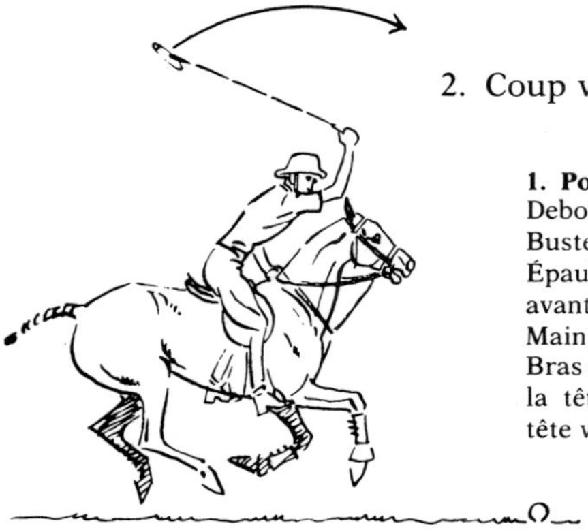

1. Position de départ :
Debout sur les étriers.
Buste penché en avant et à droite.
Épaule et jambe droite pointées en avant.
Main gauche fixée sur le garrot.
Bras droit pilé, main droite au-dessus de la tête. Maillet presque horizontal, sa tête vers l'arrière.

2. Moulinet :
Le buste s'incline de plus en plus vers l'avant ; il entraîne la rotation de l'épaule droite, celle du bras droit et celle du maillet.

3. Frapper la balle :
L'impact a lieu sous le troussequin.
Le maillet vertical, dans le prolongement du bras.
Le buste penché en avant.
Assis dans la selle.

4. Laisser suivre :
Afin de garder au coup toute sa force et toute sa précision au moment de l'impact.
Afin de reprendre la position de jeu, en faisant le geste de lancer le maillet vers l'arrière.
Le poignet droit se tourne vers l'extérieur (position de suppination).
Bras et épaule droits relâchés entraînés en arrière par le maillet puis ramenant celui-ci à la position de jeu.

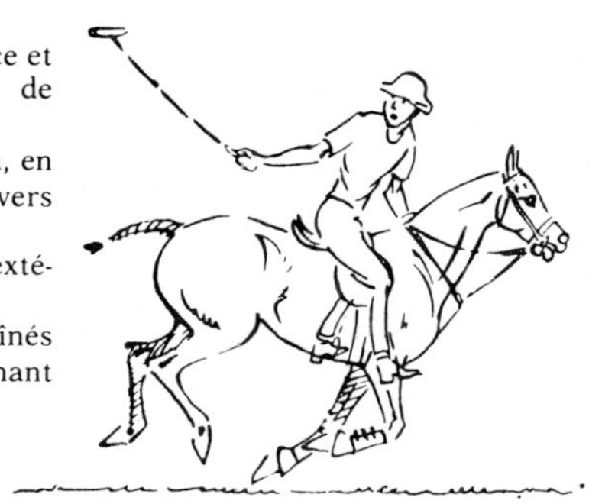

3. Coup vers l'avant à gauche.

1. Position de départ :
Debout sur les étriers.
Jambe gauche pointée en avant.
Buste penché en avant, tendu et incliné à gauche.
L'épaule droite à gauche de l'épaule gauche.
Le bras droit plié.
Main droite à la hauteur de l'épaule gauche.
Maillet incliné à 45°, sa tête vers l'avant.

2. Moulinet :
L'épaule droite reste à gauche, pendant que s'effectue la rotation du bras droit, entraînant celle du maillet.
Le maillet reste tordu à gauche.
La main gauche s'appuie sur le garrot.

3. Frapper la balle :
L'impact a lieu sous l'épaule du cheval.
Le maillet est vertical, dans le prolongement du bras.
Le buste du cavalier est tordu à gauche

4. Laisser suivre :
Afin de laisser au coup toute sa force et toute sa précision au moment de l'impact, afin de reprendre la position de jeu, en faisant le geste de lancer le maillet en avant, bras et épaule droits relâchés, projetés en avant.

4. Coup vers l'arrière à gauche.

1. Position de départ :
Debout sur les étriers.
Buste penché en avant à gauche.
Épaule et jambe gauches pointées en avant.
Main gauche fixée au garrot.
Bras droit plié, main droite au-dessus de la tête.
Maillet presque horizontal, sa tête vers l'arrière.

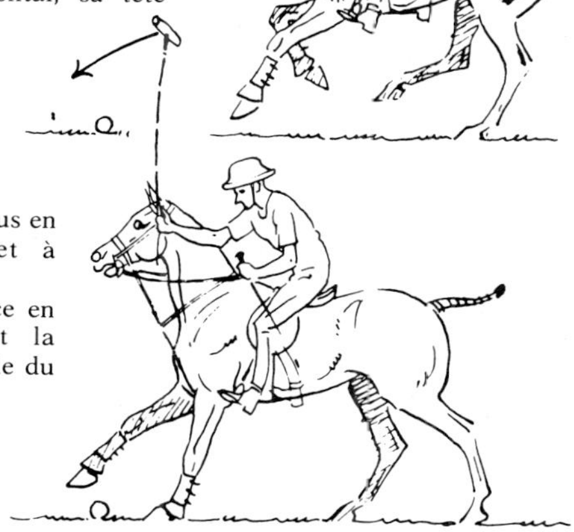

2. Moulinet :
Le buste s'incline de plus en plus vers l'avant, et à gauche.
L'épaule droite s'avance en s'abaisant, entraînant la rotation du bras et celle du maillet.

3. Frapper la balle :
L'impact a lieu sous la selle.
Le maillet vertical, dans le prolongement du bras droit.
Le buste penché fortement en avant, tordu à gauche.
L'épaule droite est à gauche du cheval.

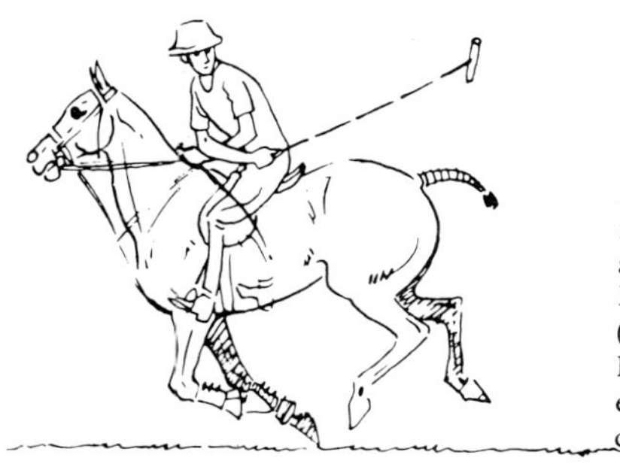

4. Laisser suivre le maillet :
Afin de garder du coup toute sa force et toute sa précision au moment de l'impact.
Afin de reprendre la position de jeu, en faisant le geste de lancer le maillet en arrière.
Le poignet droit se tourne en dedans (position de pronation).
Bras et épaule droits relâchés entraînés en arrière par le maillet puis ramenant celui-ci à la position de jeu.

5. Coup sur l'encolure vers la gauche.

Position de départ :
Debout sur les étriers, le pied droit pointé en avant.
Le buste penché en avant et à droite.
Les deux épaules sur la même ligne.
Le bras droit demi-plié à droite la main droite au-dessus de la tête.
Le maillet en travers du cheval, incliné à 45°, sa tête en haut et à gauche.

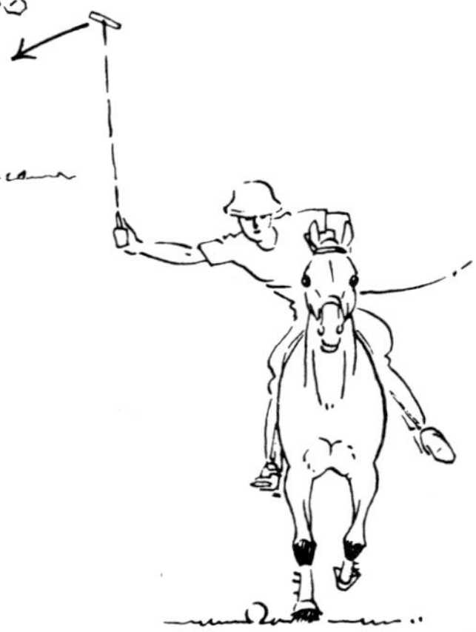

Moulinet :
Le bras droit se déplie, entraînant le maillet qui se trouve vertical quand le bras est horizontal.
Le buste s'incline vers l'avant.
La main gauche s'appuie sur le garrot.

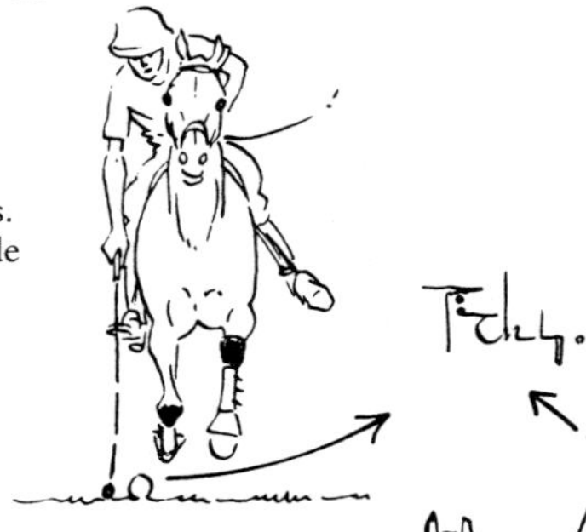

Frapper la balle :
En avant de l'épaule du cheval.
Le maillet dans le prolongement du bras.
L'épaule droite du cavalier est en avant de son épaule gauche.

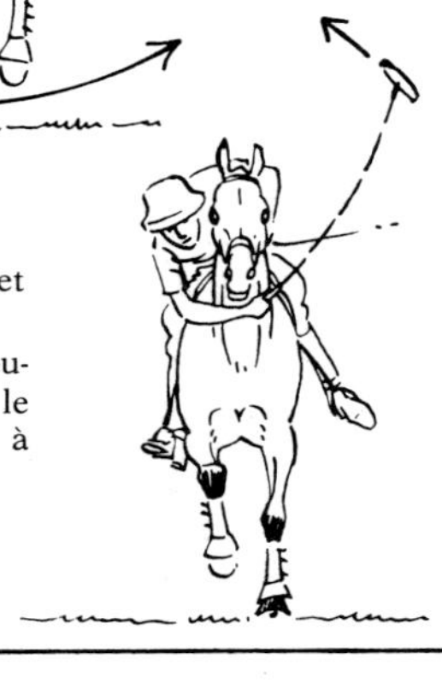

Laisser suivre le maillet :
Afin que le coup garde toute sa force et toute sa précision.
En allongeant le bras droit, qui va s'enrouler autour de l'encolure, entraîné par le maillet, doivent buter sur l'encolure, à gauche.

6. Coup sous l'encolure vers la droite.

Position de départ :
Debout sur les étriers, pied gauche pointé en avant.
Buste penché en avant, tordu et incliné à gauche.
L'épaule droite à gauche de l'épaule gauche.
Main droite au-dessus de la tête.
Maillet en travers du cheval, incliné à 45°, sa tête à droite.

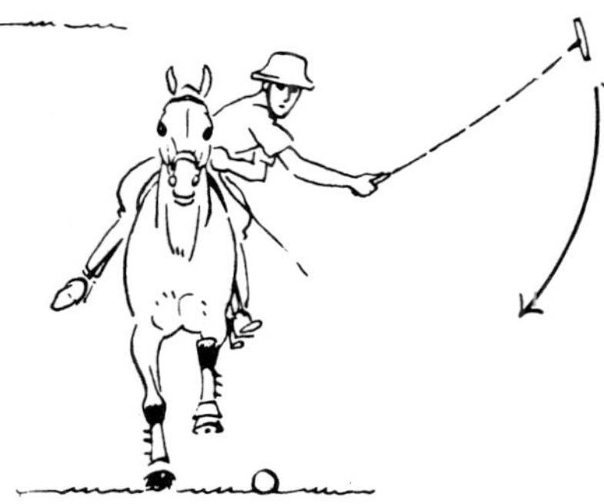

Moulinet :
Le bras droit se déplie entraînant le maillet qui est vertical quand le bras droit déplié est horizontal.
Le buste s'incline vers l'avant.
La main gauche s'appuie sur le garrot.

Frapper la balle :
En avant de l'épaule gauche du cheval.
Le maillet vertical, dans le prolongement du bras droit.
L'épaule droite du cavalier est en avant de l'épaule gauche.

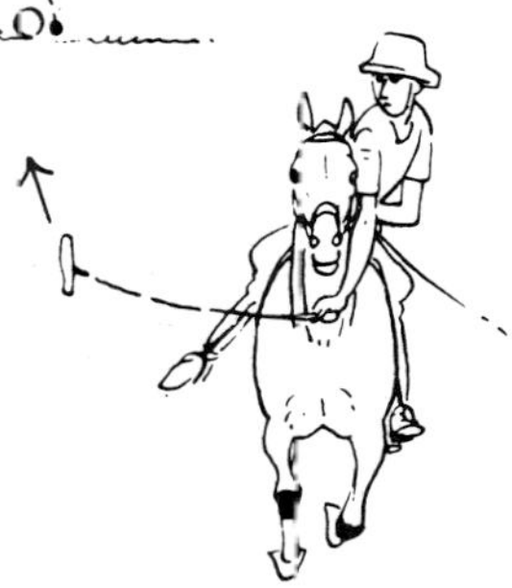

Laisser suivre le maillet :
Afin de laiser au coup toute sa force et toute sa précision.
Le bras droit s'allonge le poignet tourne entouré le dessous de l'encolure entraîné par le maillet qui vient buter sur le plat de l'encolure, à droite.

Mais s'il ne frappe pas la balle avec le centre de la tête de son maillet, si la balle n'est pas soulevée du sol, il devra répéter les coups au pas, sinon ce serait une perte de temps. La longueur des coups n'est pas à rechercher, cela ne vient qu'ensuite, avec la vitesse de l'allure.

La netteté des coups est la première chose à acquérir. Il faut travailler au pas jusqu'à ce que les coups portés soient précis et ne pas tenter au galop ce qui ne réussit qu'à peine au pas. Ce travail peut être long et fastidieux, mais c'est la seule manière d'arriver à un bon résultat.

D'ailleurs, il n'y a rien de mieux que de forcer son cheval à se soumettre au travail au pas ; on lui apprend ainsi à s'intéresser au jeu de son cavalier, car il a le temps de voir et de comprendre. Le temps passé à cette allure n'est jamais gaspillé.

Un excellent exercice pour le joueur débutant est de sortir avec son cheval, n'importe où, muni de son maillet, et tâchant de frapper sur son chemin, avec le centre de la tête de son maillet, tout objet remarquable qu'il rencontre. En même temps, le cheval reste calme et attentif, il s'habitue au maniement du maillet, apprend à ne pas le craindre. Ensuite, le joueur emmène une balle qu'il pousse devant lui, à petits coups, préférant manquer de frapper une balle plutôt que d'essayer de la frapper dans de mauvaises conditions.

Au fur et à mesure des progrès, l'allure de l'entraînement augmente, pour devenir le plus rapide possible à la veille d'un match, à cause de l'augmentation de la résistance de l'air qui affecte le moment psychologique du coup porté.

8 — **Entraînement seul.**

Le principal inconvénient du travail seul réside dans le fait que la balle est généralement immobile au moment où le joueur la frappe, alors que, dans le jeu, elle est presque toujours en mouvement.

L'entraînement seul sera donc pratiqué pour étudier ses coups, les perfectionner. C'est le travail monotone du joueur débutant... mais, très vite, il recherchera des difficultés supplémentaires en utilisant deux balles, frappant chacune d'elles à tour de rôle, en variant ses coups et leur direction.

Il s'entraînera ensuite sur des balles en mouvement, en utilisant le « dribbling » qui consiste à pousser la balle à petits coups et à s'essayer de temps en temps, quand les circonstances sont favorables, à des coups longs.

Comme il a été dit plus haut, il vaut mieux faire méthodiquement des exercices répétés concernant un seul coup, plutôt que de frapper à tort et à travers. Voici quelques exercices simples, à pratiquer sans balle d'abord, puis avec balle ensuite :

— Frapper la balle vers l'avant alternativement à droite et à gauche.

— Frapper la balle à droite, alternativement vers l'avant et vers l'arrière. Puis à gauche, alternativement vers l'avant et vers l'arrière.

— Frapper la balle alternativement vers l'avant à droite et vers l'arrière à gauche, puis vers l'arrière à droite et vers l'avant à gauche.

9 — **Entraînement par deux.**

Cela vaut infiniment mieux, parce que ce travail se rapproche beaucoup du polo. Deux éléments nouveaux entrent en jeu : juger de la situation et frapper des balles en mouvement.

Mais l'exercice par deux ne peut être entrepris que par des joueurs qui jouent déjà assez bien.

On peut imaginer des exercices précis de toutes sortes, à deux comme lorsqu'on est seul. C'est en outre un bon entraînement pour les jeunes chevaux.

10 — **La précision.**

La règle n° 8 du polo est la suivante :

« L'équipe qui marque le plus grand nombre de buts gagne la partie. »

Cela ne sert à rien de bien jouer et de dominer l'adversaire s'il n'est pas possible de marquer des buts. Cela arrive souvent, hélas !

Pour améliorer la précision du tir, on peut utiliser un parcours jalonné par des fanions légers disposés irrégulièrement sur le terrain.

Les joueurs font à tour de rôle le parcours avec une ou deux balles et leur temps est noté. Le parcours peut être tracé plus ou moins facile, augmentant ou réduisant l'espace entre les fanions, limitant le nombre des coups à porter, rapprochant les deux poteaux de goal à la fin du parcours ou exigeant seulement des coups à gauche.

La précision peut aussi être améliorée par des exercices qui obligent le joueur non seulement à frapper dans une direction donnée, mais aussi à des distances déterminées. Peu de joueurs arrivent à des résultats précis quand ils doivent faire des coups longs.

11 — **Le cheval de bois et le polo-pit.**

C'est le meilleur moyen pour un débutant d'apprendre à frapper la balle de toutes les façons possibles : l'instructeur a constamment son élève sous les yeux, il n'y a aucun risque d'abîmer le cheval et l'on peut frapper quantité de balles en peu de temps.

Sur le terrain, le joueur débutant doit monter son cheval, suivre la balle, aborder celle-ci au bon endroit et la frapper. Dans le polo-pit, il n'y a qu'à frapper la balle, elle revient à proximité du joueur qui peut la frapper à nouveau. Toute l'attention peut être concentrée sur la balle et sur la manière de la frapper. En

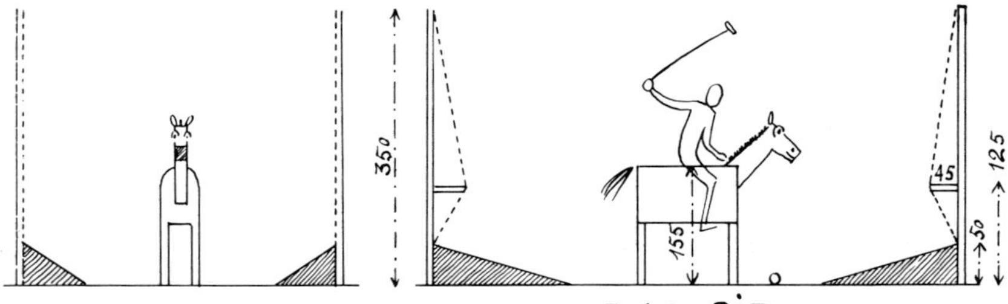

POLO - PIT

outre, la balle est soit immobile, soit en mouvement. Tous les coups peuvent être pratiqués et c'est la seule façon d'apprendre à atteindre les balles d'abord, puis à les frapper et enfin à leur donner la direction voulue.

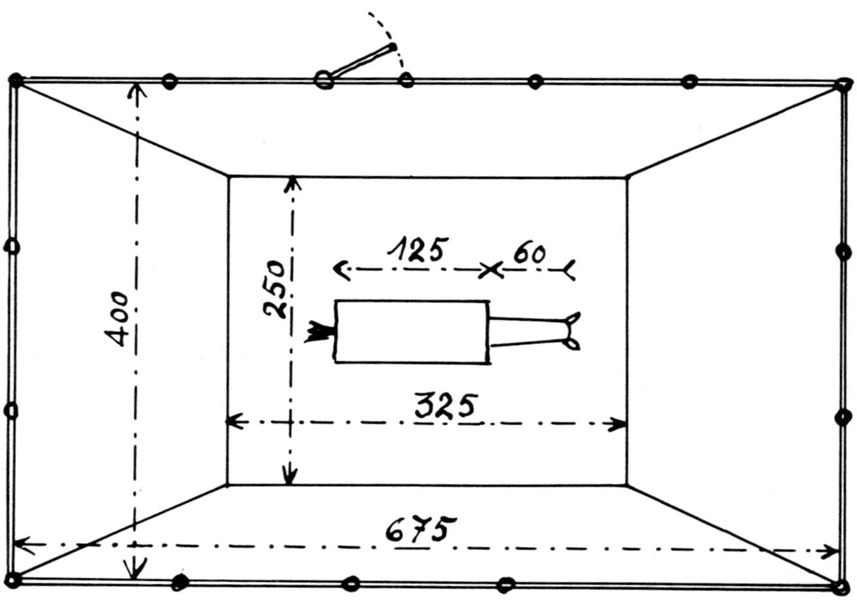

Pour le joueur confirmé, c'est un excellent travail pour se mettre en souffle et en condition physique. Avec dix minutes de travail quotidien, sur le cheval de bois, votre entraînement est assuré.

Mais il y a encore le cheval...

12 — **Le jeu.**

Dans le jeu de polo, le terrain mesure 275 m de long sur 180 de large, ou 145 m seulement si les grands côtés sont bordés par des planches de 25 cm de haut. L'ouverture des buts est de 7,50 m, sans limitation de hauteur. Il y a quatre joueurs dans chaque équipe.

Dans le jeu paddock-polo, le terrain mesure 100 m sur 50 s'il est ouvert, ou moins s'il est entièrement clos (dans le cas d'indoor-polo). Les buts ont 3 m de large et autant de haut. Il n'y a que trois joueurs dans chaque camp.

Une partie comprend 4 ou 6 périodes de 7 minutes et demie chacune, séparées par des temps de repos. Les équipes changent de camp à chaque période ou après chaque but marqué.

Commencement du jeu.

Les deux équipes se rangent au centre du terrain, face à l'arbitre qui lance la balle entre les joueurs. Ceux-ci se tiennent immobiles, maillets vers le bas, jusqu'à ce que la balle ait quitté la main de l'arbitre.

La balle est remise en jeu de cette façon, au centre du terrain, quand un but a été marqué.

Balle sortie.

Quand la balle sort du terrain sur les grands côtés, elle est remise en jeu d'une façon analogue : l'arbitre se place à l'endroit où la balle est sortie, en face des deux équipes alignées.

Sortie en arrière de la ligne des buts, la balle est remise en jeu par l'arrière du camp attaqué, à l'endroit où elle est sortie. Aucun des adversaires ne doit se trouver à moins de 27,50 m de la ligne de fond.

Sortie en arrière de la ligne des buts par la faute d'un joueur de l'équipe attaquée, un coup franc à 50 m est accordé à l'équipe attaquante, face à l'endroit où la balle est sortie, but gardé.

Balle endommagée ou portée.

Le jeu est arrêté si la balle se brise, s'enterre ou se dégonfle (indoor-polo). Remise en jeu, comme au commencement de la partie, à l'endroit où se trouvait la balle.

Il est interdit de porter la balle, de la frapper autrement qu'avec le maillet. Mais on peut l'arrêter avec n'importe quelle partie du corps ou du cheval.

Droit de passage.

Tout joueur en possession de la balle a le droit de passage sur la ligne et dans la direction qu'il suit. Il est interdit de croiser, de couper ou de s'arrêter sur cette ligne s'il y a risque de collision ou gêne.

Le joueur qui vient de frapper la balle et la suit sur sa ligne exacte est « en possession de la balle ». Il a priorité de passage sur tous les autres joueurs.

Il partage cette possession et cette priorité avec un autre joueur venant exactement en sens inverse ou avec un autre joueur qui l'aborde tangentiellement à la ligne de la balle pour le marquer.

Il perd cette possession et cette priorité s'il manque la balle, s'il dévie de la ligne de la balle, s'il frappe la balle à sa gauche ou si un autre joueur entre devant lui sur la ligne de la balle sans aucun risque de collision.

La balle appartient alors à un autre joueur, à celui qui suit la ligne de la balle, à celui qui entre sur la ligne de la balle, à celui qui vient au-devant de la balle ou à celui dont la direction de marche fait le plus petit angle avec la ligne suivie par la balle.

Fautes.

En cas de faute, l'arbitre arrête le jeu d'un coup de sifflet et, pour pénaliser l'équipe fautive, accorde à l'équipe lésée soit un but, soit un coup franc à 27,50 m ou à 50 m, 15 ou 25 m, pour le paddock et l'indoor-polo, but libre ou gardé, soit encore un coup franc à l'endroit où la faute a été commise, selon sa gravité (1).

Tout jeu brutal, dangereux ou discourtois (bousculade, zigzags, croisements, intimidation, etc.) est interdit et constitue une faute.

Un joueur peut accrocher le maillet d'un adversaire qui va frapper la balle s'il se trouve du côté de la balle ou derrière l'adversaire, et s'il le fait à hauteur du corps du cheval adverse, ni en dessus, ni en dessous.

Toute aide extérieure (changement de maillet, de cheval, réajustage de harnachement, etc.) ne peut être donnée qu'en dehors des limites du terrain.

Un joueur démonté n'a pas le droit d'intervenir dans le jeu.

En cas d'accident (chute, boiterie, blessure, harnachement défectueux, etc.), l'arbitre peut arrêter le jeu s'il le juge utile et si cela ne favorise aucune des deux équipes.

Fin de période.

A la fin de chaque période, le chronométreur rajoute tous les temps morts (balle sortie, balle morte à la suite d'un incident, etc.), sauf le temps nécessaire à la remise en jeu de la balle après un but marqué. Un coup de cloche indique alors la fin de la période, mais le jeu n'est arrêté que par le sifflet de l'arbitre, pour une sortie de la balle, un but marqué, une faute ou un incident.

Au commencement de la période suivante, la balle est remise en jeu là où elle se trouvait à la fin de la période précédente.

A la fin de la dernière période, la cloche arrête définitivement le jeu, quelle que soit la position de la balle.

---

(1) Toutes les distances sont réduites environ de moitié dans l'indoor-polo.

VI. LE CHEVAL DE CHASSE

A la chasse, le cheval n'est pas un but en soi, mais un moyen. Ce n'est pas pour monter à cheval que l'on va à la chasse, mais bien le contraire : pour chasser que l'on monte à cheval.

Aucun autre moyen de transport n'est comparable au cheval pour piquer au fort et percer à travers bois, sans souci des fondrières, des cailloux, des ajoncs et des branches, à une allure rapide et inlassablement. A la chasse, on chasse ; il faut être avec les chiens et le côté « équitation » de la chasse à courre n'est qu'un accessoire bien minime.

Selon leur rôle dans l'équipage, et aussi leurs capacités, les cavaliers se rangent en deux groupes. Les *veneurs*, tout d'abord, qui font vraiment acte de chasse, au premier rang desquels le *maître d'équipage* et son *piqueux* : chevaux infatigables, inusables et rustiques. Ensuite les invités, qui ne participent pas au noble déduit, y assistent seulement et se contentent de suivre : chevaux calmes, confortables et... polis.

Cette boutade peut paraître amère, d'autant plus qu'il faut ranger dans ce second groupe un nombre assez important de « boutons », c'est-à-dire de membres de l'équipage, qui sont d'intarissables et charmants compagnons, sauf en matière de vénerie ou d'équitation. Mais il semble bien que l'on doive accepter gaiement cet état de fait ; aussi ne parlerons-nous pas des chevaux qui les remontent à la chasse.

En règle générale, pour les veneurs, toutes les races de chevaux sont susceptibles de fournir de bons chevaux de chasse. Les pur-sang conviennent à certains bons cavaliers, calmes et soigneux : ils sont rapides et ont du fond, et peuvent parfaitement s'accommoder des terrains pierreux ou profonds. L'anglo-arabe du Sud-Ouest ou du Limousin porte remarquablement le poids et arrive toujours à bout de sa tâche ; mais sa nature trop généreuse lui fait donner au-dessus de ses moyens et il est généralement chaud à monter. Pourtant, quelle merveille, quelle harmonieuse souplesse quand on le monte ainsi qu'il veut l'être, c'est-à-dire en se contentant de rester dans le fond de sa selle, en se liant à lui, et le laissant se débrouiller dans les pires difficultés.

Le demi-sang du Charolais est la monture idéale pour un grand et fort cavalier, mais on trouve parmi toutes les variétés de chevaux de selle français, normands, vendéens, corlaisiens ou chevaux de la Loire, des individus particulièrement doués et susceptibles de chasser comme il faut pendant des saisons.

Les veneurs sont très exigeants envers leurs chevaux : ils voudraient qu'ils possèdent toutes les qualités, ce qui n'est malheureusement pas possible. En faisant la part des choses, nous retiendrons seulement les principales. La première d'entre elles est certainement l'équilibre : l'équilibre est tout, à la chasse, à condition qu'il soit naturel et non acquis, car un équilibre artificiel sera bien précaire et ne résistera pas à l'épreuve ; pendant quelques instants, le cheval pourra donner l'illusion de posséder un équilibre parfait, mais, après quelque temps de galop gaillard en terrain difficile, il aura tout oublié et se traînera lamentablement.

La seconde qualité est d'avoir de bons membres, avec des articulations fortes et basses, des aplombs réguliers, de beaux pieds et bien ferrés : la facilité des allures et leur étendue en découlent... Combien de chevaux doivent être arrêtés à mi-journée parce qu'ils se touchent, se coupent, se couronnent ou tombent boîteux, au risque de ne jamais terminer la saison ! Les Anglais disent : « No foot, no horse », dicton qu'ils ont emprunté au vétérinaire français Philippe Lafosse (1739-1820), et il semble bien qu'ils aient raison, non seulement en ce qui concerne les chevaux de chasse, mais encore tous les autres chevaux.

La troisième qualité serait le « près de terre ». Il faut éliminer sans regret le cheval qui est plus haut que long. Certes, un dos court caractérise un bon porteur, mais il n'est pas toujours très confortable, surtout quand la fatigue raidit et tétanise les muscles de la colonne vertébrale. La bonne inclinaison de l'épaule est nécessaire, mais plus encore la verticalité du bras et sa longueur, qui entraîne la profondeur de poitrine d'une part, et, d'autre part, l'étendue des gestes de l'avant-main. Lorsque l'inclinaison du bras tend vers l'horizontale, le geste des antérieurs peut avoir une certaine élévation, mais on a l'impression, en tous terrains, que la chute va survenir à chaque pas, quelle que soit l'allure, ce qui est très désagréable.

Enfin il faut au cheval de chasse des qualités morales : un calme imperturbable, pour ne s'effrayer de rien, des chiens, des voitures, des trompes, des voisins ou même de l'animal de chasse ; pour ne pas s'intéresser aux choses de la chasse, ni prendre part à ses péripéties, en lieu et place de son cavalier, mais les accepter avec un certain flegme, voire même avec stoïcisme ; une indifférence totale aux intempéries, chaleur et froid, brouillards matinaux, vents et pluies, temps sec ou humide ; une indifférence totale aux... mauvais traitements, comme la longue immobilité qui fait suite à une abondante transpiration, l'attente interminable, après l'effort, pendant que l'on fait curée, ou le pénible retour à l'écurie... En somme, une généreuse rusticité : le cheval de chasse est un campagnard au poil rude.

Peu importe qu'il ait une silhouette flatteuse s'il vous porte sans défaillance pendant de nombreuses saisons. Certes, un peu de distinction ne nuit pas, bien au contraire, surtout si vous êtes bouton d'équipage, mais montez sans vergogne un bidet d'allure qui ne vous lâche pas en chemin.

VII. LES COURSES

L'exploit sportif constituait autrefois le seul mobile des courses. Peu à peu, cette pureté d'intention se mitigea d'esprit de lucre. Et l'on en vient à constater aujourd'hui que le jeu, le pari, le profit, sous toutes ses formes et à tous les échelons, représentent le but presque exclusif de cette entreprise.

L'industrie des courses forme une branche considérable de l'économie française, car le jeu, dont l'organisation est strictement réglementée, est passé dans les mœurs, surtout depuis la création du Pari Mutuel Urbain, hors des hippodromes, spécialement avec le système du pari tiercé, inventé en 1953. Le Trésor Public effectue un prélèvement (25 à 30 %) sur les sommes engagées et se trouve être le plus important bénéficiaire de l'opération. Sans le circuit monétaire amorcé et alimenté par le Pari Mutuel, la production et l'entraînement des chevaux de course ne serait plus possible à l'heure actuelle.

En France, les courses sont organisées par des Sociétés dont le statut juridique est assez particulier : régies par la loi du 2 juin 1891, simple et libérale, elles fonctionnent en réalité comme des Sociétés sans but lucratif, selon la loi de 1901. La plus ancienne des trois « Sociétés-mères », la Société d'Encouragement pour l'Amélioration des Races de Chevaux en France, fondée en 1833, est responsable des courses au galop et fait courir sur ses deux hippodromes de Longchamp et Chantilly. La Société des Steeple-Chases de France, fondée en 1863, est responsable des courses d'obstacles, et règne sur l'hippodrome d'Auteuil. Enfin la Société d'Encouragement à l'Elevage du Cheval Français, fondée à Caen en 1864, est responsable des courses de trot, sur l'hippodrome de Vincennes.

Deux autres Sociétés existent dans la région parisienne, la Société Sportive d'Encouragement (1887), qui fait courir dans les trois spécialités, à Saint-Cloud, Maisons-Laffitte et Enghien, et la Société de Sport de France (1882), qui ne pratique que le plat sur l'hippodrome d'Évry, mais s'intéresse particulièrement aux courses de gentlemen et d'apprentis.

Ces cinq Sociétés répartissent leurs réunions de façon à remplir tous les jours de l'année, sur l'un ou l'autre des hippodromes parisiens. Il y eut ainsi 455 journées de courses, ou soirées, car Vincennes est équipé pour les noctures, dans la région parisienne en 1977.

Quant à la province, il y avait, en 1977, 322 Sociétés en activité, qui ont organisé 1 053 réunions. L'importance de ces sociétés est très variable : 170 d'entre elles n'ont donné qu'une seule réunion, tandis que 20 sociétés ont donné chacune plus de 20 réunions. Elles sont groupées administrativement en 10 fédérations régionales (Ouest, 64 sociétés, 205 réunions ; Maine-Anjou, 53, 163 ; Basse-Normandie, 42, 165 ; Haute-Normandie, 37, 122 ; Sud-Ouest, 66, 319 ; Sud-Est, 14, 198 ; Centre-Est, 19, 166 ; Nord, 10, 91 ; Est, 8, 54 et Corse, 9, 20).

Chacune des trois Sociétés-mères possède son code et son règlement, rigoureusement appliqué sur chacun des hippodromes de France, et juge en dernier ressort tout litige qui pourrait survenir.

Autour du cheval qui joue, malgré tout, le premier rôle dans les courses, s'affaire une nombreuse équipe de personnages très dissemblables ; il sera facile de rencontrer chacun d'eux, dans l'ordre de leur entrée en scène, en étudiant les différentes périodes de la vie du cheval de courses.

La naissance du petit poulain a été préparée soigneusement par le *naisseur* qui se trouve être le propriétaire de la jument poulinière en même temps que l'éleveur, dans les cas les plus fréquents : il a fallu choisir l'étalon dont l'origine et les performances paraissent s'accorder aux aptitudes de la future mère pour obtenir, chez le produit, les qualités souhaitées. Un tel mariage de raison exige de l'éleveur des connaissances approfondies des lois de l'hérédité et l'étude de chaque cas particulier : consanguinité, croisement, inbreeding, outcrossing, dosages de sang, etc.

Après la fécondation de la jument, la gestation se prolonge pendant onze mois et le petit poulain vient au monde au début du printemps, sans aide extérieure en général. Il est debout presque aussitôt, et très vite suit sa mère au pré ; après quelques semaines, il commence à manger un peu d'herbe ; à deux mois, il recevra sa première ration d'avoine, complément indispensable qui le prépare graduellement au sevrage. Un *Officier des Haras* viendra compléter le certificat d'origine du poulain, alors que celui-ci est encore « sous » la mère, en notant son signalement détaillé. Puis c'est l'étape critique du sevrage, à six mois environ, soit vers la fin de la belle saison ; les jeunes poulains, que l'on appelle du mot anglais *foal* (poulain ou pouliche) sont alors rentrés à l'écurie où ils passeront l'hiver.

Au 1er janvier qui suit sa naissance, le poulain « prend » un an et devient *yearling* ; déjà familiarisé avec l'homme, on le remet au pâturage dans son haras natal, avec ses congénères, dès les beaux jours : ce sont des jeux et des courses folles, où parfois se révèlent le caractère et la qualité des jeunes chevaux. Avec les ventes aux enchères du mois d'août à Deauville, beaucoup de yearlings changent de *propriétaire* : tous quittent le haras et sont envoyés dans un centre d'entraînement, Chantilly ou Maisons-Laffitte pour les galopeurs de la région parisienne, Joinville ou Nogent pour les trotteurs.

C'est l'*entraîneur* qui va désormais prendre en charge le jeune cheval de course, âgé de dix-huit mois environ : il faut procéder au débourrage du yearling, à son dressage, puis l'entraîner progressivement en passant par trois étapes successives, la mise en santé, la mise en muscles et la mise en souffle. L'entraîneur se voit généralement confier un certain nombre de chevaux appartenant à différents propriétaires : quelques-uns d'entre eux ne connaissent rien à l'entraînement et s'en remettent entièrement à lui ; d'autres connaissent parfaitement la question et sont capables de collaborer étroitement avec leur entraîneur ; mais beaucoup de propriétaires s'imaginent tout savoir et sont les pires handicaps à la carrière de course de leurs chevaux.

Un nouvel acteur entre en scène, sur le dos des chevaux à l'entraînement : c'est le *lad* ou l'*apprenti* qui est chargé de le soigner et de le faire travailler sous les ordres de l'entraîneur et sous la surveillance du *premier garçon,* son adjoint. De longues promenades au pas, un peu de trotting viendront muscler le yearling pendant l'hiver ; de brefs temps de galop deviendront peu à peu plus fréquents, plus longs et plus rapides ; après les « canters », on passera au « demi-train » dans lequel le poulain reste en dedans de son action, puis aux « bouts-vite » où il donnera son maximum, en pointe de vitesse sur une courte distance.

Pendant ce temps, les soins à l'écurie, et surtout le dosage méticuleux de la nourriture, permettent d'amener en condition les meilleurs chevaux. A partir du mois de mai, ils disputeront leurs premières courses de « deux ans » sur courtes distances, des prix à réclamer et quelques classiques : Prix Robert-Papin, sur 1.200 m, à Maisons-Laffitte en juillet, Prix Morny, même distance, à Deauville en août, et Grand Critérium de Longchamp, sur 1.600 m, à la mi-octobre.

A mesure que le « deux ans » avance en âge, les distances s'allongent (2.000 m pour le Critérium de Saint-Cloud en octobre) et il effectue ses premières confrontations avec ses aînés, dont la plus importante est le Prix de la Forêt, 1.600 m, fin octobre, à Longchamp. Ainsi se termine la deuxième année du poulain.

Après un nouvel hiver dans les centres d'entraînement qui permet d'améliorer les résultats obtenus, les meilleurs « trois ans » se retrouvent en mai à Longchamp pour disputer les poules d'essai des poulains et des pouliches et le Prix Lupin, au début de juin, à Chantilly, pour le Prix du Jockey-Club et le Prix de Diane, puis à Longchamp, le dernier dimanche de juin, pour le Grand Prix de Paris et, en septembre, le Prix Royal-Oack et le Prix Vermeille.

Le Prix Gladiateur, réservé aux chevaux de quatre ans, se court sur 4.800 m. Enfin le Prix de l'Arc de Triomphe attire, sur 2.400 m, l'élite des chevaux européens et marque en quelque sorte le couronnement des courses de plat en France.

Il se peut que notre poulain ne soit pas assez rapide pour garder quelque chance de remporter une victoire en plat : la vitesse est la suprême qualité du pur-sang ; mais, dès qu'il y a des obstacles sur la piste, il n'est plus possible de comparer les chevaux d'après leur seule aptitude à la vitesse : il faut aussi qu'ils sautent. On dressera donc à l'obstacle les sujets qui ne sont pas spécialement doués pour la vitesse, mais dont la vigueur, la souplesse et l'adresse permettent une carrière de sauteurs. Cette orientation se dessine généralement à l'âge de trois ans, mais on y dirige aussi des chevaux plus âgés — et encore des chevaux remis de claquages —, car, dans cette spécialité, les concurrents peuvent se maintenir plus longtemps, bien qu'ils affrontent des risques plus nombreux et plus graves que les chevaux de plat.

Dans les courses de haies, dont la distance minimum est de 2.500 m avec 8 haies, les chevaux franchissent les obstacles « dans le train », c'est-à-dire en pleine vitesse. Dans les steeple-chases, l'endurance et la puissance sont indispensables : ces courses se déroulent sur 3.000 m au moins et 8 obstacles dont la moitié ne sont pas des haies.

Les courses d'obstacles classiques sont : le Grand Prix des Trois Ans, haies, 3.800 m, le Prix Maurice-Gillois, Grand Steeple des Qautre Ans, sur 4.200 m, la Grande Course de Haies d'Auteuil, 5.000 m, et le Grand Steeple-Chase de Paris, sur 6.500 m.

Pour les courses au trot, l'entraînement prend une forme particulière, car la même personne remplit bien souvent les rôles d'éleveur, de propriétaire, d'entraîneur et de *driver* (trot attelé) ou de *jockey* (trot monté). Et s'il existe des centres d'entraînement de trot, comme Grosbois et Joinville, tous deux proches de l'hippodrome de Vincennes, beaucoup de trotteurs sont encore entraînés sur place, en province, travaillant attelés sur les routes ou sur des prairies aménagées. Un grand nombre de Sociétés de courses dans le Nord-Ouest de la France, la Normandie en particulier, sont axées presque uniquement sur le trot, et le nombre des courses au trot, plus de 5.200 chaque année, correspond presque au double du nombre des courses de plat. C'est dire l'intérêt qu'y prend le public et l'augmentation constante de l'effectif trotteur.

Que ce soit en plat, en obstacles ou en trot, l'artisan de la course, après le cheval, est toujours le *jockey*, personnage d'une importance considérable. Les jockeys professionnels sont formés à l'école des apprentis, jeunes garçons de 14 ans, petits, légers mais musclés, qui s'engagent chez un entraîneur comme garçon d'écurie ; là, ils apprennent à monter à cheval, puis participent à l'entraînement, donnent des galops et débutent un jour en course s'ils montrent quelque aptitude. On leur accorde d'abord d'équitables décharges de poids, réduites à mesure des succès remportés ; après 50 victoires, *l'apprenti* n'a plus droit aux décharges et obtient sa licence de *jockey*, délivrée par l'une des Sociétés-mères.

Le jockey de galop n'a guère dépassé la taille minuscule de l'apprenti. Son poids évolue autour de 50 kg. A terre, il a l'air enfantin, mais dès qu'il se trouve à cheval, il change d'aspect ; revêtu d'une casaque aux couleurs vives, il porte aussi sur ses épaules la responsabilité de la course. Lorsqu'il entre en piste, c'est lui le maître du cheval : lui seul peut décider, en dernier ressort, de la tactique à employer, en dépit des ordres reçus au paddock, car le propriétaire ou l'entraîneur ne peuvent pas prévoir tous les détails de la course et le jockey doit bien souvent faire preuve d'initiative.

Le jockey de galop monte très court et « en triangle », c'est-à-dire qu'il maintient son équilibre par trois points d'appui : les étriers, les genoux et... les rênes. Le jockey d'obstacles étrive plus long, afin de mieux assurer la solidité de son assiette. Quant au driver de trot attelé ou au jockey de trot monté, le poids et la taille importent peu pour eux ; il leur faut de bons muscles et du coup d'œil, cela suffit. Au trot monté, l'assiette du jockey est bien établie, plutôt en arrière, étriers longs chaussés à fond, rênes non raccourcies, pour maîtriser à chaque instant l'allure du cheval qui ne manquerait pas de partir au galop s'il ne se sentait solidement tenu.

Les jockeys professionnels ont des émules, comme les acteurs de métier côtoient des artistes amateurs. Ce sont d'abord les *gentlemen-riders* : la passion du cheval les domine, et, quelles que soient leurs occupations dans la vie, ils trouvent le temps et les moyens de s'entraîner à monter au galop, en obstacles ou à driver au trot. Des courses spéciales leur sont réservées, où règne un esprit d'amateurisme très strict, toujours respecté. Il en est de même pour les *officiers* et *sous-officiers* de l'armée ou des Haras ;

mais, depuis la disparition des régiments de cavalerie, les courses militaires sont devenues très rares. Seuls, en effet, quelques centres militaires d'équitation peuvent y déléguer, de temps en temps, des compétiteurs en nombre très limité.

Depuis 1961, les « cavalières » ont, elles aussi, quelques courses réservées, dans des conditions analogues à celles des courses de gentlemen-riders. Enfin une dernière catégorie de fervents du cheval trouve accès aux pistes des hippodromes : ce sont les « jeunes cavaliers », garçons et filles, pour qui la joie de monter en course, en dehors de toute autre considération, est une satisfaction suprême.

Le Club des Gentlemen-Riders groupe tous les amateurs de courses plate ou d'obstacles, hommes et femmes, civils et militaires. Pour les courses au trot, c'est le Club National des Gentlemen du Trotting, ou le Cercle des Amateurs de Trot.

Comme cette étude s'adresse spécialement aux jeunes cavaliers ou aux gentlemen-riders, il est utile d'étudier les particularités de la monte de course. En équitation ordinaire, le cavalier cherche à avoir un cheval équilibré, flexible dans ses ressorts. Dans l'équitation de course, on cherche au contraire un cheval qui court après son poids et tendu pour la progression en avant. Donc, déséquilibre vers l'avant et tension, au lieu d'équilibre et de flexibilité. Pour le cavalier, écrit le général L'Hotte dans ses *Questions équestres*, « la fixité dans la répartition de son propre poids est en course le point essentiel, tout déplacement de poids troublant le cheval dans l'emploi de ses forces ». Cette fixité, c'est-à-dire l'absence de toute gêne imposée au cheval, est évidemment une condition primant toute autre dans un parcours qui nécessite, de la part du cheval, une série d'efforts, saut et vitesse.

La position la plus favorable serait donc la suivante : point fixe, l'intérieur du genou et le haut du mollet fixés un peu en arrière et au-dessous du garrot ; la jambe immobile, collée au cheval et verticale du genou au mollet ; les cuisses à peu près horizontales, très près du cheval ; les fesses le plus en arrière possible et ne venant jamais battre sur la selle ; le corps penché en avant sans exagération ; les mains légèrement en avant du garrot, basses et fixées de part et d'autre de l'encolure, ce qui permet des oscillations dans le sens vertical ou, au contraire, mobiles pour accompagner le balancement longitudinal de l'encolure. Avec un cheval qui tire, on a coutume de faire « le pont » avec les rênes, croisées dans les deux mains et fortement appuyées sur le garrot ; cette méthode n'est qu'un pis-aller, car le cheval prend l'habitude de résister et tire de plus en plus fort. Il vaut mieux, quand un cheval vous arrache les bras, se cramponner d'un côté par un pouce au rebord supérieur de l'encolure et agir de l'autre côté en cédant, puis reprenant plusieurs fois de suite pour tromper l'appui.

Il ne faut pas résumer cette monte en étrivant court : la longueur des étrivières n'est qu'une conséquence de cette position qui fixe le genou au centre d'équilibre du cheval au galop de course, point qui sert d'axe au basculement de son corps. Le point exact, pour un cheval et un train donnés, est celui où l'on reste fixe sans effort. La position de course ne s'acquiert pas plus du premier coup que la position académique ; elle exige une éducation et un entraînement de réflexes nouveaux.

Il est certain qu'un bon cavalier d'équitation courante se pliera toujours assez facilement aux impératifs de la monte de course, tandis qu'un jockey ne réussira peut-être jamais à devenir un bon cavalier. L'équitation est *une* dans ses principes, mais diverse dans ses applications.

Pendant la course, le jockey doit régler les phases de l'action et décider de trois points importants : le *train*, la *place* et le *moment de venir*.

Le train.

Une règle absolue pendant un parcours est de dissimuler au cheval non seulement la lutte, mais l'effort : c'est-à-dire qu'il ne faut jamais sortir un cheval de son train. L'appui est une constante balance de précision qui permet au cavalier de régler l'effort de son cheval en profitant de toutes les circonstances. Ainsi doit-on profiter d'un bon départ, de ce que le cheval se met vite sur ses jambes ou qu'il porte moins dans un terrain lourd pour forcer l'allure et écœurer l'adversaire, quitte à reprendre un peu plus loin. A un vieux routier, cassé et raidi, on laissera tout le temps de se mettre progressivement sur ses jambes et, flegmatiquement, faire longtemps arrière-garde. Au contraire, il faut profiter d'un abattage régulier pour rejoindre progressivement ceux qui se sont détachés du lot, les dépasser et semer peu à peu tous les concurrents par la régularité mécanique de l'allure : même l'accrocheur enfin lassé ; même celui dont la pointe de vitesse nous rejoint après une course d'attente, nous dépasse peut-être, mais s'éteint avant le poteau ; et l'on passe ce poteau du même train uniforme, soutenu de bout en bout, mais qu'on ne pourrait pas soutenir 10 m de plus.

La place.

Il y a une préoccupation constante de la place : corde pour tourner, bon terrain dans la ligne droite, place favorable aux obstacles ; mais il y a surtout la place où il faut être à un moment donné pour avoir la possibilité de gagner.

De toute façon, il importe de ne pas être enfermé au moment où il faut faire son effort ; ensuite, la question varie avec les aptitudes du cheval. Tel cheval, par exemple, n'accepte pas d'être bousculé ; tel autre tourne mal et sera jeté en dehors s'il est à l'extérieur ; avec tel autre, dont la pointe est courte et rapide, il faut placer cette pointe peu avant le poteau et ne pas être trop loin du premier : c'est une place très précise qu'il est nécessaire d'occuper à un instant précis.

Il arrive donc souvent que, pour avoir une place, on soit obligé de faire un train différent de celui qui a été jugé intrinsèquement le meilleur ; voyant que l'on ne peut avoir telle place à tel moment, on peut aussi être obligé de changer complètement de tactique.

Aujourd'hui où l'on tend de plus en plus à forcer le train de bout en bout, la place a une importance croissante et capitale.

Le moment de venir.

On gagne une course aussi bien au commencement, au milieu, qu'à la fin du parcours. Il y a une seule règle absolue : *on ne vient qu'une fois.* En effet, le cheval ne peut fournir un effort sérieux qu'une seule fois ; c'est donc au cavalier d'apprécier le moment auquel il doit le lui demander ; dès cet instant, il doit s'employer à fond pour soutenir son cheval et lui communiquer, en quelque sorte, sa volonté de lutter et de vaincre.

Le cheval qui a fourni un effort est plus ou moins fini : il n'a plus qu'une aptitude très diminuée à fournir un nouvel effort. Voici donc quelques exemples du moment de venir :

— Tel cheval gagne sa course au départ. Cela ne veut pas dire qu'il va pousser à toute allure jusqu'à épuisement complet, mais il s'élance dès le signal ; ayant mené un train supérieur à son train normal sur la distance, il va soutenir ce train jusqu'au moment où il jugera qu'il lui reste juste assez de potentiel pour atteindre le poteau avant d'être rejoint.

— Tel autre gagne pendant le parcours. Le train est lent, terrain lourd, obstacles sévères ; mais il profite de ses aptitudes spéciales pour placer tout à coup un démarrage, s'échapper et vivre sur son avance jusqu'au poteau.

— Et ce dernier cheval gagne en fin de course : il place sa pointe de vitesse au moment où il juge qu'il dépassera avant le poteau le cheval à battre, et pas suffisamment avant pour que, s'éteignant lui-même avant sa pointe, il laisse à un autre cheval, tiré par lui, le temps de venir et de le battre.

CONCLUSION

Pour terminer ce long chapitre sur les courses, et notre livre, nous ne pourrions mieux faire que de donner aux amateurs ces quelques conseils vieux de plus de quarante ans :

— Monter à cheval est une passion d'autant plus forte qu'elle demande plus de sacrifices et exige un plus constant labeur.

— Abstenez-vous si vous désirez monter à cheval pour parader et si la perspective de chutes nombreuses ne vous sourit qu'à moitié.

— Si même « la pratique constante d'une équitation vigoureuse et hardie » est pour vous autre chose qu'une formule, si l'amour d'une lutte continue, le piment du danger ont sur votre imagination l'attrait qu'ils doivent exercer chez tout homme jeune et de cœur, cela ne suffit pas.

— Ayez la philosophie nécessaire pour supporter la désapprobation de votre entourage, pour mener une vie réglée, presque ascétique, pour en écarter toutes les préoccupations supplémentaires, toute cause d'énervement.

— Sachez passer intact à côté des compromissions louches qui font gagner de l'argent si facilement qu'on en perdrait la notion d'honnêteté.

— Possédez la patience de vous remettre à l'étude de ce que vous croyez savoir et que vous ignorez, le calme pour suivre une lente progression et la persévérance pour amener votre cheval à la fin de sa préparation.

— Enfin, et par-dessus tout, soyez possédé jusqu'aux moelles de la passion de vaincre, vaincre les autres, et vous-même.

Si quelqu'une de ces qualités vous manque, hâtez-vous de l'acquérir, sinon vous seriez cruellement handicapé.

Mais quelle joie, le jour où, dans un parcours correct sur l'hippodrome, le rectangle de dressage, la carrière d'obstacles, le terrain de cross ou de polo, en communion étroite avec un cheval que vous aurez fait, vous sentirez qu'est arrivé cet instant unique et fugitif où « il faut venir » et gagner ! C'est très peu de chose en soi, mais à l'allégresse qui vous gonflera le cœur, vous connaîtrez toute la valeur d'un effort qui porte en lui-même sa récompense.

Achevé d'imprimer par Corlet, Imprimeur, S.A.
14110 Condé-sur-Noireau (France)
N° d'Imprimeur : 52247 - Précédent dépôt : octobre 1999 - Dépôt légal : février 2001

Imprimé en U.E.